北京社会建设之路

新中国 70 年的发展实践与理论分析

江树革 等 著

人民出版社

序

省域社会建设的实践范例

建设美好社会、共享美好生活是全体中国人民的共同愿望,更是新中国社会建设的奋斗目标。新中国成立以来,为实现这一美好目标,全国人民进行了不懈的努力。省域社会建设是全国范围内波澜壮阔的社会建设事业的重要组成部分。作为新中国的首都,1949 年以来的北京社会建设更是省域社会建设中富有代表性的一个范例。在北京社会建设走过 70 个年头的时候,北京市社会科学院综合治理研究所副所长、研究员江树革主持北京宣传文化引导基金特别项目"新中国 70 年北京的社会建设"课题研究,组织专家学者对北京社会建设的基本历程和发展阶段、社会建设的主要内容、基本特征、主要成就、实践经验进行认真的总结,应该说这是一件很有意义的事情。

新中国 70 年,北京社会建设取得了惊人的成就。1949 年新中国成立的时候,中国的人均预期寿命不到 35 岁。而根据《2019 年北京市卫生健康事业发展统计公报》和《北京市 2019 年国民经济和社会发展统计公报》,2019 年,北京户籍居民人均预期寿命已达到 82.31 岁,婴儿死亡率 1.99‰,孕产妇死亡率 2.96/10 万,达到了国际先进水平。北京市的医疗卫生、文化教育、社会救助等各项社会事业在过去 70 年里都取得了突飞猛进的成就,在全国处于领先地位。这与新中国成立前北京民生凋敝、积贫积弱的状况形成了鲜明的对比。新中国 70 年北京社会建设的巨大成就与共产党和人民政府以人民为中心高度重视社会建设,聚精会神抓社会建设分不开。

北京社会建设 70 年所走过的路程呈现出鲜明的发展阶段性特征。从新中国成立到改革开放前的北京社会建设以社会事业建设为中心,通过促进就业、改善住房、发展文化教育和医疗卫生事业等改善人民生活,同时通过人民公社制度、户籍制度、单位体制、票证供应制度、街道居委会体制等一系列制度实现社会管理和服务。改革开放后到党的十八大之前北京的社会建设呈现出新的阶段性特征,一方面,北京市继续抓紧推进社会事业建设,并引入市场力量参与教育、医疗、住房、物业管理等社会事业建设;另一方面,又在全国率先成立社会建设工作领导部门,致力于发展社会组织、社区、社会工作和公共服务体系,一个相对独立、富有生机和活力的社会子系统逐步发展起来;与此同时,教育、医疗、住房等民生相关服务收费日益上涨的问题逐步凸显出来。党的十八大后,在党中央的直接关怀和指导下,北京社会建设的重点转向建设和谐宜居美丽首都,党和政府为此在社会事业和生态建设中承担起更大的责任,做出更大的投入,同时将社会善治和社会建设结合起来,致力于提高首都的社会治理水平,北京的社会建设迈上了一个新的台阶。

北京的社会建设不同于其他地区的社会建设,有着自身的独特之处。北京是全国的首都,汇聚了全国各行各业的优秀人才以及全国优质的公共服务资源,集聚了中央党政军机构,北京在开展社会建设方面这些独特的机构、人才、资源优势是全国其他任何一个省、自治区和直辖市所没有的,发挥好、利用好这些优势,北京的社会建设则如虎添翼。北京又是一个国际性大都市,各国外交使团、国际组织总部或分支机构、跨国企业总部或分支机构、国际金融机构分支机构齐聚北京,为北京带来人才、信息和资金等多方面的有利条件,北京的社会建设需要从建设国际大都市的高度提出高标准,努力提供国际一流的社会公共服务,这样才能提升北京的国际竞争力和吸引力。2019 年北京的城市化程度达到了 86.6% 以上,在全国处于领先的水平。高度城市化下的社会建设需要将重点放在解决超大城市所带来的各种"大城市病"。改善城市公共基础设施建设,提高城乡居民的生活质量,成为北京社会建设的重中之重。根据北京市老龄办、市老龄协会联合北京师范大学中国公益研究院发布的《北京市老龄事业发展报告(2018)》,截止到 2018 年底,北京的户籍老年人口占北京户籍人口的比例已经达到 25.4%,平均每四个人中就有一个属于老龄人口,北京在全国已经率先进入老龄社会。发展养老事业,提高老年人生活质量成为北京市社会建设的又一个重大任务。《北京社会建设之路》通过翔实的数据资料向读者展示了首都北京社会建设的独特优势和重大挑战，使我们加深了对北京社会建设的优势和难度的认识。

《北京社会建设之路》一书对北京社会建设70年的实践经验进行了科学的总结。本书的作者将北京市社会建设的成功经验概括为五条：始终坚持以人民的幸福为根本宗旨；将社会建设放在各级党委和政府工作议程的突出重要位置；坚持经济社会统筹协调发展；坚持首善标准推进改革创新；在社会建设中践行法治思维和依法治理。应当说，这种概括是准确的。

展望未来，北京的社会建设机遇与挑战并存。城市的竞争力说到底是人才的竞争，而住房、入学、就医等问题已经成为北京吸引和留住人才的重大发展课题，需要坚持以人民为中心的发展思想，彻底解决这些痛点难点问题，通过锲而不舍的城市社会建设，将北京建设成为宜居之都、美丽之都，北京才能成为吸引和留住八方人才的沃土。

社会建设不仅是基础设施建设和社会事业建设，更是一个建设美好社会的过程。北京的社会建设需要构建一个充满生机活力和成功机遇的社会，需要建成一个和谐安乐、公平正义、共享美好生活的社会，这样的北京才是全国的首善之区、圆梦之地。北京的社会建设任务依然艰巨，但美好前景值得人们为之去奋斗。

通读全书，我们会发现，该书具有如下特征：思路清晰，框架合理，结构完整；资料翔实，数据众多，图表丰富；社会建设历史梳理脉络清晰；社会建设成就概括全面准确，成功经验总结到位；社会建设70年大事记资料弥足珍贵。总的来说，这是一部全面反映北京市社会建设发展历程、基本特征、成功经验的具有较高学术价值和现实意识的著作，值得学术界和实务界同行予以关注。

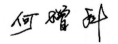

2021年10月1日于北大燕园书香斋

目 录
CONTENTS

前　言

历史巨变中超大城市社会建设的北京实践

　　什么是社会建设,如何进行社会建设,这既是进行社会建设面临的重大实践课题,同时也是深化社会建设研究的重要理论问题。在当代中国的社会变迁和社会发展中,社会建设的意涵体现着具体性和历史性的鲜明特点。在不同的历史时期对于社会建设内涵和外延存在不同的理解和认识,进而形成了民生事业论、社会管理论、社会结构论、社会重建论和社会善治论等不同侧重和各具特色的学术观点和理论主张。例如,有观点认为,社会建设可以理解为社会主体根据社会需要进行的一种有目的、有计划、有组织地改善民生和推动社会进步的社会行为和过程;也有观点认为,社会建设主要包括教育事业、科技事业、文化事业、医疗卫生、体育事业、劳动就业、社会保障、社区建设、旅游事业、人口与计划生育等方面。尽管社会建设涵盖广泛且内容丰富,但是,社会建设有其特定的边界和范围。"社会建设是什么?中国其实有大社会、中社会、小社会。小社会就是过去改革以前的社会事业,即科学、教育、文化、卫生、体育。社会建设的社会是中社会的概念,它比小社会要大一些,相对于政治、经济而言的社会。民生为主的社会,大体说的是社会管理、社会保障,也就是住房、养老、分配、就业、计生、教育,从这个意义上讲,社会建设是有限定的。"[①]也有观点认为,"社会建设就是要以改

---

① 李强:《对"社会"及"社会建设"的思考》,《国家行政学院学报》2010年第1期。

革社会体制为中心环节和突破口,以优化社会结构为核心,不断实现社会现代化,即以社会领域的现代化建设尤其是社会结构现代化,去促进整个大社会的和谐。"①

党的十九大报告在新时代坚持和发展中国特色社会主义的基本方略中提出,"坚持在发展中保障和改善民生。必须多谋民生之利、多解民生之忧,在发展中补齐民生短板、促进社会公平正义,在幼有所育、学有所教、劳有所得、病有所医、老有所养、住有所居、弱有所扶上不断取得新进展,深入开展脱贫攻坚,保证全体人民在共建共享发展中有更多获得感,不断促进人的全面发展、全体人民共同富裕",以及"提高保障和改善民生水平,加强和创新社会治理""优先发展教育事业""提高就业质量和人民收入水平""加强社会保障体系建设""坚决打赢脱贫攻坚战""实施健康中国战略""打造共建共治共享的社会治理格局""加快生态文明体制改革,建设美丽中国",等等,所有这些为全面理解新时代社会建设的目标、任务和要求提出了重要的启示,提供了全新的分析视角,也深化和丰富了对于社会建设意涵的认识。

基于学术界对于社会建设意涵的分析阐释、思想流变以及社会建设的时代背景,本书对于社会建设的界定和新中国 70 年北京社会建设的分析围绕三个维度展开,一是社会结构的变迁,包括人口结构、阶层结构、城乡结构的变化,等等;二是社会事业的发展,包括教育、卫生、养老、医疗、社会保障、社会救助等社会事业的进步;三是民生状况的改善,包括生态建设、人居环境、收入消费和生活方式的嬗变,以期全景式和全方位地展现北京社会建设的发展脉络和主要特征,以及适应发展阶段性特征不断解决在发展中遇到的社会建设现实问题,推进社会建设改革创新,进而实现社会建设提质升级和发展进步。

新中国成立以来,北京的社会建设是在巨大而深刻的经济转型和社会变迁中发展前行和逐步实现的,展现了作为国家首都、文明古都、超大城市

---

① 北京工业大学当代中国社会建设研究课题组:《社会建设的实质是建设社会现代化》,《信访与社会矛盾问题研究》2014 年第 2 期。

变革发展的历史轨迹和变迁前行的历史逻辑。

在社会结构方面,新中国成立以来,北京的社会结构发生巨大变革,人口结构发生历史性深刻转变,在职业变迁中衍生出了不同的社会群体,在经济发展中出现了全新的职业,诸如"快递小哥""网络主播"等,使得在社会生活中长期存在工、农、兵、学、商的传统社会结构重构再建,并在经济社会转型中形成了新的社会阶层;与此同时,社会结构的变化也对社会事业的发展带来巨大和深刻的社会影响。

在社会事业方面,新中国成立以来,北京的社会事业在改革开放前30年建设积累的基础上获得了进一步的发展,在社会事业发展的接续性、继承性和连续性中实现了变革进步,突出体现在教育、科技、文化、体育、卫生等各项社会事业的历史性跨越,进而对于全国社会事业的发展起到了引领和推动作用,积极回应了广大人民群众的社会需求和民生期盼。同时,伴随经济发展和体制变革,社会事业发展呈现出多层次、差异化和结构性的特点。此外,伴随非公有制经济的发展,民间资本和社会力量的参与成为社会事业变革变迁中重要的结构性特征和社会发展现象。

在民生建设方面,新中国成立以来,北京社会建设的突出成就表现为人民生活的巨大变化和民生状况的显著改善。在经济发展和变革中,北京市经济总量跃升,财政能力增强,城乡居民收入增长,生活质量提升,中等收入群体扩大,步入全面小康的生活图景,彻底告别了商品匮乏和物质短缺的状况,消费文化和生活方式发生深刻变化,社会生活发生时代创新,在我国社会主要矛盾的历史变化和发展阶段性特征时代演变中实现了消费结构升级和生活品质提升。

从新中国70年北京社会建设的发展历程可以看出,新中国成立以来,基于社会主义社会发展的特定历史阶段和作为国家首都、超大城市的特定市情、城市性质和战略定位,北京社会建设走出一条处于历史巨变中的社会主义东方大国首都社会建设的发展道路,彰显了鲜明的时代特征和实践特色,也在发展变革中凝聚着社会建设改革发展的实践寓意和政策启示。

第一,坚持社会建设的人民性,提升社会建设的民生福祉。社会建设是关乎民生福祉和人民幸福的伟大事业。人民性是北京社会建设最大的政治底色，也是社会建设的核心价值。新中国成立以来，北京社会建设内容丰富，事件众多，在这些众多的事件和政策的背后，凝聚和彰显了"人民"二字，体现了在社会建设发展过程中一切为了人民、一切依靠人民、一切服务人民的人民理念和人民情怀。在社会建设的实践中，坚持把人民群众的小事当作自己的大事，从人民群众关心的事情做起，鲜明体现了执政党的党性和人民性原则。"一切为了人民的民生福祉"是社会建设目标和宗旨的集中概括和鲜明表达。尽管在不同历史时期社会建设的方略、路径、政策、目标、水平等存在很大差异，人民群众的衣食冷暖、吃穿住用等民生需求始终成为人民政府最大的关切和关注；同时，人民群众的民生需求也随着经济社会发展环境和发展阶段性特征的变化而发生演变，社会政策的基础、条件等发生了很大的变迁，但是"人民"始终是社会建设事业的关键词和核心词，从"关心群众生活注意工作方法"到"十大关系"的提出和践行，以及以"人民群众高兴不高兴、满意不满意、答应不答应"作为评价改革的标准，特别是在新时代坚持以人民为中心的发展思想，成为社会建设的根本准绳和发展原则。"人民对于美好生活的向往就是我们的奋斗目标"成为社会建设的永恒追求。新中国成立以来，北京在社会建设中坚持和践行人民至上理念，"人文北京、科技北京、绿色北京""北京精神""民有所呼我有所应""接诉即办"等话语表达都为北京社会建设的人民性这一根本原则做出了具体鲜活的诠释。此外，社会建设的人民性还体现在社会建设的实现路径上。长期以来，北京的社会建设建立在广泛的群众参与基础之上，体现了社会建设为了人民、社会建设依靠人民、社会建设服务人民的群众观和历史唯物主义的人民观，正是在这样的思想理念指引下，形成了时代特征凸显、地域特征鲜明的北京社会建设与治理的群众实践，包括"朝阳群众""西城大妈"等社会治理的城市名片以及 2008 年北京奥运会推动的志愿服务的兴起和发展。

第二，坚持社会建设的全面性，推动社会建设的系统变革。新中国成立以来，北京的社会建设不是孤立进行的，是伴随社会主义建设事业和国家现代化的历史进程全面展开和系统推进的，是在政治建设、经济建设、文化建设、社会建设、生态文明建设"五位一体"总体布局中谋划发展、统筹推进的,其间经历了对于社会建设认识不断深化拓展的思想理念变革创新过程。随着实践的发展,社会建设被置于整个国家建设的总体布局中加以考虑和安排,这是新中国成立以来社会建设的一个重要的发展经验和实践启示。同时,新中国成立以来北京社会建设经历了从局部到整体、从较小规模到较大规模、从投入不足到投入巨大、从城乡分割到城乡统筹以及城乡一体的发展历程,表现为社会建设的水平不断提高,社会建设的规模不断扩大,社会建设的体制机制不断完善,社会建设的政策不断创新,社会建设的力度不断加大的发展过程,鲜明地体现了社会领域改革系统性和社会事业发展全面性的显著特点,彰显了在工业、农业、国防和科学技术现代化的实现过程中社会现代化的变革发展,体现了在经济社会发展中对于社会建设理念、路径、道路、政策认识的深化和拓展。新中国成立以来,北京社会建设涉及社会领域全方位体制变革和社会事业中教育、科技、文化、体育、卫生、社会保障等各项社会事业的全面改革发展,充分体现了社会建设的全面性。

第三,坚持社会建设的公正性,彰显社会建设的公平正义。新中国成立以来,立足于经济社会发展不平衡的发展阶段性特征,北京市在推进社会建设的过程中,统筹经济与社会、城市与农村、公平与效率以及不同社会阶层之间的关系,着力体现社会政策的发展性、共享性和公平性,在不同的历史时期制定和实施了涉及城乡贫困人口、下岗失业人员、残疾人、低收入家庭、流浪乞讨人员、困境儿童等社会弱势群体的社会政策,完善和加强弱势群体的社会支持体系建设,不断创新社会救助政策,实施城乡居民最低生活保障制度,努力实现应保尽保和阳光低保,丰富社会救助项目,完善医疗救助和大病救助,在住房保障中实施经济适用房和廉租房政策,回应中低收入和最低收入家庭的住房需求,织密织牢社会保障安全网,优化流动人口的管理与服务,出台了诸多具有普惠性和针对性的社会政策,使得不同社会成员能够共享改革发展的成果,彰显社会关爱和人文关怀,体现了社会建设的民生温度,促进了社会团结与社会和谐,维护社会公平正义。同时,在社会建设中,妇女、儿童、青年、残疾人等不同社会群体的全面发展和权益保障在社会建设法治化发展中得到落实和践行,体现了社会建设中不同社会成员的共同发展、平等发展和包容发展。

第四,坚持社会建设的协同性,促进社会建设的协调发展。新中国成立以来,北京的社会建设展现了超大城市社会建设和治理的特定路径和发展道路,体现了在与全国社会建设同频共振中不断创新、引领和服务于全国的社会建设,在经济社会变革和社会主要矛盾演变中凸显社会建设的适应性变革和政策创新。一是适应社会主要矛盾的变化不断提升社会建设水平,使得社会建设与人民群众的需求相适应。新中国70年,在不同的历史时期和特定的发展阶段上,我国社会主要矛盾发生演变和转化。改革开放前,国内主要矛盾是人民对于建立先进工业国的要求同落后农业国的现实之间的矛盾;改革开放后,我国所要解决的主要矛盾演变为人民日益增长的物质文化需要同落后的社会生产之间的矛盾;进入中国特色社会主义新时代后,我国社会主要矛盾已经转化为人民日益增长的美好生活需要和不平衡不充分的发展之间的矛盾。在生活水平普遍提高和物质生活更加殷实的情况下,人民群众期盼更加安全的食品,更加蔚蓝的天空,更加洁净的饮水,生态文明建设的呼声强烈。在打好全面建成小康社会的"防范化解重大风险""精准脱贫""污染防治"三大攻坚战中,针对超大城市治理中人民群众反映强烈的以雾霾为代表的生态环境问题,着力加强生态文明建设,取得了显著治理成效。北京市 $PM_{2.5}$ 年均浓度连年持续下降,从 2013 年的 89.5 微克/立方米下降到 2019 年的 42 微克/立方米,体现了生态文明建设的积极成果,成为北京民生建设以及在更高水平上推进社会建设的一大亮点。二是适应发展阶段性特征的变化,统筹确定社会建设的规模和水平。社会政策要与特定经济发展水平相适应,是社会建设的基本准则和实践要求。新中国成立以来,在不同的历史时期经济发展水平和财政能力存在很大的不同,客观上要求社会建设必须从实际出发,既不能急躁冒进,也不能故步自封,需要坚持量力而行,尽力而为。在社会建设的政策实践上,北京的社会建设体现了渐进性和阶段性的突出特点。例如,在特定的历史阶段上,社会保障制度存在城乡分割和城乡分治的问题,社会保障的覆盖面不足;由于经济社会发展水平的差异,全市各区之间居民收入存在地域差距,部分居民收入还需要进一步提高,还存在低收入家庭和城乡困难家庭。随着经济发展和社会建设能力的增强,社会建设水平也获得了逐步的提升,社会保障相关待遇标准稳步提高,反映出社会建设适应经济发展要求的协同性特征。三是在经济变革发展中实现经济建设与社会建设的统筹协调发展。在改革发展中,对于社会建设重要性的认识不断增强。改革发展实践表明,社会建设不仅要为经济变革和企业改革配套服务,而且是实现社会公平正义、维护社会和谐稳定的必然要求和实现路径。在实践中,大力发展社会事业,提高社会文明程度,着力构建平安北京、人文北京和美丽北京,在经济发展中推动社会发展,积极回应民生诉求,解决民生关切,提高了人民群众的安全感、获得感和幸福感,提升了人民群众对于政府施政的满意度。

第五,坚持社会建设的法治性,筑牢社会建设的法治保障。新中国成立以来,北京在社会建设领域的地方立法、行政规章等方面取得了相当厚重的成绩和经验,对北京的社会建设发挥着越来越重要的作用。一是在社会建设和社会治理中,实践的需要推动着社会领域立法和法治发展。例如,在社会建设的发展过程中,慈善事业、人才建设、社会保障等诸多领域凸显社会建设立法执法的重要性和紧迫性。在社会建设实践中,社会领域立法滞后于社会建设的实践需要直接影响社会建设的有序发展、规范发展和公正发展,客观上要求在社会领域加大社会立法和执法力度,使社会建设逐步走上规范化和法治化的发展道路,切实维护社会公平正义与社会和谐稳定;二是在社会建设中逐步构建了社会建设和社会治理的法律制度体系。新中国成立以来,特别是改革开放以来,伴随社会建设的推进拓展和变革发展,北京市在积极落实国家关于社会建设法治要求的同时,结合北京社会建设的实际状况和实践要求,制定和实施了一系列关于社会建设和社会治理的法律法规,在教育、医疗、卫生、社会保险、社会救助、养老、慈善事业等诸多方面构建了较为系统完备的法律法规,促进了制度转型和制度定型,推动社会建设的法治发展和转型发展以及社会事业的有序、健康和规范运行,提升了社会建设的绩效,规范了政府行为,保障了人民群众的合法权益,实现了社会建设的可持续发展。

第六,坚持社会建设的共建性,增进社会建设的"都""城"合力。社会建设是全体人民的共同事业,社会成员概莫能外。作为国家首都,北京的社会建设不仅是全国社会建设事业的重要组成部分以及在国家社会建设顶层设计指引下地方社会建设的典型范例,同时,北京的社会建设处于国家首都的独特地位,面临着处理好社会建设中"都"与"城"关系的实践课题,体现着超大城市和国家首都社会建设和社会治理的客观要求、发展条件和政策环境,凸显了社会建设中普遍性和特殊性相结合的实践要求,特别是北京城市战略定位对于社会建设的发展路径和政策安排提出了特定要求。新中国成立以来,在国家治理和经济社会变迁中北京的城市战略定位变迁体现了时代性和特定性。作为国家的政治中心、文化中心、国际交往中心和科技创新中心,北京聚集着大量的国家党政机关、人民团体、高等院校、科研院所、央属企业以及外交机构和国外使团,承载着诸多重要的功能,因此,将北京的社会建设建好建强不仅是发挥和履行首都保障和服务功能的现实要求,也是对全市人民建设更加美好生活的积极回应。在北京的社会建设中,除了具有社会建设一般的、普遍的政策属性和制度安排外,还需要处理好"都"和"城"的关系,这是北京社会建设的独有之处、发展优势和特定要求,努力推动军地和谐和区域和谐,汇聚成共同推进北京社会建设的共治共建合力。新中国成立70多年来,党中央和国务院对于北京的社会建设给予高度重视和大力支持,谋篇布局,举旗定向;中央国家机关、驻京单位积极参与北京的社会建设,通过共建共担等形式极大地推动了北京社会建设的高质量发展;同时,北京市地方各级政府积极支持和服务驻地单位的发展建设,在土地划拨、公共交通建设等诸多方面给予重要支持,形成共建共享的发展局面,有力地推动了北京社会事业的发展。实践证明,在北京的社会建设中,发挥"都""城"合力共建的重要作用已经成为不可或缺的实践力量、贡献力量以及实现区域统筹发展中需要依托的重要经济社会资源,发挥好这些驻京单位的作用,努力服务于人民群众,服务于驻地的发展,将极大地促进社会建设与社会治理,实现经济社会又快又好地发展。

建设美好幸福的社会是全体人民的共同心愿和期盼。新中国成立以来北京社会建设的政策实践和发展成就既是全国社会建设的重要组成部分,更是新中国经济发展壮大和社会文明进步的窗口和缩影,也是全国人民大力支持和全市人民共同努力奋斗的成果,充分验证了"幸福是干出来的"这一质朴而厚重的发展道理和社会哲理。新中国成立以来北京的社会建设千头万绪，论述千言万语，影响条件因素众多，其中，"幸福是干出来的"就是北京社会建设的核心要义，也是北京社会建设发展成就的密码。

新中国成立以来，北京发生历史巨变，社会经历巨大变迁，社会建设取得辉煌成就。但是，需要看到的是，北京社会建设的任务还很艰巨，社会建设目标与体制机制和治理体系能力之间还存在一些不相适应的地方，人口、资源、环境矛盾成为超大城市社会建设的现实挑战，治理"大城市病"任务艰巨，特定发展阶段性特征下公共服务供给不平衡不充分问题需要进一步破解，社会建设和社会治理仍存在短板，成为继续推进社会建设需要解决的问题。从这一点来看，社会建设是持续发展的历史过程，是一代又一代人在前人实践的基础上接续奋斗和持续奋斗的结果，并在既定的社会历史条件和已有发展基础上不断书写社会建设的历史活剧。

经过长期的建设和发展，中国特色社会主义进入新时代，也进入了新的发展阶段，社会建设面临新的发展环境、任务和目标。在抗击新冠肺炎疫情中，社会建设的体制机制和社会治理能力经受了考验，也在疫情大考中检验了社会建设的制度安排和社会治理体系效能，在全民战"疫"中取得社会建设新成果的同时，也显现了社会建设中需要进一步改进的短板和不足。

在新的历史起点上，需要秉持初心，继往开来，坚持以人民为中心的发展思想以及"为人民服务"的宗旨，本着实事求是的科学态度和改革创新的进取精神，继续推进社会建设的历史发展和科学发展，不断满足人民群众的美好生活的需要，坚持和发展社会建设的制度文明成果，提升全市人民的民生福祉，并为全国的社会建设提供实践经验，服务全国社会建设的发展，探索和践行超大城市社会建设和社会治理的北京道路，推动北京的社会建设行稳致远，走向未来！

江树革

2021 年 10 月 1 日

第一章　综合总说：人民中心　创新实践

　　以改善民生为重点的社会建设是中国社会主义建设事业和社会主义现代化发展全局的重要组成部分，直接关系到广大人民群众的切身利益和民生福祉。新中国成立70年来，北京发生了翻天覆地的历史性巨变，经济社会发展取得辉煌成就。古都展新貌，旧貌换新颜。作为社会主义新中国的首都，北京高度重视社会建设，不断发展社会事业，在社会主义革命和建设时期、改革开放和社会主义现代化建设新时期以及中国特色社会主义新时代进行了大量的社会建设，展现了波澜壮阔的社会建设历史图景，充分彰显了以"继承""变革""发展""创新"为突出特征的变迁轨迹和历程脉络。在经济发展的基础上，新中国70年北京的社会建设不断发展前行，教育、医疗、卫生、体育和社会保障等各项社会事业实现了历史性跨越，民生状况显著改善，社会结构深刻转型，社会生活发生巨变，发展理念不断创新，社会治理日趋优化，在幼有所育、学有所教、劳有所得、病有所医、老有所养、住有所居、弱有所扶等方面取得巨大发展进步，反映了北京社会建设在历史发展阶段性和时代性基础上的理念创新、历史变迁和时代变革。

一、新中国70年北京社会建设的发展历程

　　实践的需要推动认识的发展。新中国70年来，对于社会建设的认识随着经济社会发展历程和实践的需要不断创新和拓展，是在对于社会主义建

设事业发展规律认识不断深化基础上形成和发展的。从发展历程看,对于社会建设的理论内涵、思想意涵、政策构建和实现路径经历了一个认识不断深化、理解不断深入、理念不断创新的发展过程。中国共产党历来重视社会建设,社会建设的理念和思想伴随中国社会主义建设事业的进步而不断发展和创新,也是基于我国特定国情和北京具体市情以及经济社会发展历史条件和发展阶段性特征认识深化基础上形成的。在新中国 70 年不同的历史时期和发展阶段,社会建设和民生建设始终是中国共产党治国理政的重要方面,不断地发展社会事业,切实保障民生,提升人民福祉。

(一)社会主义革命和建设时期的北京社会建设(1949—1978 年)

1949 年中华人民共和国的成立开辟了中国历史发展和中华民族伟大复兴的新纪元。正如毛泽东所言,"中国的命运一经操在人民自己的手里,中国就将如太阳升起在东方那样,以自己的辉煌的光焰普照大地,迅速地荡涤反动政府留下来的污泥浊水,治好战争的创伤,建设起一个崭新的强盛的名副其实的人民共和国。"①在新中国成立之初,为了维护社会稳定,保障人民生活,巩固新生政权,中国共产党和政府高度重视民生保障,着力解决旧社会遗留下来的各种社会问题,"将旧社会遗留下来的污毒洗干净",②建设一个社会主义的新社会。在社会政策上,强调"必须认真地进行对于失业工人和失业知识分子的救济工作,有步骤地帮助失业者就业。必须继续认真地进行对于灾民的救济工作。"③提出"要合理地调整工商业,使工厂开工,解决失业问题。"④在住房问题上,中国共产党高度重视居民住房建设与保障,早在 1951 年就提出大城市必须有计划地修建居民住房。党中央提出,"北京市委所提组织公私合营的房产公司,修建房屋解决房荒的计划,各大城市凡严重缺乏房屋者均可仿行。现在大城市房屋缺乏,已引起人民

---

① 《毛泽东选集》第四卷,人民出版社 1960 年版,第 1356 页。
② 《毛泽东文集》第六卷,人民出版社 1999 年版,第 221 页。
③ 《毛泽东文集》第六卷,人民出版社 1999 年版,第 71 页。
④ 《毛泽东文集》第六卷,人民出版社 1999 年版,第 74 页。

很大不满,必须有计划地建筑新房,修理旧房,满足人民的需要"。① 针对新中国成立初期卫生、防疫和医疗工作的实际情况,党中央提出,"今后必须把卫生、防疫和一般医疗工作看作一项重大的政治任务,极力发展这项工作",②并在管理和经费等方面提出了明确要求。1960年,针对由于忙于生产"大跃进"而导致卫生工作有些放松的情况,着重加强环境建设,号召和要求把爱国卫生运动重新发动起来,把环境卫生工作摆在十分重要的地位。"环境卫生,极为重要。一定要使居民养成卫生习惯,以卫生为荣,以不卫生为耻。""必须大张旗鼓,大做宣传,使得家喻户晓,人人动作起来。"③在教育事业发展上,中国共产党高度重视教育事业,强调教育权利和教育公平,坚持社会主义教育事业的人民属性。在新中国成立之初,针对北京市中小学生负担费用重、中学的人民助学金标准低、名额少以及干部子弟学校中学生待遇极不一致的情况,提出"废除这种贵族学校,与人民子弟合一。"④并针对学生课业多、压力大的情况,要求改革学校课程设置和讲授方法。1964年,北京铁路二中校长魏莲一针对当时学生学业负担过重的问题,提出了减轻学生负担的建议,摘登在中共中央办公厅秘书室编印的《群众反映》。1964年3月10日,毛泽东作出了重要批示,"现在学校课程太多,对学生压力太大。讲授又不甚得法。考试方法以学生为敌人,举行突然袭击。这三项都是不利于培养青年们在德、智、体诸方面生动活泼地主动地得到发展的。"⑤从而掀起了教育改革的高潮,成为新中国教育史上产生重大影响的事件。在保护农民利益和农村居民的民生建设上,针对当时征粮比率过高造成农民生活困难的情况,及时调整农村政策,提出必须切实解决农民负担过重的问题。"过去因负担太重无以为生的农民,必须切实解决救济问题,今年征粮必须不超过中央规定的比率,大大减轻民负。"⑥新中国成立

① 《毛泽东文集》第六卷,人民出版社1999年版,第148页。
② 《毛泽东文集》第六卷,人民出版社1999年版,第176页。
③ 《毛泽东文集》第八卷,人民出版社1999年版,第150页。
④ 《毛泽东文集》第六卷,人民出版社1999年版,第232页。
⑤ 《毛泽东文集》第八卷,人民出版社1999年版,第376页。
⑥ 《毛泽东文集》第六卷,人民出版社1999年版,第241页。

后,妇女和青年事业的发展处在了新的历史发展阶段,面临新的使命和任务。社会主义新中国的建立,极大地改变了妇女的命运,提高了妇女地位。在社会主义的新中国,"中国的妇女是一种伟大的人力资源。必须发掘这种资源,为了建设一个伟大的社会主义国家而奋斗。要发动妇女参加劳动,必须实行男女同工同酬的原则。"①这些成为中国社会发展中男女两性关系的基点,鼓舞和激励广大妇女参与社会主义建设的伟大事业,并在其中建功立业,实现自己的理想和目标。

从新中国成立到党的十一届三中全会期间,是北京社会建设的重要历史阶段,社会建设是在实现人民站起来后进行的社会发展和民生建设事业,经历了新中国成立初期对旧社会的社会改造和社会治理,并在对农业、手工业、资本主义工商业的社会主义改造后不断推进社会主义建设,开展社会主义制度下的社会建设,发展文化、教育、体育、卫生等社会事业,奠定了当代北京社会建设和社会事业发展的基本格局和治理架构,成为改革开放后社会建设的重要基础,充分体现了社会建设的人民性、普惠性和正义性,成为改革开放以来社会建设的宝贵财富和发展基础,为改革开放和当代中国的社会建设积累了宝贵的历史经验。因此,在北京的城市建设和发展历史上,从1949年到1978年期间,不仅是开展经济建设进而奠定经济发展基础的重要时期,同时也是开展社会建设进而奠定社会发展基础的重要时期。但是,应该看到,新中国成立之初,"我们的国家是一个工业落后的国家。为了建设社会主义社会,必须发展社会主义的工业,首先是重工业,使我们的国家由落后的农业国变为先进的工业国,而这是需要一个相当长的时间的。"②"我国在经济上还是一个穷国,还是一个发展中的国家。"③这些特定的历史条件和现实国情决定着社会建设的规模和水平,社会建设面临艰巨的历史任务。

---

① 《毛泽东文集》第六卷,人民出版社1999年版,第458页。

② 《在中国共产党第八次全国代表大会上的政治报告》,《人民日报》1956年9月17日。

③ 《周恩来在中国共产党第十次全国代表大会上的报告》,http://cpc.people.com.cn/GB/64162/64168/64562/65450/4429430.html。

(二)改革开放和社会主义现代化建设新时期的北京社会建设(1978—2012 年)

党的十一届三中全会开启了中国发展的历史转折,在经济改革和社会转型中,伴随经济改革的全面展开,北京的社会建设进入新的历史时期。农村联产承包责任制的实行,城市经济体制改革的推行,社会流动的加快,在经济变革中非公有制经济的发展都给社会建设提出了新的实践课题。在改革开放进程中,城市化进程加快,城乡关系变迁,多种所有制经济成分并存,社会收入分配格局变化,客观上对社会建设提出了新的发展要求。为适应人民群众对于社会建设的要求,并在经济发展中推进社会发展,北京市推出了诸多社会领域方面的改革发展政策和措施,涉及教育、卫生、收入、就业等各项社会事业和民生建设,推动社会事业不断发展。在社会建设的发展阶段和发展定位上,1987 年,中国共产党第十三次全国代表大会上《沿着有中国特色的社会主义道路前进》的报告指出,"我国正处在社会主义的初级阶段。"①这也决定了当时社会建设的阶段属性和历史定位。

20 世纪 90 年代以来,市场化改革客观上要求必须处理好经济发展与社会发展以及经济政策与社会政策之间的关系,实现经济与社会的协调发展,为经济改革提供政策配套,解决经济变革中带来的诸如下岗失业和城市新贫困问题,以更好地保障民生和实现社会稳定。

进入 21 世纪,在经济改革发展的过程中,社会阶层结构、社会组织形式、社会利益格局不断发生深刻变化,社会建设和社会管理面临诸多新的条件和任务。在经济快速发展和城市建设不断推进的过程中,2001 年 7 月 13 日,北京申奥成功,获得 2008 年奥运会的举办权。作为新中国 70 年北京城市发展史乃至当代中国发展史中的一件大事,奥运会的筹办成为北京经济社会发展的重大历史契机和发展机遇,极大地推动了北京的经济发展、城市治理和社会建设。2003 年,中国共产党十六届三中全会通过的《中共中央

---

① 中国共产党第十三次全国代表大会上的报告:《沿着有中国特色的社会主义道路前进》,http://www.71.cn/2012/0523/671883.shtml。

关于完善社会主义市场经济体制若干问题的决定》提出,"坚持统筹兼顾,协调好改革进程中的各种利益关系。坚持以人为本,树立全面、协调、可持续的发展观,促进经济社会和人的全面发展。"①着力推进就业和分配体制改革,完善社会保障体系,深化科技、教育、文化、卫生体制改革,提高国家创新能力和国民整体素质,将社会建设置于完善社会主义市场经济体制总体安排中进行推进。2004年,中共十六大报告第一次将"社会更加和谐"作为重要目标提出。2004年9月,在中国共产党第十六届中央委员会第四次全体会议上通过的《中共中央关于加强党的执政能力建设的决定》指出,"要适应我国社会的深刻变化,把和谐社会建设摆在重要位置,注重激发社会活力,促进社会公平和正义,增强全社会的法律意识和诚信意识,维护社会安定团结",以及"加强社会建设和管理,推进社会管理体制创新。"②社会建设被摆在更加重要的位置,受到高度重视,并日益转化为具体生动的社会实践。在实践中,加强社会建设和管理,推进社会管理体制创新,不仅是发展社会事业和加强民生建设的需要,也是基于经济变革和社会转型的特定历史时期和发展阶段性特征做出的现实回应。在社会主义市场经济快速发展和市场化改革加速推进的过程中,经济社会发展处于重要发展机遇期以及社会矛盾凸显期交织并存的急剧的社会转型期。随着体制变革、经济转轨和社会转型,在城市化、现代化和市场化发展过程中,由于社会结构变革和社会利益关系调整,社会矛盾凸显,矛盾纠纷增多,呈现出矛盾纠纷主体多元化、纠纷类型多元化、诉求渠道多元化等特定社会现象,需要创新社会管理,维护社会公平正义,促进社会和谐。

在推进社会建设的发展中,体制机制建设成为社会建设的重要任务和要求。适应社会建设的需要,建立社会建设工作部门进而推进社会建设和社会领域的改革发展成为社会建设的实践要求。在此方面,北京市在全国率先成立了统筹全市社会建设的专门机构和工作部门——市委社会工委、

---

① 《中共中央关于完善社会主义市场经济体制若干问题的决定》,《理论建设》2003年第5期。
② 《中共中央关于加强党的执政能力建设的决定》,《党建研究》2004年第10期。

市社会办,标志着北京社会建设事业进入了一个新的发展阶段。北京在全国率先成立社会建设工作部门,成为北京社会建设的重要创新实践,开启了北京市社会建设工作机构筹建工作。2007 年 12 月 2 日,中共北京市委社会工作委员会、北京市社会建设工作办公室成立,到 2009 年底,北京各区县社会建设工作机构陆续挂牌成立。

在深入贯彻落实科学发展观的实践中,社会建设被赋予了重要的实践意涵和发展要求。在社会建设全面展开的背景下,2007 年 10 月中共十七大报告提出,"必须坚持全面协调可持续发展""要按照民主法治、公平正义、诚信友爱、充满活力、安定有序、人与自然和谐相处的总要求和共同建设、共同享有的原则,着力解决人民最关心、最直接、最现实的利益问题,努力形成全体人民各尽其能、各得其所而又和谐相处的局面,为发展提供良好社会环境""加快推进以改善民生为重点的社会建设",对社会建设提出了明确的发展要求和目标。

2008 年,在党中央的坚强领导和全国人民的共同努力下,北京奥运会成功举办。北京奥运会后,全市经济社会发展进入了后奥运时代的发展阶段。在这一时期,北京处于不断深化改革和经济快速发展的时期。基于奥运筹办的重大实践成果,北京市适时提出建设人文北京、科技北京、绿色北京的发展战略,将在奥运会筹办过程中所形成的人文奥运、科技奥运和绿色奥运三大办奥理念转化为城市发展新理念。特别是人文北京成为北京社会建设的底色和标志。人文北京作为社会建设的发展理念和方向指引,源自北京奥运会筹办中北京城市建设和管理整体提升中社会建设理念的创新发展。北京奥运会全面提升了北京的政治建设、经济建设、社会建设、文化建设和生态文明建设水平,催生了人文北京的思想文化要素,在践行科学发展、坚持以人为本不断推动城市建设和发展中,人文北京建设致力于全面提升城市素质和人文品质,实现人文再造和人文发展,努力构建社会主义和谐社会首善之区,其根本目的在于建设民生、改善民生和发展民生,在加强社会建设中不断解决好住房、医疗、教育、社会保障等民生问题和人民群众最关心、最直接、最现实的利益问题,不断提高广大人民群众的生活水平和生活质量,增加城乡居民收入,提高社会保障水平,增加人民群众的安全感和

幸福感,并在经济发展的基础上,通过制度安排,实现社会公平正义与社会
和谐稳定。

在深入贯彻落实科学发展观和构建社会主义和谐社会的背景下,基于
筹办北京奥运会的实践经验特别是社会建设的发展成果,从构建社会主义
和谐社会首善之区的要求和目标出发,2008 年 9 月,中共北京市委、北京市
人民政府印发了《北京市加强社会建设实施纲要》以及《关于进一步加强和
改进社会领域党建工作的意见》《关于加快推进社会组织改革与发展的意
见》《北京市社区管理办法(试行)》《北京市社区工作者管理办法(试行)》
等社会建设"1+4"系列文件,涉及社会公共服务体系、社区管理体系、社会
组织管理体系、社会工作运行以及社会领域党建工作体系的构建,实现"构
建五大体系,形成社会建设新格局的基本框架。"①在加快推进社会管理体
制改革以及社会工作机制创新中,努力构建具有时代特征、中国特色、首都
特点的社会建设新格局的基本框架。

(三)中国特色社会主义新时代的北京社会建设(2012 年以来)

进入新时代,北京的城市发展和社会建设处在中国特色社会主义新时
代的历史发展方位中。"建设一个什么样的首都,怎样建设首都"成为北京
发展的时代考量,也为新时代北京社会建设提出了实践课题。作为中华人
民共和国的首都,北京的建设和发展得到了党和国家的高度重视。党的十
八大以来,习近平总书记视察北京,发表重要讲话,为新时代北京的社会建
设赋予了新的实践意涵和目标方向。

2014 年 2 月,习近平总书记在北京考察并就京津冀协同发展发表重
要讲话,对推动京津冀协同发展作出战略部署,在北京的城市发展历史上
产生了具有里程碑性质的重大意义。针对北京建设和发展的实际情况,
就推进北京发展和管理工作提出五点要求,包括"一是要明确城市战略定
位";"二是要调整疏解非首都核心功能";"三是要提升城市建设特别是
基础设施建设质量";"四是要健全城市管理体制,提高城市管理水平";

---

① 《北京社会建设五大体系堪称全国样本》,《领导决策信息》2008 年第 40 期。

"五是要加大大气污染治理力度"。① 2015 年 4 月 30 日，中央政治局会议审议通过《京津冀协同发展规划纲要》，在功能定位、发展目标、空间布局、功能疏解、重点领域都作出了安排，对于包括北京社会建设在内的整个城市发展产生重大深远的影响，而在京津冀协同发展中，治理和解决"大城市病"问题、推进生态保护与建设以及发展安全绿色可持续交通，都将有力地推动北京的社会建设，提升人民群众的生活质量。

2017 年 2 月 23 日至 24 日，习近平总书记在北京考察城市规划建设和北京冬奥会筹办工作。习近平总书记指出，"城市规划在城市发展中起着重要引领作用。北京城市规划要深入思考'建设一个什么样的首都，怎样建设首都'这个问题，把握好战略定位、空间格局、要素配置，坚持城乡统筹，落实'多规合一'，形成一本规划、一张蓝图，着力提升首都核心功能，做到服务保障能力同城市战略定位相适应，人口资源环境同城市战略定位相协调，城市布局同城市战略定位相一致，不断朝着建设国际一流的和谐宜居之都的目标前进"。②

2017 年 9 月，《北京城市总体规划（2016 年—2035 年）》发布，成为北京城市建设与发展的蓝图。在《北京城市总体规划（2016 年—2035 年）》中，北京城市战略定位是全国政治中心、文化中心、国际交往中心和科技创新中心，发展目标是建设国际一流的和谐宜居之都。在城市规模上，严格控制人口规模，优化人口分布；在坚持生活空间宜居适度，提高民生保障和服务水平方面，提出构建覆盖城乡、优质均衡的公共服务体系，包括建成公平、优质、创新、开放的教育体系，构建覆盖城乡、服务均等的健康服务体系，建成医养结合、服务均等的养老服务体系，构建现代公共文化服务体系，构建完善的全民健身公共服务体系，完善社会救助、助残和服务体系；提出建设海绵城市、森林城市等发展目标，彰显了创新、协调、绿色、开放、共享的新发展

---

① 《立足优势　深化改革　勇于开拓　在建设首善之区上不断取得新成绩》，《人民日报》2014 年 2 月 27 日。

② 《立足提高治理能力抓好城市规划建设　着眼精彩非凡卓越筹办好北京冬奥会》，《人民日报》2017 年 2 月 25 日。

理念,不仅是整个城市的发展规划,也为北京社会建设和社会治理提出了发展目标和政策安排。

党的十九届四中全会后,在推进国家治理体系和治理能力现代化的进程中,如何在实现"中国之治"中实现北京"城市之治",并在首都治理中为国家治理体系和治理能力现代化作出贡献,成为新时代北京城市发展中社会建设与社会治理的重大课题。治理"大城市病"、京津冀协同发展、城市副中心建设、疏解北京非首都功能等,都给北京社会建设和社会治理提出新的目标和要求。从新时代北京改革发展和首都治理的实际出发,2019年12月《中共北京市委贯彻〈中共中央关于坚持和完善中国特色社会主义制度推进国家治理体系和治理能力现代化若干重大问题的决定〉的实施意见》发布,提出,"强化满足'七有'要求和'五性'需求的制度保障。健全幼有所育、学有所教、劳有所得、病有所医、老有所养、住有所居、弱有所扶等方面基本公共服务制度体系,加强普惠性、基础性、兜底性民生建设。围绕群众便利性、宜居性、安全性、公正性、多样性需求,创新公共服务提供方式,增加公共服务有效供给,鼓励支持社会力量兴办公益事业",高度彰显了社会建设的民生性、全面性和指向性,体现了合作治理的社会治理思维和发展理念;同时,在首都治理中深刻蕴含着平安北京、幸福北京、法治北京、美丽北京等思想意涵,成为北京城市治理的重要指向。尤为重要的是,在新时代的北京社会建设和社会治理中,突出强调重心下移和基层基础治理,夯实社会治理的根基。其中,"街乡吹哨、部门报到""接诉即办""有一办一、举一反三""主动治理、未诉先办"等鲜活话语生动表达了新时代北京社会治理的服务特质、工作作风和治理取向。此外,在新时代的北京社会建设和社会治理中,对于直接关系人民群众现实利益问题的教育、健康、就业、社会保障等都作出了制度安排,努力解决好人民群众的操心事、烦心事、揪心事,体现了鲜明的人民情怀和社会关怀,并在社会建设中把生态文明建设摆在重要位置,努力建设生态城市,实现社会建设与生态文明建设的有机融合和共同发展,以适应新时代在社会主要矛盾转化的历史条件下切实满足人民群众日益增长的美好生活需要。

二、新中国 70 年北京社会建设历史条件的嬗变

（一）经济总量显著壮大

新中国 70 年，北京经济不断发展，实现了历史性跨越，成为北京社会建设的基础性、前提性条件，为社会建设奠定了必要的基础。1949 年中华人民共和国成立以来，北京市的经济发展经历了不同的历史时期，历经从第一个五年计划到"十三五"规划期间的阶段性、连续性和持续性的建设，在工业、农业、商业、外贸、科技等诸多方面取得了历史性的成就，国民经济获得巨大发展，经济总量显著扩大，实施社会政策的能力不断增强，为社会建设和社会发展提供了必要的物质基础。1949 年，北京的地区生产总值为 2.8 亿元，[①]1978 年增长到 108.8 亿元，2007 年迈过万亿元大关。党的十八大以来，全市经济总量持续扩大，2013 年地区生产总值超过 2 万亿元，2019 年达到 35371.3 亿元。[②]

在地方财政收入方面，在经济发展的基础上，北京市的地方财政能力显著增强，为实施更大规模的社会政策以及保障和改善民生创造了必要的条件。特别是改革开放以来，北京市的地方财政收入不断增长，政府预算收入显著提高，极大地促进和保障了社会事业的发展。从 2000 年到 2019 年，北京市地方政府一般公共预算收入从 345 亿元增长到 5817.1 亿元，[③]增长了约 15.9 倍，为民生建设和社会事业发展提供了财政支持。

（二）经济社会结构深刻变化

新中国成立 70 年来，在经济社会发展过程中，北京市的经济社会结构

---

① 北京市统计局、国家统计局北京调查总队编：《数说北京 70 年》，中国统计出版社 2019 年版，第 127 页。

② 北京市统计局、国家统计局北京调查总队编：《北京统计年鉴 2020》，中国统计出版社 2020 年版，第 38 页。

③ 北京市统计局、国家统计局北京调查总队编：《北京统计年鉴 2020》，中国统计出版社 2020 年版，第 132 页。

发生深刻变革,突出表现在产业结构、所有制结构和社会结构的巨大变化,对北京的社会建设产生了重要影响。

在产业结构上,新中国70年来,特别是改革开放以来,经济发展带来了经济结构的变革,凸显了产业结构趋于高端化的历程转变。在产业结构上,1978年在北京市地区生产总值构成中,第一产业、第二产业和第三产业的占比分别为5.1%、71.0%和23.9%,到2019年转变为0.3%、16.2%和83.5%,①呈现出第一产业、第二产业占比下降和第三产业占比显著提升的发展历程。

在所有制结构上,随着国家鼓励、支持和引导非公有制经济发展的一系列政策措施的实施,北京市的个体、私营经济和外资企业迅速发展,非公有制经济从业人员增加。大量的社会从业人员在非公有制经济领域就业客观上要求传统的基于公有制经济基础的社会保障制度必须进行适应性变革。在改革发展中,需要建立健全新的社会保障体系,扩大社会保障的覆盖面,使之从公有制经济领域扩展到非公有制经济领域成为社会保障制度改革发展的必然要求。在这样的历史背景下,适应新的经济成分的发展,新的经济组织和社会组织的出现,需要进一步完善创新社会保障制度。

在就业结构上,改革开放以来,北京市经济结构的变化突出表现在经济成分和所有制结构变化下人口就业结构的嬗变。改革开放之前,在社会主义计划经济体制和就业管理体制下,社会劳动者集中分布在公有制经济单位,并在全民所有制和集体所有制单位中就业。改革开放后,随着经济体制改革的深化和对外开放的扩大,经济成分多样化和所有制关系的多元化日益凸显,个体私营经济和外资企业逐渐成为就业的重要渠道,带来社会结构和就业结构的深刻变化。1978年,北京市城镇从业人员为291.6万人,全部分布在国有单位和集体单位,其中,国有单位从业人员为240.9万人,集体单位从业人员为50.7万人。2019年北京市城镇从业人员为1198.9万人,其中,国有单位从业人员170.8万人,集体单位从业人员14.9万人,有

① 北京市统计局、国家统计局北京调查总队编:《北京统计年鉴2020》,中国统计出版社2020年版,第42页。

限责任公司从业人员 327 万人,股份有限公司从业人员 112.6 万人,外商投资企业从业人员 74.5 万人,港澳台商投资企业从业人员 71.1 万人,私营企业从业人员 372.6 万人,个体从业人员 35 万人,①城镇就业人员就业领域多元化的特征凸显,特别是在市场化改革进程中国有单位从业人员数量下降成为在经济发展变迁中重要的社会现象。

在社会阶层结构上,改革开放后,在经济体制改革不断推进和经济转型发展的过程中,北京市经历了从社会主义计划经济向社会主义市场经济的深刻变革。在经济体制改革特别是劳动就业体制改革变迁的过程中,非公有制经济的发展带来了就业结构的改变和就业实现形式的变化,突出表现为非公有制经济的发展以及多种所有制经济并存结构中非公有制经济占比的提高。经过改革开放以来的发展,北京市的所有制结构发生深刻变化,由改革开放前的国有集体经济为代表的以公有制经济为绝对主体的结构,转变为包括公有制经济和非公有制经济共同存在、共同发展的局面,形成"体制内"和"体制外"并行的经济形态和经济格局,逐步出现和形成了新经济组织和新社会组织,在社会生活中出现了民营科技企业的创业人员和技术人员、受聘于外资企业的管理技术人员、个体户、私营企业主、中介组织的从业人员、自由职业人员等新的社会阶层,对于经济发展和社会建设产生深刻的影响。个体、私营等非公有制经济的发展使得基于公有制经济基础的传统社会保障制度面临新的挑战,也形成了社会成员对于社会保障差异化和多样化的社会需求,需要对社会保障制度进行变革和调整,以适应社会主义市场经济发展的需要。特别是城市经济体制改革以来,所有制结构的变化,多种经济成分的发展,社会收入分配差距的扩大,外商投资企业、个体、私营等非公有制经济的快速发展对于社会保障制度改革和建设起到了重要的催生和推动作用。其中,20 世纪 80 年代中期以后,随着改革开放的发展,外商投资企业的迅速发展和外商投资企业就业人员的增加,在非公有制企业中建立社会保障制度成为经济社会发展的客观要求。

---

① 北京市统计局、国家统计局北京调查总队编:《北京统计年鉴 2020》,中国统计出版社 2020 年版,第 73 页。

（三）人口结构发生转型

在新中国70年的经济社会发展中,北京市的人口结构发生深刻变化,成为社会建设和社会发展的基础性条件。一是城市人口规模显著扩大。新中国成立后,在社会主义现代化建设进程中,伴随工业化和城镇化的推进,在不同的历史时期北京人口规模呈现出不同的发展态势。特别是随着城市的建设和发展,城市吸引力显著增强,产生巨大的人才聚集效应和创新创业优势,促成城市人口总量的扩大和人口规模的扩张。按现行区划统计,从1949年到2019年,北京市的常住人口总量从420.1万人增长到2190.1万人,增长了4.21倍,对社会建设产生重大影响。二是城市化水平不断提高。新中国成立70年来,农村社会发生历史性巨变,城乡关系历经深刻变化,由二元社会结构下的城乡分割和城乡分治趋向城乡统筹和城乡一体化发展。随着城镇化的快速发展,北京城市化水平不断提高,呈现出城镇人口不断增长和城镇人口占比显著提高的发展历程。从1949年到2019年,北京市的城镇人口数量从178.7万人增长到1913.1万人,增长了9.71倍;2019年,北京市城镇人口数量占全市常住人口总量的87.35%。三是人口老龄化进程加快,老年人口比重上升。新中国成立70年来,北京市的人口结构经历了逐步趋于老龄化的发展历程,人口老龄化趋势凸显,突出表现为0—14岁人口比重显著下降以及60岁以上人口比重不断上升的发展历程。从1953年到2019年,北京市60岁以上人口比重从5.6%上升到19.10%。北京市人口年龄结构的深刻转型客观上要求社会建设必须适应经济发展和人口年龄结构特别是人口老龄化的现实进行适应性的调整,以更好地满足经济社会发展和民生建设的需要。此外,在特定的经济发展阶段性特征下,伴随城乡关系变化和社会管理体制变革,流动人口数量的增长变动成为首都人口发展和社会建设的重要内容。新中国70年,特别是改革开放以来,北京市流动人口数量的增长变动对于人口的管理服务诸如户籍、住房、医疗、教育、社会保障等产生很大的影响,成为北京社会建设和社会治理的重要任务,也成为在经济转型发展中加强以改善民生为重点的社会建设以及创新社会治理的现实社会环境和社会条件。

(四)城乡关系变迁变革

新中国成立 70 年来,北京市的城乡关系发生巨大变化。在城乡关系演变和发展的过程中,北京市经历了城乡二元分治、城乡统筹和城乡一体化发展的历史进程,对于北京的社会建设特别是教育、医疗、卫生等社会事业发展和民生建设都产生了重大的影响。同时,适应城乡关系的变化和城镇化的发展,北京市不断推进社会政策的完善和创新,以更好地适应和回应民生建设的现实需要。根据有关统计数据,1949 年北京常住人口中城镇人口占比低于乡村人口占比,城市化水平较低。新中国成立 70 年来,伴随北京城市化、工业化进程的推进,在城市总人口增长变动的过程中,城镇人口和乡村人口实现了不同程度的增长。1954 年,北京市城镇人口占比开始高于乡村人口占比,此后一直呈现出城镇人口占比高于乡村人口占比的城乡人口结构演变态势。改革开放后,伴随经济体制改革,社会流动加快,特别是在 20 世纪 90 年代市场化改革加速推进,北京市的城市化进程不断加快,城镇人口规模显著扩大,在人口结构中表现为城镇人口占比总体趋向攀升和乡村人口占比总体趋向下降的发展趋势。见图 1.1。

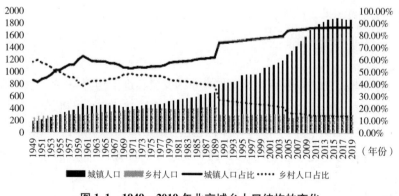

图 1.1 1949—2019 年北京城乡人口结构的变化

三、新中国 70 年北京社会建设的发展实践

新中国成立 70 年来,伴随经济的快速发展和社会建设的不断加强,社会建设的成果日趋彰显,突出表现为社会结构发生历史性巨变,社会事业不断发展进步,人民生活水平和生活品质提高,衣、食、住、用、行诸方面呈现全面的社会生活创新,社会保障体系日臻完善,社会运行和谐稳定,成为世界上治安最好的城市之一,在新时代充分彰显了首都发展的风貌,向全国人民和全世界人民展现了一个不断进步、变革、发展中的新时代的新北京。

党的十九大报告指出,"坚持在发展中保障和改善民生。增进民生福祉是发展的根本目的。必须多谋民生之利、多解民生之忧,在发展中补齐民生短板、促进社会公平正义,在幼有所育、学有所教、劳有所得、病有所医、老有所养、住有所居、弱有所扶上不断取得新进展,深入开展脱贫攻坚,保证全体人民在共建共享发展中有更多获得感,不断促进人的全面发展、全体人民共同富裕。"①这些关于社会建设的论断和要求,为研究社会建设的发展实践提供了新的分析视角。新中国成立 70 年来,在经济发展和体制变革中,北京的教育、医疗、住房、社会保障等关系广大人民群众切身利益的社会事业不断得到夯实、推进和发展,广大人民群众切实感受到了经济发展和社会建设带来的成果和福祉。

(一)幼有所育

新中国成立以来,随着医药卫生事业的发展和进步,全市主要卫生健康指标显著改善,婴儿死亡率和新生儿死亡率显著下降。从 1978 年到 2019 年,婴儿死亡率从 17.11‰下降到 1.99‰;新生儿死亡率从 12.21‰下降到 1.21‰。② 作为重要的社会建设事业,学前教育被置于重要的位置,党和政府通过多种形

---

① 习近平:《决胜全面建成小康社会 夺取新时代中国特色社会主义伟大胜利——在中国共产党第十九次全国代表大会上的报告》,人民出版社 2017 年版,第 23 页。
② 北京市统计局、国家统计局北京调查总队编:《北京统计年鉴 2020》,中国统计出版社 2020 年版,第 528 页。

式扩大学前教育资源,加大学前教育投入,加强幼儿教师队伍建设,为实现幼有所育提供发展条件和保障,努力构建安全、卫生、优美的儿童学习生活环境。进入新时代,针对学前教育发展的社会环境和实际情况,北京市高度重视和发展学前教育,努力着力解决"入园难""入园贵"问题,把普惠性学前教育纳入基本公共服务。针对人民群众对于幼儿园建设的现实需求,特别是2016年国家全面放开"二孩政策"以来,面对幼有所育的新情况、新需求和新期待,北京市不断强弱项,补短板,不断提升实现"幼有所育"的软件和硬件建设,改善环境,完善政策,加强师资,努力实现均衡发展,使得幼有所育进入发展的新阶段,进而不断满足城乡广大人民群众的社会需求。

新中国70年,北京市在幼有所育和幼有所学方面取得了显著成就。与新中国成立之初相比,幼儿教育实现巨大发展,办学条件和教育质量显著提高,幼有所学不断得到保障和提升,幼儿素质教育成果凸显,幼儿师资队伍建设不断加强。这期间,受到人口政策调整变化以及其他因素的影响,在幼儿园数量和在园人数方面出现较大的波动,单位幼儿园的在园人数在不同的年份差距悬殊,形成幼儿园建设以及幼儿教育供给与需求之间的矛盾。以在园人数为例,新中国70年来,北京市的在园人数在不同的历史时期出现波动和变动。从1949年到2019年,在园人数从2321人①增长到467595人,②增长了200.5倍;同时,在实现幼有所育中,幼有所育的质量得到提升,教职工人数实现了大幅度增长。从1949年到2019年,教职工数从140人③增长到79777人,④

①　北京市统计局、国家统计局北京调查总队编:《数说北京70年》,中国统计出版社2019年版,第482页。

②　北京市统计局、国家统计局北京调查总队编:《北京统计年鉴2020》,中国统计出版社2020年版,第497页。

③　北京市统计局、国家统计局北京调查总队编:《数说北京70年》,中国统计出版社2019年版,第482页。

④　北京市统计局、国家统计局北京调查总队编:《北京统计年鉴2020》,中国统计出版社2020年版,第497页。

其中专任教师从 1949 年的 71 人①增长到 2019 年的 41187 人②,增长了 579.1 倍。见图 1.2。进入新时代,针对幼儿园学位紧张的实际情况,面对人民群众对于幼有所育的社会需求,幼有所育受到高度重视,北京市积极回应人民群众的民生诉求和期盼,在加强社会建设中推进幼儿教育提质升级和幼教事业的发展,幼儿园数量和质量全面提升,幼有所育政策目标的实现得到进一步的加强和落实。北京市在园人数和教职工数分别从 2012 年的 331524 人和 48080 人,增长到 2019 年的 467595 人和 79777 人。③ 北京市多措并举鼓励各区增加普惠性学前教育资源,兴办多办普惠性幼儿园,推动了普惠性幼儿园(含社区办园点)的数量增长,惠及和覆盖更多的在园幼儿。

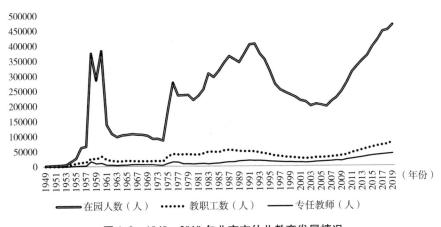

图 1.2 1949—2019 年北京市幼儿教育发展情况

(二)学有所教

教育在社会主义现代化建设事业中具有全局性、战略性的重要地位,也

---

① 北京市统计局、国家统计局北京调查总队编:《数说北京 70 年》,中国统计出版社 2019 年版,第 482 页。

② 北京市统计局、国家统计局北京调查总队编:《北京统计年鉴 2020》,中国统计出版社 2020 年版,第 497 页。

③ 北京市统计局、国家统计局北京调查总队编:《北京统计年鉴 2020》,中国统计出版社 2020 年版,第 497 页。

是广大人民群众最关心、最直接的现实利益问题。作为全国优质教育资源高度聚集的国家首都和世界城市，新中国70年的时代变迁见证了教育事业的发展进步。新中国成立70年来，在党的教育方针指引下，北京教育事业不断发展壮大，成为全国教育高度发达的地区。在教育改革发展的过程中，北京的教育格局深刻变革，教育投入不断加大，教育事业发展不断迈上新的台阶，学前教育、义务教育、职业教育、高等教育、特殊教育、民族教育、继续教育等各级各类教育事业全面发展和提升，教育在全市经济社会发展中的支撑作用更加突出。

新中国70年来，北京教育事业的发展充分体现和彰显了教育发展理念和教育指导思想的守正创新。进入新时代，坚持立德树人的教育根本原则要求，旨在培养德智体全面发展的社会主义建设者和接班人，将教育事业放在优先发展的位置，注重教育公平，努力办好人民满意的教育，教育事业获得全面发展，并且赋予了学习型社会建设的时代意义，教育事业进入新的发展阶段。特别是在教育改革发展中，全面推进依法治教，加强和改进北京教育法治工作，推进教育治理体系和治理能力现代化。

一是顺应教育发展阶段性特征的变化形成庞大的教育规模。新中国70年，北京各类学校的数量在不同的历史时期出现明显的变化。在新中国70年的教育事业发展中，北京各类学校数量先后在1958年和1976年达到较高的数量水平，分别为10102个和12238个。① 改革开放后，在民间资本参与社会建设和教育事业发展中，民营教育机构的出现和发展成为教育规模扩大的影响因素。在教育事业的改革发展中，全市各类学校数量发生新的变化。进入新时代，全市各类学校数量稳步持续增长，从2012年到2019年北京各类学校数量从3314个增长到3640个。②

二是在经济转型和社会变革中构建了日臻完善的教育体系。新中国70年来，在经济改革和社会巨变中，北京教育事业不断发展。面对经济社

① 北京市统计局、国家统计局北京调查总队网站，北京市宏观经济与社会发展基础数据库，http://hgk.tjj.beijing.gov.cn/ww/MenuItemAction! queryMenu。
② 北京市统计局、国家统计局北京调查总队编：《北京统计年鉴2020》，中国统计出版社2020年版，第494页。

会发展的需要,以培养和造就有理想、有知识、有品德、有能力、有作为的社会主义建设者为目标,着眼人才培养和提升人民群众的思想道德素质和科学文化素质,经过长期的建设和发展,北京建成了包括高等教育、中等教育、小学教育等在内的复合的多层次的教育体系。在社会主义市场经济发展中,基于人民群众对于教育发展多元化和多层次的社会需求,在支持和规范社会力量兴办教育中,民办教育获得发展,成为全市教育事业发展的重要组成部分,促进了教育的多样化和个性化发展。例如,在民办普通高中毕业生数量方面,1995 年毕业生数仅为 45 人,2018 年达到 2259 人。① 在教育事业发展中,各类学校数量发生增长变动,普通高等学校数量实现了较为稳定的增长,反映了北京市高等教育发展的成果,成为实现学有所教的重要保障和发展标志,反映了北京教育事业发展质量和水平的提升。特别是改革开放以来,北京的高等教育事业实现了快速发展。从 1978 年到 2019 年,北京普通高等学校的数量从 35 个增长到 93 个。②

三是在教育规模扩大和质量提升中学有所教得到践行落实。在坚持教育优先发展的战略安排和办好人民满意的教育的发展目标中,新中国 70 年来,北京的教育资源得到进一步丰富扩展,教育发展高端化和国际化特征进一步凸显,人民群众接受教育的权利得到切实保障;同时,在教育事业发展中,努力满足不同社会成员、不同社会群体的差异化的教育需求。针对城乡困难家庭,通过制定具有针对性的社会政策,有效保障家庭经济困难学生以及残疾人基本教育权利。同时,在教育发展中,不断提升教育质量,使得学生能够获得更加优质的教育。例如,从 1978 年到 2019 年,在平均每一专任教师负担学生数方面,普通中学平均每一专任教师负担学生数从 19.9 人下降到 8.2 人。③

---

① 北京市统计局、国家统计局北京调查总队编:《数说北京 70 年》,中国统计出版社 2019 年版,第 481 页。
② 北京市统计局、国家统计局北京调查总队编:《北京统计年鉴 2020》,中国统计出版社 2020 年版,第 494 页。
③ 北京市统计局、国家统计局北京调查总队编:《北京统计年鉴 2020》,中国统计出版社 2020 年版,第 496 页。

(三)劳有所得

就业是民生之本。新中国成立 70 年,北京市的社会就业一直沿着扩大就业规模、提高就业质量、优化就业结构、增加就业收入、构建就业保障的轨道发展前行,在实现就业、保障就业、促进就业中不断提高劳动者收入,从而改善和建设民生。从历史变迁的视角看,新中国 70 年来,北京市的劳动就业在理念、规模、体制、政策等各个方面都发生了历史性变革,与社会主要矛盾变化的要求相一致,体现了阶段性、时代性、法治性和民生性等重要发展特征、实践特色和政策取向,经历了从社会主义计划经济年代统包统配的就业政策到社会主义市场经济条件下保障就业、促进就业和就业优先发展的政策演变,体现了以人为本的积极的就业取向和政策思维。改革开放后,伴随经济结构变革和民营经济的发展,民营企业和中小微企业已经成为吸纳社会就业的重要渠道。特别是进入新时代,就业被摆在经济社会发展的突出位置。在坚持以人民为中心的发展思想指引下,针对客观经济环境的变化和新时代社会就业形势、就业形态的变化,坚持以创业带动就业,努力激活发展动力,激发创业潜能,在大众创业、万众创新中推动就业增长和就业实现。同时,在互联网时代下,出现了就业新形态、新业态以及全新的就业形式和岗位,凸显社会生活创新的时代特征。

一是就业规模显著扩大。从在岗职工人数看,从 1949 年到 2019 年,北京市在岗职工人数从 31.9 万人[1]增长到 2019 年的 727.8 万人,[2]增长了21.8 倍;其中,同期国有单位在岗职工人数从 12.2 万人[3]增长到 162.7 万人,增长了 12.3 倍。进入新时代,在岗职工人数在规模上达到新的高度,从

---

[1]　北京市统计局、国家统计局北京调查总队编:《数说北京 70 年》,中国统计出版社 2019 年版,第 184 页。

[2]　北京市统计局、国家统计局北京调查总队编:《北京统计年鉴 2020》,中国统计出版社 2020 年版,第 75 页。

[3]　北京市统计局、国家统计局北京调查总队编:《数说北京 70 年》,中国统计出版社 2019 年版,第 184 页。

2014 年到 2019 年在岗职工人数保持在 700 万人以上的水平。

二是劳动力市场总体平稳。新中国 70 年,北京市经历了经济体制的深刻变革,对劳动力市场产生重大影响。从促进经济发展、维护社会和谐稳定、建设和改善民生的目标出发,北京市不断完善劳动力市场体系,加强劳动力市场建设,推进就业政策完善和创新,保障劳动者就业权利,克服市场失灵,使得北京市的城镇登记失业率和城镇新增就业人数保持了较为稳定的状态,特别是城镇登记失业率保持在较低的水平上,成为北京市劳动就业状况的鲜明特点。1979 年,北京市城镇登记失业率为 1.6%,2019 年,北京市城镇登记失业率为 1.3%,①其间,城镇登记失业发生了一些波动和变动,但是总体就业稳定,失业率较低。

三是在经济发展和就业实现中职工工资不断增长。从 1978 年到 2019 年,北京市城镇单位在岗职工平均工资从 673 元增长到 173205 元,②增长了 256.4 倍;其中,国有单位在岗职工平均工资从 703 元增长到 195783 元;③集体单位在岗职工平均工资从 471 元增长到 69344 元,④体现了劳有所得和共建共享发展成果。

新中国 70 年来,北京市劳动就业实现巨大发展,特别是改革开放以来,就业规模显著扩大,就业结构不断优化。随着产业结构调整升级,三次产业的就业结构从 1978 年的 28.3∶40.1∶31.6 变动为 2019 年的 3.3∶13.6∶83.1;⑤就业收入不断提高,实现劳动者收入与经济增长共进;通过健全劳有所得保障机制,推动劳动合同制度,实现社会保险全覆盖,劳动者的就业

---

① 北京市统计局、国家统计局北京调查总队编:《北京统计年鉴 2020》,中国统计出版社 2020 年版,第 83 页。
② 北京市统计局、国家统计局北京调查总队编:《北京统计年鉴 2020》,中国统计出版社 2020 年版,第 76 页。
③ 北京市统计局、国家统计局北京调查总队编:《北京统计年鉴 2020》,中国统计出版社 2020 年版,第 76 页。
④ 北京市统计局、国家统计局北京调查总队编:《北京统计年鉴 2020》,中国统计出版社 2020 年版,第 76 页。
⑤ 北京市统计局、国家统计局北京调查总队编:《北京统计年鉴 2020》,中国统计出版社 2020 年版,第 72 页。

权益有效保护,劳动关系和谐稳定。

(四)病有所医

人民健康是经济社会发展的基础,是广大人民群众的民生关切和共同追求,而实现病有所医是促进健康的重要条件和途径。实现病有所医始终是社会建设的重要内容,也是民生状况的重要标志。在新中国 70 年不同的历史时期和发展阶段,由于经济发展水平的巨大差异,实现病有所医面临着不同的社会条件和经济基础。新中国 70 年,通过增加卫生资源、兴办各类医疗机构、构建医保制度、发展体育事业、消灭传染病和开展爱国卫生运动等途径,为达致病有所医创造了必要的条件,有效地增进了广大人民群众的身心健康,较好地实现了病有所医的发展目标,并构建了与不同历史发展时期相适应的医疗政策体系,努力实现病有所医和人民健康。改革开放以来,在实现病有所医和保障人民健康方面面临不同的环境、任务和要求。适应发展阶段性特征的变化,在经济发展和体制变革中,北京市不断加大医药卫生事业的投入,深化医疗卫生制度改革,完善公共卫生体系,提升医疗服务质量,推进医疗卫生制度创新,促进医药卫生事业的城乡均衡发展和共同发展。在新时代,坚持以人民为中心的发展思想,人民健康被置于优先发展的战略地位,成为全面建成小康社会的重要内容,使得病有所医的发展目标得到进一步的实现,制度建设得到进一步的加强。

一是人口平均期望寿命趋于延长。经济社会发展水平和医疗卫生状况直接影响人们的寿命。新中国 70 年来,伴随经济发展、民生改善和医药卫生事业的进步,在医疗卫生条件和服务不断改善的情况下,作为衡量居民健康水平的重要指标,人口平均期望寿命发生积极变化,突出表现为人民群众更长寿、更健康。相关数据显示,在全市户籍人口中,从 1989 年到 2019 年,北京市人口平均期望寿命从 72.61 岁增长到 82.31 岁,呈现出逐年提高的态势;其中,从不同性别人口的平均期望寿命看,从 1979 年到 2019 年全市男性人口和女性人口的平均期望寿命从 69.51 岁和 72.26 岁分别增长到 79.85 岁和 84.88 岁。

二是妇幼健康保障状况不断改善。新中国成立以来,全市医药卫生水平不断提高,妇幼健康服务能力不断增强,妇幼健康服务质量不断提升,妇女儿童的健康保障得到加强。从孕产妇死亡率看,该指标经历了从高位迅速显著下降到低位稳定变化的变动历程。在全市户籍人口中,从1949年到2019年,北京市孕产妇死亡率从1949年的685/10万下降到1978年的31/10万,直至下降到2019年的2.96/10万。

三是医药卫生人才队伍不断壮大。医药卫生人才队伍建设是病有所医的根本保障和关键要素。经过长期的建设和发展,北京建成了具有较大人才规模以及较强服务能力和创新能力的医药卫生人才队伍,在满足城乡居民就医看病和健康保健需求方面发挥着重要的作用。从2004年到2019年,北京市卫生人员总数从157157人增长到369139人,每千人口执业(助理)医师的数量从3.3人增长到5.38人,每千人口注册护士数量从2.78人增长到6.1人。进入新时代,北京市的医师、护士和药师数量都实现了总体上较为稳定的持续增长。从2012年到2019年,北京市的职业(助理)医师和注册护士的数量从82192人和95202人,分别增长到115771人和131314人。

四是医疗卫生事业保障水平不断提高。新中国70年来,北京的医药卫生事业在不断接续发展和持续发展中,努力满足全国全市城乡居民治病就医的健康需求,医疗卫生资源不断扩容,医疗供给不断增加。在改革开放前30年医药卫生事业发展的基础上,北京建立和发展了包括医院、疗养院、社区卫生服务中心(站)、卫生院、门诊部、村卫生室、妇幼保健院(所、站)、专科防治院(所、站)、疾病预防控制中心(防疫站)、卫生监督所(中心)等在内的庞大的医疗卫生机构和体系。从2004年到2019年,全市医疗卫生机构总数从7236个增长到11340个,全市医疗机构实有床位总数从77359张增长到127111张。

(五)老有所养

新中国成立70年,北京市的人口变迁经历了人口规模扩大和人口结构转型的发展历程,特别是在人口年龄结构方面,呈现人口老龄化的显著特征。从1950年到2019年,北京市0—14岁、15—59岁和60岁及以上人口比重从31.1%、61.5%和7.4%①分别上升到2019年的11.57%、69.33%和19.10%,表现为0—14岁人口比重显著降低和60岁及以上人口比重显著上升的变迁历程见图1.3。人口老龄化进程加快,给社会建设和社会发展带来新的课题和挑战,要求社会建设必须将人口老龄化纳入政策制定和实施的重要考量。同时,需要基于人口老龄化的人口结构特征和社会发展现实需求,不断完善老年社会服务。新中国70年,北京市在实现老有所养方面经历了社会主义计划经济和社会主义市场经济条件下老有所养的制度变革和理念创新,不断优化老有所养的社会环境,完善老有所养的制度安排,在建立健全社会保障制度的过程中编织养老保障的社会安全网。

在养老保障方面,养老保障体系日益完善,制度化和法治化发展水平不断提升。在养老保障制度体制变革中,不断完善城镇职工基本养老保险和城乡居民基本养老保险制度,实现城乡居民养老保障的法治化、规范化和一体化发展。同时,在养老保障政策体系完善中,不断提高养老保障水平。长期以来,北京市在实现老有所养方面进行了积极的探索和实践,构建了居家养老和机构养老相结合、国有养老机构和民营养老机构相结合的养老事业格局,不断优化老有所养的社会环境,弘扬爱老、敬老、助老的社会风尚和优良传统,加强法治建设,改善老年民生,保障老年权益,发展老龄产业,完善养老保障,提高保障水平,实现老有所养、老有所为、老有所乐和老有所学。

(六)住有所居

作为重大的民生关切和经济发展问题,住房保障一直是广大人民群众关心的社会热点议题,直接关系到民生福祉和群众利益。实现住有所居和住房改善,一直是党和政府关于社会建设的重要内容和民生关怀,成为党和政府致力于保障和发展民生的重要工作。新中国70年,在经济改革和社会转型中,北京市的住房建设和保障发生了历史性巨变,经历了从公有住房实

---

① 北京市统计局、国家统计局北京调查总队编:《数说北京70年》,中国统计出版社2019年版,第175页。作者进行了数据计算整理。

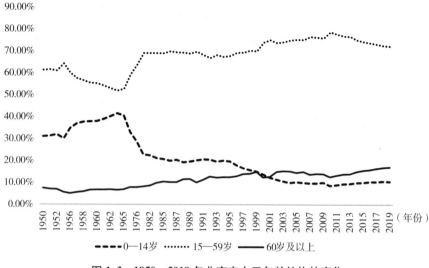

图 1.3　1950—2019 年北京市人口年龄结构的变化

物分配制度、住房商品化、社会化到社会主义市场经济条件下住房市场化的
住房制度的重大转变,以及在居民居住状况上从住房类型比较单一到住房
类型多样化以及从住房面积狭小到住房面积扩大的转变历程。在住房建设
和住房制度改革发展中,城乡居民的居住条件显著改善,突出表现为居住面
积扩大,居住质量提高,人居环境改善。同时,在住房制度改革发展的过程
中,针对住房制度改革发展中出现的新情况和新问题,不断推进住房政策创
新,构建住房保障体系,满足不同社会成员对于住房的社会需求,努力实现
社会公平正义。这其中,城乡居民社会财富的增加以及人民生活水平的提
高,成为住房建设和保障的重要社会条件和背景。而住房保障理念的深刻
变化对于住房建设和发展起到了重要的发展原则和导向作用。进入中国特
色社会主义新时代,在加强社会建设、改善民生和创新社会治理中,努力构
建市场配置和政府保障相结合的住房制度,让住房回归居住属性,加强保障
性住房建设,体现了鲜明的政策导向。党的十九大提出,"坚持房子是用来
住的、不是用来炒的定位,加快建立多主体供给、多渠道保障、租购并举的住
房制度,让全体人民住有所居",明确了住房的定位和发展方向,为实现住
有所居提供了根本的发展遵循。

新中国 70 年,北京市住房建设和住房保障极大地改善了居民的居住条件和居住状况。一是建筑规模扩大。从 1978 年到 2019 年,全市房屋建筑施工和竣工面积在变动中扩大。1978 年,全市房屋建筑施工和竣工面积分别为 956.3 万平方米和 407 万平方米,并经历了快速的扩张。2019 年,全市房屋建筑施工面积和竣工面积分别为 16893.5 万平方米和 1990.4 万平方米。① 二是居住条件不断改善。从 1978 年到 2019 年,城镇居民人均住房建筑面积从 6.7 平方米增长到 32.54 平方米,②增长了 3.86 倍,显著地改善了居民的居住条件。三是居住类型多样化。在居住空间样式上,2019 年全市居民居住空间样式为单栋楼房、单栋平房、四居室及以上单元房、三居室单元房、二居室单元房、一居室单元房和筒子楼或连片平房者的比重分别为 2.9%、17.6%、0.9%、19.4%、45.7%、8.8% 和 4.8%;③其中,以居住空间样式为二居室单元房者为最多,成为最主要的居住空间样式。在房屋来源上,较为鲜明地体现出多样化的特点,其中购买商品房、自建住房和购买房改住房、拆迁安置房等为主要的房屋来源。

(七)弱有所扶

弱有所扶是中华民族大力倡导和践行的崇德向善、扶贫济困传统美德的时代升华,是在改革发展中实现共同富裕这一社会主义本质要求下的社会建设与社会治理课题。新中国 70 年来,在经济发展和社会巨变中,人民生活状况总体不断改善,生活质量显著提升,但是,在改革发展的过程中,在实现共同富裕的道路上,社会收入分配格局发生深刻变化,民生发展不平衡不充分的问题依然存在,在不同的历史时期还存在城乡低收入家庭和贫困家庭。例如,20 世纪 90 年代以来,出现了下岗失业等社会问题,出现城市

---

① 北京市统计局、国家统计局北京调查总队编:《北京统计年鉴 2020》,中国统计出版社 2020 年版,第 218 页。

② 北京市统计局、国家统计局北京调查总队编:《北京统计年鉴 2020》,中国统计出版社 2020 年版,第 118 页。

③ 北京市统计局、国家统计局北京调查总队编:《北京统计年鉴 2020》,中国统计出版社 2020 年版,第 115 页。

新贫困现象,形成新的城市贫困群体,需要从保障民生、建设民生和发展民生的要求出发,坚持问题导向和目标导向,在改革发展中不断建立健全民生保障的制度安排,保障不同社会群体的合法权益,完善社会保障制度,关爱关怀社会弱势群体,创新社会救助政策,优化扶贫帮困体制机制,让全体人民过上有尊严、有保障的生活,在共治共建共享中分享改革发展的成果,促进社会团结、社会稳定和社会和谐。新中国70年来,在弱有所扶方面,伴随经济发展和社会救助能力的增强,弱有所扶的体制机制日臻完善,在实现弱有所扶中充分彰显以人为本、城乡统筹、合作共治、制度创新、法治保障的治理理念。

一是大力发展残疾人事业。新中国成立70年来,北京市残疾人事业不断发展,取得历史性进步。特别是改革开放以来,残疾人事业发展日益受到重视和关注,并在残疾人康复、教育、就业、扶贫、社保、维权、服务设施等方面不断加强建设,构建了残疾人保障和发展的制度安排,弘扬传播人道主义思想和文化精神,促进了残疾人平等、充分参与社会生活,推动了社会发展与进步。进入新时代,通过健全残疾人社会保障和服务体系,切实保障残疾人权益,加强残疾康复服务,对残疾人采取特殊帮扶政策,致力于实现人人享有康复服务的发展目标和原则导向,残疾人发展的社会环境进一步改善,实现弱有所扶迈上了新的发展台阶。在残疾人社会保障方面,践行精准扶助和兜底保障,社会保障的扶助力度加大。"截至2019年底,全市残疾居民参加城乡基本养老保险人数86356名。在40321名60岁以下参保的重度残疾人中,全部得到了政府的参保扶助,享受代缴比例达到100%;23418名非重度残疾人享受了个人缴费资助政策。"①

二是不断创新社会救助制度。新中国成立70年来,顺应经济发展阶段和社会建设的要求,北京市不断推进社会救助的政策完善和制度创新,社会救助制度发生深刻转型和变迁,在经济发展和城乡关系变革中,实现了社会救助从城乡分治到城乡共进的发展过程,践行公平救助、积极救助、全面救

---

① 《2019年北京市残疾人事业发展统计公报》,北京市残疾人联合会网站,http://www.bdpf.org.cn/n1508/n1524/n2452/c73698/content.html。

助和法治救助的治理理念，努力解决和破解制约社会救助科学发展和良性运行的问题，诸如社会救助的城乡分割、社会救助的福利依赖、居民家庭经济收入核对等问题，进而不断完善社会救助的治理体制和工作机制。在加强社会救助和实现弱有所扶中，社会救助事业实现深刻变革和创新发展，救助规模扩大，救助功能增强，救助水平提高，救助体系完善，在社会救助规范化、标准化和法治化方面不断进步，发挥了社会救助的兜底保障功能，较好地保障了城乡困难群众的基本生活，对于实现社会和谐稳定与社会公平正义发挥了重要的作用。

四、新中国 70 年北京社会建设的发展经验

新中国 70 年，作为国家首都，北京在城市建设和发展中经历了巨大而深刻的经济变革、历史变迁和社会巨变，展现了波澜壮阔的社会建设历史图景和社会发展的历史轨迹，走过了一条不平凡、不寻常的发展道路，在社会体制、社会事业和民生建设等方面取得了历史性的辉煌成就和宝贵的发展实践经验，成为首都治理的重要组成部分，以及在新发展阶段上推进首都社会治理和社会建设的重要基础、根基和启示。

（一）坚持为人民谋幸福的社会建设根本宗旨

始终坚持为人民谋幸福的根本宗旨是社会建设的思想之根和实践之基。新中国 70 年北京社会建设的成就和成果是在中国共产党的领导下全体人民长期奋斗、持续奋斗、接续奋斗的结果。在中国共产党的领导下，在新中国 70 年不同的历史时期，始终坚持为人民服务的根本宗旨，艰苦创业，努力进取，在改革发展中走出了一条建设民生、改善民生和发展民生的道路，充分彰显着为人民谋幸福的人民情怀和发展导向，在推进社会主义建设事业和现代化进程中始终坚持发展为了人民、发展依靠人民和发展成果由人民共享的思想理念，把人民过上更加美好生活作为奋斗目标和恒久追求。这一点在新中国 70 年北京建设和发展的不同的历史时期和发展阶段得到鲜明的昭示和有力的诠释。在新中国 70 年的发展历程中，为人民谋幸福始

终是不同历史阶段和发展时期社会主义社会建设指导思想的核心要义和根本指向,体现了鲜明的以人为本的思想理念。党的十八大报告明确指出,"加强社会建设,必须以保障和改善民生为重点。提高人民物质文化生活水平,是改革开放和社会主义现代化建设的根本目的。要多谋民生之利,多解民生之忧,解决好人民最关心最直接最现实的利益问题,在学有所教、劳有所得、病有所医、老有所养、住有所居上持续取得新进展,努力让人民过上更好生活。"进入新时代,坚持以人民为中心的发展思想成为各项工作的根本遵循,更加鲜明地体现了社会建设的核心宗旨和根本原则。正是由于坚持马克思主义人民观和历史观,在新中国 70 年社会建设历史巨变中,创造了属于人民的社会建设历史伟业,推动教育、科技、医疗、卫生、体育等各项社会事业的历史进步和时代跨越,显著地提升了人民群众的民生福祉,增进了广大人民群众的幸福感、获得感和安全感,不断促进北京社会建设的发展进步,加快推进社会主义和谐社会首善之区建设的进程,努力建设国际一流的和谐宜居之都。在社会建设与社会治理上的实现路径和实践特色上,北京市在社会建设中高度重视和强调基层治理,推动社会治理创新和重心下移,切实践行"民有所呼、我有所应"的理念和要求,成为新时代社会建设和社会治理的生动话语表达。

(二)坚持将社会建设置于突出重要的地位

将社会建设置于社会主义现代化事业全局中的突出地位加以安排和推进,是北京社会建设鲜明的实践原则,也是社会建设系统变革、全面推进、创新发展的根本思想保障。在北京社会建设的发展变革中,对于社会建设的认识与所处特定历史发展阶段紧密相连,同时,在实践中也经历了思想认识不断深化和提升的发展过程。

在新中国 70 年社会主义建设事业"站起来"的历史发展阶段上,北京的社会建设受到党和政府的高度重视,努力发展社会主义的教育、科技、文化、体育、卫生等社会事业,除旧布新,谋篇布局,在继承、改造、建设和发展中奠定了社会主义社会建设的发展根基和社会治理的基本架构,造就了社会建设所需的大批优秀人才和社会栋梁,展现了社会主义国家首都社会的新气象和新面貌。需要看到的是,由于新中国脱胎于半殖民地半封建社会,人口多、底子薄、经济落后的客观现实规定了中国社会建设的路径安排和发展道路。新中国成立后,在社会主义革命和建设时期,着眼于建立独立完整的工业体系和国民经济体系,加强国防建设,保障国家安全成为社会主义事业发展的优先考虑和战略安排,在经济社会发展战略和社会形态上较为突出地表现为着力发展重工业、扩大国民经济积累以及在社会生活中城乡分割二元社会结构的社会状态。

在新中国 70 年社会主义建设事业"富起来"的历史发展阶段上,北京经历了深刻的经济转型和社会变迁,社会建设面临新的环境、条件和任务。在经济体制改革不断深化和市场化改革加快推进的历程中,社会建设的重要性凸显,在经济改革中对社会建设重要性和紧迫性的认识日益增强,要求必须正确处理经济发展与社会发展、经济建设与社会建设的关系,改革、发展与稳定的关系,经济效益与社会效益的关系以及政府与市场、政府与社会的关系。特别是社会建设对于北京城市建设与发展具有特殊重要的意义。在经济改革发展中,社会建设直接关系到人民幸福安康,社会建设和社会改革逐步从为经济发展和企业改革配套服务的位置转变为实现社会稳定、社会和谐与社会公平正义的实现路径和制度安排,成为改善民生、建设民生和不断提高人民生活水平这一改革发展最终目的的要求。这其中,2008 年北京奥运会的筹办和成功举办对于北京社会建设起到了非常重要的推动作用。人文北京、科技北京、绿色北京战略的提出和实施,为北京社会建设赋予了鲜明的发展意涵和实践指向,体现着对于社会建设认识的升华与提升,推动着北京社会建设的创新发展和提质升级。

在新中国 70 年社会主义建设事业"强起来"的历史发展阶段上,社会建设被摆在更加突出重要的位置,并在中国特色社会主义政治建设、经济建设、文化建设、社会建设和生态文明建设"五位一体"总体布局中加以安排和推进,实现了从社会管理到社会治理的思想升华和认识提升,深化和丰富了对于国家现代化内涵的理解和认识,在经济社会全面、协调发展中着力建设社会现代化。新时代的北京社会建设,在不断推进首都治理体系和治理能力现代化中建设社会现代化,彰显社会建设的民生性、战略性、基础性、兜底性、发展性、整体性、协同性、法治性的治理要求和发展目标,紧扣"七有""五性"①要求,实现首都社会建设高质量发展,不断改善民生,构建社会和谐,努力在推进国家治理体系和治理能力现代化进程中走在全国前列。

(三)坚持经济社会建设统筹协调发展

经济建设是社会建设的基础。坚持经济建设与社会建设统筹协调发展是新中国70年社会建设的基本结论,是社会建设需要长期秉持的实践原则、发展经验和客观要求。在社会建设上,急于求成和好高骛远都不是实事求是的科学态度。新中国70年来,北京在城市发展中始终统筹处理经济建设与社会建设之间的关系,根据经济社会发展的阶段性特征,协同推进社会建设和社会改革以及社会事业和民生安排。在发展实践中,适应社会主要矛盾的变化,推动社会建设不断发展,特别是北京的社会建设立足于社会主义初级阶段基本国情的客观依据和历史背景,顺应广大人民群众对于美好生活的期盼,在工业化、城市化和人口老龄化中,根据经济发展水平、城乡关系变迁和人口结构的变化,着力解决制约社会建设的体制机制问题,创新社会建设理念,成为新中国70年北京社会建设的发展主线和内在逻辑。其中,随着经济社会的发展,发展阶段性特征日益呈现,社会主要矛盾发生历史性演变,即从长期以来人民群众日益增长的物质文化需要同落后的社会生产力之间的矛盾逐步转化为人民日益增长的美好生活需要和不平衡不充分的发展之间的矛盾。针对在经济快速发展中出现的人口增长与资源、环境矛盾突出的问题,诸如环境污染、交通拥堵、教育医疗资源紧张等"大城市病",努力推动首都绿色发展、创新发展、协同发展、减量发展、转型发展,在经济发展中更好地改善民生和建设民生,积极回应和不断满足人民群众的民生诉求和民生期盼,努力解决人民群众就业、就医、就学等重大社会关切和民生问题,创新社会治理,改善人居环境,不断增强人民群众的安全感

---

① "七有"即幼有所育、学有所教、劳有所得、病有所医、老有所养、住有所居、弱有所扶;"五性"即便利性、宜居性、多样性、公正性、安全性。

和幸福感。

(四)坚持首善标准推进社会建设改革创新

作为国家首都和国际化大都市,北京的社会建设具有重要的示范引领作用和重大的社会政治意义。"首都的社会和谐状况,在一定程度上代表和反映着我们国家社会和谐的状况和水平,首都和谐社会建设搞得好,将有助于推动国家和谐社会的建设;首都出现社会不和谐的问题,将会严重影响和干扰党和国家的工作大局。首都的这种特殊地位,要求我们必须高度重视和谐社会建设,按照构建和谐社会的目标要求,扎扎实实地推进社会主义和谐社会的建设。"[1]新中国成立70年来,在经济发展和社会建设中,北京始终坚持首善标准,推动创新发展。

一是理论认识创新。实践的需要推动认识的发展。新中国成立70年来,对于社会建设和社会治理的认识和理解经历了不断深化、丰富和拓展的过程,体现了在社会实践基础上对于社会建设内涵的认识升华和理论创新。在关于社会主义现代化建设中各种社会关系认识深化的基础上,对于"什么是社会建设,为什么要进行社会建设以及如何进行社会建设"这些紧密关联的重要理论命题和实践议题获得了更加深入的理解,特别是对于社会建设的内涵,在实践发展和理论构建中有了更加清晰的认识。包括,"社会建设概念的理论涵义应是从社会所处的发展阶段的实际出发,顺应社会发展的趋势,遵循社会发展的规律,有组织、有目的、有计划地动员各种社会力量,在社会领域从事的各项建设。"[2]"社会建设是指在中国共产党领导下,根据社会发展规律和人民群众发展需要,充分发挥政府的主导作用,动员社会力量,整合社会资源,通过改善民生和创新社会治理,不断增强人民群众的获得感、安全感和幸福感。"[3]反映了在经济社会发展中对于社会建设的理论内涵和实践意涵认识的不断深化。

---

① 刘淇:《努力建设社会主义和谐社会的首善之区》,《求是》2005年第10期。
② 陆学艺:《关于社会建设的理论和实践》,《国家行政学院学报》2008年第2期。
③ 向春玲:《习近平关于社会建设重要论述的思想内涵与实践路径》,《南海学刊》2020年第1期。

二是发展理念创新。新中国 70 年北京社会建设的发展进步是与思想理念创新紧密相关的,体现着理念创新的历程和成果。在北京社会建设的实践中,不断发展教育、文化、卫生、体育等社会事业,改革社会建设中不合理的规章制度,坚持首善标准,创新社会建设理念。在 2008 年北京奥运会成功举办后,结合城市建设发展的实际,北京市将人文奥运、科技奥运和绿色奥运三大办奥理念转化成为人文北京、科技北京、绿色北京三大发展理念,着力加强社会建设的总体设计和规划引领,推进经济建设与社会建设的协调发展,推动社会事业发展,优化基层治理,强调重心下移,回应人民群众的需求和关切。在中国特色社会主义新时代,党的十八大报告指出,"在改善民生和创新管理中加强社会建设""必须从维护最广大人民根本利益的高度,加快健全基本公共服务体系,加强和创新社会管理,推动社会主义和谐社会建设",以及"努力办好人民满意的教育""推动实现更高质量的就业""统筹推进城乡社会保障体系建设""提高人民健康水平""加强和创新社会管理"。党的十九大报告提出,"提高保障和改善民生水平,加强和创新社会治理""优先发展教育事业""提高就业质量和人民收入水平""加强社会保障体系建设""实施健康中国战略""打造共建共治共享的社会治理格局",等等,为新时代北京社会建设和社会治理的创新发展提供了发展遵循,推动着北京社会建设的时代发展和质量提升。北京社会建设坚持"七有""五性"的目标、要求和标准,紧紧围绕民生,勾勒民生,建设民生,发展民生,在改革发展中展现了超大城市社会建设的实践经验。

三是发展实践创新。在新中国 70 年北京社会建设的历程中,创新是北京社会建设的重要实践理念,也是发展实践特色。坚持问题导向和目标导向,北京市在社会建设领域出台了一系列促进社会事业发展和民生建设的重大改革举措,形成了极具北京特色的社会建设制度安排和群众实践,诸如中共北京市委社会工作委员会(简称"市委社会工委")、北京市社会建设工作办公室(简称"市社会建设办")的成立以及北京奥运志愿者、"朝阳群众""西城大妈"、"村庄社区化"、"小巷管家"、"社区青年汇"等诸多社会建设和社会治理的生动实践,从社会建设的顶层设计到社会建设和社会治理的具体实践都彰显着改革创新的精神,体现着北京社会建设的实践特色,反映着社会力量的积极参与和密切配合,体现着共治共建共享的发展理念和实践要求,展现着在推进社会建设和社会治理中社会建设的创造性、人民性、时代性和创新性。北京社会建设的发展历程充分体现了加强社会建设的顶层设计与注重夯实基层基础相结合的发展理念,彰显了社会建设自上而下的政策推动和人民群众自下而上的共建参与相结合,蕴含着广大人民群众的首创精神和创新实践,走出了一条立足国情市情、坚持首善标准、着力改革创新的具有中国特色、首都特点的社会建设和社会治理的道路。

新中国成立 70 年,北京社会建设的发展和实践充分彰显社会建设的创新性,展现了长久以来北京社会建设的文化特征,昭示着作为首都人民在长期建设实践过程中所形成的"北京精神",充分体现和凝聚了"爱国、创新、包容、厚德"的北京精神的思想精髓和实践要求,特别是在社会建设领域体现着首都人民的创新实践和创新精神。坚持以人民为中心的发展思想和坚持创新发展的思想理念是新中国 70 年北京社会建设的重要实践经验和发展取向,反映了在坚持改革创新和发展为民的思想引领下社会建设不断走向进步的发展进程。新中国 70 年北京社会建设的实践表明,必须根据发展的阶段性特征以及社会建设的不足之处,着力补短板,堵漏洞,强弱项,把社会建设和社会治理摆在更加突出重要的位置,继续推进社会改革,完善社会体制,发展社会事业,改善社会民生,促进社会文明,激发社会活力,强化社会治理,维护社会稳定,促进社会和谐。

(五)坚持社会建设的法治思维和法治发展

北京社会建设和社会治理的历程是法治建设和法治保障的发展过程。新中国成立 70 年来,北京的社会建设走过了一条法制逐步完善、法治不断加强的社会建设和治理之路,从制度和法治层面规范了社会建设的发展和运行,推动社会建设和社会治理的法治化,通过践行法治理念、强化依法治理和完善法律法规,推动北京社会建设逐步走上法治化轨道,并在法治化发展中构建社会建设和社会治理的格局,有效地规范了社会行为,完善了社会政策,维护了社会正义。在社会建设和社会治理中,北京不断推动制度完善和政策创新,积极落实国家关于社会建设和社会治理的法治化要求,并结合北京实际形成社会建设的北京实践,在社会事业发展中大力践行法治,促进了社会建设的制度化和规范化,保障了广大城乡居民的合法权益和民生利益,促进社会和谐与社会稳定。改革开放以来,针对社会矛盾纠纷多元化以及化解矛盾的现实需要,北京市加强司法队伍建设,多元化解矛盾纠纷,努力构建社会和谐。进入新时代,在坚持和完善中国特色社会主义制度、推进国家治理体系和治理能力现代化的进程中,建设法治中国首善之区成为北京社会建设的重要时代背景,不断加强在城市治理、生态环境、民生保障等重点领域立法,推动社会建设和社会治理的法治化。特别是在推进法治北京建设以及人民代表大会制度的完善中,作为党和国家机构改革的重要组成部分,在全国人大和地方人大设立社会建设委员会的制度完善方面,北京市人大社会建设委员会的成立标志着北京社会建设组织化和制度化获得进一步完善、发展和拓展,推动着社会建设的法治化发展。为了推进基层治理体系和治理能力现代化,以党建引领基层治理创新,推进基层治理体系和治理能力现代化,2019 年 11 月 27 日,北京市第十五届人民代表大会常务委员会第十六次会议通过了《北京市街道办事处条例》,明确提出,街道办事处应当推动为民办事常态化、制度化,满足人民群众生活的便利性、宜居性、多样性、公正性、安全性需求。在此方面,通过立法深化街道管理体制改革,推动社会治理重心下移,夯实基层基础治理,为落实民生建设"五性"要求提供制度保障。

第二章　人口变迁:总量扩大　结构优化

北京作为国家首都和国际大都市,因其所处的特殊政治地位、区位优势以及各类资源高度集聚等特点,成为国内外人口流入的重要目的地。新中国70年来,北京市高度重视人口发展,不断提升人口治理能力和人口服务水平,取得了阶段性的重要成就,为首都高质量发展作出了重要贡献。进入新时代,首都北京已定位为全国政治中心、文化中心、科技创新中心以及国际交往中心,构建国际一流的和谐宜居之都。加强首都"四个中心"①功能建设和"四个服务"②水平提升,推动新时代首都高质量发展,需要科学把握北京人口变迁的规律与特征,选择更加科学的人口治理与服务的发展举措,为贯彻落实首都城市战略定位、疏解非首都功能、构建国际一流的和谐宜居之都构建良好的人口发展环境,为实现首都治理体系和治理能力现代化提供强大支撑。

一、新中国 70 年北京人口变迁的主要历程

新中国成立 70 年来,因首都北京工业化、城市化、现代化发展的需要,

---

① "四个中心"是首都城市战略定位,即全国政治中心、文化中心、国际交往中心、科技创新中心。

② "四个服务"是中央对首都工作的基本要求,也是做好首都工作的根本职责所在,即为中央党、政、军领导机关的工作服务,为国家的国际交往服务,为科技和教育发展服务,为改善人民群众生活服务。

吸引大量的人口流入,城市人口规模不断扩大。1949 年北平和平解放时,北京市辖区常住人口为 209.18 万人。[①] 经过 70 年的快速发展,到 2019 年底,北京常住人口达到 2190.1 万人,成为中国典型的超大型城市。与此同时,北京市人口规模、人口结构、人口素质等多方面发生了深刻变化,为首都高质量发展提供了强大支撑,为北京经济、政治、文化、社会和生态文明建设提供了基础性条件。从总体上看,北京人口变迁的结构、质量及其未来发展态势,直接关系着首都城市战略定位的落实,关系到首都"四个中心"功能建设与"四个服务"水平提升。北京城市经济社会快速发展离不开丰富的人力资源供给与人口增长所带来的重要贡献,北京在人口管理与服务方面也取得了重要成就。新中国成立以来,北京人口变迁可以划分为如下几个阶段。

(一)新中国成立至改革开放前(1949—1978 年)

新中国成立后,北京市的人口发展开启了新的历史。北京作为新中国首都,迎来历史上城市发展的最好机遇,而大量的优秀人才和丰富的人口资源的涌入,为北京经济社会快速发展提供重要的人才和劳动力支撑。北京常住人口数量整体上处于相对平稳增长态势。1949 年北平和平解放时,按照当年行政区划统计,北京市常住人口为 209.18 万人。按照现行行政区划统计,1949 年北京市常住人口为 420.10 万人。[②] 北京因城市发展需要进行多次空间规模的扩张。1953—1957 年,国家进入第一个五年计划时期,社会主义工业化建设对劳动力需求大增,乡村人口大量迁入城镇。1957 年底北京常住人口达到 633.4 万人,户籍人口达到了 401.2 万人。"大跃进"时期,北京行政区域面积扩大,到 1960 年末北京常住人口739.6 万人,户籍人口为 732.1 万人。1977 年末,北京市常住人口为860.5 万人,户籍人口达到了 838.1 万人。从 1949 年到 1977 年末,北京

---

① 闫萍、尹德挺、石万里:《新中国 70 年北京人口发展回顾及思考》,《社会治理》2019 年第 9 期。

② 闫萍、尹德挺、石万里:《新中国 70 年北京人口发展回顾及思考》,《社会治理》2019 年第 9 期。

常住人口年均增长为 23.26 万人。

随着北京市常住人口增长,北京城镇人口和乡村人口也发生不断的变化。按照现行行政区划统计,1949 年北京市城镇人口为 178.7 万人,城镇化率 42.54%。"大跃进"时期,在 1960 年北京城镇人口达到了 460.3 万人,乡村人口为 279.3 万,城镇化率为 62.24%,达到新高。

按现行区划统计,1949 年北京市男性常住人口数量 236.8 万人,女性为 183.3 万人,男女性别比为 129.19。1960 年北京市男女性别比为 113.14,相比于 1949 年比值下降。1977 年北京市常住人口中男女性别比下降到 103.67。

根据 1953 年北京市进行第一次人口普查的数据显示,0—14 岁人口占比 30.1%,65 岁及以上人口占比 3.3%。而 1964 年第二次人口普查结果显示,0—14 岁人口占 41.5%,65 岁及以上人口占比为 4.1%,低于国际上人口老龄化标准。

北京市人口自然增长变化情况,常住人口出生率维持在较高水平,出现波动式变化。常住人口死亡率整体上呈现下降的趋势。北京市常住人口自然增长率也是随着出生率的变化而变化,并表现为波动变化。1949—1978 年北京市人口变化情况受国家人口生育政策的影响。1949—1964 年间的常住人口自然增长率较高,造成 20 世纪 50 年代的人口跳跃式增长。20 世纪 50 年代至 60 年代初,北京市人口自然增长一直保持在 20‰,最高年份 1963 年达 35.3‰,年自然增长达到 26 万,超出了正常的自然增长水平,导致城市人口规模快速扩大。[①] 常住人口自然增长率高,主要是由于当时国家鼓励多生育。到 1973 年以后人口自然增长率低于 10‰,这主要也是国家政策影响的结果。

新中国 70 年来,党和国家一直重视人口教育和人口素质提升。1964 年的人口普查数据显示,北京市接受过大专及以上、高中和中专、初中、小学文化教育程度的常住人口数量均比新中国成立时大幅增加。新中国成立后,义务教育、高中、中等职业教育以及高等教育的快速发展,为北京人口素

---

① 崔承印:《改革开放 30 年北京人口发展》,《北京规划建设》2008 年第 5 期。

质提升奠定了坚实基础。

(二)改革开放以来至党的十八大前(1978—2012年)

首都北京加快工业化、城市化发展进程,发展环境不断改善,人口吸引力不断增强。北京作为国家首都,优质的教育、医疗、社会保障、信息服务、就业机会等各类资源要素集聚,加快了大量人口流向首都北京的步伐。1978年至2012年,北京人口总量呈现快速增长态势。1978年北京常住人口为871.5万人,到2012年末达到2077.5万人,年均增长35.47万人,比上一阶段的年均增速23.26万人要多增12万人。1994年北京常住人口增加到1125万人,户籍人口增加到1061.8万人,相当于平均每年增加13.3万人。1995—2012年北京常住人口大幅度增加,外来人口数量急剧增加。北京一些深层次矛盾和空间布局问题更加显现,人口资源环境矛盾日益凸显。1997年北京常住人口为1240万人,2000年达到了1363.6万人,2008年达到1771.0万人,2011年突破2000万人,达到2023.8万人。2012年北京常住人口继续增长到2077.5万人。见图2.1。这一阶段的人口快速增长是与北京经济快速发展分不开的,既为北京工业化、城市化进程提供了丰富的人力资源,也因在城市规划、管理等方面存在的不足导致了严重的人口膨胀、职住分离、交通拥堵等一系列大城市病难题。

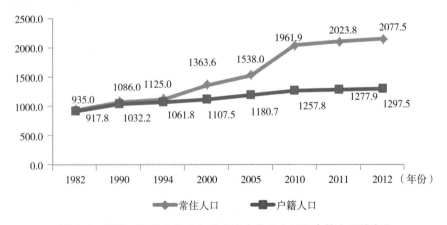

图2.1　1982—2012年部分年份北京市常住人口和户籍人口的变化

数据来源:北京统计年鉴2020,http://nj.tjj.beijing.gov.cn/nj/main/2020-tjnj/zk/indexce.htm。

　　这一阶段，北京市城镇化进程加快，城镇化率不断提高，城镇常住人口快速增长。1979年北京市常住人口为897.1万人，其中，城镇人口为510.3万人，占比56.88%。1986年北京城镇人口621万人，占比突破60%，达到了60.41%。1990年北京市常住人口1086万人，城镇人口为798万人，城镇人口占比73.48%。2012年北京市城镇人口进一步上升到了1792.7万人，城镇人口占比86.29%。见表2.1。

表 2.1　1978—2012年部分年份北京市城乡人口数量的变化　单位：万人

年份	常住人口	城镇人口	乡村人口
1978	871.5	479.0	392.5
1979	897.1	510.3	386.8
1982	935.0	544.0	391.0
1990	1086.0	798.0	288.0
1994	1125.0	846.0	279.0
1999	1257.2	971.7	285.5
2000	1363.6	1057.4	306.2
2004	1492.7	1187.2	305.5
2010	1961.9	1686.4	275.5
2012	2077.5	1792.7	284.8

数据来源：北京统计年鉴2020，http://nj.tjj.beijing.gov.cn/nj/main/2020-tjnj/zk/indexce.htm。

　　从国际化程度上看，改革开放以来中国经济社会快速发展，首都北京的国际交往功能不断增强，国外人口流动日益频繁。北京作为国际大都市，境外人口持续增加，国际化程度不断提高，大量外籍人口选择来北京居住、工作和学习。2009年10月，在北京居住时间超过六个月的外籍常住人口已达到11万。在这11万常住外籍人口中，外籍留学生约有3万人，外籍工作者约为4万人，外国驻京使馆工作人员及其家属约1万人，其余持探亲签证等来京外籍人士约为3万人。[1]
　　在人口性别比上，1982年北京市男性常住人口474万人，女性常住人

———————

[1]　《北京常住外籍人口比例仅为0.6%》，http://news.163.com/09/1202/10/5PH7P7RA000120GU.html。

口为 461 万人,男女性别比为 102.82。2000 年男女性别比为 108.92,2005年下降到 102.55,2012 年为 106.96。

从人口年龄结构来看,1982 年北京市 0—14 岁常住人口占比 22.4%,65 岁及以上常住人口占比 5.6%。1990 年北京 65 岁及以上常住人口占比6.3%,与 1982 年相比上升了 7 个百分点。2000 年和 2010 年的人口普查结果显示,65 岁以上人口占比均超过 8%。

改革开放后,北京市居民的文化教育程度不断提高,学历层次不断提升。1982 年、1990 年、2000 年和 2010 年四次人口普查数据显示,北京市 15周岁及以上人口中的文盲人口和半文盲人口所占比重大幅度下降。北京市人口平均受教育年限不断提高,1982 年为 7.8 年,到 2010 年提高到 11.5年。此外,接受高等教育程度者人数也在不断提高。例如,1982 年每十万人中拥有大专及以上教育程度的人口为 4866 人,到了 2010 年上升到 31499人。人口文化素质的提高有力地推动了北京经济社会发展。见表 2.2。

表 2.2　北京市 1982—2010 年常住人口教育程度情况

项目		1982 年	1990 年	2000 年	2010 年
每十万人中各种受教育程度人口（人）	大专及以上	4866	9300	16839	31499
	高中和中专	17646	18978	23165	21220
	初中	29086	30551	34380	31396
	小学	26197	22579	16963	9956
文盲率(%)		16.0	10.9	4.9	1.9
平均受教育年限(年)		7.8	8.6	10.0	11.5

数据来源:北京统计年鉴 2020,http://nj.tjj.beijing.gov.cn/nj/main/2020-tjnj/zk/indexce.htm。

(三)党的十八大以来(2012 年以来)

党的十八大以来,北京人口变迁与发展进入新时代。建设一个什么样的首都,怎样建设首都,成为新时代北京高质量发展的重大课题。而与城市发展和社会建设密切相关的人口问题成为重要的社会政策议题,需要做出新时代的科学解答。因多年的北京城市规模扩张，集聚了大量的非首都功能，形成了较为严重的"大城市病"。特别是北京中心城区人口膨胀、交通拥堵等问题突出，人口分布的不均衡发展与局部空间的过度集聚严重制约首都城市战略定位的落实与首都高质量发展。在新时代，首都北京进入城市更新、减量提质、均衡布局的高质量发展阶段，人口发展也进入了提质增效、空间均衡的新发展阶段。

北京实施疏解整治促提升专项行动，成为全国首个提出"减量"发展的城市。减量发展的突出特征就是疏解人口，降低或减少中心城区人口密度，提高均衡发展质量，以疏解和减量促进城市转型和推进高质量发展。《北京城市总体规划（2016年—2035年）》明确提出要调整人口空间布局，通过疏解非首都功能，实现人随功能走、人随产业走。优化人口结构，形成与首都城市战略定位、功能疏解提升相适应的人口结构。改善人口服务管理，构建面向城市实际服务人口的服务管理全覆盖体系，建立以居住证为载体的公共服务提供机制，扩大基本公共服务覆盖面，提高公共服务均等化水平。完善人口调控政策机制，健全分区域差异化的人口调控机制，实现城六区人口规模减量与其他区人口规模增量控制相衔接。北京对外来人口的调控措施大多瞄准潜在的外来进京就业者，比如减少进京指标、严格迁入审批制度以控制户籍人口的机械增长，调整产业结构、加强区域合作以向周边地区疏解流动人口等。①

中共北京市委制定了贯彻《中共中央关于坚持和完善中国特色社会主义制度推进国家治理体系和治理能力现代化若干重大问题的决定》的实施意见，提出完善对接中心城区功能和人口疏解的政策体系，提升综合承载能力。完善腾退空间统筹利用机制，加大"留白增绿"力度，提升首都功能、人居环境、城市品质。坚持人随功能去留，创新政策机制，严控人口规模，推动功能、产业、人口合理布局。

北京在人口总量上不断疏解和压减，在人口结构上不断优化和质量提

① 高颖、张秀兰：《我国特大城市人口结构特点及变动趋势分析——以北京为例》，《人口学刊》2016年第2期。

升。从 2017 年开始,北京常住人口规模出现下降。截至 2019 年底,北京常住人口 2190.1 万人,相比 2016 年末减少了 5.3 万人,比 2018 年末减少了 1.6 万人,其中常住外来人口相比于 2016 年末减少了 15.3 万人,比 2018 年减少了 4.7 万。特别是北京加快城市副中心建设,将市级机关及相关部门迁往通州副中心,直接或间接带动大量人口迁移。在此阶段,北京人口变迁通过"减量增质"推动高质量发展取得阶段性成效。

从北京城乡人口比重来看,在全市常住人口中,北京城镇人口占比较高,农村人口占比低,且人口数量相对比较稳定。

作为国际交往中心的大都市,在国际化发展中,伴随国际交流合作、海外学人创业和外籍人才智力的引进,在北京居住的外国人形成了较大的规模。其中,部分外国人在北京获得了中国"绿卡",与北京市民一样,享受到医保、养老保险等国民待遇。2019 年,已有超过 4000 名外籍高层次人才获得永久居留权,同时,北京的国际人才社区构成更加多元化,服务更加全球化,成为超大城市人口发展的重要现象,使得首都北京多元文化特征凸显。

从年龄结构来看,2013 年以来,北京市常住人口中 0—14 岁人口的占比逐年上升,60 岁及以上人口占比也在逐年上升,15—59 岁人口占比一直在下降。其中,2019 年北京市 0—14 岁常住人口 253.4 万人,与 2018 年略有增加,占常住人口总数的 11.57%;15—59 岁常住人口达 1518.4 万人,占比下降到 69.33%;60 岁及以上常住人口 418.3 万人,占比上升到 19.10%。见表 2.3。

表 2.3　2013—2019 年北京市常住人口年龄构成比　　单位:%

年份	0—14 岁	15—59 岁	60 岁及以上	其中 65 岁以上
2013	9.82	75.77	14.40	9.65
2014	10.43	73.76	15.80	10.48
2015	10.73	72.54	16.73	11.02
2016	11.11	71.64	17.25	11.51
2017	11.35	70.67	17.98	12.06
2018	11.50	69.90	18.60	12.46

续表

年份	0—14 岁	15—59 岁	60 岁及以上	其中 65 岁以上
2019	11.57	69.33	19.10	12.80

数据来源:北京统计年鉴 2021,http://nj.tjj.beijing.gov.cn/nj/main/2021-tjnj/zk/indexch.htm,并进行计算整理。

2013 年至 2019 年,北京 65 岁及以上常住人口占比持续增加。2019 年北京市 65 岁及以上常住人口占比达 12.8%。根据联合国统计标准,北京市已经处于人口高度老龄化社会。

2012 年以来,北京市常住人口出生率整体上呈下降趋势。2014 年"单独二孩"和 2016 年"全面二孩"政策实施后,除了在 2014 年和 2016 年出生率出现上升情况之外,其余年份均呈现下降态势。2019 年常住人口出生率为 7.98‰,分别比 2014 年和 2016 年下降 1.71‰和 1.25‰。人口自然增长率总体下降,2019 年北京市常住人口自然增长率为 2.58‰,处于较低的增长水平。

在这一阶段,党中央部署了一系列重大教育改革、重大政策措施和重大工程项目。北京市人口受教育程度不断提高,教育水平持续提升。北京市常住人口中接受本专科及以上教育者的占比趋于上升。见表 2.4。

表 2.4 2013—2019 年北京市 6 岁及以上人口受教育程度情况 单位:%

年份	小学	初中	高中、中职	本专科	研究生
2013	10.51	32.13	20.69	30.34	4.74
2014	10.71	28.52	21.91	32.06	4.72
2015	12.10	27.80	22.12	31.18	4.47
2016	11.66	28.70	21.52	31.50	4.53
2017	11.85	27.34	21.95	32.39	4.90
2018	11.32	25.91	21.92	33.64	5.24
2019	11.49	26.16	21.23	33.72	5.56

数据来源:《北京统计年鉴》(2014—2020)历年数据整理,http://nj.tjj.beijing.gov.cn/nj/main/2020-tjnj/zk/indexce.htm。

二、新中国 70 年北京人口变迁的主要特征

新中国成立 70 年来,首都北京的快速发展离不开人口人才稳步增长与流入的支持支撑。北京对人才工作高度重视,不断优化人口管理与服务,取得了阶段性的重要成就。但是,由于多方面的原因,北京人口的过快增长以及空间布局不够合理引发的人口膨胀、交通拥堵等系列城市难题亟需治理。北京人口变迁的主要特征表现在以下几个方面。

(一)人口结构发生深刻变革,人口红利不断释放

新中国成立以来,伴随着首都经济社会变革以及城市规模扩张和产业发展,北京人口结构发生深刻变革。从人口规模变动来看,1978 年,北京市常住人口为 871.5 万人,其中,常住外来人口为 21.8 万人。到了 1986 年北京市常住人口突破 1000 万人,达到 1028 万人,其中,常住外来人口增长到 56.8 万人。2011 年末,北京常住人口首次突破 2000 万人,达到 2023.8 万人,其中,常住外来人口达到 749.9 万人。2016 年北京市常住人口增长达到历史最高点,达到 2195.4 万人,随后逐年开始减少,2017 年末北京市常住人口为 2194.4 万人,2018 年为 2191.7 万人,2019 年为 2190.1 万人,比上年末减少 1.6 万人。北京市常住人口减少,其重要原因是北京坚持以功能疏解实现人口调控。

从户籍人口变动来看,北京市户籍人口整体上逐年增加。2019 年末,北京市户籍人口达到了 1397.4 万人。见表 2.5。

表 2.5　2013—2019 年北京市户籍人口数量的变化

年份	户籍户数(万户)	户籍人口(万人)
2013	516.2	1316.3
2014	522.6	1333.4
2015	529.2	1345.2
2016	538.2	1362.9
2017	543.1	1359.2

续表

年份	户籍户数（万户）	户籍人口（万人）
2018	548.8	1375.8
2019	554.4	1397.4

数据来源:北京统计年鉴 2020,http://nj.tjj.beijing.gov.cn/nj/main/2020-tjnj/zk/indexce.htm。

从城乡构成看,2019 年末,北京市城镇常住人口为 1913.1 万人,占常住人口的比重为 87.35%;乡村常住人口为 277.0 万人,占常住人口的比重为 12.65%。

从常住外来人口比例来看,2016 年北京市常住外来人口为 858.8 万人,占常住人口的比重为 39.12%。2019 年年末北京市常住外来人口为843.5 万人,占常住人口的比重为 38.51%。北京市常住外来人口逐年下降。改革开放以来,北京外来人口不断流入。外来年轻劳动力的集中流入激活北京人口红利动能。[1] 北京市流动人口以中青年为主,整体上呈现年轻化,大量的外来常住人口处于黄金劳动年龄段,提供了丰富的人力资源。

从人口年龄构成看,北京市 2016 年末常住人口达到最高峰值,为2195.4 万人,其中,15—59 岁劳动年龄人口 1572.8 万人,占比 71.64%。2019 年末,北京常住人口 15—59 岁劳动年龄人口 1518.4 万人,占比69.33%。庞大的人口基数与快速增长,为北京经济社会快速发展提供了丰富的人力资源,无论是高学历优秀人才的引进,还是满足北京各种服务业所需的劳动力,均为北京加快建设国际城市、世界城市提供了强大的人口红利。从 2010 年开始,北京人口年龄结构呈现出"两头小、中间大"的演化特点。"中间大"意味着青壮年人口多,劳动力资源相对丰富,处于人口红利的时期。青年流动人口作为具有较高人力资本的人力资源,对于城市发展的影响越来越大。[2] 伴随首都经济社会的快速发展,特别是金融、科技、信

---

① 闫萍、尹德挺、石万里:《新中国 70 年北京人口发展回顾及思考》,《社会治理》2019 年第 9 期。

② 何怡萱、刘昕:《青年流动人口的城市融入研究——基于 2017 年北京流动人口动态监测数据》,《湖北社会科学》2020 年第 1 期。

息等各类服务业的发展,外来青年劳动力大量流入,特别是外来高学历人才的进入为首都发展带来创新创业的活力,形成强大的发展动能。

从人口老龄化情况的对比看,随着国家计划生育政策的不断实施,中国人口结构变迁呈现出老年人口快速增长、人口老龄化程度不断加深的态势,对中国经济社会持续高质量发展形成重大的影响。据统计,中国的老龄化比例从 1982 年的 5% 上升到 2018 年的 12%,加速趋势非常明显。而北京市人口老龄化特别是高龄化的发展趋势日益明显。[①] 2019 年北京市 60 岁及以上常住人口为 418.3 万人,占比达到 19.1%,为全市人口老龄化水平的新高度。2019 年底,北京市常住人口中 65 岁及以上老年人增至 280.4 万人,占总人口数的 12.8%,高于国际上人口老龄化标准。由于家庭规模小型化、子女外出工作求学等原因,身边无子女的独居老年人家庭户还在不断增加,高龄老人、独居老人增加已经成为北京人口老龄化过程中的重要特征,引发了诸多的社会问题。如何在老龄化时代保持经济活力、如何构建和完善高质量、可持续的养老服务体系,是北京作为超大城市和国际大都市应对老龄化时代的重大课题。

(二)人口规模发生变动,多中心均衡发展特征凸显

和其他国际大都市一样,北京市人口在空间上的过度聚集现象突出,单中心集聚弊端日益凸显。北京疏解非首都功能,推进减量集约发展,以多中心均衡发展破解单中心发展困境,取得了阶段性成效。特别是党的十八大以来,习近平总书记视察北京并作出重要指示,提出落实首都城市战略定位、疏解非首都功能、推进京津冀协同发展、建设北京城市副中心和河北雄安新区等发展战略,这些战略的提出及其实施将有效破解北京人口过度膨胀等难题。在发展实践中,在疏解非首都功能、实现减量发展的战略推动下,北京首都功能核心区人口数量逐渐减少。

随着北京市人口疏解政策的实施,常住外来人口逐渐向北京远郊区以

① 邵咪咪、郭凯明、杨丽珊:《人口老龄化、经济高质量发展与产业结构转型》,《产经评论》2020 年第 4 期。

及河北、天津等周边地区疏解。产业疏解带动人口疏解已成为首都调控人口的基本思路。[1] 人口疏解政策的实施,在一定程度上缓解了中心城市特别是首都功能核心区的人口集聚压力,加快了城市功能拓展区和城市发展新区的建设。

北京人口多中心均衡发展的特征更加明显。随着疏解非首都功能的不断推进,中心城区特别是首都功能核心区的人口密度降低,而发展新区的人口密度增加,两者之间的差距将不断缩小,空间均衡将得到实现。通州区作为北京城市副中心,承担市级机关及其相关功能人口的迁入,通州区的人口密度将持续增加,大兴、房山、昌平、顺义等发展新区的人口密度也将不断增加。这些区域在伴随着北京建设自由贸易试验区和国家服务业扩大开放综合示范区所带来的良好机遇,将成为新时代首都高质量发展的重要高地,也是进一步承接中心城区人口疏解的重要阵地。北京城区流动人口呈"核—边扩散"格局,城市核心区流动人口规模、密度、占比和空间集聚度不断下降,城市边缘区流动人口规模、密度、占比和空间集聚度逐步上升。[2] 北京市人口由最开始在中心城区大量聚集逐渐向城市远郊区、发展新区不断分散布局,逐渐呈现由单中心向多中心分布的阶段性特征。

具体而言,2019 年全市常住人口为 2190.1 万人,常住人口密度 1335人/平方公里,比 2016 年、2017 年、2018 年均有减少。不过,首都功能核心区及中心城区的人口密度还远远高于发展新区,由单中心向多中心均衡布局的人口发展压力还比较大。从各区来看,核心区和中心城区人口密度均有减少,但属于核心功能区的西城区和东城区的人口密度均高于其他区。北京目前遇到的人口问题不是规模过大,而是人口在核心区域的过度集中。[3]

---

[1] 肖周燕:《北京产业疏解带动人口疏解的政策效应》,《地域研究与开发》2018 年第 6 期。

[2] 赵美风、汪德根:《北京城区流动人口扩散格局及驱动机制》,《地理科学》2019 年第 11 期。

[3] 张可云、蔡之兵:《北京非首都功能的内涵、影响机理及其疏解思路》,《河北学刊》2015 年第 3 期。

（三）人口素质不断提高,人力资本状况显著改善

高质量发展表现为政治、经济、社会、文化、生态文明等各个领域的全面发展,而各个领域的全面发展离不开丰富的高素质的人力资源作为支撑。改革开放以来,人力资源为北京市经济社会发展提供强劲动力。进入新世纪后,提高人口质量成为经济发展的关键,也就是要提高教育人力资本质量、健康人力资本存量质量和科技人力资本存量质量。在此方面,北京市常住人口教育素质不断提高,妇女儿童发展状况极大改善,促进了经济发展和社会进步。根据 2019 年北京市人口抽样调查样本数据,6 岁及以上人口中接受过大专及以上教育人口占比为 39.28%。北京市人口由最初表现为量的增长逐渐转向质的增长,高学历、高技能人才数量不断增加,突出表现为科技人员数量持续增长。北京市统计局的研究与试验发展(R&D)人员数据显示,2009 年北京市具有近 25.27 万人的研究与试验发展(R&D)人员,其中,企业研究与试验发展(R&D)人员占比 43.92%,科研机构占比32.95%,高等学校占比 18.91%,事业单位占比 4.22%。2019 年北京市研究与试验发展(R&D)人员约为 46.42 万人,比 2009 年增长了 21.15 万人。其中,企业和科研机构的科研人员分别占比 42.16% 和 27.01%,高等学校和事业单位的科研人员数量进一步增长。见表 2.6。

表 2.6 2018—2019 年北京市研究与试验发展人员构成情况

项目	2019 年(人)	2018 年(人)
合计	464178	397034
企业	195706	175868
科研机构	125390	121093
高等学校	128146	85855
事业单位	14936	14218

数据来源:北京统计年鉴 2020,http://nj.tjj.beijing.gov.cn/nj/main/2020-tjnj/zk/indexce.htm。

（四）人口政策日臻完善,人口治理现代化水平提高

北京人口变迁的过程也是对人口管理与服务不断规范化、制度化的过

程。北京坚持以人为本,不断创新政策和制度措施,把人口管理与服务纳入法治化、制度化轨道。

在计划生育政策方面,北京贯彻落实国家计划生育政策,创新性地制定了适合北京特点的相关政策措施。1991年1月15日,经由北京市人民代表大会通过的《北京市计划生育条例》明确规定,为推行计划生育,控制人口数量,提高人口素质,使人口增长同经济和社会发展计划相适应,提倡和鼓励晚婚晚育、少生优生,禁止超计划生育。夫妻双方都有实行计划生育的义务,实行计划生育的合法权益受法律保护。1991年5月16日,北京市发布《北京市计划生育奖励实施办法》和《北京市违反〈计划生育条例〉处罚办法》。1999年5月14日,北京市修订了《北京市计划生育条例》。2000年3月8日,北京市修订了《北京市计划生育奖励实施办法》和《北京市违反〈计划生育条例〉处罚办法》。修订的《北京市计划生育奖励实施办法》明确规定,依照规定可以再生育一个子女的夫妻,向所在单位或当地计划生育主管机关书面表示不再生育的,给予表彰,并给予1000元至2000元的一次性奖励。

2016年3月24日,北京市第十四届人民代表大会常务委员会第二十六次会议通过《北京市人口与计划生育条例修正案》,明确规定,"本市各级卫生和计划生育、发展改革、公安、民政、统计、人力资源和社会保障等行政部门应当建立信息通报制度,促进人口信息资源的综合开发和利用,实现人口信息共享""机关、企业事业单位、社会团体和其他组织应当做好本单位的计划生育工作,接受卫生和计划生育行政部门的指导、监督、检查;其法定代表人或者负责人对本单位计划生育工作负主要责任""依法办理结婚登记的夫妻,除享受国家规定的婚假外,增加假期七天""提倡一对夫妻生育两个子女。生育两个以内子女的,按照国家有关规定实行生育登记服务制度"。

《中共北京市委北京市人民政府关于实施全面两孩政策改革完善计划生育服务管理的意见》(京发〔2016〕7号)明确规定,"实行生育登记服务制度,对生育两个以内(含两个)孩子的,不实行审批,由家庭自主安排生育""优化办事流程,简化办理手续,全面推行计划生育事项网上办理,实行一站式服务和承诺制"等。这些规定在一定程度上鼓励北京市民生育二孩。北京还从加强出生人口监测与信息共享、合理配置公共服务资源等方面提高了人口管理与服务能力。明确规定"根据生育服务需求和人口变动情况,合理配置妇幼保健、儿童照料、学前和中小学教育、社会保障等资源,满足新增公共服务需求""加快健全妇幼健康服务体系,优先推进妇幼保健机构标准化建设与规范化管理,扩大服务规模,改善服务条件""调整和落实教育类公共服务设施配置指标,增加学前及义务教育学位。结合城市副中心和重点新城建设,引导和鼓励社会力量举办中小学校、普惠性幼儿园和非营利性妇女儿童医院等,加快提升卫生、教育等公共服务能力和水平"等。

在居民身份证管理方面,北京市在贯彻落实党中央国务院相关文件要求的基础上,不断完善和规范了居民身份证制度,使其更好地在人口管理与服务中发挥积极的作用。1984年北京市根据《中华人民共和国居民身份证试行条例》,率先试行身份证制度。1986年《北京市居民身份证使用管理暂行规定》公布,并于同年的7月1日开始实施,基本完成了第一次集中制发居民身份证的任务。2003年依据《中华人民共和国居民身份证法》,进一步完善和规范了现有的居民身份证制度。

在流动人口管理方面,从防范控制为主转变为服务为主。北京常住外来人口基数大,流动人口多,流动频繁,成为北京人口的重要特征。北京常住外来人口从1978年的21.8万人,后来逐年增加,2015年最高达到822.6万人,之后缓慢下降,2018年为764.6万人。1985年11月26日,北京市制定了《北京市人民政府关于暂住人口户口管理的规定》,明确规定,从本市行政区域以外来京暂住人员,均应向暂住地公安派出所申报暂住登记。1995年7月15日,北京市施行《外地来京人员户籍管理规定》,对外地来京人员仍然实行暂住登记和暂住证制度,管理重点转为规模控制。①

从流动人口居住管理政策演变看,居住管理程序日益简化。1985年7月13日,公安部发布的《关于城镇暂住人口管理的暂行规定》对于流动人

---

① 宋健、侯佳伟:《流动人口管理:北京市相关政策法规的演变》,《市场与人口分析》2007年第3期。

口的居住管理作出了明确规定，"暂住人口需要租赁房屋，必须凭原单位或常住户口所在地乡镇人民政府的证明，由房主带领房客到当地公安派出所申报登记。对来历不明的人，房主不得擅自出租住房"。1987 年 8 月 13日，经由北京市人民政府批转，由市公安局、市房管局制定的《关于加强暂住人员租赁私有房屋管理的规定》颁布，要求"外地来京暂住人员租赁本市城乡私人合法所有房屋的，租赁双方除遵守本市私房租赁管理的有关规定外"，还须"签订租赁合同，并按一定程序申报审核备案"，"提交租赁合同和双方本人的居民身份证、户口簿和来京暂住的其他身份证明，经审查符合规定的，由房管机关或乡镇人民政府出具准租证明""出租人持准租证明，到当地公安派出所申报户口暂住登记、申领暂住证，签订治安防范任务书""出租人持治安防范任务书向原审查的房管机关或乡镇人民政府办理正式租赁合同的备案"等。1995 年 7 月 15 日，北京市施行《外地来京人员租赁房屋管理规定》和《北京市外地来京人员租赁房屋治安管理规定》，向外地来京人员出租房屋实行房屋租赁许可证制度和房屋租赁安全合格证制度。到 2004 年 6 月 1 日，北京市发布《北京市外地来京人员租赁房屋治安管理规定》的修订版，取消了关于取得房屋租赁安全合格证的一系列要求和义务，房屋租赁许可证制度同时被取消。

为方便来京人员的工作、学习和生活，保障其合法权益，提高人口服务与管理水平，2016 年 10 月 1 日起，北京实行居住证制度，将原"暂住证"升级为"居住证"，明确规定在京居住 6 个月以上，同时有合法稳定就业、有稳定住所或连续就读即可申请。持证人不仅将在京依法享受劳动就业，参加社会保险，缴存、提取、使用住房公积金等权利，居住证还成为参与北京积分落户的必要条件之一。为深入贯彻落实户籍制度改革精神，坚持和强化首都城市战略定位，进一步加强人口服务和管理，有序推进长期在京稳定就业和生活的常住人口落户工作，2020 年 7 月 14 日，北京市制定《北京市积分落户管理办法》，明确规定坚持公平公正、总量控制、存量优先、有序推进的原则，稳步实施积分落户政策。通过建立指标体系，对每项指标赋予一定分值，总积分达到规定分值的申请人，可申请办理本市常住户口。

在改革发展的过程中，北京人口管理呈现信息化、精细化、人本化的特征。随着信息技术的不断发展,北京市人口管理的信息化水平不断提高,逐步构建了信息化的人口管理保障体系。特别是北京市在人口调查中手段和技术不断更新,大量新科技不断应用于人口管理与服务之中。2016 年,《北京市人民政府关于进一步推进户籍制度改革的实施意见》出台,进一步创新人口服务管理,健全人口信息管理制度。2018 年,北京推出互联网下人口管理办事平台,深化"互联网+居住证"的工作思路,推出基于微信的居住登记卡办理与签注、居住证办理及"卡换证"等核心业务,更加方便流动人口办理证件。北京市通过简政放权,不断提高办事效率,在服务保障民生方面推出许多便民利民措施,更大程度地方便群众办理人口相关业务。主要包括:一是推出电子支付缴纳居民身份证工本费。二是推出居民身份证自助办理服务。三是微信办理居住证(卡)核心业务。北京市人口管理越来越精细化,在流动人口服务上,北京市先后出台了一系列惠民举措,提供人本化的服务,不断推动北京人口治理现代化。

三、新中国 70 年北京人口变迁发展的经验启示

新中国 70 年,北京的人口规模、数量、结构、素质等方面都发生了历史性巨变,成为北京社会变迁的重要特征。其中,城市化快速发展、多元化城市定位、产业结构调整、产业吸引、城市规划引导是北京人口时空演变的作用机制。[1] 作为国家首都和国际大都市,北京不断建立和完善人口治理体系,结合自身发展阶段性特征和人口发展规律,制定相应配套的政策措施,效果显著。北京人口调控坚持系统调控和源头调控的原则,制定出精准有效的人口调控政策,分层次、分区域、统筹协调推进北京市人口合理疏散和有序流动。[2] 推动首都高质量发展,必须深刻把握首都发展核心要义,坚持以人民为中心的发展思想,提升北京人口治理与服务水平。新中国 70 年,

---

[1] 蔡安宁、张华、唐于渝、梁进社:《1982 年以来北京人口时空演变研究》,《西北人口》2016 年第 4 期。

[2] 李进:《北京亟需精准有效的人口调控政策体系》,《人民论坛》2016 年第 10 期。

北京人口变迁与发展的经验启示表现在以下几个方面。

（一）由管理转变为治理，推动多元主体参与

加快由人口管理转变为人口治理是首都人口发展的重要经验。党的十八届三中全会提出了一系列新思想、新观点、新论断，其中在"国家治理体系和治理能力""社会治理""政府治理"等表述中，将以往通常使用的"管理"改为"治理"。相对于"管理"而言，"治理"的提出是理念上的巨大进步与创新。"治理"是特定范围内各类权力部门、公共部门以及社会组织的多向度相互影响，强调多元主体对于国家和社会事务的平等参与、协商互动，推进政府职能转变，加快简政放权，促进社会参与，激发社会活力，更好地维护人民群众的利益。从人口管理转变为人口治理，突出多元主体对人口发展事业的共同参与、平等协商，从而激发社会活力。党的十八届四中全会指出，提高社会治理法治化水平。党的十九大明确提出，打造共建共治共享的社会治理格局。这些提法充分彰显了我国对构建现代国家治理体系、提升社会治理水平认识和实践的不断深化与完善。从人口管理转向人口治理，是转变政府职能、提升国家治理能力的迫切需要。[①]

北京由以户籍人口管理为主向以实有人口服务和治理为主转变，由政府职能部门管理为主向政府依法行政、社区依法自治、基层组织广泛参与的社会化服务转变。与传统人口管理模式不同，现代化人口治理体系体现的是由传统强制灌输、管制控制方式转变为共同参与、协商协调、共建共享，注重由传统的单一政府管理转变为党委政府、社会组织、企业以及公民个人等多元主体参与，加快构建政府依法履行职责、社会广泛参与、群众诚信自律的多元共治格局；体现的是运用社会化、法治化、智能化、专业化等多种方式维护和保障人口合法权益，更加强调公平正义，提升人口公平享受公共服务水平，实现人口全面发展；体现的是更加重视由管理人转变为服务人，尽可能激发人的创造性和主动性，将人的潜能进一步释放并转化为生产力和创

---

① 周学馨、接栋正：《现代流动人口治理体系构建研究》，《行政管理改革》2020年第1期。

造力的过程。坚持以人民为中心的发展思想,坚持人民的主体地位,坚持人民群众共建共享,多元参与北京市人口治理与服务,满足市民"七有""五性"需求,提高人口治理和人才服务水平,为北京经济社会全面发展构建更加人本化、多元化、服务化、智能化的人口治理与服务体系。

(二)合理调控人口规模,推动人口合理布局

北京坚持人口资源环境相均衡、经济社会生态效益相统一,合理调控人口规模,优化人口空间布局,是立足北京具体市情形成的重要发展经验。在此方面,北京人口的单中心集聚和空间分布不够合理,引发系列的大城市病难题。如北京首都功能核心区是服务保障中央政务功能、保护古都文化的核心区域,但也是许多大型金融机构、服务企业的密集区,过多过密的写字楼和办公大厦集聚过多的企业和就业人口。

从工作密度看,因具有优质资源优势,首都功能核心区聚集了全市重要的经济资源(CBD、金融街、各类央企总部、国内外知名企业总部等)、社会资源(三甲医疗、重点大学和重点高中、中小学校等)、政治资源(党中央和国务院及各部委所在地)、文化资源(图书馆、博物馆、文化馆、艺术馆等),拥有较多优质的工作岗位和就业机会,吸纳成千上万就业人口。[1]

结合实际情况,北京开展疏解整治促提升,取得一定的阶段性成效,但也存诸多挑战。一方面,中心城区的部分批发市场或产业搬迁后,人口并未随之外迁,整体人口在中心城区过度集聚、交通拥堵等现状并没有真正改观,中心城市人口过度集聚的压力依然较大。[2] 另一方面,与中心城区人口过度聚集不同,因北京城乡发展、区域之间发展的不均衡性,许多远郊区缺乏好的工作岗位和就业机会,缺乏优质的教育医疗等公共服务资源,缺乏人才吸引力,工作待遇跟不上,引进来留不住,人才资源分布不均衡,远郊区人力资源配置效率较低。

优化北京人口空间布局,推进产业优化升级,创新流动人口管理模式,

---

① 李晓壮:《北京人口结构的变迁及优化》,《国家行政学院学报》2014 年第 6 期。
② 陆小成:《高质量发展的减量疏解与增量承接》,《前线》2019 年第 8 期。

有效疏解核心区人口，制定人口总量控制措施，科学配置教育、医疗等资源，创新流动人口服务和管理方式，推进人口治理能力和治理体系现代化。由于教育、医疗、商业、文化、社会服务等优势资源的集中，中心城区的吸引力还是要远大于周边。① 破解长期以来中心城区人口过于密集和膨胀的问题，减少中心城市特别是核心区的人口密度包括就业密度，通过适度疏解和搬迁机构与产业，增加远郊区或发展新区的机构和企业吸引力，实现中心城区与发展新区以及河北、天津等周边地区的合理布局。在落实首都战略定位、疏解非首都功能的战略实施基础上，进一步出台科学的人口治理政策，如减少或降低中心城区人口吸引力和企业集聚度，优化空间布局，减少职住分离。北京在职住用地上，产业用地不集约问题突出，未来着重调整各圈层职住用地比，要促进集约生产、宜居生活。② 首都功能核心区及部分中心城区主要承担首都功能的重要任务，重点是做好服务，保障中央，在空间做好"减法"，严格控制和"堵住"增量，不断调整存量，弱化其经济增长冲动，避免经济功能和服务功能在核心区高度叠加，从首都功能的空间优化布局上破解首都特大城市病难题。

破解首都发展不平衡不充分难题，特别是人口布局的空间不合理问题，加快北京发展新区的建设。政府部门统筹施策，精准发力，提升承接地吸引力，强化北京市、区二级联动，把握人口与经济社会发展的平衡点，创新疏解成效评价体系、完善社会风险防控机制、实现动态适度的人口规模、均衡适宜的人口结构、生机勃勃的城市活力三重目标的协调统一。③ 适当将中心城区过于膨胀、过于密集的人口和就业机会，引导到大兴、通州、房山、昌平、顺义等周边地区，增加发展新区、新城的"反磁力"作用。新城规划的主要目的是形成"反磁力"中心，达到疏解中心城功能的作用，但如果新城的居

① 高颖、张秀兰：《我国特大城市人口结构特点及变动趋势分析——以北京为例》，《人口学刊》2016年第2期。
② 伍毅敏、王姗、常青：《北京分区规划人口——就业协调发展之挑战与规划应对》，《北京规划建设》2019年第4期。
③ 杜艳莉、胡燕：《北京人口疏解中应警惕的三大问题及破解路径》，《未来与发展》2016年第10期。

住就业错位,配套服务存在缺口,则大量居民将返流老城,加剧老城负担。[1]
因此,着力避免重复中心城区的"摊大饼"发展模式,避免长距离的职住分离,
完善发展新区配套设施和公共服务,特别是在义务教育、卫生医疗等领域要
加大投入力度,构建相对均等的公共服务体系,不断提高新城吸引力,从根本
上破解北京人口、交通等系列城市病难题,推动区域的均衡协调发展。

北京以业控人、以房管人、以证管人,进一步强化人口结构优化和空间
布局。产业疏解带动人口疏解已成为首都调控人口的基本思路。[2] 利用市
场化手段,加强产业结构调整、优化资源空间布局和非首都功能疏解,由市
场"选择"人口结构,通过产业合理布局促进人口的均衡分布,强化人口"服
务"达到人口"管理"目的,提升人口治理与服务的水平和能力。应以产业
结构优化升级促进人口调控目标的实现,以区域规划调整引导人口的合理
分布,以多种疏解机制的综合应用来解决人口调控难题。[3] 根据人口空间
分布密度及局部空间过于膨胀的内在困境,以疏解非首都功能为抓手,加强
调结构、转功能,适度降低过于密集的局部空间的人口吸引力。一方面,增
加中心城区的交通承载力特别是轨道交通的密度和覆盖面,提高通勤率;另
一方面,适度降低中心城区的经济密度特别是对人口就业的吸引力,将更多
的产业项目和投资机会、优质资源等转移到人口密度相对较少的北京发展
新区,将更多的就业机会和发展机会疏解到北京发展新区及河北、天津周边
地区,加强人口流动的合理引导、均衡布局,并为流动人口提供更好的发展
空间和服务条件。

(三)遵循人口演变规律,优化人口治理体系

建立和完善新时代北京人口治理体系,坚持以人民为中心的发展思想,

---

① 储君、牛强:《新城对大都市人口的疏解和返流作用初析——以北京新城规划建
设为例》,《现代城市研究》2019 年第 4 期。
② 肖周燕:《北京产业疏解带动人口疏解的政策效应》,《地域研究与开发》2018 年
第 6 期。
③ 何海岩:《京津冀协同发展下北京人口调控的问题与对策》,《宏观经济管理》
2016 年第 4 期。

坚持城市发展为了人民,城市建设依靠人民的重要理念,把握城市发展和人口演变规律,处理好人口规模和结构的内在关系。

一是不断破解北京人口老龄化问题。习近平总书记指出,"满足数量庞大的老年群众多方面需求、妥善解决人口老龄化带来的社会问题,事关国家发展全局,事关百姓福祉。"①北京市人口进入老龄化和低生育水平状态,人口发展面临结构性的风险问题。从 20 世纪 90 年代开始,北京已经进入老龄化社会,老年人口中高龄化趋势凸显,80 岁以上的老年人不断增多。但是由于北京作为超大城市,家庭规模逐渐小型化,子女外出工作导致子女难以陪伴和照料老人,而在老年人中,机构养老占比较少,居家养老者较多,高龄老人、独居老人不断增加带来居家养老的许多难题。人口老龄化事关经济社会发展全局,从国家治理的战略高度,北京市将人口老龄化治理与经济治理、社会治理、政府治理、社区治理等进行全面制度整合,完善养老相关政策法规,大力发展养老产业,创新养老产业投融资体系,健全养老服务、养老保障、老年健康支持体系等。

二是遵循人口发展战略和人口流动迁移内在规律,推动北京人口与城市经济社会协调发展。流动人口是城市经济社会发展的人力资源支撑,是城市创新创业的重要力量。城市发展离不开大量的、多领域的流动人口。要让流动人口共享北京城市发展成果,推动社会公平正义,才是真正意义上的以人为本。② 要高度关注流动人口的生存发展状况,优化和完善常住人口积分落户制度。

三是减少超大城市的虹吸效应,促进京津冀三地人口协同发展。以疏解非首都功能为"牛鼻子",推动京津冀协同发展,特别是在教育、医疗、文化等多领域推动均衡协同发展,减少区域和城乡差距,在集中力量加快北京城市副中心、雄安新区建设的同时,打造更多宜居宜业的非首都功能承载地,破解空间规模不经济难题,减少大都市对人才的虹吸效应,

---

① 《党委领导政府主导社会参与全民行动 推动老龄事业全面协调可持续发展》,《人民日报》2016 年 5 月 29 日。

② 马小红、胡梦芸:《京津冀协同发展视域下的北京流动人口发展趋势》,《前线》2016 年第 2 期。

为北京高质量发展提供稳定、充足、丰富的人力资源,在京津冀协同发展中推进人口有序发展和均衡布局。

(四)提升人口服务能力,激发人才创新活力

新中国 70 年,特别是改革开放 40 多年来,随着户籍制度的建立与完善,人的流动性增加倒逼流动人口管理政策,由改革之初双轨制下的严格限制,到新双轨制下的有序流动,再到新型城镇化背景下的市民化和社会融合,①为人口和人才流动创设了有利的条件。中国特色社会主义市场经济体制的建立与完善加快了各类资源要素的流动,特别是工业化和城镇化提速加快了农村剩余劳动力的转移以及跨区域人口流动。大量流动人口、外来人口给经济相对活跃的地区或城市带来丰富的劳动力资源,为流入地城市化、工业化作出了突出贡献,诸如长三角、珠三角以及京津冀地区等东部发达地区便是例证。与此同时,北京流动人口的快速增长适应了城市规模扩张和产业发展的需求,但因人口流动的空间布局不够合理、相应管理体制机制滞后等,引发城市经济社会发展的一系列问题。如户籍制度的身份固化以及改革滞后、公共服务供给不足与不均等,导致人口市民化受阻,进而衍生社会矛盾和冲突风险。

贯彻落实首都城市战略定位、推进首都高质量发展和京津冀协同发展,结合北京自身的“高精尖”产业定位特征,需要大量的高层次、高学历、高技能的创新人才。例如,北京对信息传输、软件和信息技术服务业、科学研究和技术服务业、高端制造业、租赁和商务服务业等行业的专业技术人员需求和缺口比较大。与此同时,北京作为服务业占主导的超大城市,第三产业对就业的拉动作用进一步提升,吸纳就业能力明显提高,需要满足市民基本生活需求以及城市管理与服务的各类劳动力。随着北京经济社会发展,特别是伴随人口老龄化,需要更多的家政服务、养老服务等生活服务型就业人员。这类人员是城市经济运行与社会发展不可或缺的重要人力资源,但普

---

① 董敬畏:《从双轨制、新双轨制到市民化——流动人口治理 40 年》,《四川大学学报(哲学社会科学版)》2019 年第 6 期。

遍工资待遇不高。随着城市生活成本提高，这类劳动者的用工成本也将不断增高，而且学历层次、专业技能也将伴随城市发展不断提升。此外，因生活成本高，特别是租房成本高，制约了北京人力资本提升与优秀人才的创新创业发展，围绕流动人口、高层次人才的创新创业、公共服务等方面还不够完善。坚持问题导向，北京市不断提高人口服务水平，破解人口发展中的各种瓶颈和障碍，促进人口空间结构均衡布局，释放人口的生产生活潜力，特别是加快提高人口消费潜能，推动首都高质量发展。

一是树立包容发展理念，强化人口服务意识。习近平总书记指出，"人才资源作为经济社会发展第一资源的特征和作用更加明显，人才竞争已经成为综合国力竞争的核心。"①新时代的首都高质量发展离不开丰富的人才资源。秉持包容发展理念，充分认识到流动人口为北京经济发展特别是现代服务业发展所作出的重要贡献，以及对现代产业高质量发展的重要支撑作用，重视流动人口的科学治理与服务提升，优化人口治理与服务流程，提高服务效率，在流动人口就业、医疗健康、子女上学等方面提供帮助。

二是改变传统管理方式，强化多元参与和优化服务。尊重城市发展客观规律，推进公共服务均等化、均衡化布局，加快吸引中心城区的产业、功能疏解到发展新区，增加更多的就业机会以及优质教育医疗等公共服务资源供给与配置，创新公共服务供给模式，强化企业、政府、社会组织等多元参与疏解非首都功能和区域协调发展；通过不断完善配套教育、医疗、交通等设施条件，提高教育医疗等公共服务水平，推进人口相对均衡分布，提升跨区域人口服务能力，进一步促进基本公共服务的均等化供给。在人口管理上，继续加强人口治理与服务的信息化、人本化、精细化转变，提高人口治理与服务效率。

三是以供给侧结构性改革为主线，创新人才服务政策。习近平总书记指出，"一切科技创新活动都是人做出来的。"②北京建设全球科技创新中

---

① 习近平：《在欧美同学会成立 100 周年庆祝大会上的讲话》，《人民日报》2013 年 10 月 22 日。

② 习近平：《为建设世界科技强国而奋斗：在全国科技创新大会、两院院士大会、中国科协第九次全国代表大会上的讲话》，人民出版社 2016 年版，第 16 页。

心,建设世界科技强国首都,需要构建规模宏大、结构合理、素质优良的创新人才队伍,激发各类人才创新活力和潜力。加强供给侧结构性改革,打破体制机制壁垒,为人才创新创业提供良好的政策环境,在住房、教育、社会保障、就业等方面加大投入,加快提升创新型人才服务水平,制定包括创办企业、落户北京、子女入学、购房购车、出入境、项目融资、外汇管理、企业孵化等政策措施,激发人才创新创业活力,以人本化、精细化、贴心化的服务吸引人才、集聚人才,推进北京人口治理与服务现代化。

(五)立足首都新发展阶段,全面提升人口素质

新时代北京经济社会高质量发展对人口数量和人口素质提出了新的要求。北京拥有超大城市的庞大人口基数,是首都现代化建设的基础支撑,需要切实提高首都地区人口综合素质,为推动首都高质量发展提供强大的人才保障。一是推动北京各区域义务教育资源、教育水平的均等化、一体化发展,加强优质教育资源均衡布局,优化教育资源均衡配置,保障教育公平正义;二是构建服务全民终身学习的教育体系,提升北京人口学历层次、知识水平和专业素质,树立终身学习理念,加大继续教育力度,加快知识结构更新和专业技能提升,为首都北京建设全国科技创新中心提供强大支撑。

第三章　教育进步：学有所教　优先发展

百年大计，教育为本。新中国成立 70 年，北京教育事业的发展与城市建设以及改革开放和社会主义现代化进程相伴同行，坚持社会主义教育事业的本质属性，努力培养德智体全面发展的社会主义事业建设者和接班人。围绕努力办好人民满意教育的发展主线和根本要求，立足首都发展阶段性特征，坚持改革创新，不断推动教育事业高质量发展，推进教育现代化进程，为国家各项事业培养和造就了大批有用之才，为北京经济社会发展提供了丰富的人才和创新资源，在不同历史时期呈现出各具特色的发展特征和建设成果，积累了宝贵的实践经验，形成教育事业改革发展的北京实践。

一、新中国 70 年北京教育事业的发展历程

1949 年，中华人民共和国的成立开启了中国历史发展的新纪元，也开辟了北京社会主义教育事业的新起点。作为文明古都，北京不仅具有悠久的文化遗产和历史文化资源，而且拥有雄厚的教育科研资源以及深厚的文化滋养和文化传承，成为北京教育事业发展的独特优势、重要基础和既有条件。1949年，北京市拥有普通高校 13 所，而且大部分高校建校时间长、知名度高、影响深远，如百年名校北京大学、清华大学、北京师范大学等。此外，北京还拥有一批百年中小学名校，教育质量和教学水平在全国处于领先地位。

新中国成立后，北京的教育事业经历了社会主义文化和思想的深刻洗礼，彰显了社会主义教育事业的人民性，构建了符合时代发展要求的教育体

系和教育布局,为社会主义建设事业培养了大批建设者和接班人。

改革开放以来,我国进入了社会主义建设的新的历史时期,在面向现代化的发展进程和教育事业自身的改革发展中,教育事业实现了快速发展和全面变革,迈入中国特色社会主义教育发展的重要阶段,实现了教育大众化、普及化的历史性跨越。

进入中国特色社会主义新时代,北京教育事业处在新的历史方位和发展目标之中。北京作为全国政治中心、文化中心、国际交往中心和科技创新中心的战略定位,为新时代教育事业发展赋予了新的内涵,提出了更高的要求。北京始终坚持社会主义教育方向,贯彻实施教育强国战略,优先发展教育事业,努力提高教育现代化水平,在创新发展中取得了新的发展成就,在经济建设、政治建设、文化建设、社会建设和生态文明建设五位一体总体布局中为新时代践行新发展理念和实现经济社会高质量发展培养造就了大批各级各类人才,展现了更公平、更优质的教育发展之路,彰显着首都教育事业公平、优质、创新、开放的核心理念和价值追求。

纵观新中国 70 年北京教育事业的发展历程,可以看到,北京教育事业发展同整个国家的历史发展进程以及北京城市建设的客观要求存在着密不可分的联系。新中国建设和发展所处的不同时期、不同阶段及其主要任务的变化对北京教育事业发展产生了直接或间接的影响,使北京教育事业在不同历史时期呈现出各具特色的发展阶段性特征。结合国家建设和北京城市发展历程,可以将新中国 70 年北京教育事业的发展划分为四个时期:改造发展期、改革发展期、快速发展期和高质量发展期。对北京教育事业的发展路径与实践进行分阶段的回顾以及对不同历史时期的发展经验进行总结,有益于进一步认识北京教育事业发展变革的历史进程、发展规律和实践经验,不断推进北京教育事业的高质量发展,努力满足广大人民群众对于教育这一重大民生建设的期待和需要,并在教育事业的发展进步中不断提升北京社会建设的质量和水平。

(一)改造发展期(1949—1976 年)

这一时期北京教育事业发展的重要特征是除旧布新、改造发展。在接收旧中国薄弱教育家底的基础上,恢复并较快地发展了社会主义新中国的北京教育事业。在坚持社会主义办学方向的前提下,历经近30年的变革发展,北京初步构建了社会主义教育事业的发展格局、制度体系和人才队伍,并以此推动了北京市的经济发展和社会进步。基于经济社会发展环境变化的影响,北京教育事业的改造发展期可以分为三个具有各自特征的具体发展阶段。

1. 除旧布新阶段(1949—1956 年)

这一阶段,国家的主要任务是实现从新民主主义社会向社会主义社会的转变。服从和服务于国家的经济建设和社会发展,北京的教育事业经历了除旧布新、革新再造的发展历程。1949 年 9 月 29 日,《中国人民政治协商会议共同纲领》通过。《共同纲领》规定,"中华人民共和国的文化教育为新民主主义的,即民族的、科学的、大众的文化教育。人民政府的文化教育工作,应以提高人民文化水平,培养国家建设人才,肃清封建的、买办的、法西斯主义的思想,发展为人民服务的思想为主要任务""人民政府应有计划有步骤地改革旧的教育制度、教育内容和教学法""有计划有步骤地实行普及教育,加强中等教育和高等教育,注重技术教育,加强劳动者的业余教育和在职干部教育,给青年知识分子和旧知识分子以革命的政治教育,以应革命工作和国家建设工作的广泛需要。"按照党的既定方针,新生的人民政权在接管改造旧教育的同时,着手建设民族的、科学的、大众的新民主主义教育,并逐步探索适合中国国情的社会主义教育发展道路。

1949 年 12 月 23—31 日,教育部召开第一次全国教育工作会议,明确提出教育必须为国家建设服务,学校必须向工农开门。1950 年 4 月 3 日,北京实验工农速成中学开学,这是全国第一所工农速成中学。1950 年 10 月 3 日,以华北大学为基础合并组建的中国人民大学隆重举行开学典礼,成为新中国创办的第一所新型正规大学。①

与此同时,新中国开始改造传统的旧式教育。1952 年 9 月 10 日,教育

---

① 中国人民大学简介,https://www.ruc.edu.cn/intro。

部发出《关于接办私立中小学的指示》，提出将全国私立中学全部由政府接办，改为公立。北京市在这个过程中起到了领先的作用。北京市教育局颁布了《北京市私立学校临时管理办法》，通过政府控制私立小学的登记注册与整顿，对经营困难的学校利用主流话语权寻求政府接管来实现对私立中小学的改造。"从 1949 年到 1956 年，通过对私立小学的改造和接办，主流意识形态成功进入这个曾经相对独立的空间，结束了中国初等教育领域管理和思想双重分散的局面。"①

新中国成立不久，百业待兴的国家建设急需大批专业技术人才，迫切需要大力发展高等教育，扩大教育规模，为社会主义现代化建设培养大批的人才。当时，党和国家学习苏联的办学理念和发展模式，特别是在 1952 年到 1956 年间，对许多高校进行了大规模的院系调整。1952 年教育部以培养工业建设人才和师资为重点，进行全国高校院系调整工作，相继新设钢铁、地质、航空、矿业、水利等专门学院和专业，并把私立大学全部改为公立高校。1955 年，又调整部分高等学校院系专业设置和分布，以改变高等学校过于集中大城市和沿海地区的状况。经过高校院系调整和空间均衡布局，初步形成了新中国高等教育基本架构和空间格局。其中，北京市新设北京地质学院、北京钢铁学院、北京航空学院、北京林学院、北京农业机械化学院、中央财经学院和北京政法学院。

1953 年 1 月 13—24 日，政务院文教委员会召开大区文委主任会议。根据党和国家过渡时期的总路线，会议提出"整顿巩固、重点发展、提高质量、稳步前进"的文教工作方针。针对新中国成立之初中小学教育工作中存在的缺点和问题，主要是很多学校的教育质量很差，学生的学习成绩不好，1954 年中共北京市委作出《关于提高北京市中小学教育质量的决定》（简称《五四决定》），成为新中国成立后中共北京市委第一次专门对中小学教育工作作出的决定。"《五四决定》的中心是提高教育质量，为此提出了六项具体措施。主要包括：明确提出必须使提高教育质量成为学校中广大师生共同努力奋斗的目标，教育局、各个学校和每个教师都要制定提高教育

① 张放：《新中国成立之初北京市私立小学的接办》，《史学月刊》2014 年第 7 期。

质量的计划；提高教育质量的关键是领导教师深入钻研教材和教学大纲，为此要组织力量编写教学指导和教学参考资料，用以促进教师的业务学习。"①等等。同年8月29日，中共中央转发了该决定，并提出加强党对教育工作的领导，改进中小学教育，提高教育质量。1954年，国务院高等教育部在《关于重点高等学校和专家工作范围的决议》中明确提出，为了学习苏联的先进经验，带动其他学校共同前进，确定中国人民大学、北京大学等六所高校为全国重点高等学校，其主要任务是加快培养高素质人才，同时也兼任为其他高校培养师资力量，帮助其他高校提高教学质量等任务。这六所全国重点高等学校包括中国人民大学、北京大学、清华大学、哈尔滨工业大学、北京农业大学、北京医学院。其中，除了哈尔滨工业大学外，其他各所重点高校均在北京。高等教育部这一重要决议开启了国家对重点大学加大投入和建设的步伐，也奠定了在京重点高等学校在全国教育事业发展中的领先地位和领头羊作用，为国家建设和发展培养了大量的人才。

1954年9月20日，第一届全国人民代表大会第一次会议通过《中华人民共和国宪法》。其中规定，国家设立并且逐步扩大各种学校和其他文化教育机关，以保证公民享受教育权利；对从事科学、教育、文学、艺术和其他文化事业公民的创造性工作，给以鼓励和帮助。1955年7月30日，第一届全国人民代表大会第二次会议通过《中华人民共和国发展国民经济的第一个五年计划》，其中提出教育事业五年建设的计划和工作重点。"为着适应这五年内的需要，并为第二个五年计划进行必要的准备，国家将有计划地调整、扩大和开办各类高等和中等专业学校。"②同时，对于教育事业发展提出了明确的原则要求，诸如"高等教育建设必须符合社会主义建设的要求，必须同国民经济的发展计划相配合""中等专业学校的发展必须加强计划性，克服盲目性，明确专业培养目标，调整各种专业的发展比例，使中等专业干

①　郭晓燕：《〈五四决定〉的制定、贯彻与历经的磨难》，《北京党史》2001年第3期。
②　《中华人民共和国发展国民经济的第一个五年计划1953—1957》，人民出版社1955年版。详见中华人民共和国国务院公报一九五五年第十五号（总第十八号），http://www.gov.cn/gongbao/shuju/1955/gwyb195515.pdf。

部的培养工作适应于国家建设的需要",①反映了党和国家对于教育事业发展的高度重视以及对于社会主义教育事业发展规律的认识,确定了长久以来教育事业发展的重要遵循和原则,也为北京教育事业的快速发展提供了政策保障和良好机遇。

2. 波动发展阶段(1957—1976年)

这一阶段,受国家社会政治生活和经济状况的影响,特别是1959年至1961年三年困难时期的影响,中国教育事业发展产生较大波动,北京教育事业也不例外。在社会主义建设快速发展中,中国共产党总结社会主义革命和建设的经验,高度重视思想政治工作,尤其重视学校的校长和教师在思想政治工作中的作用和责任。1957年2月27日,毛泽东在最高国务会议扩大会上作了《关于正确处理人民内部矛盾的问题》的报告,明确提出,"我们的教育方针,应该使受教育者在德育、智育、体育几方面都得到发展,成为有社会主义觉悟的有文化的劳动者"。②

1958年4月和6月,中共中央分两段召开教育工作会议,总结新中国成立以来的教育工作,讨论教育方针和教育改革等问题,指出党的教育工作方针是教育为无产阶级政治服务,教育与生产劳动相结合。1958年9月19日,中共中央、国务院发布《关于教育工作的指示》,提出"必须把生产劳动列为正式课程,每个学生必须依照规定参加一定时间的劳动"。

1958年后,高校扩招持续了三年。到1960年,中国高校招生人数已达32.3万人,比扩招前的1957年增长了3倍多。高校数量发展到1200多所,增幅达462.9%。③ 在重点大学建设方面,为了既能发展高等教育,又能防止平均使用力量导致高等教育质量下降,1959年,中共中央发出《关于在高等学校中指定一批重点学校的决定》,指定北京大学等16所学校为重点学

① 《中华人民共和国发展国民经济的第一个五年计划1953—1957》,人民出版社1955年版。详见中华人民共和国国务院公报一九五五年第十五号(总第十八号),http://www.gov.cn/gongbao/shuju/1955/gwyb195515.pdf。

② 《毛泽东文集》第七卷,人民出版社1999年版,第226页。

③ 叶晓阳、丁延庆:《扩张的中国高等教育:教育质量与社会分层》,《社会》2015年第3期。

校。此后,又分批增加若干所学校,进行重点高等院校建设。① 从 1961 年到 1963 年,"高教 60 条""中学 50 条""小学 40 条"相继颁布,对稳定教学秩序、改进教学工作和提高教学质量以及调动广大教师的积极性,起到了有力的促进作用。

需要提及的是,在 20 世纪五六十年代,依托北京丰富的教育资源和有利条件,业余教育特别是业余高等教育的兴起和发展成为在当时特定历史条件下北京教育事业发展的重要特点。在此方面,1958 年 9 月,中共中央和国务院《关于教育工作的指示》提出,"为了多快好省地发展教育事业,必须动员一切积极因素,采取统一性与多样性相结合,普及与提高相结合,全面规划与地方分权相结合的原则。"在这样的背景下,业余高等教育通过多种途径获得发展,到 1960 年,北京市工矿企业办的业余高校达 32 所,在校生人数为 9221 人。② "20 世纪 50—60 年代,业余高等教育的快速发展,为弥补普通高等教育不足、培养专业人才、完善成人高等教育办学形式,以及深化成人教育理论研究等方面皆有积极作用,也为改革开放后成人高等教育的恢复与重建提供了部分经验。"③

从新中国成立到改革开放前是新中国 70 年在中国人民实现"站起来"后教育事业除旧布新、开创革新和奠定基础的重要时期,在对旧的教育制度和教育体系进行深刻的社会主义改造和重建的基础上,构建了全新的社会主义教育体系和制度安排,充分彰显了教育的人民性和时代性,确定了改革开放以来北京教育事业发展的历史基础。这一时期,"全面改造旧教育,建立并不断完善社会主义教育制度,从根本上为保障人民群众的受教育权提供了制度基础。到 20 世纪 70 年代末,北京已基本建成了门类齐全、结构完整的社会主义国民教育体系,成为全国教育资源最丰富的地区之一。"④

① 《教育史上的今天(5 月 17 日)》,中华人民共和国教育部网站,http://www.moe. gov.cn/jyb_sjzl/moe_1695/tnull_190273.html。
② 《北京志·教育卷·成人教育志》,北京出版社 2001 年版。
③ 李小尉、朱峰:《20 世纪 50—60 年代业余高等教育研究——以北京为例》,《北华大学学报(社会科学版)》2018 年第 6 期。
④ 桑锦龙:《波澜壮阔 60 年——北京教育发展回望》,《前线》2009 年第 10 期。

（二）改革发展时期（1977—1999 年）

改革开放以后,北京教育事业进入了加快改革发展的新阶段。其间,北京城乡居民生活水平不断提高,经济社会发展为北京教育事业的改革发展奠定了坚实的物质基础和发展条件,对各类高素质人才的需求不断增长,为北京教育事业的恢复发展提供了内在动力。这一时期,北京教育事业快速恢复和扩大成为历史发展的必然。

1. 1977—1989 年的恢复发展期

这一时期从恢复高考开始,涵盖 20 世纪 70 年代末和整个 80 年代。1977 年 9 月,教育部在北京召开全国高等学校招生工作会议,决定恢复已经停止了 10 年的全国高等院校招生考试,在中国形成了新的教育制度。1977 年 10 月 12 日,国务院批转了教育部制定的《关于 1977 年高等学校招生工作的意见》,规定了高等学校新的招生政策,即废除推荐制度,恢复文化考试,择优录取。高等学校招生恢复考试录取制度是教育战线改革的重大事件和举措,对于社会发展带来重大影响。1977 年底,全国约有 570 万青年参加了高等学校招生考试,各大专院校从中择优录取了 27.3 万名学生,①录取率约为 4.8%,其中,北京市也有考生参加了考试。与 2019 年的录取率相比,这显然是一个极低和极其苛刻的数字,但是,却成为很多人人生的转折。恢复高考极大地提升了北京高等教育的质量,促进了教育现代化,激发了人们的学习热情,形成了浓厚的向学风气,对培养社会主义现代化建设所需要的合格人才、推动国家经济社会发展具有重大的战略意义。

恢复高考后,北京开始高校扩招。1977 年,北京率先实行继 1958 年以来的第二次高校扩招,考生也逐年快速增加。尽管这次扩招持续时间不长,但给北京市教育事业的发展带来了很大的影响。到 20 世纪 80 年代末期,

---

① 《开启教育强国建设新征程,奠基中华民族伟大复兴》,《辉煌 70 年编写组》编:《辉煌 70 年:新中国经济社会发展成就:1949—2019》,中国统计出版社 2019 年版,第 227 页。

北京教育事业形成了新的发展格局。1977 年北京市各类学校总计 10662 所，其中，普通高校 28 所，中等专业学校 92 所，普通中学 1221 所，小学 4830 所。到 1989 年，北京市各类学校总计 8050 所，其中普通高校 67 所，中等专业学校 122 所，普通中学 700 所，小学 3703 所。① 虽然总数有所减少，但是，普通高校和中等专业学校大幅度增加。到 1990 年，北京市每 10 万人中受过大学（大专及以上）教育的已达 9300 人。②

此外，为了满足广大人民群众特别是青年人求知求学的需求，北京在教育改革发展中形成了以"五大教育"为主的教育格局，出现了具有特定时代特征的"五大生"。③ "五大教育"模式有力弥补了国民教育系统规模和能力的不足，推动多种教育体系和教育形式的发展，给更多的求学者接受高等教育的宝贵机会，为广大求学者在高考"独木桥"之外另辟了一条接受高等教育的渠道，为北京乃至国家经济社会发展输送了大量的有用人才，产生了具有历史性的重要意义。

在"五大教育"模式的基础上，我国还创造性地建立了高等教育自学考试制度。1977 年 8 月 8 日，邓小平在《关于科学和教育工作的几点意见》中指出，"教育要两条腿走路，大专院校是一条腿，各种半工半读是一条腿。"这为高等教育自学考试事业提供了重大的行动指南。1980 年 5 月，中共中央书记处在讨论教育工作时指出，为了促使青年人自学上进，应该拟定一个办法，规定凡是自学有成绩，经过考试合格者，要发给证书，照样使用。为了调动广大群众的学习积极性，促进业余教育事业的发展，加速培养和选拔"四化"④建设所需要的合格人才，提高人民的科学文化水

---

① 北京市统计局、国家统计局北京调查总队网站，北京市宏观经济与社会发展基础数据库，http://hgk.tjj.beijing.gov.cn/ww/MenuItemAction! queryMenu。
② 《北京人口十年巨变》，《光明日报》2001 年 4 月 6 日。
③ "五大生"指的是 1979 年 9 月 8 日以后按国家规定的审批程序，经省政府或国务院有关部委批准，由国家教委（原教育部）备案或审定的广播电视大学、职工大学、职工业余大学、高等学校举办的函授大学和夜大学（分别简称电大、职大、业大、函大和夜大）的毕业生。
④ "四化"是指四个现代化，包括工业现代化、农业现代化、国防现代化和科学技术现代化。

平,1980年10月《北京市人民政府关于建立高等教育自学考核制度的决定》发布执行,根据中央指示精神,决定建立北京市高等教育自学考核制度,规定"凡北京市公民,不论通过哪一种形式学习,不受学历、年龄的限制,自愿申请考试者,均可参加考试。"① 20世纪80年代以来,不少求学求职者通过自考获得了相应的高等教育学历,也为个人求职、升迁提供了机会。

改革开放以来,提高教育教学质量逐渐成为教育改革发展的核心任务。1985年,《中共中央关于教育体制改革的决定》颁布,提出教育必须为社会主义建设服务,社会主义建设必须依靠教育,全面启动以教育体制改革为主导的教育改革。北京教育事业的发展也逐步实现从注重数量向提高质量的战略转变。

2. 1990—1999年的快速扩大期

这一时期,适应经济建设和社会发展的需要,北京教育事业获得了快速发展。提高教育质量是20世纪90年代国家教育发展的优先战略。1992年,党的十四大报告明确提出,"必须把教育摆在优先发展的战略地位,努力提高全民族的思想道德和科学文化水平,这是实现我国现代化的根本大计。"1993年,中共中央、国务院印发的《中国教育改革和发展纲要》强调,教育改革和发展的根本目的是提高民族素质,多出人才,出好人才,要求各地教育部门把检查评估学校教育质量作为一项经常性的任务。素质教育理念的提出和实践,有力推动了教育质量观的转变,促进了教育体制与人才培养模式的改革创新。1999年,《中共中央国务院关于深化教育改革全面推进素质教育的决定》要求全面贯彻党的教育方针,以提高国民素质为根本宗旨,以培养学生的创新精神和实践能力为重点,造就"有理想、有道德、有文化、有纪律的德智体美等全面发展的社会主义事业建设者和接班人"。

北京教育事业的发展推动了教育格局的基本形成,各类教育形式获得

---

① 《北京市人民政府关于建立高等教育自学考核制度的决定》,首都之窗,http://www.beijing.gov.cn/zhengce/zfwj/zfwj/szfwj/201905/t20190523_70401.html。

了很大的发展。其中,扩大招生使高等教育向普及化发展以及 20 世纪 90 年代末期开始的教育产业化成为两个最明显的特征。在保证素质提高的基础上,开始实行数量扩招。"1998 年我国的大学生在校人数只有 780 万人,占同龄人比例为 9.8%,不但大大低于发达国家的水平,也低于国际高等教育大众化最低标准 15% 的水平",①远远不能适应我国各项事业发展的需要。为了改变教育资源短缺的状况,进一步扩大教育消费,缓解就业压力,1999 年教育部公布的《面向 21 世纪教育振兴行动计划》中提出,力求到 2010 年实现大学毛入学率 15%。同年 6 月 16 日,原国家发展计划委员会和教育部联合发出通知,决定 1999 年中国高等教育在年初扩招 23 万人的基础上,再扩大招生 33.1 万人,这样当年普通高等院校招生总人数达到 153 万人。② 其中,北京市 1998 年和 1999 年的高校大扩招,使北京多了 36 万名大学生,高校在校生人数猛增了 126%。③

随着招生规模的不断扩大,考生数量历年快速增长,现代教育体系不断得到完善和加强。20 世纪 90 年代,伴随民营经济的发展,民间资本进入教育领域。除了公办教育,民办教育也获得了较快的发展,并且成为人才培养的重要渠道,成为改革开放后特别是市场化转型过程中教育领域和社会建设中出现的新兴事物和社会现象。以普通高中毕业生为例,民办教育普通高中毕业生从 1995 年的 45 人增长到 1999 年 1662 人,④增长了 35.9 倍。这一时期,北京教育事业发展出现新的变化。1999 年,北京市各类学校总计 5807 所,其中,普通高校 64 所,普通中专 111 所,普通中学 754 所,小学 2352 所。⑤

---

① 王战军、乔刚:《改革开放 40 年中国研究生教育的成就与展望》,《学位与研究生教育》2018 年第 12 期。

② 《辉煌 60 年:高等教育"大众化"的历史性跨越》,中华人民共和国中央人民政府网站,http://www.gov.cn/jrzg/2009-09/06/content_1410276.htm。

③ 《北京市规划高校发展布局:5 年内大学不再"大扩招"》,中华人民共和国中央人民政府网站,http://www.gov.cn/jrzg/2007-07/05/content_673240.htm。

④ 北京市统计局、国家统计局北京调查总队编:《数说北京 70 年》,中国统计出版社 2019 年版,第 481 页。

⑤ 北京市统计局、国家统计局北京调查总队编:《数说北京 70 年》,中国统计出版社 2019 年版,第 470 页。

（三）快速发展期（2000—2011 年）

进入 21 世纪，北京教育事业步入完善升级、快速发展的新阶段。在这一时期，社会主义市场经济体制不断完善，并为教育事业发展注入新的活力。党中央及中共北京市委市政府制定了鼓励教育事业发展的一系列方针政策，使北京教育事业特别是高等教育在数量和规模上都显著壮大，教育规模、教育质量等继续保持全国领先地位。

这一时期，随着教育投入不断增加，教育法律法规逐步建立完善，教育对外交流日益拓展，教育质量的提升获得了有力保障。据统计，2010 年北京市教育及其他部门各级各类学校教育经费收入增长到 11331565 万元。同年，在校学生数 3299555 人。[①] 2011 年北京市各类学校总计 3367 所，其中，普通高校 89 所，普通中专 35 所，普通中学 632 所。[②]"十一五"期间，北京各级各类教育入学率进一步提高，0—3 岁婴幼儿接受早期教育率达到90%，学前三年毛入园率达到 90%以上，义务教育毛入学率和高中阶段教育毛入学率继续保持在 100%和98%以上，高等教育毛入学率达到 60%，教育普及水平已超过中等发达国家同期平均水平。[③] 20 世纪第一个十年，我国从基本普及九年义务教育到全面普及义务教育、高中阶段教育基本普及、高等教育呈现大众化，实现了从"有学上"到"上好学"的转变，人民群众对优质公平的教育需求更加强烈，教育观念也逐渐由"育才"向"育人"的本质回归。在这个进程中，北京市走在了全国的前列。

这一时期，北京教育事业经历了快速发展，取得了诸多重要建设成果，奠定了中国特色社会主义新时代教育事业创新发展的历史之基和发展前提。"北京建立了门类齐全、结构完整的社会主义国民教育体系，基本完成

---

① 北京市统计局、国家统计局北京调查总队编：《数说北京 70 年》，中国统计出版社 2019 年版，第 478 页。

② 北京市统计局、国家统计局北京调查总队编：《数说北京 70 年》，中国统计出版社 2019 年版，第 470 页。

③ 《北京市"十二五"时期教育改革和发展规划》，首都之窗，http://fgw.beijing.gov.cn/fgwzwgk/ghjh/wngh/sewsq/202004/t20200420_1859263.htm。

了教育普及任务,各级各类学校的现代化程度日益提高,初步建立了适应社会主义市场经济的教育体制,成为中国教育与人力资源发展水平最高的地区之一,显著地缩小了与世界先进教育发展水平的差距,率先完成了基本实现教育现代化的任务。"①其中,伴随教育事业的快速发展,教育理念不断创新。2004 年,"首都教育"的概念首次被提出,体现了首都教育发展的重要性、独特性及其重大的经济社会影响,而 2010 年率先基本实现首都教育现代化,则标志着首都教育事业达到新的发展高度和历史阶段,更加彰显教育在国民经济和社会发展中基础性、战略性的重要作用。其中,突出表现为教育事业快速发展中人口素质的不断提高。2000—2010 年,北京人口文化素质稳步提高,人口平均受教育年限由 10.0 年提高到 11.5 年,②其中,北京新增劳动力受教育年限就已达到了 14 年,两项数据均远超全面小康社会指标体系中"平均受教育年限大于等于 10.5 年"的指标。③ 2010 年,中共中央、国务院印发《国家中长期教育改革和发展规划纲要(2010—2020 年)》,将"提高质量"纳入二十字工作方针,明确要求树立科学的教育质量观,把促进人的全面发展、适应社会需要作为衡量教育质量的根本标准。

(四)高质量发展期(2012 年以来)

党的十八大以来,在坚持"努力办好人民满意的教育"发展目标和根本要求指引下,教育事业进入新的历史阶段。在这一时期,北京教育事业在创新实践的基础上实现了新的发展,彰显优质均衡发展和法治发展的时代特征。

1. 法治保障不断加强

新中国 70 年,北京教育事业发展突出体现在法治建设的不断完善和法治保障的切实加强。在依法治国的背景下,在推进教育事业法治化发展中,

---

① 桑锦龙:《波澜壮阔 60 年——北京教育发展回望》,《前线》2009 年第 10 期。
② 北京市统计局、国家统计局北京调查总队编:《北京统计年鉴 2020》,中国统计出版社 2020 年版,第 63 页。
③ 《2010 年北京平均受教育年限过关提早达 11.1 年》,《京华时报》2012 年 11 月 9 日。

北京不断改进教育法治工作,完善教育法律制度体系,推进教育部门依法行政,强化教育法治工作保障,加强法治宣传教育,增强教育法治观念,推进各级各类学校依法治校,使教育事业走在法治化发展的轨道,特别是北京地区高校的法治宣传教育一直走在全国的前列,有效地保障了人民群众的教育权益,推动社会公平正义的实现。全面推进依法治教,成为这一时期北京教育事业高质量发展的重要经验和发展取向。

2. 教育投入不断增长

加大教育投入是落实教育优先发展要求、不断提高教育质量以及提升国民素质的重要基础,也是为经济社会高质量发展、实现社会主义现代化建设目标提供高素质人才的重要支撑。进入新时代,高等教育由精英化转向大众化、普及化,增加教育投入、实现更多人接受高等教育机会,不仅是提高国家核心竞争力的重要战略支持,也是改善民生的重要内容。在国民经济不断发展的同时,北京市加大对教育事业的投入力度,教育经费实现增长,为北京教育事业提质增效提供了重要保障。在此方面,北京市教育经费投入增加,从 2014 年的 1093. 7374 亿元增长到 2018 年 1352. 54 亿元,其中,国家财政性教育经费从 968. 3641 亿元增长到 1166. 1674 亿元,[1]增长了20.43%,有效地支持和保障了北京教育事业的发展;同时,北京构建了多元化教育经费投入机制,民营企业、社会资本、社会力量参与教育事业发展,民办学校中举办者投入、社会捐赠经费、学费以及其他教育经费成为北京教育经费的重要组成部分。在 2014—2018 年北京市的教育经费上,民办学校中举办者投入虽然存在数量上的变动和波动,但是已经形成较大的经费规模,成为北京教育事业发展的特点。

3. 努力实现公平效率兼顾

新中国 70 年,北京高度重视教育事业公平发展,针对部分经济困难居民家庭学生的入学就学问题,加大资助力度,有效地保障了困难学生顺利入学、完成学业,构建了包括高等教育、中等职业教育、普通高中教育、义务

---

[1] 北京市统计局、国家统计局北京调查总队编:《北京统计年鉴 2020》,中国统计出版社 2020 年版,第 511 页。

教育和学前教育在内的各类学生资助制度和幼有所育、学有所教的保障机制。进入新时代,在实现教育公平和推进教育均衡发展中,北京市实施对贫困家庭的幼儿减免保教费、九年义务教育的"三免两补"、普通高中贫困家庭的学生发放助学金、减免学费、减免住宿费等助学政策,开展精准救助和有效救助,并通过持续做好学生资助宣传,加强政策解读和信息公开等方法,促进实现教育公平发展和包容发展。同时,通过制度完善和政策创新,不断优化助学贷款有关政策,加大对家庭经济困难学生的扶持支持力度,努力减轻贷款学生的经济负担。在新时代,在实现教育公平和推进教育均衡发展中,教育在社会建设中的重要地位和作用凸显。在加强社会建设和创新社会治理中,开展精准救助和有效救助成为教育资助政策的重要政策导向,努力做好家庭经济困难学生的认定工作,维护社会正义和教育公平。

新中国 70 年北京教育事业的公平发展,突出体现在男女受教育的公平与平等上。在坚持和践行男女平等基本国策下,女性与男性享有平等的受教育权利和教育机会。新中国 70 年来,女性、女生和女童平等接受教育的权利得到切实保障,高等教育中女生占比达到很高的水平,女性文化教育程度显著提高,培养和造就了大批各级各类女性人才。在北京高等学校(机构)研究生数上,2019 年全部毕(结)业生数为 97895 人,其中,女生为50590 人,[1]占比达到 51.7%。在高等教育普通本专科学生数上,2019 年全部毕(结)业生数为 147074 人,其中,女生数量为 76585 人,[2]占比达到52.1%。在女子院校建设方面,在 1995 年第四次世界妇女大会在北京召开的背景下,中华女子学院的成立成为北京以及全国女性教育事业发展的重要亮点。"2012 年以来,性别平等原则和理念进一步被纳入各级各类教育

---

① 高等学校(机构)研究生数,中华人民共和国教育部网站,http://www.moe.gov.cn/s78/A03/moe_560/jytjsj_2019/gd/202006/t20200611_464851.html。

② 高等教育普通本专科学生数,中华人民共和国教育部网站,http://www.moe.gov.cn/s78/A03/moe_560/jytjsj_2019/gd/202006/t20200611_464825.html。

内容及教学过程之中",①在教育事业公平发展中,教育上的男女平等成为男女两性平等发展和社会公平正义的重要标志。

此外,北京教育事业的公平发展,还突出体现在教育事业的区域协同发展和城乡统筹均衡发展上。新中国 70 年,北京城乡义务教育全面实施,义务教育人口覆盖率达到 100%。

4. 教育高质量发展取得成果

经过持续的改革、建设和发展,北京教育事业实现了新的进展与进步。在教育规模和教育体系建设上,2019 年,全市共有各类学校 3640 所,其中,普通高等学校 93 所,普通高中 318 所,小学 941 所,②工读学校 6 所,特殊教育学校 20 所,幼儿园 1733 所,③构建了较为完善的多层级、广覆盖、高质量、多领域的教育体系和教育布局。在人才培养以及实现幼有所育和学有所教方面,北京教育事业的发展积极回应和满足广大人民群众对于教育的社会需求,不断推进教育公平和优质均衡发展,培养了大批各类人才。2019 年,北京市"全年研究生教育招生 12.4 万人,在学研究生 36.1 万人,毕业生 9.2 万人。普通高等学校招收本专科学生 15.7 万人,在校生 58.6 万人,毕业生 14.5 万人。全市成人本专科招生 4.8 万人,在校生 13.0 万人,毕业生 5.9 万人。全市普通高中招生 5.1 万人,在校生 15.3 万人,毕业生 5 万人。普通初中招生 11.7 万人,在校生 30.9 万人,毕业生 7.3 万人。普通小学招生 18.3 万人,在校生 94.2 万人,毕业生 13.9 万人。幼儿园入园幼儿 16.8 万人,在园幼儿 46.8 万人。各类中等职业教育(含技工学校)招生 2.2 万人,在校生 7.7 万人,毕业生 3.4 万人。特殊教育招生 1026 人,在校生 6962 人,毕业生 1386 人。全市共有民办高校 16 所,在校学生 5.7 万人。民办中等教育 122 所,在校学生 3.3 万人。民办小学 53 所,在校学生 4.4 万人。民办幼儿园 765 所,在园

---

① 刘利群:《知识改变命运,教育成就未来——北京世妇会以来中国女性教育事业进步与发展》,《中华女子学院学报》2020 年第 6 期。

② 北京市统计局、国家统计局北京调查总队编:《北京统计年鉴 2020》,中国统计出版社 2020 年版,第 494 页。

③ 北京市统计局、国家统计局北京调查总队编:《北京统计年鉴 2020》,中国统计出版社 2020 年版,第 498 页。

幼儿17.2万人",①展现了新时代北京教育事业以公平发展和内涵式发展为突出特征的高质量发展建设成果,服务经济社会发展能力不断增强,为北京市以及全国各行各业培养了大量的高素质专门人才和技术技能人才等各类人才,为加强以改善民生为重点的社会建设,落实北京城市发展战略定位,推动首都科技创新,提高全市人民的科学文化素质发挥了重要的作用。

二、新中国70年北京教育事业的发展实践

新中国70年,北京教育事业的发展经历了体系完善、结构优化、提质升级的发展变革历程。经过70年的发展实践、努力探索和改革创新,北京形成了教育体系比较完善、教育层级丰富多样、教育质量全国领先的发展格局,构建了包括高等教育、中等教育、小学教育、工读教育、特殊教育、学前教育和民族教育等在内的多样化、多层级、多类型的教育体系,不仅满足了北京城乡居民的各类教育需求,也确立了北京教育事业的领头羊地位,成为全国教育事业最发达的地区之一。北京大学、清华大学、中国人民大学、北京师范大学等一大批高水平的"双一流"大学为党和国家各项事业发展培养了大量优秀人才,取得了重要的科研学术成果,代表和呈现着新中国70年特别是新时代中国教育事业和学术发展的规模实力,铸就了北京在教育、人才和科技创新等方面的资源集聚优势。新中国70年,教育事业的发展极大地提高了全体人民的科学文化素质,市民素质和教育水平居于全国前列。概括起来,北京教育事业发展和建设成果主要表现在如下方面。

(一)教育事业整体实力显著壮大

新中国70年,北京教育事业同整个国家的发展历程有着密不可分的联系。其间,北京市贯彻落实党中央关于教育发展的路线、方针和政策,

① 《北京市2019年国民经济和社会发展统计公报》,首都之窗,http://www.beijing.gov.cn/gongkai/shuju/tjgb/202003/t20200302_1838196.html。

充分发挥教育资源优势,坚持教育优先发展,成效显著,成就巨大。对人口受教育程度的提高和经济社会发展提供高质量人力资源方面发挥了重要的作用。其中,学校数量在不同历史时期中波动变化,但是,总体呈增长态势。

新中国成立之初,北京市虽然有一定数量的学校,但是教育事业还没有形成多种类别并存的发展格局,如在职业教育和特殊教育领域十分薄弱,甚至还存在教育上的空白。经过改造发展期、改革发展期、快速发展期以及高质量发展期四个时期的变革发展和持续建设,北京教育事业发展取得了显著的成就,在总体规模扩大中整体实力显著增强,形成了覆盖全面、类型丰富、功能齐全、结构优化的教育布局和教育体系,较好地满足了全市经济社会发展对于教育事业的社会需求,回应了广大人民群众对于获得良好教育的期待,为学有所教奠定了较为坚实的基础,也蕴含着在不同历史时期北京教育事业变迁发展的轨迹。

在学校数量方面,从 1949 年到 2019 年全市各类学校总数在不同的年份存在较大的数量差异,1949 年和 2019 年全市各类学校总数分别为 3146 所和 3640 所。见图 3.1、表 3.1。

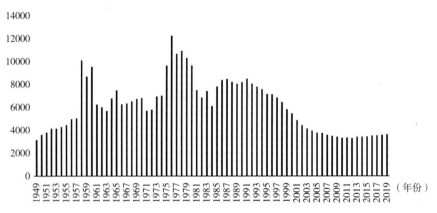

图 3.1　1949—2019 年北京各类学校数量的增长变化情况

表 3.1 1949—2019 年北京市各类学校数量的变化 单位:所

年份	学校总数	普通高等学校	普通高中	小学	幼儿园
1949	3146	13	61	3009	21
1959	8675	54	105	3700	4369
1969	6737	27	31	4890	880
1979	10325	48	796	4534	4623
1989	8050	67	282	3703	3509
1999	5807	64	275	2352	2180
2009	3425	88	305	1160	1253
2019	3640	93	318	941	1733

在高等教育方面,从 1949 年到 2019 年,北京普通高等学校数量从 1949 年的 13 所增长到 2019 年的 93 所,增长了 6.1 倍;其间,高等学校数量发生变动,但是总体趋于增长,凸显了北京教育事业在新中国 70 年历程中以高等教育快速发展为突出特征的发展轨迹。见图 3.2。

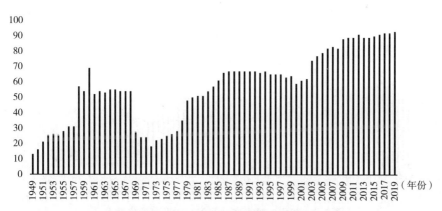

图 3.2 1949—2019 年北京普通高等学校数量变化情况

在普通高中数量方面,在新中国 70 年间,1949 年和 2019 年北京普通高中数量分别为 61 所和 318 所,增长了 4.2 倍,在数量变动方面呈现出特定的发展变化轨迹。在 20 世纪 70 年代经历较大变动,其间于 1977 年达到历史数量峰值(1072 所),之后,在较长的一段时期内,学校数量体现了相对较为平稳的发展变化历程。见图 3.3。

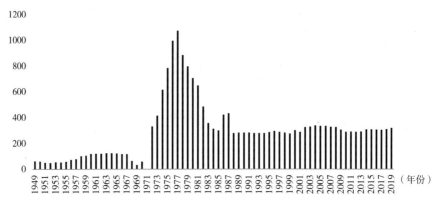

图 3.3 1949—2019 年北京市普通高中数量增长变化情况

在小学数量方面,从 1949 年到 2019 年,北京的小学数量从 3009 所下降到 941 所。在发展变动轨迹上,其数量在 1965 年达到历史最高值,为 5888 所;并在之后较长的时期内大体呈现逐年下降的变动态势。见图 3.4。

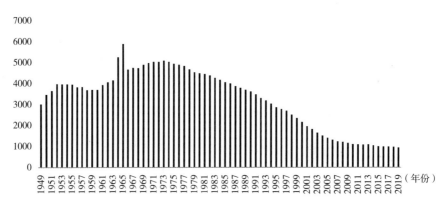

图 3.4 1949—2019 年北京的小学数量变化情况

在学前教育方面,在新中国 70 年间,从 1949 年到 2019 年北京市幼儿园数量分别为 21 所和 1733 所,①其间经历了较大的数量变动和波动,并在

———————

① 北京市统计局、国家统计局北京调查总队编:《北京统计年鉴 2020》,中国统计出版社 2020 年版,第 497 页。

1958 年和 1976 年两次达到历史高值,分别为 5825 所和 6031 所。① 这一时期,随着国家建设事业的发展,需要越来越多的妇女参加生产与工作,广大妇女也渴望通过这一途径实现自身的经济独立,这就需要由社会承担起教养孩子的工作,而系统、科学地培养下一代也是祖国未来发展的需要。儿童保育机构获得迅速发展的一个重要原因是采取了多种形式兴办托幼园所的方针。一方面,政府投资兴办;另一方面,充分发挥、调动各单位以及人民群众的积极性,创办了许多集体和个人所属的托幼园所,解决了许多妇女的后顾之忧,提高了劳动生产率。进入新时代,适应生育政策变化调整后带来的学前教育需求的增长,着力加强民生建设,大力发展学前教育,新建、改扩建公办幼儿园,扶持发展普惠性民办幼儿园,实现幼有所育的社会建设发展目标,2012—2019 年幼儿园数量逐年上升。见图 3.5。

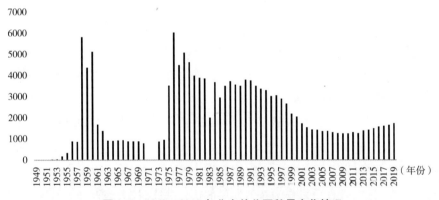

图 3.5　1949—2019 年北京幼儿园数量变化情况

(二)教育事业发展质量显著提升

教育质量提升对学生、学校、国家来说都有着重大的意义。新中国成立以来,北京高度重视教育教学质量,采取多种政策措施努力加以改善和提高。在落实相关政策措施的过程中,北京教育事业不仅在数量上取得

---

① 北京市统计局、国家统计局北京调查总队编:《数说北京 70 年》,中国统计出版社 2019 年版,第 482 页。

了丰硕的成果,在教育质量上也不断提高。从新中国 70 年北京教育发展的历程看,教育事业发展质量的提高在教育事业变迁发展和变革发展中逐步实现,充分体现了在教育发展巨变中教育质量持续提高的历史进程。

在 1949—1976 年间,北京市教育事业的目标是除旧布新。经过取消私立学校、开办公立学校和院系调整,北京市各级各类学校有增有减,但总体数量保持增加,特别是新建了八所大学,使北京高等教育在发展质量上迈上了一个新的台阶,奠定了教育事业未来发展的基础。但是,由于经济发展水平的制约,教育机构、教育质量等方面仍然存在着形式较为单一、发展不足等现实情况。在坚持国家教育发展战略和相关政策的引领下,北京市坚持党的教育方针和社会主义办学方向,针对教育教学质量中存在的问题,不断改进教学,加强治理,极大地提高了教人育人质量。

在 1977 年至 1999 年间,北京教育事业发展呈现出规模不断扩大、质量不断提升的发展态势。以 1977 年恢复高考为契机,北京教育事业进入恢复发展的"快车道",各类学校在数量上快速增加。特别是 1999 开始的高校扩招,使北京市的普通高校从 1977 年的 28 所增加到 1999 年的 64 所,[①]为全国和北京市的经济社会发展培养了大量的社会主义建设所需人才,为北京城市建设提供了强大的人才支撑和智力支持。特别是在 20 世纪 90 年代,国家把提高教育质量作为教育发展的优先战略,极大地推动了教育事业发展中教育质量的提升。

在 2000 年至 2011 年间,北京教育事业质量上升趋势日益凸显。2011年,北京市各类学校总计 3367 所。其中,普通高校 89 所,比 1999 年增加了25 所。其中,在京共有 26 所"211 工程"重点建设大学和 8 所"985 工程"重点建设高校,重点高校的规模和质量均位居全国第一。

2012 年以来,北京教育事业凸显出内涵式发展和高质量发展的重要特

---

① 北京市统计局、国家统计局北京调查总队编:《数说北京 70 年》,中国统计出版社 2019 年版,第 469—470 页。

征。经过长期的改革、建设和发展,高等教育整体实力显著增强,北京大学、中国人民大学、清华大学、北京航空航天大学、北京理工大学、中国农业大学、北京师范大学、中央民族大学8所高校成为世界一流大学建设高校,北京交通大学、北京工业大学、北京科技大学等一批在京高校成为世界一流学科建设高校,①展现了首都高等教育的强大实力和学术影响,也成为我国从高等教育大国向高等教育强国的历史性跨越的重要推动力量。

经过长期持久的发展和持续不断的努力,在教育事业变革发展中,北京教育质量不断提升,其中,"有5项指标接近、达到或超过发达国家平均水平,包括:每十万人口中受过高等教育的人数、学前教育毛入学率、小学净入学率、中学净入学率、高等教育毛入学率,显示了首都教育快速提升、跨越式发展的特点,标志着首都教育现代化建设取得重要进展。"②

教育质量的提高还体现在教师队伍建设方面。新中国70年,北京逐步建成了规模宏大、具有较高素质和创新能力的教师队伍。2019年,全市各类学校专任教师数达248239人,全市小学、普通中学平均每一专任教师负担学生数分别为13.8人和8.2人,分别比1949年下降了27.4人和15.1人。此外,在教育事业发展中,教师素质和文化教育程度显著提高。从北京市普通高中专任教师学历看,2013年研究生毕业的专任教师数量为4003人,③占全部普通高中专任教师的19.2%;到2019年,研究生毕业的专任教师数量为6689人,④占全部普通高中专任教师的32.4%,增

---

① 《教育部　财政部　国家发展改革委关于公布世界一流大学和一流学科建设高校及建设学科名单的通知》(教研函〔2017〕2号),中华人民共和国中央人民政府网站,http://www.gov.cn/xinwen/2017-09/21/content_5226572.htm。

② 北京市统计局、国家统计局北京调查总队编:《数说北京70年》,中国统计出版社2019年版,第75页。

③ 《普通高中专任教师学历、专业技术职务情况(总计)》,中华人民共和国教育部网站,http://www.moe.gov.cn/s78/A03/moe_560/s8492/s8494/201412/t20141217_181831.html。

④ 《普通高中专任教师学历、专业技术职务情况(总计)》,中华人民共和国教育部网站,http://www.moe.gov.cn/s78/A03/moe_560/jytjsj_2019/gd/202006/t20200-610_464598.html。

长了 12.2%。

在学生教育培养方面,学生的社会责任感、法治意识、创新精神和实践能力显著增强,应用型人才和创新型人才能力培养进一步提升,对于经济社会建设特别是推动创新创业发展发挥了重要的作用。

(三)教育事业的发展极大地提高了人民群众的文化素质

新中国成立以来,北京教育事业在变革中发展,不断满足国家和北京经济社会发展对各级各类人才的现实需要,以及广大人民群众对于教育这一民生大事的社会需求,教育事业的进步极大地推动了社会生产力的发展,提高了北京人口的科学文化素质,促进了人口文化教育程度的提高,显著地改善了人力资本状况,为经济社会发展提供了高素质的人力资源和人才保障。根据 1953 年第一次人口普查和 2010 年第六次人口普查数据,其间,从 1964 年到 2010 年北京市人口平均受教育年限从 5.3 年增长到 11.5 年;①在全国所有地级以上行政区中受教育水平名列前茅。

从人口受教育程度指标看,新中国成立以来,北京市人口的文化教育程度显著提高,突出体现在每十万人口中拥有大专及以上文化程度人口数量增长和每十万人口中拥有小学文化程度人口数量下降的变迁历程。其中,在 1964 年全国第二次人口普查到 2010 年全国第六次人口普查期间,北京市每十万人口中拥有大专及以上教育程度人口数量从 4359 人增长到31499 人,增长了 6.22 倍;同期,北京市每十万人口中拥有小学文化程度人口数量从 31883 人减少到 9956 人,呈现显著下降趋势。见图 3.6。

(四)教育事业管理体制机制不断完善

科学有效的管理制度是北京教育事业规范化发展的基础与保障。在新中国 70 年教育事业改革发展的实践中,北京对社会主义教育事业管理体制进行了持续的探索,形成大量的卓有成效的管理经验,逐步构建了较为完善

---

① 北京市统计局、国家统计局北京调查总队编:《北京统计年鉴 2020》,中国统计出版社 2020 年版,第 63 页。

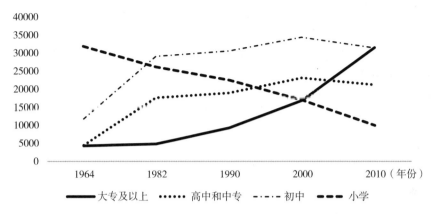

图 3.6　1964—2010 年北京市每十万人口拥有的各种受教育程度人口数量的变化

的教育事业管理体制机制,教育事业规范化治理程度不断提升。改革开放后,在从社会主义计划经济向社会主义市场经济的转型发展中,北京教育事业呈现出创新发展的鲜明特征。进入中国特色社会主义新时代,北京教育事业在内涵发展和创新发展中治理体系进一步完善,实现了管理方法与手段的创新和善治,显著地提升了治理能力和水平。

　　一是在管理体制机制建设中不断完善教育治理体系。新中国 70 年,北京不断完善现代教育治理体系,推动教育体制机制创新,深化管理体制改革、办学体制改革和教育督导综合改革,进一步提升教育优质均衡发展水平,逐步提升教育治理能力。在教育管理体制方面,"十三五"时期进一步明确政府管理权限和职责,优化管理流程,提高治理效能,形成政事分开、权责明确、统筹协调、规范有序的管理体制;在教育教学机构微观治理方面,以学校章程建设为核心,推进学校各项制度建设,完善学校治理结构,促进学校提升质量、办出特色;在教育督导方面,着力推进教育督导体系、体制、机制建设,形成机制健全、职能完善、方法科学、手段先进、权威高效的现代教育督导体系;在考试制度建设方面,改革考试制度是管理体制机制创新的重要环节。自 2017 年秋季起,北京市开始实施高中学业水平考试。从 2018年开始,落实高级中等学校考试招生改革,推进高等学校考试招生改革,通过完善配套措施,建立起符合客观实际的现代教育考试招生制度,形成分类考试、综合评价、多元录取的考试招生模式,为扭转片面应试教育倾向、全面强化素质教育、促进社会流动提供了制度保障。在教育优质均衡发展方面,北京积极统筹各类教育教学资源,不断丰富基础教育供给层次和主体。着眼优化城乡教育资源配置,北京着力促进城乡教育基本公共服务均等化,实施城乡中小学校一体化发展,通过发挥重点学校、名校的资源优势,以合作办学、一体化办学等多种方式,不断增强优质资源供给能力和效益,使优质教育资源覆盖面不断扩大,优质教育资源供给内容和模式不断丰富,现代教育治理体系逐步形成。

二是适应教育高质量发展要求,教育发展战略与时俱进。新中国 70 年,北京教育事业与经济社会发展的客观要求相适应,着眼于教育本质属性和不同时期发展的目标要求,加强规划引领,完善政策措施,坚持与时俱进,创新发展,在经济社会高质量发展中明确教育事业的发展目标和前进方向,形成了与发展阶段性特征相适应的明晰的教育发展方略,更好地实现教育与经济社会的协调融合发展。进入新时代,北京教育事业在国家和全市经济社会发展中的作用更为凸显。在此方面,通过制定教育发展战略规划,确立长远的发展目标,努力推动教育事业的科学发展,为经济社会发展提供人力资源和智力支持。同时,结合城市建设发展需要和战略定位,优化教育布局和资源配置,推动教育治理升级和质量升级。《北京城市总体规划(2016 年—2035 年)》提出,"严禁高等学校扩大占地规模,严控新增建筑规模,严控办学规模""重点填补与人民群众紧密相关的基础教育、社区医疗、养老、文化、体育、商业等基层设施欠账""加强公共服务设施建设,缩小教育、医疗服务水平差距",着力建成公平、优质、创新、开放的教育体系,提升教育事业发展质量,体现了教育发展的规划导向、公平导向和民生导向,彰显了新时代教育事业共享发展、均衡发展、优先发展、协同发展、统筹发展等实践特色和发展取向。此外,教育发展的国际化成为新时代北京教育事业发展的重要特征。与广大人民群众对教育多层次、多样化的社会需求相适应,与中国在世界发展格局中的地位变化相伴,在实现从教育大国向教育强国的转变中,北京教育事业发展的国际化特征彰显,在国际合作与交流中不断增强自身的综合实力和国际竞争力。

在新时代,教育事业的发展已经成为坚持和完善统筹城乡的民生保障制度,满足人民日益增长的美好生活需要的重要内容,在坚持社会主义教育本质属性和发展目标基础上,北京确立了构建德智体美劳全面培养的教育体系,①被赋予了新时代推进国家治理体系和治理能力现代化的重要时代意涵,成为新时代城市之治的重要组成部分。

三、新中国 70 年北京教育事业发展的经验与启示

新中国 70 年,北京教育事业与经济社会发展和城市建设的目标要求相适应,结合首都自身特点,走出了一条社会主义东方大国和处于快速变革发展中国际大都市的教育事业改革发展道路,凝聚着社会主义人民教育这一根本属性与核心价值,彰显着社会主义教育事业的本质要求和发展方向。从社会主义计划经济到社会主义市场经济的体制变革,区域关系、城乡关系和阶层关系演变下经济社会结构的深刻变迁,以及在改革发展中教育政策的变革演变和创新发展,都为北京教育事业的发展注入了时代因素,体现着发展阶段性特征下教育发展目标的时代方位和实现路径,形成了教育事业改革发展的重要实践经验,包括"每一项重大政策出台之前都进行过相当深入的讨论,并且有着一定的战略研究基础""立足北京、紧贴北京的实际,同时吸收借鉴国内外的先进经验""在教育教学改革当中,要注意充分发挥校长、教师的积极性和创造性,给学校的教育改革留有充分的空间""广泛动员和鼓励社会力量的参与,争取社会各个方面的理解、支持,为教育改革注入更多的活力"②等等,充分反映了"社会的重大转型是教育理念变迁的根本动力",③展现了在经济转型和社会巨变中北京教育事业发展的历程轨迹和时代贡献。

---

① 《中共北京市委贯彻〈中共中央关于坚持和完善中国特色社会主义制度推进国家治理体系和治理能力现代化若干重大问题的决定〉的实施意见》,http://www.beijing.gov.cn/ywdt/yaowen/201912/t20191209_1821069.html。

② 苏金柱:《线联平:见证北京教育 40 年》,《海内与海外》2018 年第 12 期。

③ 刘献君、周进:《建设高等教育强国:六十年的理念变迁及其启示》,《高等工程教育研究》2009 年第 5 期。

新中国70年,北京教育事业立足中国特定国情和市情,紧紧围绕不同时期经济社会发展的要求,从北京改革发展的实际出发,贯彻落实党的教育方针,坚持办好人民满意教育的发展目标和实践要求,加强规划引领和顶层设计,努力实现基础教育、职业教育、高等教育和终身教育共同发展,形成了指向明确的不同类别教育事业发展的目标和导向。北京不断完善教育体制,优化教育治理,依靠加强党的建设、提升教师队伍建设水平、推进依法治教、完善教育投入保障机制、完善现代教育督导体系等教育发展实现路径和保障机制,推进教育事业不断发展,持续提高教育现代化水平和国际竞争力,建设理念先进、体系完备、质量优良、环境优越、保障有力的首都教育,努力满足在经济社会发展中广大人民群众对于教育事业发展的期盼和需求,切实实现幼有所育和学有所教,培养和造就中国社会主义事业发展和北京城市建设所需要的各级各类人才,为北京经济社会发展提供强大的人力资源、人才保障和智力支持,不断推进教育发展现代化。

(一)践行党的教育方针,夯实教育事业的发展根基

教育方针决定着教育事业发展的目标和方向。新中国70年,北京教育事业快速健康发展见证着社会主义教育方针的践行落实、与时俱进和创新发展。在全面贯彻党的教育方针的过程中,北京坚持社会主义办学方向,"始终坚持德育为先,把坚定正确的政治方向放在办学第一位,培养了一代又一代社会主义建设者和接班人。"①尽管在不同的历史时期,教育发展的阶段性特征和发展环境很不相同,但是,社会主义教育方针始终保持着思想内涵的一致性和继承性。毛泽东在1957年提出,"我们的教育方针,应使受教育者在德育、智育、体育几方面都得到发展,成为有社会主义觉悟的有文化的劳动者",奠定了社会主义教育方针的基石,成为长期以来包括北京教育事业在内的全国教育事业的根本指导思想和发展实践遵循。在改革开放新的历史时期,邓小平于1983年为北京景山学校题词"教育要面向现代化,面向世界,面向未来",为教育事业的发展指出了努力的方向。

---

① 姚宏杰:《提升教育质量的执着追求》,《中国教育报》2019年9月25日。

　　党的十八大以来,教育事业发展进入中国特色社会主义新时代,战略地位和作用更加凸显,成为传承文明、培养人才和实现中国未来发展的根本依托,成为中国社会主义社会未来发展和实现中华民族伟大复兴中国梦的战略根基。其中,"立德树人"成为教育事业发展的根本。党的十八大提出,"把立德树人作为教育的根本任务,培养德智体美全面发展的社会主义建设者和接班人。"同时,着眼于社会主要矛盾的变化,把实现教育公平摆在更加突出的地位,成为新时代教育事业发展最为鲜明的实践特色,"努力让每个孩子享有受教育的机会,努力让 13 亿人民享有更好更公平的教育",①成为新时代教育事业发展的目标追求,也成为北京教育事业发展的政策要义和实践取向。在新时代,实现教育公平不仅是教育事业发展的自身要求,也成为在教育公平发展中实现社会公平正义的路径和手段。2016年 9 月 9 日,习近平总书记来到北京市八一学校考察,指出"教育公平是社会公平的基础,要不断促进教育发展成果更多更公平惠及全体人民,以教育公平促进社会公平正义""要推进教育精准脱贫,重点帮助贫困人口子女接受教育,阻断贫困代际传递,让每一个孩子都对自己有信心、对未来有希望。"②

　　纵观新中国 70 年北京教育事业的发展,在不同的历史时期党和国家领导人视察北京教育事业发展状况,体现着对于北京教育事业发展的高度重视,同时,也向全国教育事业提出了发展要求,彰显着教育事业不断进步的时代成果。

(二)坚持以人为本的目标导向,实现教育与经济社会同频共进

　　新中国 70 年,北京教育事业的发展历程充分体现着以人民为中心的发展思想,始终坚持以人为本的目标导向,体现了鲜明的发展阶段性、协同性和转型性特征。其间,北京教育事业坚持适应经济社会发展对于人才教育和培养的新需求,不断创新发展理念,高度重视教育事业发展,优化教育资

① 《习近平谈治国理政》第一卷,外文出版社 2018 年版,第 191 页。
② 《习近平谈治国理政》第二卷,外文出版社 2017 年版,第 365—366 页。

源空间布局,增加教育事业投入,推动教育事业转型升级,提升教育教学质量,为国家发展和首都建设提供了丰富、优质的人才资源。

进入新时代,在贯彻"四个全面"战略布局、落实北京城市战略定位、推进京津冀协同发展以及建设国际一流和谐宜居之都的历史进程中,教育事业发展的重要性更为显现,对北京教育事业创新发展和变革发展提出了新的时代要求。

新中国 70 年,在巨大而深刻的社会变迁中,北京的社会阶层结构发生深刻变化,在城市建设、人才聚集和产业结构转型中逐渐衍生出与经济社会变革相伴而生的新的社会群体。"北京的情况和全国各地相比,有它自己的特色。这个地方是'三高群体'比较多,就是高知识层、高收入层和高行政管理层",①在经济社会快速发展和人民生活水平提高的过程中,社会公众对于教育发展和供给呈现出多层次、个性化、多样化、高质量的社会需求。同时,党中央提出了"四个全面"战略布局,实施"一带一路"、京津冀协同发展、世界一流大学和一流学科建设等重大战略部署,对教育发挥基础性、先导性、全局性作用提出了更高要求,需要围绕人民群众的实际需求,全面推进实现教育现代化,提高人民群众对北京教育的满意度。同时,立足北京城市战略定位,主动服务国家发展战略决策,在各类人才培养和国际人才聚集、思想价值引领和文化传承弘扬、全国教育示范和国际教育合作、科技自主创新和科技成果转化等方面取得新进展,努力把北京打造成为人才与智力创新驱动的具有强大竞争力的国际创新城市。在此方面,需要加快教育事业的转型升级和提质增效,实现北京教育事业高质量发展,努力办好人民满意的教育,加快构建公平普惠、优质均衡、特色创新、开放协同的首都教育体系和学习型城市,推进教育治理体系和治理能力的现代化,确保教育事业发展全国领先,基本公共教育服务更加公平,优质教育供给不断增强,人才培养模式灵活多样,教育治理体系规范高效,教育辐射影响力持续提高。

---

① 苏金柱:《线联平:见证北京教育 40 年》,《海内与海外》2018 年第 12 期。

（三）立足教育事业的根本遵循，不断推动教育高质量发展

一是确立和落实教育优先发展的战略安排。在发展目标上，建设教育强国是新时代中国教育的新使命。党的十九大报告指出，"建设教育强国是中华民族伟大复兴的基础工程，必须把教育事业放在优先位置，深化教育改革，加快教育现代化，办好人民满意的教育。"同时，进一步强调把教育事业的发展放到重要位置，强调人才的重要性。建设教育强国，必须具备完善的现代化教育体系、现代化教育制度、高水平的教育质量和强有力的教育保障条件。在发展阶段性特征上，随着社会主要矛盾转化为人民日益增长的美好生活需要和不平衡不充分的发展之间的矛盾，教育领域同样存在人民群众日益增长的对教育的美好需要和不平衡不充分的发展之间的矛盾。人民群众对于教育已从"有数量"发展到"有质量"的需求，需要把教育摆在优先发展的突出位置。

二是努力实现教育的公平发展。在此方面，努力实现基本公共教育服务更加公平，公共教育资源配置更加均衡，区域、校际差距进一步缩小，受教育权利依法平等享有。在教育事业发展中践行社会建设的公平正义，完善家庭经济困难学生资助制度，积极回应弱势社会群体的教育需求，健全来京务工人员随迁子女接受义务教育的保障机制，推动城乡义务教育一体化发展。

三是推进教育现代化提质升级。要不断提高教师素质，在全社会形成尊师重教的社会氛围和文化风尚，积极推进北京教育事业人才队伍建设。加强对北京教育事业人才队伍的总体规划，完善对人才培养、职业培训、选拔使用、评价激励等方面的制度安排；进一步优化社会收入分配，提高教师待遇和社会地位；加强教育基本建设，推进教育资源空间布局调整，充分发挥教育对人口分布的引导作用、对城市规划的支撑作用和对区域发展的引领作用；大力提升教育信息化水平，推进建立开放、多元的在线教育管理与公共服务体系，培育"互联网+教育"新型发展形态。①

---

① 《北京市"十三五"时期教育改革和发展规划》，《首都之窗》，http://jw.beijing. gov.cn/xxgk/zfxxgkml/zwgkjhgh/202001/t20200109_2134118.html。

此外,在教育事业发展中,努力构建终身教育体系,开展继续教育,建设学习型社会,提高市民思想道德素质和科学文化素质,提升社会文明程度,营造崇尚教育的社会文化氛围,传播和弘扬社会主义核心价值观,促进社会主义和谐社会建设。

(四)坚持以体制改革为保障,加快推进教育治理现代化

围绕北京教育改革发展大局和立德树人的根本任务,坚持目标导向,秉持首善标准,以体制机制改革为重要保障,充分释放教育发展活力和动力,推动教育领域国家治理能力和治理体系现代化。

新中国 70 年,特别是进入中国特色社会主义新时代,北京在教育领域不断加强和践行法治建设,坚持依法治教,成为教育事业改革发展的重要经验和实践启示。正是由于坚持法治思维和法治实践,全面推进依法治教,着力建成了系统完备、科学规范的北京教育法规体系和法治实施保障体系,从而促进教育事业的公平、优质、规范发展;在教育事业发展的财政保障上,全社会高度重视教育事业的发展,政府持续增加教育投入力度,在教育事业优先发展的战略引领下,实现教育财政保障体系更加健全,保证公共财政教育支出的合理占比,确保教育投入总量与教育事业发展实际需求相适应、投入结构与教育布局结构变化相适应,不断提高经费使用效益,在人力、物力、财力等方面不断加大教育投入,促进教育结构、质量不断提升;同时,在教育事业发展中,不断健全与北京教育事业发展战略相适应的教育体制,完善教育事业发展治理体制机制,提升政府教育治理能力。立足新发展阶段,贯彻新发展理念,加快构建多元化协同治理机制,实现北京教育事业高质量发展。

第四章 医疗卫生:病有所医 增进健康

人民健康是民族昌盛和国家富强的重要标志,医疗卫生事业发展直接关系到人民群众的生命健康和民生福祉。新中国成立70年来,党和政府始终高度重视医疗卫生事业发展,切实尊重和保障公民健康权,建立了具有中国特色的基本医疗卫生制度,确立了人人享有基本医疗卫生服务的目标。北京市的医疗卫生事业实现了历史性的进步和发展,经历了建设发展期、全面推进期、深化改革期,全市大力发展医疗卫生事业,创建了城乡三级医疗预防保健网,实现了基本医疗保障应保尽保。纵观新中国70年的发展历程,北京市覆盖城乡的医疗卫生服务体系逐步完善,卫生资源总量显著增加,疾病防治能力迅速加强,基本医疗保障制度稳固发展,卫生投入逐年增加,城乡居民健康水平不断提高。在发展目标上实现了"能看病""看好病""促健康"的转变,北京市居民人均期望寿命、婴儿死亡率、孕产妇死亡率等主要健康指标已经达到发达国家水平,看病难、看病贵问题逐步缓解。党的十八大以来,努力建设"健康中国"首善之区,为建设国际一流的和谐宜居之都提供坚实的健康基础。

一、北京市医疗卫生事业发展的历史阶段

新中国成立70年来,北京市医疗卫生事业逐步发展完善。从新中国成立初期到改革开放,逐步解决北京市居民看病就医的基本问题;从改革开放

到党的十八大,北京市持续深化医药卫生体制机制改革,提高全市医疗卫生事业的服务效率;党的十八大以来,北京市大力推进"健康北京"建设,不断提升市民健康水平。

(一)解决看病就医的基本问题(1949—1978 年)

新中国成立前,受连年战乱影响,北京市医疗卫生事业面临着资源短缺、水平低下的严峻现实。新中国成立伊始,百废待兴,卫生资源极其有限,为了改善国家卫生状况,1949 年至 1952 年,着眼于改变旧中国不卫生状况和传染病严重流行的现实,在全国普遍开展了群众性卫生运动。1950 年 8 月,第一届全国卫生会议召开,会议确定"面向工农兵""预防为主""团结中西医"为新中国卫生工作三大原则。① 自 1952 年,我国把革命时期群众运动工作方法大规模应用于公共卫生事业,积极开展群众性爱国卫生运动。在 1952 年 12 月召开的第二届全国卫生会议上,周恩来总理提出增添一条"卫生工作与群众运动相结合",这四大方针一直沿用到 1990 年,而医疗卫生发展的主要目的是让全国人民群众能够摆脱传染性疾病威胁、摆脱因营养不良造成新生儿死亡率高的状态。

新中国成立前,北京市烈性传染病流行频繁,无有效治疗手段,人民群众的健康缺乏有效保障。据 1949 年统计,北京城区 200 余万人口中因传染病死亡的人口数占全部死亡人口数的 4.36%。② 1949 年 10 月至 11 月初,鼠疫暴发性流行,北京遭遇新中国成立以来首次突发公共卫生事件。北京市成立防疫委员会,建立三道封锁线,经过 40 天奋战成功防控。从 1949 年至 1950 年,北京市有 111 万人接种牛痘,种痘率达到 80% 以上。1950 年 5 月以后,北京市再未发生天花流行。1952 年 3 月,北京市成立爱国卫生运动委员会,在全国率先开展了 90% 以上居民参加的大清扫活动,拉开了爱国卫生运动的序幕。

---

① 中共中央党史和文献研究院:《中国共产党一百年大事记》(1921 年 7 月—2021 年 6 月)。

② 甄橙、程之范:《由 SARS 流行回顾 20 世纪 50 年代北京传染病防治》,《中华医史杂志》2003 年第 3 期。

20世纪50年代起，通过建立城市的省、市、县三级公立医院网络和农村的县、乡、村三级医疗卫生服务网络，全国初步形成了覆盖城乡的医疗卫生三级网。1949年1月，北平市宣布和平解放，当时只有医疗卫生机构61家，床位3001张，卫生技术人员4218人。① 1952年，北京市迁建第一所大型医院北京友谊医院后，相继建成北京儿童医院、北京积水潭医院等一批大型医院和众多中、小医院，在城市街道和农村乡镇普遍建立医疗机构，农村大队建立卫生室，城乡各级医院建立了逐级转诊、会诊机制和技术指导制度。通过组建农村巡回医疗队、落实农村卫生"三项建设"规划、实行城区二、三级医院对口支援郊区基层医疗机构等举措，提高农村医疗卫生软硬件水平。推动村卫生室建设，通过巡诊等方式推进村级医疗卫生服务覆盖。

20世纪60年代，医疗资源主要聚集在大城市，尽管农村的卫生事业有了一定的发展，但是农村缺医少药的情况逐步凸显。全市用于卫生的基本建设投资锐减，由于部分医院外迁和卫生技术人员下放农村导致卫生机构及人员减少，医疗卫生科研发展也受到很大影响。在1965年党中央提出的"把医疗卫生工作的重点放到农村去"的精神指引下，北京农村最基本的医疗卫生服务体系初步形成，96.95%的公社有医疗队。北京市到农村的医务人员数达到3000多人，先后组成254个医疗队。② 北京市的卫生防疫出现新情况，曾一度被控制的传染病、寄生虫病又开始流行，诸如流行性脑脊髓膜炎、疟疾、伤寒、虫媒传染病暴发流行。其间，在卫生防疫工作中，赤脚医生发挥了很大作用，特别是缓解了广大农村缺医少药的矛盾。针对20世纪70年代中国百姓的健康受到乙型肝炎严重威胁的现实情况，北京市开展医学科研攻关，1975年北京医学院研制出我国第一支血源性乙肝疫苗，使大规模生产和在大规模人群中推广乙肝疫苗成为可能。

这一时期奠定了北京市医疗卫生事业的发展基础和治理框架，扭转了医疗资源短缺、水平低下的严峻形势，改变了传染病严重流行的状况，通过建立城市省、市、县三级公立医院网络和农村县、乡、村三级医疗卫生服务网

① 陆学艺主编：《北京社会建设60年》，科学出版社2008年版，第572页。

② 陆学艺主编：《北京社会建设60年》，科学出版社2008年版，第573页。

络,基本上消灭危害人民群众最严重的传染性疾病和地方病,兴建起多家可以服务全国的三甲大型医院。

(二)持续深化医药卫生体制机制改革(1978—2012 年)

党的十一届三中全会决定把工作重点转移到经济建设上来,医疗卫生事业也进入新的发展阶段。改革开放初期,北京市医疗卫生事业发展面临着投入不足、效率低下、水平不高等问题,随着政府财政投入加大、医疗卫生基本制度建立、医务人员积极性提高,人民群众的医疗卫生服务需求得到基本满足。

从 1978 年至 1984 年,本阶段的改革主要是针对当时卫生系统的实际情况进行调整、建设,是恢复与改革之间的过渡时期。国家实行多渠道、多层次的卫生发展方针,鼓励社会办医、私人开业和中外合资合办医疗机构,北京市也相继出台鼓励个体行医的政策。1985 年,我国开始探索医疗卫生市场化改革,对医疗市场化、医院产权分离等方面开展试点。响应国家的有关政策,北京市扩大医疗机构经营权和自主权,开始推进医疗卫生领域改革,鼓励多种形式办医,对于拓宽卫生资源、调动医务人员积极性发挥了重要作用。在此期间,北京市的一些医院开展了一批新技术、新业务、新项目,以多种形式扩大服务项目,适应了人民群众对高技术医疗服务的要求。这一时期的医疗改革,一定程度上激发了医疗机构活力,促进了卫生事业发展。针对当时出现的重经济效益、轻社会效益的倾向,引起的医疗费用上涨进而导致看病贵问题,北京市由此进行了行业整顿和监督检查,并对社会办和私人办的医院、诊所进行审查验收,对合格的发放执业许可。

1992 年党的十四大提出了我国经济体制改革的目标是建立社会主义市场经济体制。在卫生领域,继续探索适应社会主义市场经济环境的医疗卫生体制成为改革的主要目标。1992 年 9 月,国务院发布《关于深化卫生改革的几点意见》,卫生部贯彻文件要求提出"建设靠国家,吃饭靠自己"的精神,卫生部门工作会议中要求医院要在"以工助医、以副补主"等方面取得新进展。北京市的医药卫生体制改革"向市场进军",支持有条件的单位办成经济实体或实行企业化管理,自主经营、自负盈亏,弥补国家财政资助不足,使医疗机构公益性受到一定影响。

随着经济发展,卫生领域中的一些问题逐渐凸显,体现在医疗保障缺乏、医疗费用上涨等。1997年1月,中共中央、国务院《关于卫生改革与发展的决定》确立了我国新的卫生工作方针,"以农村为重点,预防为主,中西医并重,依靠科技与教育,动员全社会参与,为人民健康服务,为社会主义现代化建设服务"。这一方针开辟了一条符合我国国情的卫生与健康发展道路,主要通过发展基本医疗保障制度,建立社会化的医疗费用分担机制,保障人民有能力享受现代医学的发展成果。北京市结合社会发展需要和人民群众看病就医实际,为减轻患者就医负担,2001年市政府发布了《北京市基本医疗保险规定》,2003年实施新型农村合作医疗制度。

2003年暴发的严重急性呼吸综合征疫情(以下简称非典型肺炎疫情),是对我国医疗卫生事业的一次重大考验和严峻挑战。非典型肺炎疫情暴露了城乡基层医疗卫生服务能力的短板和公共卫生服务体系的欠缺,倒逼医药卫生体制改革,增加政府财政投入,将医疗卫生服务体系由市场化导向转向公益属性。2003年3月6日,北京接报第一例输入性非典型肺炎病例。3月初至5月初,非典型肺炎疫情处于高发平台期,其间连续十余天每日新增90至100个病例,最高一天达到150多例。5月初至5月底,疫情防控形势趋好,其间出现新收治的非典型肺炎确诊病例首次为零,取得"五月攻坚战"阶段性成果。6月初至6月底,疫情防控取得重大成效,6月2日北京非典型肺炎疫情出现三个"零的突破":当日新收治确诊病例、疑似病例转确诊病例、非典型肺炎病例死亡人数均为零。6月24日,世界卫生组织宣布撤销对北京的旅行警告,并将北京从非典型肺炎疫区名单中删除。

非典型肺炎疫情结束后,北京市在总结抗击非典型肺炎疫情经验的基础上,推行"一个机制、四个体系"为核心的首都公共卫生体系建设,以增强预防和抵御突发性传染病的能力。北京市的医疗卫生服务体系建设从"以治疗为目的"转到"疾病预防、慢性病防治为重点"的社区卫生服务体系,夯实基层医疗与公共卫生的基础性建设。各区(县)根据社区卫生服务设置规划,加快新建、改建住宅小区的社区卫生服务设施,2005年在城市初步形成了以社区卫生服务中心(站)为主体,大型医疗、预防、保健机构为依托的社区卫生服务网络框架。

2007年党的十七大报告首次完整提出中国特色医疗卫生体制的制度框架,包括公共卫生服务体系、医疗服务体系、医疗保障体系、药品供应保障体系四个重要组成部分,奠定了我国即将启动新一轮医药卫生体制改革的制度基础。

2008年,北京奥运会的成功举办为普及健康生活理念提供了契机,2007年至2008年北京市开展了以"健康奥运、健康北京"为主题的迎奥运全民健康活动,树立了"大健康"理念,市民的健康意识明显增强,健康生活方式逐步养成。

2009年,在总结抗击非典型肺炎疫情的基础上,为进一步解决人民群众看病就医问题,我国启动了新一轮医药卫生体制改革,明确提出要把基本医疗卫生制度作为公共产品向全民提供,确立了人人享有基本医疗卫生服务的目标。同年发布《中共中央国务院关于深化医药卫生体制改革的意见》《2009—2011年深化医药卫生体制改革实施方案》,标志着新一轮医改正式启动,建立覆盖城乡居民的基本医疗卫生制度。在北京市印发的《北京市2010—2011年深化医药卫生体制改革实施方案》中,提出"推进发展、提高效率、减轻负担、促进健康"的工作目标,共包括3个方面重点任务和11项具体措施。

这一时期北京市按照国家医药卫生体制改革相关要求,针对医疗卫生事业发展"投入不足、效率低下、水平不高"等问题,调整医疗卫生治理方式,探索适应社会主义市场经济环境的医药卫生体制改革机制,进一步明确了北京市医疗卫生事业发展的政府责任与公益属性。

(三)大力推进"健康北京"建设(2012年以来)

党的十八大以来,我国的医疗卫生事业发展坚持以人民为中心的发展思想,以满足人民群众对医疗卫生服务的需要以及对健康生活的追求为目标,坚持用改革与发展的思路和方法,努力全方位、全周期保障人民健康,将维护人民健康提升到国家战略的高度。2019年12月28日,十三届全国人大常委会第十五次会议表决通过《中华人民共和国基本医疗卫生与健康促进法》,于 2020 年 6 月 1 日起实施。

将推进公立医院改革作为医改的重中之重,以破除"以药养医"作为公立医院改革的关键领域。2010 年 2 月,卫生部等五部门发布《关于公立医院改革试点的指导意见》,开始在 17 个城市试点公立医院改革,推进医药分开,取消药品加成。2012 年又以医药分开为重点,启动县级公立医院综合改革。同时,进一步明确,到 2017 年底城市公立医院全部取消药品加成,利用服务收费和政府补助两个渠道弥补医药收入缺口。2012 年,北京市出台公立医院改革试点方案,在北京友谊医院等 5 家市属医院分别开展管办分开、医药分开、医院法人运行机制、财政价格补偿调控机制、医保付费机制等 5 个方面的改革试点。

2015 年 10 月,党的十八届五中全会通过《中共中央关于制定国民经济和社会发展第十三个五年规划的建议》,提出推进健康中国建设。为适应新形势新任务,在 2016 年 8 月 19 日至 20 日召开的全国卫生与健康大会上,习近平总书记提出新时期我国卫生与健康工作新方针:"要坚持正确的卫生与健康工作方针,以基层为重点,以改革创新为动力,预防为主,中西医并重,将健康融入所有政策,人民共建共享。"2016 年 10 月,中共中央、国务院印发《"健康中国 2030"规划纲要》,提出"健康中国的根本目的是全民健康,到 2020 年主要健康指标居于中高收入国家前列,到 2030 年主要健康指标进入高收入国家行列。"2017 年党的十九大作出"实施健康中国战略"的重大决策,将维护人民健康提升到国家战略的高度。

北京市率先提出"大健康"的发展理念,强化"健康优先"的政策措施。2014 年,北京市人民代表大会常务委员会发布《北京市控制吸烟条例》,控烟作为健康北京建设的一项重要内容被纳入全社会各项活动中,全社会无烟环境逐步形成。2018 年,中共北京市委市政府印发《"健康北京 2030"规划纲要》,全面推进健康北京建设,进一步提高人民群众健康水平,建设健康中国首善之区。

这一时期提出了北京市医疗卫生事业新的发展要求,不断提高人民群众健康水平,建设健康中国首善之区。从公立医院治理到健康城市建设、全社会健康参与等各方面,强化"健康优先"理念,坚持"以人民健康为中心"

的发展要求,持续完善医疗卫生服务体系,有效提升医疗卫生服务效率,不断提高人民群众健康水平。

二、北京市医疗卫生事业的发展成就

新中国成立 70 年来,北京市医疗卫生事业呈现出日新月异的发展变化,一方面加大对医疗卫生领域的投入,建强医疗卫生服务体系;另一方面加强医药卫生体制机制改革,提高医疗卫生事业服务效率。在 70 年的发展历程中,北京市医疗卫生事业取得了重大发展成就,实现全体居民"病有所医",保障人民群众"增进健康"。

(一)居民健康水平持续提高

人口平均期望寿命、婴儿死亡率、孕产妇死亡率是衡量一个国家或一个地区健康水平的主要指标。从北京市的统计数据变化看,人口平均期望寿命作为正向指标,婴儿死亡率、孕产妇死亡率作为负向指标,呈现出明显的变化特点。

1. 人口平均期望寿命显著提高

人口平均期望寿命指标综合反映了一个国家或一个地区疾病防治和卫生服务水平,是用来评价生存质量和健康水平的重要参考指标之一,对人口分析和人口预测具有重要作用。1950 年北京的人口平均期望寿命为 52. 84 岁;[1]到 1989 年北京的人口平均期望寿命增长到 72. 61 岁,其中男性增至 70. 91 岁,女性增至 74. 43 岁;到 2009 年北京的人口平均期望寿命增长到 80. 47 岁,其中男性增至 78. 63 岁,女性增至 82. 37 岁;到 2019 年北京的人口平均期望寿命增长到 82. 31 岁,其中男性增至 79. 85 岁,女性增至 84. 88 岁。[2]

---

[1] 陆学艺主编:《北京社会建设 60 年》,科学出版社 2008 年版,第 597 页。

[2] 北京市卫生健康大数据与政策研究中心网站,http://www.phic.org.cn/tjsj/wssjzy/jkzb/202010/t20201020_292576.html。

2. 婴儿死亡率明显下降

新中国成立初期北京的卫生条件较差,婴儿死亡率很高,死于营养不良、早产虚弱、肺炎、麻疹等原因的婴儿约占死亡总数的80%。随着北京医疗卫生条件改善,婴儿死亡率出现了大幅度下降,由1949年的117.6‰下降到2019年的1.99‰。① 分阶段看,从1949年至1975年,由于大力改善妇幼健康水平,北京市婴儿死亡率整体上呈现显著下降趋势;1975年至2000年,由于恢复、设立妇幼组织,加强妇幼工作,北京市婴儿死亡率降幅明显;2000年以后,北京市婴儿死亡率呈现平稳下降趋势。见图4.1。

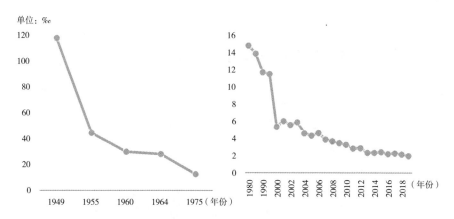

图4.1　1949—2018年北京市婴儿死亡率的变化

数据来源:北京市卫生健康大数据与政策研究中心网站。

注:统计口径为户籍人口,其中1949—1975年为北京城区户籍人口,1980年以后为全市户籍人口。

3. 孕产妇死亡率加快下降

新中国成立70年来,北京市孕产妇死亡率呈下降趋势,由1949年的685/10万下降到2019年的2.96/10万,②但在不同时期北京市孕产妇死亡率也呈现出起伏波动。20世纪50年代,国家大力宣传推行新法接生。通过广泛宣传,普及科学知识和卫生常识,破除在生育、接产、育儿等方面的迷

————————

① 北京市卫生健康大数据与政策研究中心网站,http://www.phic.org.cn/tjsj/wssjzy/jkzb/201304/t20130425_255008.html。

② 北京市卫生健康大数据与政策研究中心网站,http://www.phic.org.cn/tjsj/wssjzy/jkzb/202010/t20201020_292583.html。

信,推广科学、卫生的新法接生。培养新型助产人员,学员在 6 个月的学习期限内,系统学习生理解剖、产科、儿科、护理学等课程,学习期满后即奔赴农村,为农村妇女服务。改造旧接生人员,为弥补短期内新型助产人员不足的状况,许多地方实行了对旧接生人员的教育、改造工作,掌握科学的接生法,以便更好地为产妇服务。由于采取了以上措施,孕产妇死亡率逐渐降低。从 1949 年至 1960 年,北京市孕产妇死亡率由 685/10 万骤降至 20/10万,是下降幅度最大的时期,这与新中国成立后以"防御为主"的卫生方针的实施和妇幼保健事业的发展有很强的关系,妇幼保健工作前进了一大步。20 世纪六七十年代,由于妇幼保健组织撤销,孕产妇死亡率有所上升,1978年升至 31/10 万。从 1978 年至 2019 年,孕产妇死亡率由 31/10 万降至2.96/10 万,但呈现出较明显的波动趋势。见图 4.2。

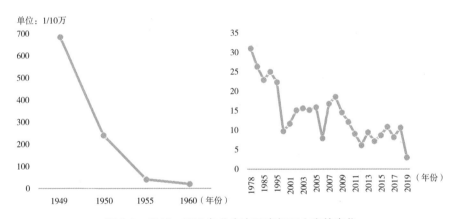

图 4.2　1949—2019 年北京市孕产妇死亡率的变化

数据来源:北京市卫生健康大数据与政策研究中心网站。
注:统计口径为户籍人口。

(二)医疗卫生服务体系加快完善

新中国成立初期,北京市医疗卫生服务体系异常薄弱。为解除北京市民的医疗后顾之忧,北京市着力完善医疗卫生服务体系。新中国成立 70年,北京市卫生资源量持续增长,卫生人力资源总量加速提高,基层卫生服务体系更加完善,社会办医主体不断增加。

1. 卫生资源量持续增长

（1）医疗卫生机构数

新中国成立初期,北京的医疗卫生机构非常有限,多为私人开业,医院主要是教会医院。新中国成立后国家对卫生事业的发展极其重视,北京市的医疗卫生机构建设速度加快。20 世纪 50 年代北京市新建、改建了一批医院,基本奠定了北京市医疗卫生服务体系格局。

1949 年北京市仅有医疗卫生机构 61 个。从新中国成立初期到 20 世纪 60 年代是北京市医疗卫生机构发展的第一个高峰期。从 1966 年开始,北京市医疗卫生机构数出现下降,大量医疗卫生机构外迁至甘肃、青海等地。1971 年至 1997 年,随着外迁机构和人员逐渐回京才使北京市医疗卫生机构发展迎来了第二个高峰期,截至 1997 年医疗卫生机构增至 6577 个。进入新世纪特别是 2006 年后,北京市医疗卫生机构发展又迎来了一个高峰期,实现数量和质量的新的提升,截至 2019 年医疗卫生机构达 11340 个。[①]

北京市在心脑血管、眼耳鼻喉、烧伤、创伤骨科、精神、感染、儿科、肿瘤等医学领域形成特色及优势,医疗质量处于全国前列,并已建立 4 家国家医学中心、2 个转化医学国家重大科技基础设施,24 家国家临床医学研究中心。国家临床重点专科总数达到 230 个,位居全国首位。[②]

（2）医疗机构床位数

医疗机构床位数在一定程度上反映了医疗卫生机构规模、提供医疗卫生服务能力。新中国成立前夕,北京市医疗机构床位数仅有 3001 张,按当时人口计算,每千人口只有 1.5 张病床。从 1949 年至 1978 年,北京市的医疗机构床位数年均增长 31%。截至 1978 年,北京市医疗机构床位数为 3 万张,每千人口床位数 3.4 张。但是,医疗机构床位数和服务患者能力同社会需求仍不适应。在住院标准大幅提高的情况下,为解决更多患者的住院需求,北京市开始加大床位规模,医疗机构床位数增长迅速。到 2019 年,北京

[①] 北京市统计局、国家统计局北京调查总队编:《北京统计年鉴 2020》,中国统计出版社,第 518 页。

[②] 王麟:《不忘初心 守护健康——新中国成立 70 周年北京卫生健康事业发展综述》,《数说北京 70 年》,中国统计出版社 2019 年版,第 101 页。

市医疗机构床位数达到 127111 张,每千常住人口医院床位数为 5. 55 张。①

2. 卫生人力资源总量加速提高

(1)卫生技术人员数

作为国家首都和全国优质医疗资源高度聚集的地区,北京市在保障本地居民就医需求的同时,也服务全国的患者,卫生技术人员数量在很大程度上影响着医疗卫生服务能力。1949 年,北京市卫生技术人员数仅为 4218人。持续到 2000 年初,其间,卫生技术人员数呈现出较为平稳的增长趋势,从 2000 年初至 2019 年,增长趋势更为明显。截至 2019 年,北京市卫生技术人员数达到 297259 人,其中,执业(助理)医师数 115771 人,注册护士数131314 人。②

(2)执业(助理)医师数

执业(助理)医师是领取医师执业证书且实际从事医疗、预防保健工作的人员,包括执业医师和执业助理医师。1949 年,北京市执业(助理)医师数仅为 2100 人。1978 年,北京市执业(助理)医师数为 28435 人,到 2019 年执业(助理)医师数达到 115771 人。2004 年,北京市每千常住人口执业(助理)医师数为 3.3 人,到 2019 年每千常住人口执业(助理)医师数达到 5.38 人。③

(3)注册护士数

注册护士是领取注册护士证书且实际从事临床工作的人员。北京市将加强护理队伍建设和护士依法执业作为护理事业发展的重点任务。1978年,北京市注册护士数为 1.6 万人,到 2019 年注册护士数达到 13.1 万人。2004 年,北京市每千常住人口注册护士数为 2.78 人,到 2019 年每千常住人口注册护士数达到 6.1 人。

---

① 北京市统计局、国家统计局北京调查总队编:《北京统计年鉴 2020》,中国统计出版社 2020 年版,第 520 页。

② 北京市统计局、国家统计局北京调查总队编:《北京统计年鉴 2020》,中国统计出版社 2020 年版,第 519 页。

③ 北京市统计局、国家统计局北京调查总队编:《北京统计年鉴 2020》,中国统计出版社 2020 年版,第 519—520 页。

3. 基层卫生服务体系更加完善

(1)基层卫生资源量

20世纪五六十年代,在城市街道和农村乡镇普遍建立基层医疗机构,农村大队建立卫生室,通过巡诊等方式推进村级医疗卫生服务覆盖。1990年已有2/3的乡卫生院达到合格标准,村卫生室覆盖率保持在95%左右,6000多名乡村医生获得合格证书。北京市基层医疗机构处于增长趋势,特别是社区卫生服务中心(站)建设明显增强,为居民提供了方便、快捷、经济的社区卫生服务。

各涉农区推进医疗机构空白地区规划建设,加快医疗卫生服务覆盖。北京市医疗卫生资源丰富,但优质医疗卫生资源主要集中在城区,为解决农村医疗机构服务能力问题,确保农村居民就近享受到质量较高的基本卫生服务,2006至2008年北京市投入大量资金用于镇、村医疗机构建设及主要医疗设备标准化配置,在农村地区建设了标准化社区卫生服务站,社区卫生服务网络初步形成。统一采购"便民巡诊车",临时解决"医疗空白村"和山区居民就近医疗问题。

(2)基层卫生人力资源

从2006年开始北京市着力构建基层卫生服务网络,基层医疗机构的卫生技术人员数大幅增长,2006年社区卫生服务中心(站)的卫生技术人员数只有1075人,到2019年增至32818人,其中执业(助理)医师数115771人,注册护士数131314人,[1]有效提升了基层医疗卫生服务能力。

为提高北京市农村地区的医疗卫生服务水平,构建城乡一体化的医疗卫生服务体系,着力解决乡村医生岗位需求,鼓励在岗的、取得执业助理医师以上资质、年满60岁的乡村医生继续开展工作。为提高全市乡村医生具备执业助理医师资格人员比例,提高乡村医生基本技术操作水平,组织开展国家乡村执业助理医师资格考试助考培训。

(3)基层卫生服务方式

2010年,北京市推进基层医疗机构工作机制和服务模式创新。转变社

---

[1] 北京市统计局、国家统计局北京调查总队编:《北京统计年鉴2020》,中国统计出版社2020年版,第522页。

区卫生服务模式,在东城区、西城区、丰台区开展了家庭医生式服务试点。强化社区卫生服务功能,在东城区、西城区、海淀区、丰台区开展了功能社区卫生服务试点。将城六区社区卫生服务中心门诊服务时间延至晚8时。社区卫生服务团队通过"健康通"提供24小时健康指导与咨询。

2017年,北京市推进家庭医生签约服务,家庭医生为签约居民提供基本医疗卫生和健康管理服务,实现家庭医生签约服务制度全覆盖。居民与家庭医生建立相对稳定的服务关系,获得主动、连续、综合的健康责任制管理。截至2018年12月,北京市家庭医生签约居民累计总人数达817万人,家庭医生总签约率为38%,重点人群签约率达到90%以上。①

4. 社会办医主体不断增加

改革开放后,在经济社会转型期发展社会主义市场经济的过程中,社会对于医疗卫生服务供给与需求出现新的变化,城乡居民对于医疗卫生服务呈现差异化和多样化的社会需求。在医疗卫生事业改革中,民间资本注入和参与医疗卫生发展带来医疗卫生事业发展格局的变化。从1988年开始北京市对社会办医和私人办医进行清理整顿,1989年市政府印发了《北京市私人医疗院所管理办法》,经审批的社会办医疗机构有167所,民办机构有178所,共开设病床7400余张,个体开业医生1823人。1990年,制定了《北京市社会办医疗机构暂行管理办法》,本着"允许存在、适度发展、合理布局、严格管理"的原则,对全市私人开办的医院、诊所重新进行了审核发照。②

2000年以后,北京市鼓励社会资本和外资进入卫生领域,非营利性医疗机构获得了较大的发展空间。2012年,北京市印发了《关于进一步鼓励和引导社会资本举办医疗机构若干政策》,鼓励和引导社会资本举办医疗机构,允许社会资本在本市举办各级各类医疗机构,逐步提高社会办医疗机构的比重,并在用地、建设资金、基本医疗保险审批等方面给予政策支持,推

① 《北京市卫健委:817万人签约家庭医生》,千龙网,http://beijing.qianlong.com/2019/0107/3044127.shtml。

② 陆学艺主编:《北京社会建设60年》,科学出版社2008年版,第582页。

动了社会办医发展。截至 2019 年,北京市民营医院有 509 家,占到全部医院数的 68.3%;编制床位数为 2.8 万张,占到全部医院编制床位数的 22.5%;卫生技术人员数为 4 万人,占到全部医院卫生技术人员数的 18.7%。[1]

(三)公共卫生服务能力明显加强

公共卫生是关系人民群众健康的公共事业,包括对重大疾病尤其是传染病的预防、监控和治疗;对食品、药品、环境卫生的监督管理,以及相关的卫生宣传、健康教育、免疫接种等。北京市历来重视公共卫生能力建设,加强公共卫生体系发展,有效避免和减轻不良公共卫生事件对人民群众健康的影响。

1. 全人群公共卫生服务体系不断健全

(1)甲乙类传染病防控

1949 年,北京市居民前五位死因中,传染病占 29.9%。[2] 新中国成立初期到 20 世纪 50 年代流行的传统传染病主要有鼠疫、霍乱、天花、白喉、猩红热等。北京市通过采取全民免费接种,消灭病媒昆虫及疫源地,建立疫情报告网等措施,使危害严重的烈性传染病很快得到控制。北京市传染病防控实现了 24 小时实时监测,成功消灭了鼠疫等烈性传染病,成功遏制了 20 世纪 60 年代菌痢、肝炎等传染病高发流行。1972 年北京开始实施计划免疫,以区县为单位四种疫苗全程接种率达到 98.84%,相应的传染病发病率大幅度下降。结核病防治技术成效明显,涂阳患病率降至 16/10 万,为全国最低。[3] 1984 年以来,无脊髓灰质炎野毒感染病例发生,1996 年以来无白喉病例发生。

---

① 北京市卫生健康委员会、北京市卫生健康信息中心:《2019 年北京市卫生工作统计资料(简编)》,2020 年 7 月,第 1 页。

② 陆学艺主编:《北京社会建设 60 年》,科学出版社 2008 年版,第 590 页。

③ 刘俊田:《北京市卫生事业四十一年回顾》,北京市卫生健康大数据与政策研究中心网站,http://www.phic.org.cn/sznj/bjwsjsgzgk/200706/t20070601_254954.html。

20 世纪 80 年代以后,一些传统传染病基本得到有效控制,但如病毒性肝炎、痢疾等传染病,一些新的传染病如艾滋病、性病等与个人生活方式高度相关及突发性传染病,如非典型肺炎、禽流感等相继发生。1990 年,北京市基本控制了传统传染病流行,进入现代传染病预防与控制时代。北京市有效应对了 2003 年非典型肺炎疫情、2009 年甲型 H1N1 流感疫情、2013 年人感染 H7N9 禽流感疫情等,防范了中东呼吸综合征、埃博拉出血热等国外新发传染病输入。北京市在全国率先将乙肝疫苗、麻风腮联合疫苗、A+C 群流脑疫苗、脊灰灭活疫苗纳入免疫规划。自 2007 年开始为全市 60 岁以上老人及在校中小学生免费接种流感疫苗。2018 年开始为全市 65 岁以上老人免费接种 23 价肺炎多糖疫苗,全市免疫规划疫苗接种率保持在 99% 以上,有效控制了传染病流行。根据《北京市结核病防治规划(2003—2010年)》要求,北京市始终对甲乙类传染病的预防与治疗投入大量精力,减少以痢疾、病毒性肝炎、肺结核、猩红热为代表性的甲、乙类传染病损害。

从北京市甲乙类传染病统计数据看,甲乙类传染病发病数和发病率呈现出持续下降趋势,从 2004 年至 2019 年发病数从 6 万余例减少到 3 万余例,发病率从 408.03/10 万减少到 139.80/10 万,[①]死亡数、死亡率于 2009年达到高峰后在变动中大体呈现下降趋势。见表 4.1。

表 4.1 2004—2019 年北京市甲乙类传染病统计表

指标 年份	发病数 (例)	发病率 (1/10 万)	死亡数 (人)	死亡率 (1/10 万)	病死率 (%)
2004	60446	408.03	90	0.61	0.15
2005	68835	445.91	100	0.65	0.15
2006	69005	448.70	168	1.09	0.24
2007	66564	421.02	120	0.76	0.18
2008	51112	312.99	106	0.65	0.21
2009	57612	339.89	262	1.54	0.45

---

① 北京市统计局、国家统计局北京调查总队编:《北京统计年鉴 2020》,中国统计出版社 2020 年版,第 528 页。

续表

指标 年份	发病数 （例）	发病率 （1/10万）	死亡数 （人）	死亡率 （1/10万）	病死率 （%）
2010	47208	268.99	237	1.35	0.50
2011	44474	226.76	235	1.20	0.53
2012	35215	174.45	184	0.91	0.52
2013	32254	155.87	233	1.13	0.72
2014	34998	165.49	161	0.76	0.46
2015	32460	150.86	177	0.82	0.55
2016	29951	138.00	174	0.80	0.58
2017	30336	139.6	165	0.80	0.54
2018	28543	131.5	178	0.80	0.63
2019	30105	139.8	187	0.90	0.62

数据来源:北京市卫生健康大数据与政策研究中心网站。

注:统计口径为全市常住人口口径,2010年统计口径为全市户籍人口口径。

（2）爱国卫生运动开展

1952年,毛泽东发出"动员起来,讲究卫生,减少疾病,提高健康水平,粉碎敌人的细菌战争"号召,爱国卫生运动由此在全国开启。同年3月,北京市成立爱国卫生运动委员会,在全国率先开展了90%以上居民参加的大清扫活动,拉开了爱国卫生运动的序幕,清除了多年积累的大量垃圾,修整了多条脏水沟,城市卫生条件明显改善。由于成效显著,爱国卫生运动作为一种独特的卫生工作方式延续下来,在一定程度上遏制了传染病的发生和流行。

1991年是"八五"计划第一年,北京市食品、饮水及公共场所卫生状况进一步改善,农村改水受益人口已达农业人口总数的90.9%。爱国卫生运动持续发展,保持了全国"十佳卫生城市"称号,地方病、职业病、寄生虫病防治也取得显著成绩。1998年以迎接第四次全国城市卫生检查为契机,北京市广泛深入地开展了群众性爱国卫生运动,确立"建首善、争一流,创建国家卫生城市"的工作目标,"迎检"期间,城八区广大群众参加了各种形式的创建卫生城市活动,整治大街小巷,拆除违法建设,撤销占路摊位市场、摊棚,重点整治了中小餐馆,城乡卫生面貌有了较大改观,卫生水平得到进一步提高。

2002年,结合奥运规划,北京市深入开展爱国卫生运动,完成了4万座户厕改建、112个改水工程等任务,在全市开展了大规模的灭鼠、灭蟑活动。2014年,北京市调整完善爱国卫生工作机制,形成"政府组织、部门协调、全民参与、社会组织响应、区县整体推进"的工作模式。初步建立全人群健康状况信息发布与评估系统,为政府制定相关政策提供科学依据。北京市不断推进无烟环境建设,161个单位达到无烟单位标准,开展蚊、蝇、鼠、蟑密度监测,加大消杀力度,启动"健康北京家庭灭蟑行动",对北京市百万户居民家庭蟑螂侵害进行统一入户消杀。

2. 妇幼保健愈加重视

新中国成立70年来,北京市不断加强爱婴医院和爱婴社区建设,爱婴社区覆盖率达到90%,经联合国儿童基金会、世界卫生组织、全国爱婴医院最高评审委员会审议通过,北京市成为首批国际爱婴市。1997年,北京市加强妇幼保健机构建设,东城、西城、朝阳、海淀、通州5所妇幼保健机构成为全市首批二级甲等妇幼保健院(所),规范早产儿服务,强化新生儿窒息复苏管理,提升儿童早期综合发展服务中心的儿童口腔、视力及心理保健等服务能力,落实北京市0—6岁儿童听力与耳聋基因筛查,启动0—6岁儿童五类残疾筛查,并联合北京市教委、北京市体育局预防控制儿童营养性疾病,促进儿童身体健康。

2009年,北京市印发《北京市为户籍适龄妇女提供子宫颈癌、乳腺癌免费筛查实施方案》,以25—65岁适龄妇女为子宫颈癌免费筛查对象,40—60岁妇女同时为乳腺癌免费筛查对象,切实维护广大妇女的健康权益,解决危害妇女健康的主要疾患,早期发现、早期诊断、早期治疗严重危害妇女健康的子宫颈癌、乳腺癌。以政府为主导,有组织地对适龄妇女开展"两癌"①筛查,已成为北京防治适龄妇女"两癌"的有效手段。

2018年,北京市整合公安、妇幼和全员人口信息系统,优化生育服务登

———————————

① "两癌"指宫颈癌和乳腺癌。

记程序,开发上线计划生育奖励扶助、特别扶助信息管理系统,探索"生育全周期"服务和信息共享机制,推进卫生计生健康知识分类推送和生育服务精准引导,在全国率先建设社区儿童中心 12 个,累计 10 万人次获得服务。

3. 慢性病管理逐步规范

新中国成立初期至 1955 年,传染病始终是北京市第一位死因,1956 年降为第二位死因,标志着北京在全国率先完成了第一次卫生革命。从 1956 年开始,北京市居民的第一位死因变为呼吸性疾病,并一直持续到 1963 年。从 1964 年开始,北京市居民的第一位死因变为心脏病。到 2007 年,北京市居民的第一位死因变为恶性肿瘤。2019 年,北京市居民主要死因为慢性非传染性疾病,分别为恶性肿瘤、心脏病、脑血管病和呼吸系统疾病等。

1991 年,北京市召开慢性非传染性疾病防治工作会,确定把慢性病作为防治重点,推动北京市从传统疾病模式向现代疾病模式转变。2000 年以来,通过加强北京市基层医疗机构建设,提高健康管理功能,增强对主要慢性病的预防与管理。北京市卫生健康委印发《北京市基层医疗机构四类慢病诊疗及转诊指南》,规范慢性病管理路径,提升慢性病防治水平。2012 年,北京市开始实施"阳光长城计划",开展心、脑、肿瘤及口腔四大防治行动,建成 9 个国家级和 7 个市级慢性病综合防控示范区,健全慢性病综合防治机制。[①]

(四)基本医疗保障制度作用彰显

经过多年的改革发展,北京市已建立起多层次的基本医疗保障体系,涵盖城镇职工基本医疗保险、城镇居民基本医疗保险、新型农村合作医疗制度,2018 年整合成为城镇职工、城乡居民两项基本医疗保险,减轻人民群众就医负担。

1. 城镇职工基本医疗保险保障能力持续增强

北京市在东城、顺义等区(县)进行改革试点的基础上,为保障职工和

---

① 　王麟:《不忘初心　守护健康——新中国成立 70 周年北京卫生健康事业发展综述》,《数说北京 70 年》,中国统计出版社 2019 年版,第 103 页。

退休人员患病时得到基本医疗保障,享受医疗保险待遇,市政府于 2001 年
发布《北京市基本医疗保险规定》,基金筹集采取个人账户和社会统筹相结
合,基本医疗保险费按照比例由用人单位和职工个人双方负担、共同缴纳,
在全市范围内进行统筹。制度建立以来,城镇职工基本医疗保险年末参保
人数、城镇职工基本医疗保险基金累计结余均持续增长。从 2002 年至
2019 年,北京市城镇职工基本医疗保险年末参保人数从 353.8 万人增加到
1682.5 万人;截至 2019 年,城镇职工基本医疗保险基金累计结余 1085.9 亿
元。① 见表 4.2。

表 4.2　2002—2019 年北京市城镇职工基本医疗保险情况

指标 年份	城镇职工基本医疗保险年 末参保人数(万人)	城镇职工基本医疗保险 基金累计结余(万元)
2002	353.8	—
2003	436.1	—
2004	484.0	—
2005	574.8	—
2006	679.5	—
2007	783.0	1291924
2008	871.0	1910875
2009	938.4	1804755
2010	1063.7	1916000
2011	1188.0	1923721
2012	1279.7	1893702
2013	1354.8	1927149
2014	1431.3	2270614
2015	1475.7	2939774
2016	1517.6	4294873
2017	1569.2	5716161

---

① 国家统计局网站, https://data.stats.gov.cn/easyquery.htm? cn = E0103&zb =
A0S05&reg = 110000&sj = 2019。

续表

指标 年份	城镇职工基本医疗保险年 末参保人数(万人)	城镇职工基本医疗保险 基金累计结余(万元)
2018	1628.9	8059028
2019	1682.5	10859335

数据来源:国家统计局网站。

2. 城镇居民基本医疗保险保障人群不断扩大

2010 年,为保障城镇居民的基本医疗权益,提高城镇居民基本医疗保障水平,市政府发布《北京市城镇居民基本医疗保险办法的通知》。制度建立以来,城镇居民基本医疗保险年末参保人数、城镇居民基本医疗保险基金累计结余均持续增长。从 2001 年至 2019 年,北京市城镇居民基本医疗保险年末参保人数从 159.8 万人增加到 400.1 万人;截至 2019 年,城镇居民基本医疗保险基金累计结余约为 22.9 亿元。见表 4.3。

表 4.3 2011—2019 年北京市城镇居民基本医疗保险情况

指标 年份	城镇居民基本医疗保险年 末参保人数(万人)	城镇居民基本医疗保险 基金累计结余(万元)
2011	159.8	83326
2012	151.9	90213
2013	160.1	88466
2014	173.0	150631
2015	181.0	255078
2016	191.2	343452
2017	202.2	379017
2018	392.2	466462
2019	400.1	228562

数据来源:国家统计局网站。

3. 新型农村合作医疗更加完善

2002 年,国家明确提出各级政府要积极引导农民建立以大病统筹为主的新型农村合作医疗制度。2003年,北京市人民政府办公厅转发市政府体改办等部门《关于建立新型农村合作医疗制度实施意见的通知》,北京市开始实施新型农村合作医疗制度。新型农村合作医疗是由政府组织、引导、支持,农民自愿参加,个人、集体和政府多方筹资,以大病统筹为主的农民医疗互助共济制度。其采取个人缴费、集体扶持和政府资助的方式筹集资金。截至2005年11月,北京市308万农业人口中有249万人参加了新型农村合作医疗,参与率达到了81%。①

自2008年起,北京市开展新型农村合作医疗的县(区)有13个,新型农村合作医疗人均筹资额从2009年的433.4元增加到2014年的1090.87元,新型农村合作医疗本年度筹资总额从2008年的9.16亿元增加到26.46亿元,新型农村合作医疗补偿受益人次从2008年的300万人次增加到600万人次。② 见表4.4。2018年1月,北京市城镇居民基本医疗保险与新型农村合作医疗两项制度进行整合,全市400多万城乡参保人员实现持社保卡就医实时结算。

表 4.4 2008—2014 年北京市新型农村合作医疗情况

指标 年份	参加新型农村合作医疗人数（亿人）	新型农村合作医疗人均筹资（元）	新型农村合作医疗本年度筹资总额(亿元)	新型农村合作医疗补偿受益人次(亿人次)
2008	0.03	—	9.16	0.03
2009	0.03	433.4	—	0.05
2010	0.03	555.4	15.47	0.07
2011	0.03	637.19	17.64	0.07
2012	0.03	707.3	18.9	0.06
2013	0.03	893.9	22.74	0.06
2014	0.02	1090.87	26.46	0.06

数据来源:国家统计局网站。

---

① 陆学艺主编:《北京社会建设60年》,科学出版社2008年版,第606页。
② 国家统计局网站, https://data.stats.gov.cn/easyquery.htm? cn = E0103&zb = A0S05&reg = 110000&sj = 2019。

(五)中医药事业快速发展

国务院印发的《中医药发展战略规划纲要(2016—2030年)》,把中医药发展上升为国家战略,对新时期推进中医药事业发展作出系统部署。中医药凝聚着中华文化精髓,在传承中不断振兴发展。北京市中医药资源量不断扩大,质量持续提高。大力开展中医传承,建立了国家、市、区、医院四级师承制度。在全市基层医疗机构均建立了中医药综合服务诊区,提供中医药适宜技术服务。中医药研发取得了世界影响。

1. 中医药资源量有效增加

新中国成立后,在市政府的保护和支持下,北京市中医药得以新生。各区(县)陆续开办了中医联合诊所和中医门诊部。1956年5月,北京中医医院正式开诊,一些综合性的西医院也相继建立起中医科。

2004年北京市中医类医院有60个,到2019年增加到224个,床位数由6478张增加到2.55万张,卫生技术人员数由9155人增加到3.8万人。① 在全市各区都具有了独立的中医机构,二级以上公立综合医院均设置了中医临床科室和中药房,全市所有社区卫生服务中心(乡镇卫生院)均建立了独立的中医药综合服务诊区(中医馆),100%的社区卫生服务中心(站)提供中医药适宜技术服务。2012年,为加强北京市中医药工作,有力推进国家中医药发展综合改革试验区建设,在全市16个区的32家社区卫生服务中心开展基层中医药综合诊区的试点建设。

2018年,为落实《中华人民共和国中医药法》,北京市深化中医健康乡村(社区)、中医健康养老"身边"工程、"中医治未病"健康促进工程,建立了中医药领军人才驻村驻社区工作模式。启动名中医身边工程,组建372支名中医团队每周到全市333家社区卫生服务中心(乡镇卫生院)坐诊,为社区群众提供名中医服务。

2. 中医药事业传承有序

1988年,北京市成立中医管理局,各区卫生行政部门承担区域内中医

---

① 北京市卫生健康委员会、北京市卫生健康信息中心:《2019年北京市卫生工作统计资料(简编)》,2020年7月,第1页。

药管理职责,逐步建立健全了中医药管理体系。大力开展中医传承工作,截至 2018 年已建设国医大师传承工作室 10 个,全国名中医传承工作室 3 个,全国名老中医药专家传承工作室 45 个。建设北京中医药"薪火传承 3+3 工程"名家研究室 45 个,名老中医工作室 40 个,基层老中医传承工作室 89 个。①

2009 年,甲型 H1N1 流感在京高发,北京市聚集科技人才加紧研究中医药防治甲流,利用 8 个月时间成功研制能有效预防和治疗甲流的中药制剂"金花清感颗粒",治疗效果良好且价格低廉。2011 年,中医药"十病十药"产品研发取得进展,首个新药"止渴养阴胶囊"在北京同仁堂亦庄生产基地正式投产。

2017 年,市政府发布《北京市人民政府关于支持中医药振兴发展的意见》,提出振兴中医药发展的政策举措。建立以 16 名国医大师、60 名首都国医名师、40 名中青年名中医为核心的国家、市、区、医院四级师承制度。2019 年,北京市中医管理局组织制订了《北京中医药薪火传承"3+3"工程室站分站建设项目实施方案》,加强中医药继承、创新和人才队伍建设,促进北京市名老中医药专家优质资源在国内外的充分利用和共享,促进燕京医学在海内外的传播。

(六)重大活动医疗卫生保障能力进一步增强

北京作为国家首都,又是超大型城市,承办了众多重要的国内外会议、活动,重大活动期间的医疗卫生服务是对北京市医疗卫生服务体系的考验,也是展示医疗卫生服务能力的窗口。北京市持续提升医疗卫生保障能力,出色完成历次重大外事、重大竞技体育活动的医疗保障任务,彰显出北京市医疗卫生保障体系的系统性、完备性、安全性。

1. 重大外事活动医疗保障能力突出

1999 年,全球首次"数字地球国际会议"在北京召开,近 30 个国家和地

---

① 王麟:《不忘初心 守护健康——新中国成立 70 周年北京卫生健康事业发展综述》,《数说北京 70 年》,中国统计出版社 2019 年版,第 104 页。

区的4000多位科学家参加,研讨21世纪"数字地球"的发展战略。同年,"国际保护臭氧层大会高级别会议"在京开幕,成为中国承办的规模最大的国际环保会议,来自212个国家和国际组织的近千名代表出席。2000年,中非合作论坛——北京2000年部长级会议在北京召开,有45个与中国有外交关系的非洲国家外交部长和主管对外合作或经济事务的部长与会,部分国际机构和地区组织的代表作为应邀嘉宾出席。一系列重大外事活动,北京市均承担起严格、完备的医疗保障任务,构建全方位医疗保障体系,严格落实日常消毒、饮食卫生、食物留验等卫生制度,确保为出席代表提供优质、及时的医疗卫生服务,有效保障会议活动顺利进行。

2014年,北京市圆满完成了亚太经济合作组织(APEC)会议的公共卫生保障任务。按照中共北京市委、市政府和亚太经济合作组织(APEC)组委会对公共卫生安全保障的工作安排,北京市疾病预防控制系统派驻35名卫生防疫人员进驻亚太经济合作组织(APEC)会议及代表驻地酒店,为核心区环境消毒、环境病媒控制、生活饮用水安全、空气质量安全提供有力的技术支持,对参会代表开展症状监测等传染病防控工作,对保障人员进行健康监测、健康教育。同时派驻两支应急分队,分别于怀柔区雁栖湖核心区和朝阳区水立方核心区进行现场应急保障。会议期间未接到鼠疫、SARS、人感染H7N9禽流感、埃博拉出血热等重大传染病疫情报告,也未收到其他突发公共卫生事件报告。

2017年5月,由我国政府倡导并主办的"一带一路"国际合作高峰论坛在北京举行。北京市全力做好论坛的医疗保障工作,包括驻地、会议场所、外出活动等环节的医疗保障服务和传染病防控,对公共场所和生活饮用水的保障、病媒生物控制和突发事件的应急处置,确保会期医疗保障万无一失。

2. 重大竞技体育活动医疗保障作用明显

1990年第十一届亚洲运动会在北京开幕,亚运村医疗中心将45个场馆、宾馆医务室、45家指定医院以及40余辆救护车组成了亚运会医疗急救网络,保障了此次亚运会圆满举行。

2004年北京市先后举办了中国亚洲杯足球赛、中国网球公开赛、NBA

中国赛等大型体育赛事。克服非典型肺炎疫情造成的不利影响,针对竞技体育医疗卫生保障任务,提供针对运动员赛前、赛中和赛后各种不适症状的医疗解决方案,形成便携式技术图像分析系统等一批创新成果,加强反兴奋剂制度建设和科研测试站管理。

2008年8月8日,第二十九届奥运会在北京隆重开幕。赛事期间,首都医疗卫生系统派出3223名赛会志愿者,出色完成了现场救治和医疗保健任务。奥运场馆医疗站和奥运村综合诊所接诊患者21337人次,奥运定点医院接诊涉奥人员3567人次。在156个奥运场馆医疗服务站(点)、24家定点医院、奥运村综合诊所就诊的涉奥伤病员均享受到了国际化、标准化、多样化的高水平服务,包括现场急救与转运服务、医疗保健救治以及中医服务。奥运场馆未发生食物中毒、饮水污染、传染病疫情,无病媒生物侵扰事件报告。残奥会期间,残奥场馆医疗站和残奥村综合诊所接诊患者8046人次,定点医院接诊涉奥人员1020人次,使每一位残奥伤病员都享受到了以人文关怀为特色的高水平、无障碍的医疗服务。在残奥村设立了假肢轮椅维修中心及轮椅维修流动服务点,提供了规范化的假肢轮椅维修服务。

2015年,为保障世界田径锦标赛在北京圆满举行,北京市按照国际田联的要求,详细制定了赛事医疗卫生保障方案,圆满完成了赛事保障任务。本届世锦赛竞赛场馆设在国家体育场(鸟巢),内设1个运动员医疗站、4个场边观察点、1个贵宾医疗站、1个媒体医疗站、1个热身场医疗站和4个观众医疗站,负责比赛期间运动员、VIP官员、媒体和观众的医疗保障工作。在训练场馆内设1个医疗站和1个场边观察点,负责运动员在训练期间的医疗保障工作。在每家驻地酒店设有1个医疗站,为运动员和贵宾提供24小时的医疗服务。

为确保2022年北京冬季奥运会顺利进行,北京市提前开始对医疗保障工作进行部署。北京市和河北省联合组建冬奥医疗保障队伍,共筛选72人组成冬奥滑雪医疗保障梦之队,要求四分钟内到达伤员身边,完成评估和急救,为重大赛事提前做好完备的医疗保障服务。

三、北京市医疗卫生事业的改革实践

北京市自20世纪90年代开始启动医药卫生体制改革,2000年全面开展城镇医药卫生体制改革,建立新的医疗机构分类管理制度,提高医疗卫生服务质量。2009年新一轮医改启动后,北京迅速行动,成立专门改革机构,相继进行一系列改革探索,推动医疗卫生服务更好的服务经济社会发展。北京市注重对医疗卫生系统进行顶层设计,转变卫生工作观念,前移卫生工作重心,努力从根本上解决"看病难、看病贵"问题。

(一)优化卫生资源配置

经过长期发展,北京市持续构建与国际接轨的医疗卫生服务体系,但在发展过程中存在着医疗卫生服务体系协调性不足,分级诊疗体系有待加强;基层医疗机构、部分临床专科资源短缺、服务能力不强;卫生资源结构性失衡,新城和大型居住区医疗资源匮乏等问题。通过切实落实政府办医责任,鼓励社会办医,合理划分与优化整合各级各类医疗卫生机构服务功能,逐步建立起布局合理、分工协作的医疗卫生服务体系。

1. 推动医师多点执业

为充分发挥优质医疗资源作用,鼓励和支持社会力量办医,在推动医院人事制度改革中探索了新路径。2014年出台《北京市医师多点执业管理办法(试行)》,鼓励大医院医生优先到基层医疗机构进行多点执业,优先鼓励精神科、儿科、全科专业的医生多点执业,并允许公立医院医生到民营医院进行多点执业。

2. 提升基层服务能力

明确社区卫生服务发展目标,2000年6月,北京市出台了6个社区卫生服务配套文件,实行"社区卫生服务工程"。一、二级医疗机构向社区卫生服务中心(站)转换,社区卫生服务中心(站)的覆盖率达到规划设置的90%以上。2006年北京市启动社区卫生服务机构标准化建设,市区(县)共同投入资金,到2009年基本完成社区卫生服务中心(站)的规划设置和标准化建设任务,实现了社区卫生服务覆盖城乡全体居民。

全科医生是保障居民健康和控制医疗费用支出的"守门人",在加强基层医疗卫生服务体系建设、推进家庭医生签约服务中发挥着重要作用。北京市自 2005 年开始启动全科医生规范化培训,对新进入基层医疗机构的全科医生采取理论学习、临床"轮转"和社区实践相结合的方式开展培训,取得培训合格证书后回到基层医疗机构工作。对乡村医生实行行医资格认定制度,对取得乡村医生执业注册证书但未取得执业助理医师资格的乡村医生进行五年的系统化岗位培训,掌握基本的中、西医适宜技术,提高乡村医生对农村常见病、多发病、传染病的诊断和应急处理能力。

3. 引进社会资本办医

为促进北京社会办医疗机构发展,加快形成多元化办医格局,北京市出台鼓励和引导社会资本举办医疗机构的具体意见,允许社会资本在京举办各级各类医疗机构,鼓励社会资本举办非营利性医疗机构。北京市进一步明确对社会办医的四大重点支持方向:在医疗资源薄弱区域举办的医疗机构,在紧缺专业领域举办的医疗机构,品牌化、团体化、连锁化经营的医疗机构,"互联网+医疗健康""保险+医疗"、医生团体等医疗新业态。符合四大支持方向的社会办医,将在市场准入、财政投入、医师多点执业、用地等方面实行差异化支持政策。截至 2019 年,全市民营医院有 509 家,占全市医院数的 68%,多元办医格局逐步形成。①

4. 推进医疗卫生资源疏解

为优化提升远郊区、大型居住区等重点区域的医疗卫生资源配置水平,北京市加大力度破解医疗卫生资源布局不均衡问题,推进市属大医院有序疏解。

(二)推动公立医院改革

随着经济社会的快速发展,原有的医疗卫生体系越来越不适应人民群众

---

① 北京市卫生健康委员会、北京市卫生健康信息中心:《2019 年北京市卫生工作统计资料(简编)》,2020 年 7 月,第 1 页。

日益增长的医疗卫生服务需求，"看病难、看病贵"成为民生痛点。公立医院资源分配过度集中，虹吸效应明显，因此公立医院改革成为深化医改的关键所在。新一轮医改能取得多大成效，相当程度上取决于公立医院特别是大医院的改革进程。北京市在公立医院改革中突出强调政府的主导作用和基本医疗卫生服务的公益属性，采取模式创新、逐项推进的方式探索公立医院改革。

1. 推进医疗机构分类

为贯彻国务院办公厅转发八部委《关于城镇医药卫生体制改革的指导意见》，北京市2000年12月制定了《北京市城镇医药卫生体制改革实施意见》，按照医疗机构经营目的划分为营利性和非营利性两类。非营利性医疗机构的收入用于弥补医疗服务成本，收支结余只能用于机构发展。营利性医疗机构所得收益可用于投资者的经济回报。截至2002年底，北京市共有7346家医疗机构进行了分类注册（不含延庆县），4930家被核定为非营利性医疗机构，1807家被核定为营利性医疗机构。[1]

2. 启动公立医院改革试点

2011年7月，北京成为全国公立医院改革国家联系试点城市。在北京市卫生局下设北京市医院管理局，对市属22家公立医院实行统一管理，通过价格、医保、财政政策联动，围绕创新管理体制、补偿机制、运行机制和服务模式四条主线，试点探索"两个分开，三个机制"。实现"两个分开"：即管办分开、医药分开；建立"三个机制"：即医院法人治理运行机制、医疗保险调节机制、财政价格补偿调控机制。于2012年7月和9月分别选择友谊医院、朝阳医院两家综合医院作为第一批、第二批"医药分开"改革试点，同年于12月选择天坛医院、同仁医院、积水潭医院三家综合医院作为第三批"医药分开"改革试点。改革后，医院收入结构实现调整，医院补偿渠道由服务收费、药品加成收入、财政补助三个渠道变为服务收费和财政补助两个渠道，医院收入由过去主要依靠药品销售向提供医疗服务转变。

3. 探索区县公立医院改革

2010年，门头沟区在不改变政府对医院所有权和监管职责的前提下，与

---

[1]　陆学艺主编：《北京社会建设60年》，科学出版社2008年版，第576页。

民营机构凤凰医疗集团合作,采取 ROT 模式(重构—运营—移交)在本市率先实施公立医院改革,成为新医改的第一家区县公立医院改革试点。建立医院的法人治理结构,实现理事会和监事会制度,引入美国 JCI(国际医疗卫生机构认证联合委员会)等标准化管理,有效提升医院精细化管理水平。2011年,大兴区委托中国中医科学院广安门医院管理大兴区中医医院,建立广安门医院南区,实行"一院两址,两院融合,共同发展"。广安门医院南区是北京市第一家医改托管单位,按照"同一医院、同一品牌、同一文化、同一水平"的建设目标,逐步实现管理、学科、人才、技术和文化方面的"五个融合",在医院管理、学科建设、人才培养、医疗质量、科研教学等能力建设上显著提升。

4. 全面推进公立医院改革

2017 年 3 月,市政府发布《北京市医药分开综合改革实施方案》,在试点探索的基础上,将关键改革举措从试点医院扩大到全市范围,统筹属地3700 多家医疗机构全面实施医药分开综合改革,也将改革主要内容从医药分开扩大到更综合的改革措施。通过取消药品加成,设立医事服务费,转变公立医疗机构运行机制;通过医药产品阳光采购、医保控费等措施,降低药品、器械、耗材虚高价格和费用;通过规范医疗服务价格,逐步建立以成本和收入结构变化为基础的医疗服务价格动态调整机制。

2019 年 6 月,北京市医疗机构同步启动医耗联动综合改革,实施以"一取消、一降低、一提升、一采购、一改善"为主要内容的医耗联动综合改革,取消医用耗材加成、调整规范大量医疗服务项目、实施国家药品集中采购试点和京津冀医用耗材联合采购,推出诸多改善医疗服务举措,推动北京市公立医疗机构逐步从资源消耗、规模扩张型向内涵、质量、效率集约型发展方式转变。

(三)完善公共卫生体系

长期以来,我国医疗卫生领域存在着"重治轻防"的倾向,重视疾病治疗,轻视疾病预防。对公共卫生体系建设的投入不足,造成了公共卫生体系基础不牢、能力不强。随着重大传染病疫情的暴发及公众健康观念的调整,公共卫生在疾病预防、健康管理、特殊群体保护等方面发挥的作用更加凸显，北京市在公共卫生体系发展中加强政府主导作用，加大财政投入力度，加快体制机制建设，夯实公共卫生的基础性、保障性作用。

1. 落实国家基本公共卫生服务项目

北京市为辖区常住居民免费提供 12 类基本公共卫生服务项目，使国家基本公共卫生项目在北京全面落地。北京市预防接种率持续保持在 99%以上，麻疹、百日咳、新生儿破伤风、乙脑、流脑等疾病发病率降到历史最低水平。为老年人、0—6 岁儿童、孕产妇、严重精神障碍患者、肺结核患者、慢性病患者等提供全面的健康管理服务。构建市—区—基层医疗机构自上而下的三级健康教育服务网络，通过多形式、多途径的健康教育模式，运用个性化健康教育服务与普及性健康教育服务相结合的方法，使北京市居民的健康素养水平逐年提高。

2. 创新公共卫生服务内容

在注重常规工作开展的同时，北京市还从健康管理的实际问题出发，在多个项目上结合实际工作，创新推出更加优质的政策措施。深化和推广家庭医生签约服务，推行以预约就诊以及将健康管理融入诊疗服务全过程的服务模式，打造"专全结合"的家庭医生签约服务团队。加强孕产妇全程动态管理，强化基层医疗机构对高危孕妇的初筛和规范转诊随访。在全国率先开展的一类疫苗接种后异常反应补偿基础上，于 2015 年建立了预防接种异常反应补偿中引入商业保险服务机制。[1] 开展癌症早诊早治惠民工程，为年龄在 40—74 岁的北京市户籍居民分别提供城市、农村癌症早诊早治项目，如果被评估为高危人群可以参加相应的免费筛查。

3. 建立公共健康体系

截至 2017 年，北京市累计创建 12 个国家卫生区、20 个国家卫生乡镇、2488 个健康社区（村）、276 个健康示范单位、1547 个健康促进学校、175 个健康促进医院。通过加强控烟宣传、执法和督导，北京市成人吸烟率降至22.3%，吸烟者减少 20 万人以上，公共场所发现吸烟者概率由 11.3%下降

---

① 北京市卫生健康委员会：《北京市国家基本公共卫生服务项目开展情况介绍》，http://wjw.beijing.gov.cn/zwgk_20040/cgxx/201912/t20191216_1242186.html。

到 3.8%。① 自 2009 年以来,北京市每年向社会发布全市卫生与人群健康状况报告;自 2015 年以来,北京市每年向社会发布各区卫生发展综合绩效评价结果,促进全市医疗卫生均衡发展。

(四)健全基本医疗保障制度

医疗保障是减轻群众就医负担、增进民生福祉、维护社会和谐稳定的重大制度安排。全民医保是中国特色基本医疗卫生制度的基础,覆盖城乡全体居民,公平普惠保障人民群众的基本医疗需求。北京市坚持基本医疗保障依法覆盖全民的要求,逐步健全基本医疗保障制度,持续扩大保障范围,不断增强人民群众医疗保障获得感,基本医疗保险实现了从"制度全覆盖"到"人群全覆盖"。

1. 出台《北京市基本医疗保险规定》

1998 年,按照国务院颁布的《关于建立城镇职工基本医疗保险制度的决定》,北京市首先在顺义区进行了医疗保障制度试点。2001 年,市政府发布《北京市基本医疗保险规定》,当年 4 月 1 日在全市 18 个区(县)正式实施,覆盖范围包括本市行政区域内所有用人单位,涉及近 600 万人。② 2001 年底全市共有 21 万职工参加基本医疗保险,截至 2006 年 2 月,参保人员已达到 602 万人,其中在职职工 446 万人,退休人员 156 万人,除享受公费医疗 100 多万人、部分私营企业、部分农民工以及其他应参保人群外都按规定参加了基本医疗保险。③ 2008 年,北京市建设社保卡管理系统,2009 年下半年,全面推行社保卡应用,全市所有定点医疗机构实现参保人员"持卡就医、即时结算"。

2. 为"一老一小"、城镇劳动年龄内无业居民建立大病医疗保险

2007 年 6 月,北京市首先为"一老一小"推出了大病医疗保险制度,凡

---

① 北京市卫生健康委员会:《2017 年北京市卫生计生工作概况》,http://wjw.beijing.gov.cn/wjwh/szzl/201912/t20191217_1254542.html。

② 陆学艺主编:《北京社会建设 60 年》,科学出版社 2008 年版,第 577 页。

③ 冯鹏程:《北京市基本医疗保险调查报告》,《保险研究》2007 年第 2 期。

具有北京市非农业户籍,未纳入城镇职工基本医疗保险范围的,男年满60周岁、女年满50周岁的居民,可参加老年人的大病医疗保险。为了尽量减少因病致贫、因病返贫发生,北京市决定不设封顶线,使大病患者能够尽可能多的获得经济补偿,减轻医疗费用负担。除了不设封顶线,在报销额度起付上北京市大病医疗保险也实行了"分段计算、累加支付"。为解决城镇劳动年龄内无业居民没有医疗保障的问题,2008年7月,北京市推出了城镇劳动年龄内无业居民大病医疗保险制度,主要解决住院期间的医疗费用报销问题。

3. 基本医疗保险实现从"制度全覆盖"到"人群全覆盖"

2007年,北京市实施城镇无医疗保障的老年人和学生儿童的大病医疗保险制度,2008年将城镇劳动年龄内的无业居民纳入大病医疗保险制度的覆盖范围,结合2003年已经建立的新型农村合作医疗制度,全市实现基本医疗保险制度全覆盖。2011年,《北京市人力资源和社会保障局关于领取失业保险金人员参加职工基本医疗保险有关问题的通知》规定,本市按月领取失业保险金的人员,在领取失业保险金期间,可享受基本医疗保险待遇,参加医保的应缴费用全部由失业保险基金支付。至此,北京市基本医疗保险实现了从"制度全覆盖"到"人群全覆盖"。

(五)加强医药供应体系建设

医药安全关乎生命健康,医药产品作为特殊商品,在研制、生产、流通和使用全过程、各环节中都有严格的制度规定。推进医药领域改革,将更好的满足人民群众看病就医需求。在医药管理中面临着供应不足特别是基本药物短缺、药价及高值医用耗材价格虚高,群众医药费用负担重等问题,成为社会反映强烈和各方关注的突出问题。北京市加快发展药品供应体系,改革药品采购流程,并通过推进多轮次的医药价格改革,完善医药管理机制,减轻群众医药负担。

1. 发展医药供应体系

北京市高度重视农村药品供应网络建设,为了彻底解决郊区农村特别是经济发展和交通条件都相对滞后的远郊区群众的用药困难,2003年北京市全面启动农村药品供应网,确保京郊十区县 147 个镇实现镇镇有药店。北京市药监局发布《关于二〇〇三年上半年新办药品零售企业竞标通告》,密云县通过试点完成 18 个镇"镇镇有药店、大村建网点"工作,其他 9 个远郊区县各定向竞标 1 个新办药店。① 在此期间,北京市充分发挥药品零售连锁企业的优势,承担各区县的供应网络建设任务,同时把农村药品供应网络建设与药品监管网络建设紧密结合,进一步完善区县、乡镇、村三级监管网络。

2012 年,北京市开展了基本药物集中采购工作,采购范围包括国家基本药物(2009 版)和本市增补品种共计 519 种药品。② "左右联动,上下衔接"是北京市在基本药物集中采购中创制的一项原则,采用同厂、同品、同规产品在全国省级招标项目最低中标价作为本市招标门槛价,且标期内动态调整采购价格;在本市医疗机构药品集中采购和基层基本药物集中采购之间价格联动,规则衔接,数量结合。北京市卫生局在采购工作中严格落实招采合一、量价挂钩、双信封制、集中支付、全程监控的要求。

2014 年,北京市医药集中采购服务中心出台《北京市医药集中采购中标药品供应保障管理办法(试行)》《中标药品的计分考核办法》《北京市药品集中采购短缺药品目录调整制定办法(试行)》,保障全市医疗机构药品供应,满足临床用药需求,规范全市医药集中采购工作。

2. 推进医药价格改革

改革开放后,由于财政补助和服务收费两个主要补偿渠道不能满足医院的实际需求,药品消耗量尤其是高价药消耗量越来越大,医药费上涨速度增快,给全社会造成了沉重的负担。

为抑制医药费过快上涨,北京市推行医药费"总量控制、结构调整"改革。1997 年 6 月,北京市卫生局、物价局、财政局联合印发了《关于在我市医院实行医药费"总量控制、结构调整"改革的通知》。自 1997 年 7 月起,

---

① 《北京市农村药品供应网全面启动——确保京郊十区县 147 个镇年内实现镇镇有药店》,《首都医药》2003 年第 15 期。

② 丁珠林、马彦明:《北京基药采购"左右联动,上下衔接"》,《中国卫生》2013 年第 6 期。

对全市医院的医药费收入总额进行控制。以 1996 年同期医药费收入总额为基数,将 1997 年的医药费收入增长幅度控制在 20% 以内,其中药品收入的增长幅度控制在 15% 以内。改革以来效果比较明显,1998 年全市医药费总额增长 15.1%,药费总额增长 7%,明显低于改革前年均 32% 的医药费增长速度,均未突破 20% 和 15% 的“总控”指标,仅一年即为社会减少 14 亿元的医药费负担。① 实施医药分开核算,公立非营利性医疗机构按照行政隶属关系,将药品收支结余资金全额上缴卫生行政部门,主要用于弥补医院医疗成本和发展建设支出等。

2006 年 12 月,北京市全部政府举办的社区卫生服务机构常用药品全部取消了 15% 加成,实行零差率销售,同时实行收支两条线管理。筛选以治疗常见病、多发病、慢性病的中低端价格药品为主,形成北京市社区卫生服务统一配送药品目录,成立政府全额拨款的药品集中采购工作机构,搭建起全市统一的非营利性的政府药品集中采购平台。采用“一药品一企业”确定药品成交品种,各区(县)社区卫生管理中心与药品生产企业订立药品购销合同,以区(县)为单位进行日常采购管理和货款结算。

2009 年北京市开展的医疗机构药品集中采购工作将全市所有非营利性医疗机构和医保定点医疗机构全部纳入,包括近 200 家二级及以上医院和 2000 余家社区卫生服务中心(站)。除特殊药品外,医疗机构临床使用的所有药品均被纳入此次集中采购的范围,共计 4606 种,其中包括 464 种招标药品、3777 种集中议价药品、104 种短缺药品和 261 种低价药品。② 药品集中采购坚持“四统一”,即“全市统一组织、统一平台、统一价格、统一监管”。采购将由生产企业直接投标,并实现由中介机构组织向政府主导转变,减少中介代理服务费用,保证对医疗机构采购药品的动态监管。

2017 年 4 月 8 日,北京市统筹中央、地方、军队和部分非公医疗机构共 3700 多家实施医药分开综合改革,取消药品加成,设立医事服务费,规范调整了 435 项医疗服务项目价格,同步调整基本医保和医疗救助政策。改革

① 陆学艺主编:《北京社会建设 60 年》,科学出版社 2008 年版,第 577 页。
② 《北京市开始实施新的药品集中采购政策》,《首都医药》2010 年第 17 期。

一年来,全市医药费用仅增长 5% 左右,为 2000 年以来费用增幅的最低年份,累计节省医药费用 60 多亿元。全市二三级医院药占比已从改革前的 43% 下降到 34%。①

(六)开展全民健康促进行动

世界卫生组织明确提出,21 世纪的医学不应该继续以疾病为主要研究领域,而应该把人类健康作为主要研究方向。针对慢性病发展趋势及对市民健康的危害,北京市转变卫生工作观念,树立"大卫生、大健康"理念,按照"防治结合、以防为主、关口前移"的要求,开展慢性病防治,推广健康生活方式,更加注重预防,更加注重健康促进,更加注重基层卫生发展。

1. 树立健康目标

北京市 2010—2011 年将"促进健康"作为深化医药卫生体制改革的工作目标之一,使公共卫生服务惠及全部常住人口,不断提高全民健康水平。塑造"健康北京人",使北京主要健康指标居于全国领先水平,完善以人民健康需求为导向的服务体系,构建合理的分级诊疗体系,完善防治结合的全民健康服务体系。2009 年以来,北京市连续十年面向社会公开发布本市居民健康状况相关数据,北京市居民健康水平继续向好,居民人均期望寿命持续增加,健康素养居于全国领先水平。2017 年印发实施《"健康北京 2030"规划纲要》,健康北京建设全方位加速推进,规划提出全面推进健康北京建设,进一步提高人民群众健康水平,建设健康中国首善之区。到 2020 年,健康城市建设水平位居全国前列;到 2030 年,健康中国首善之区基本建成。

2. 完善健康服务

2009 年,北京市印发《健康北京人——全民健康促进十年行动规划(2009—2018)》,确定 11 项具体健康指标,实施 9 大健康行动,全面提升全社会的健康意识。以筹办北京奥运会为契机,启动"健康奥运、健康北京"全民健康促进行动,向市民发放《首都市民健康手册》,创建无烟学校、餐馆

---

① 杜燕:《北京医改一年累计节省医药费用 60 多亿元》,人民网,http://health. people.com.cn/n1/2018/0420/c14739-29939793.html。

和医院等。2011年，北京市印发《健康北京"十二五"发展建设规划》，提出落实人文北京、科技北京、健康北京战略要求，坚持以城市健康发展为主线、以促进全民健康为落脚点，强化公共卫生，提升医疗服务，优化生活环境，促进经济社会全面协调可持续发展。这是北京市首次发布的"十二五"健康专项规划，从健康水平、健康服务、健康环境三个方面选取了35项主要指标，为北京描绘出了未来五年的健康蓝图。

促进医养结合，开展老年友善医院建设，在全市二级及以上综合医院为老年人提供挂号、就医等便利服务绿色通道。财政安排专项资金支持区级公立医院向康复护理医疗机构转型，缓解康复护理医疗资源不足现状，实现全市16个区康复医疗机构全覆盖。提高养老机构医疗服务质量，推进养老机构护理型床位建设，基本实现全市养老机构能够以不同形式为入住老年人提供医疗卫生服务的目标。优化家庭医生签约服务方式，提高为老年人提供上门医疗护理服务能力，开展上门巡诊、家庭病床服务。加强体医融合，北京市卫生健康委与体育局加强合作，签订《体医融合战略合作框架协议》，广泛开展全民健身运动，促进重点人群通过体育活动等方式提高身体素质。在全市医疗系统培训运动处方师，加强科学健身指导和非医疗健康干预。

开展全生命周期的健康服务，围绕以治病为中心向以人民健康为中心转变，加强疾病预防和健康促进，使人民群众享受到公平可及、系统连续的全生命周期健康服务，不仅突出儿童、青少年、老年人和残疾人等重点人群健康服务，更聚焦国际化大都市中的在职人群健康。从生命全周期的角度，优化健康服务水平，健全全民健康保障体系。

四、北京市医疗卫生事业发展的实践经验

历经70年的改革发展，北京市医疗卫生事业取得了长足进步，实现了跨越发展。夯实医疗卫生发展基础，率先建立起具有中国特色的基本医疗卫生制度。深化医药卫生体制改革，搭建"四梁八柱"基本制度框架。坚持健康优先发展政策，提供全方位、全人群、全生命周期的健康服务。坚持高

质量发展,发挥好"领头雁"作用,引领医疗卫生事业进步。北京市坚持以人民健康为中心,持续提升医疗卫生事业发展水平,筑牢国际一流和谐宜居之都的坚实健康保障。

(一)夯实发展基础,破解医疗卫生事业难点

新中国成立70年来,北京市医疗卫生事业发展曾面临着"缺医少药",卫生资源配置不均衡,医疗卫生供给能力不足等突出问题。新中国成立初期,医疗卫生体系薄弱,难以解决看病就医需要,人民群众面临较严重的健康问题。随着医疗卫生事业发展,城区的医疗卫生资源逐步完善,而广大农村地区、新城、大型居住区等仍面临着医疗卫生发展不足的现实,城乡间、区域间发展差距较大。由于在医疗卫生投入结构上的差别,大型公立医院发展明显强于基层医疗机构,导致虹吸效应明显,加剧了"看病难"问题。

为满足人民群众日益增长的医疗卫生需求,北京市着力加强医疗卫生事业基础性建设。一是加快补齐医疗卫生资源。从20世纪五六十年代起,在城市街道和农村乡镇普遍建立医疗机构,医疗卫生资源持续增加,全市医疗卫生机构数由1949年的61个增至2019年的11340个,增长了184.9倍;床位数由3001张增至127111张,增长了41.4倍;卫生技术人员数由4218人增至297259人,增长了69.5倍。二是逐步完善医疗卫生服务体系。将改善城乡基层,尤其是广大农村的医疗卫生条件作为工作重点,在城乡各级医院建立逐级转诊、会诊和技术指导制度,使全市医疗卫生机构成为一个有机整体。三是实施初级卫生保健制度。建立覆盖城乡的社区卫生服务网络,基本达到城镇、远郊平原和山区居民分别出行15分钟、20分钟和30分钟以内可及社区卫生服务的目标。四是进一步均衡医疗卫生资源布局,北京市在增加优质医疗卫生资源的同时,按照疏解非首都功能的要求,统筹谋划20余个医疗卫生机构通过整体迁建或建设分院等形式向城市副中心、郊区、新城等资源薄弱地区转移。①

---

① 王麟:《不忘初心 守护健康——新中国成立70周年北京卫生健康事业发展综述》,《数说北京70年》,中国统计出版社2019年版,第101页。

(二)着力探索创新,深化医药卫生体制改革

人民日益增长的医疗卫生服务需求与医疗卫生供给水平、供给质量不适应的问题,是深化医药卫生体制改革的核心,主要表现在医疗卫生服务公益性不足、医疗卫生资源结构性短缺、医疗服务效率低等。北京是全国的医疗中心,集中了全国最好的医疗资源,但医疗卫生服务体系构成复杂、管理多元,既有国家、市属医疗机构,又有军队、国有企业属医疗机构,还有社会办医机构,深化医药卫生体制改革既具优势,也有难度。

我国先后启动了多次医药卫生体制改革,在不同背景下医疗卫生领域所要解决的矛盾和问题也不尽相同,各轮医改的总体思路、基本理念、政策措施也存在各自特点。新中国成立初期至改革开放时期,国家施行的是统一的医疗卫生管理制度;到 20 世纪 80 年代,扩大了医疗机构经营权和自主权;到 20 世纪 90 年代,突出经济导向,深化医药卫生市场化改革;2000 年后,明确"三医联动"改革基本框架,政府承担更强的主导作用;2016 年,随着《"健康中国 2030"规划纲要》出台,更加突出健康导向和以人民健康为中心的理念。

在国家深化医药卫生体制改革的要求下,北京市启动医药卫生体制改革,先后推动了服务质量提升、医疗卫生资源优化、体制机制调整等改革历程,实施了医疗、医保、医药等多领域的改革举措。为解决人民群众看病就医难题,1992 年放开专家门诊扩大医疗服务量。为抑制医药费用过快增长,减轻人民群众就医负担,2000 年开展城镇医药卫生体制改革,设立北京市医院管理局对市属 22 家医院实行统一规范管理,推进分级诊疗制度建设,健全基本医疗保险制度,开展药品集中招标采购,提升医改的基础性、系统性、协同性。为破解医疗卫生事业深层次的体制机制问题,提升人民群众医改获得感,2012 年实施医药分开综合改革,开辟了全国公立医院医药分开改革的先河,转变长期以来公立医院盈利机制,通过改革与改善、改革与监管、改革与保障相结合的综合医改措施,实现医疗机构从规模扩张型向效率集约型转变,人民群众对医疗卫生服务的满意度逐步提升。

（三）明确发展目标，坚持健康优先发展政策

从北京市医疗卫生事业发展来看，经历了遏制传染性疾病、防治重点人群慢性疾病、加强全方位、全人群、全生命周期健康服务的主要阶段。成功消灭新中国成立初期鼠疫、天花、古典型霍乱三大烈性传染病，遏制20世纪五六十年代菌痢、麻疹、流感、伤寒、肝炎等传染病高发流行。随着1956年传染病降为第二位死因，北京在全国率先完成第一次卫生革命。随着疾病谱的变化，北京市的主要健康指标已经达到或接近发达国家水平，正处于卫生革命的交叉阶段，即第二次卫生革命尚未完成，第三次卫生革命任务已经到来。疾病预防重点应从传染病控制转向传染病控制、慢性非传染性疾病防治综合应对，建立健全综合防治机制。

按照新时期"把以治病为中心转变为以人民健康为中心"的要求，北京市着力调整医疗卫生事业发展定位，更加突出医疗卫生事业公益性，坚持健康优先发展政策。从健康投入看，自2000年至2019年北京市卫生总费用年均增速为16%，高于同期全国卫生总费用年均增速（15%）。① 2019年北京市卫生总费用占地区生产总值的比重达到8.4%，②超过欧洲区国家平均水平（7.9%）。③ 从健康产出看，北京市居民人均期望寿命由1950年的52.84岁增长到2019年的82.31岁，在国内外大都市中处于前列；婴儿死亡率由1949年的117.6‰下降到2019年的1.99‰，孕产妇死亡率由1949年的685/10万下降到2019年的2.96/10万，均达到高收入国家水平。2018年，北京市户籍居民30至70岁（不含70岁）主要慢性非传染性疾病早死概率为10.7%④，该指标已处于高收入国家水平。

---

① 根据《北京统计年鉴2020》《2020年北京市卫生健康事业发展统计公报》《中国统计年鉴2020》公布的卫生总费用数据计算得出。
② 根据《2020年北京市卫生健康事业发展统计公报》《北京市2019年国民经济和社会发展统计公报》中的卫生总费用、地区生产总值计算得出。
③ 杨宜勇等著：《新中国民生发展70年》，人民出版社2019年版，第193页。
④ 北京市人民政府：《北京市2018卫生与人群健康状况报告》，人民卫生出版社2019年版，第2页。

(四)突出高质量发展,引领医疗卫生事业进步

北京作为全国的医疗中心、医学科技创新中心,不仅要打造医学高地,提升城市医疗卫生服务能力,而且要依托高水平医院设置国家医学中心,辐射带动京津冀地区医疗卫生事业发展,引领国家整体医疗卫生事业进步。北京应充分发挥科技和人才优势,聚焦生命科学前沿技术、高精尖医药健康产业等重点领域,加速提升医药健康创新能力比肩世界先进水平,为推动北京国际科技创新中心建设作出贡献。

2018 年,首都卫生可及性和质量指数位居全国第一,在全球 195 个国家和地区中排在 21 位。[①] 一是先进的医疗技术和设备提升了北京市医疗卫生发展水平,在神经、心肺、眼科、烧伤、骨科、肿瘤、中医等医学领域,形成了治疗特色和优势品牌。二是突出的科技创新实力加强了北京市医疗卫生发展能力,推动处于国内领先水平的临床诊疗新技术和新方法应用,制定出诊疗技术规范或标准上升为国家行业标准,研究形成了具备国际先进水平、具有国际影响力的创新性医学成果。三是学科结构完整的医学教育体系、高层次的医学人才队伍保障了北京市医疗卫生发展基础,完备的医学教育体系培养了众多研究型、应用型医学人才,依托高水平医院、高精尖的医学研究平台打造了一批医学领域领军人才、学科带头人和业务骨干。

[①] 王麟:《不忘初心　守护健康——新中国成立 70 周年北京卫生健康事业发展综述》,《数说北京 70 年》,中国统计出版社 2019 年版,第 101 页。

第五章　劳动就业:扩大就业　推动创业

　　就业承担着维系民生、推动发展经济和稳定社会的重任,是民生之本和幸福之源。新中国成立以来,随着基本经济制度的变迁,劳动就业的宏观环境、形势任务、制度政策、体制机制、组织体系等也经历了一系列深刻变革。北京市在努力发展经济的同时,针对不同时期主要矛盾适时调整就业政策,从计划经济时代统包统配的就业安置,到改革开放初期的应对城镇就业压力,到解决国企改革职工下岗失业,到统筹城乡就业,再到推动高质量就业,就业规模不断扩大。既实现了就业增长,保障了基本民生,也为促进经济发展、保持社会稳定提供了有力支撑。特别是党的十八大以来,北京市坚持实施就业优先战略和积极的就业政策,大力推动大众创业、万众创新,就业规模增长较快,就业结构不断优化,就业质量显著提高,有力推动了全市经济发展和民生改善。

一、新中国 70 年北京劳动就业的历史变革

　　劳动就业制度与国家的经济社会发展战略紧密相关。新中国成立以来,北京市的劳动就业制度经历了从计划管理到市场化导向改革的根本性变革,其特征可概括为两大方面。一是就业的指导思想围绕社会经济形势不断与时俱进。从计划经济时代"统包统配"的就业,到 20 世纪 80 年代初的劳动部门介绍就业、自愿组织起来就业和自谋职业相结合的"三结合"就

业,再到 20 世纪 90 年代末"劳动者自主择业、市场调节就业、政府促进就业",再到党的十八大以来"劳动者自主就业、市场调节就业、政府促进就业和鼓励创业",就业机制不断完善。二是促进就业政策体系不断完善。从以稳定政权进行经济建设为目标,到解决城镇青年就业为主,再到促进下岗职工再就业,再到以实现更高质量和更充分就业为目标,就业政策体系与时俱进,不断完善。新中国 70 年北京劳动就业制度变迁可以分为如下几个阶段。

(一)统包统配就业时期(1949—1978 年)

新中国成立后,首要任务是稳定政权,为经济和社会发展奠定基础。在经济发展层面,国家选择了重工业优先的发展战略,建立一套计划经济体制。与此相适应,人口和劳动力管理也纳入了计划经济的轨道。这一时期的就业政策,是以劳动力的计划配置、统包就业、行政调配和城乡分割为特征的统包统配制度。①

1949 年,北京市城镇在业人口只有 43.3 万人。由于长期受战争影响,经济萧条,失业严重,人员安置、劳动就业面临着严峻的问题。新中国成立初期,人民群众响应党的号召,积极投身到社会生产和建设中,为医治战争创伤,恢复国民经济,争取财政状况的基本好转,巩固新生政权贡献力量。北京市政府为解决就业问题,对所有旧公教人员、一切公私企业和外国企业及官僚资本企业的职工采取全"包下来",对失业者通过"统一介绍与自行就业相结合"帮助其重新就业。此后,又对大学、中专、技校毕业生实行国家统一分配;对城镇复员军人实行归口包干,统一安排为固定职工;不再升学的初高中毕业生也都包干安置。从 1950 年到 1953 年,就业人数分别增长 15.4%、32.0%、18.7% 和 24.4%,到 1954 年突破 100 万人。②

---

① 赖德胜等主编:《中国就业 70 年(1949—2019)》,中国劳动社会保障出版社、中国人事出版社 2019 年版,第 22 页。

② 根据北京市地方志编纂委员会:《北京志·综合经济管理卷·劳动志》,北京出版社 1999 年版,第 9 页,城镇社会劳动者统计表计算。本章其他数据若无注明,均来自或根据历年《北京统计年鉴》计算。

1952年8月,政务院提出,公、私营企业、机关招用职工时,均由劳动部门统一介绍,非经劳动部门批准不得私自招收。这个提法在劳动就业方面奠定了实行统包统配方针的基础。1955年6月,北京市强调:劳动力的调配应统一由劳动部门掌握,各单位不得无组织、无计划私自用人。① 1955年以后,失业问题基本得到解决,统包统配制度也逐渐形成,劳动力管理体制从灵活变为刚性,劳动力市场不断缩小。到1957年,劳动力管理基本上已过渡到高度集中的体制,北京市通过严禁"私招"和取消劳动力自由市场,自行招工、自行就业等办法已经不再使用,劳动力市场也随之不复存在。随着经济的所有制结构由国营经济领导下的多种经济类型到单一的公有制结构的演变,就业的所有制结构也从以国营经济就业为主的多种经济类型就业并存,转变为基本在国营和集体经济就业的情况。

"一五"时期,与大规模经济建设、工业化、社会主义改造充分适应,北京市较快解决了失业问题,就业取得了明显成效。到1957年底,全市共安置失业和无业人员27万人,基本解决了旧社会遗留下的严重失业问题。除此之外,北京市还安排了31.4万新增劳动力就业。城市在业人员从1949年的43.3万增加到1957年年底的121.2万,有效保证了首都经济建设的发展。②

1958年开始的三年"大跃进"时期,全市猛增职工近60万人,其中1958年就业人数达到165.4万人,比上年增长36.5%。从1960年第四季度开始到1963年,又根据国家规定大规模精简职工,累计精简了63万余人,其中1961年和1962年就业人数分别下降12.3%和9.1%,1963年就业人数为162.7万人。1958年以后,为了防止大量人口涌入城市,政府实行了严格的户籍管理政策,严格控制"农转非"指标,农民只有通过参军、上学等非常有限的渠道才有可能获得城镇户籍。城镇建立了统包统配的城镇劳动力计划管理的就业制度,确保了就业形势稳定,但也形成了城乡完全不同的就业和社会保障体系。

---

① 北京市地方志编纂委员会:《北京志·综合经济管理卷·劳动志》,北京出版社1999年版,第28页。

② 吴绮雯:《"一五"时期北京就业政策和就业制度演变》,《北京党史》2017年第6期。

知识青年上山下乡运动期间,北京市于 1955 年开始先后组织 65.8 万人上山下乡,其中去外省区的有 27 万人,到郊区县的有 28.8 万人。上山下乡人数最多的时期是 1966 年至 1969 年,共有 26.8 万人,去外省区的就有 25 万人。[①] 1966 年到 1969 年,城镇平均就业人数为 167.7 万人,比 1965 年减少 8 万多人。

在统包统配就业时期,1949—1978 年北京市城镇从业人员由 43.3 万人增加到 291.6 万人,增加了 5.7 倍,年平均增长 6.8%。由于受政治运动和经济发展的影响,中间发生了一些起伏变化。

(二)市场化就业时期(1978—2012 年)

这一阶段是劳动就业制度的巨变时期。改革开放后,国家的经济体制逐步由社会主义计划经济向社会主义市场经济转型,劳动就业制度也经历了市场化变革,适应中国特色社会主义市场经济要求的就业体制逐步建立并完善起来。

1. 1978—1992 年的就业初步市场化改革

在改革开放初期,我国面临巨大的就业压力。而随着大量知识青年返城,城镇就业形势十分严峻。党中央重新认识社会主义的就业问题并进行政策革新。在综合考虑各方面因素的基础上,逐步形成了应对当时就业局势的总体思路,明确就业问题是一个综合的政治、经济和社会问题,不能靠单一的路子和办法解决,需要系统考虑,从扩大就业需求,改革体制机制,控制劳动供给等方面做出了重大改革。[②]

为解决改革开放之初城市积累的就业矛盾和返程知青的就业问题,党中央提出了“三结合”的就业方针,即劳动部门介绍就业、自愿组织起来就业和自谋职业相结合,通过大力倡导和指导待业青年组织起来在集体单位就业,发展城镇劳动者个体经济,增加自谋职业的渠道,有效缓解了当时的

---

① 北京市地方志编纂委员会:《北京志·综合经济管理卷·劳动志》,北京出版社 1999 年版,第 43—45 页。

② 莫荣主编:《中国就业发展报告(2019)》,社会科学文献出版社 2019 年版,第 4 页。

就业压力。"三结合"就业方针是对计划经济体制下就业形式的突破,不仅打开了国营、集体、个体经济三条就业渠道,也使政府统包统配的责任发生了一定的变化,鼓励劳动者积极创业,也激发了劳动者作为就业主体的就业积极性。①

1979 年全市有 40 万人需要安排工作,待业人口数占城市人口总数的 8.6%,意味着平均约 2.7 户居民即有 1 人没有工作。其中,1978 年初中、高中毕业生 20 万人,1977 年以前未分配工作的初中、高中毕业生 10 万人,在郊区和外地插队知识青年回城的 5 万人,落实政策回城的 2 万人,大、中专毕业生 1 万人,复员转业军人 1 万人,刑满释放、解除劳动教养的 0.5 万人。而后至 1984 年,全市每年需要安置的待业人员都在 30 万人左右。②

为落实中央"三结合"就业方针,解决大量适龄劳动人口就业问题,北京市结合自身实际情况,拟定具体实施办法与细则,采取上山下乡、择优录用、退休职工子女接班等多种方式,通过促进集体经济、个体经济的发展,积极稳妥地处理就业问题。北京市坚持广开门路,采取多种方式吸收待业人员就业,特别是大力发展集体经济取得很大突破,被当作经验向全国推广。截至 1984 年底,全市仅剩 1600 名 1983 届前毕业、要求就业而没有工作的待业青年,待业问题基本得到解决。1979 年至 1984 年总共安置了 108 万人。大量的待业人员加入工作行列,对于调整结构、发展生产、满足需要、稳定秩序有着重大的作用。③

1984 年以后,我国开始了城市经济体制改革,国家进入了以经济建设为中心的新时期。这个时期最为重要的一个特征是以效率为中心,所有的制度改革围绕这个中心展开。④ 在这一时期,无论是经济体制还是劳动就

---

① 杨宜勇等:《新中国民生发展 70 年》,人民出版社 2019 年版,第 126—127 页。

② 北京市地方志编纂委员会:《北京志·综合经济管理卷·劳动志》,北京出版社 1999 年版,第 22 页。

③ 《本市五年安置待业青年一〇八万人》,《北京日报》1985 年 1 月 3 日。

④ 赖德胜等主编:《中国就业 70 年(1949—2019)》,中国劳动社会保障出版社、中国人事出版社 2019 年版,第 22 页。

业制度都处于从传统的计划体制向市场体制转轨过程中，并呈现出市场调节与行政控制两种新旧体制"双轨"运行的特征。在"双轨制"阶段，计划经济体制下的隐性失业问题逐渐显性化、公开化。劳动就业制度改革的一个核心目标，就是在确保社会稳定的前提下缓慢有序地"挤出"或"消化"隐含在城乡经济主体中的富余人员，使得劳动力资源的宏观配置效率和微观生产效率得到提升，从而有效提高就业的实际质量。

劳动体制的改革始于招工制度改革和建立劳动合同制度。1983年劳动人事部颁布《关于招工考核择优录用的暂行规定》，1986年国务院发布《国营企业实行劳动合同制暂行规定》《国营企业招用工人暂行规定》《国营企业辞退违纪职工暂行规定》《国营企业职工待业保险暂行规定》等四个暂行规定。1987年劳动人事部提出劳动制度改革的目标模式，将以固定工为主体的用工制度逐步改变为多种用工形式并存的劳动合同制，无论是长期工、短期工、季节工、临时工都必须与企业签订合同，实现企业和职工的相互选择，把职工队伍的相对稳定和合理流动统一起来，建设有中国特色的社会主义劳动制度体系。20世纪90年代初期又开始了用工制度和人事制度改革。1990年劳动部发布《关于继续做好优化劳动组合试点工作的意见》，在全国范围内积极进行以"优化劳动组合"为内容的用工制度改革。1991年发出《关于做好关停并转全民所有制企业职工安置工作的通知》，开始用市场方法解决一些关停并转的全民所有制企业的职工安置问题。1992年发出《关于深化企业劳动人事、工资分配、社会保险制度改革的意见》，提出深化企业劳动人事、工资分配和社会保险制度改革，在企业内部真正形成"干部能上能下、职工能进能出、工资能升能降的机制。在"破三铁"（"铁饭碗"、"铁工资"、"铁交椅"）的改革变革中，建立起劳动力流动机制并得以快速推进。

这一时期北京市的劳动体制改革先于全国。1983年北京市率先进行工资制度改革试点，1985年开始全面推行企业工资总额与效益挂钩浮动办法。1986年在国有企业中实行养老保险费用统筹办法，同时开始建立失业保险。1987年改革了用工制度，推行劳动合同制，新增加的工人一律实行劳动合同制，废除统包统配办法。同时，将竞争机制引入用工制度之中，在企业内部试行优化劳动组合,择优上岗。发展劳动力市场,设法安置离岗的多余职工,同时恢复对劳动争议的调解仲裁制度。到1994年底,全市已有近60万职工实行了全员劳动合同制。

这一时期的改革使企业逐步获得了用人自主权,用工制度也从僵化走向灵活,同时,搞活固定用工制度,企业开始出现富余人员问题,隐性失业问题逐步凸显。由于市场导向的就业机制尚未形成,计划调控职能仍然发挥重要作用,计划经济体制遗留下来的局限性依然很明显,市场配置人力资源的作用未能得到充分的发挥。

1978—1992年,北京市就业规模逐步提升。1992年末从业人员达到649.3万人,与1978年相比,从业人员增加了205.2万人,年均增加14.7万人,年均增长2.8%。

2. 1993—2002年的劳动力市场培育

从20世纪90年代到21世纪头十多年的时间,中国经济社会发生了深刻变化,经济保持了较快的增长,但也经历过一些困难时期。在就业方面出现了所谓"三碰头"的情况,也就是大量农村富余劳动力、下岗失业人员和新成长劳动力在同一时期达到就业需求的高峰期。这一时期,解决好就业问题一直是我国经济社会发展的重大任务。在建立社会主义市场经济体制的目标指引下,继续以经济建设为中心,以推进国有企业改革为重点,紧紧围绕社会主义市场经济体制的建立这一中心展开国家的经济社会活动,市场化原则渗透到经济生活和社会建设的各个领域。在就业方面,以建立与社会主义市场经济相适应的劳动就业制度为主要目标,在理论、政策和实践方面都取得了较大进展。[①]

在20世纪90年代初期,我国的劳动就业政策是以促进和规范劳动力的流动、建立劳动力流动机制和市场为主要内容,以增强市场配置劳动力要素、提高用人单位用人自主权为主要导向。1993年,党的十四届三中全会通过了《关于建立社会主义市场经济体制若干问题的决定》,正式使用了

---

① 莫荣主编:《中国就业发展报告(2019)》,社会科学文献出版社2019年版,第8页。

"劳动力市场"的概念。同年,劳动部在《关于建立社会主义市场经济体制时期劳动体制改革总体设想》中提出,要建立一个竞争公平、运行有序、调控有力、服务完善的现代劳动力市场。随后劳动就业工作步入重建市场经济体制阶段。这一阶段初步建立了法律制度和管理服务两大体系,并努力做好再就业服务和转移就业两大工作。

1993年4月,国务院发布《国有企业富余职工安置规定》,提出了探索分流安置国有企业富余职工的办法。12月发布《关于建立社会主义市场经济体制时期劳动体制改革总体设想》,明确提出全面推行劳动合同制的时间表。1994年7月颁布的《劳动法》进一步从法律上明确了劳动合同制度的地位和作用。同年8月,劳动部发出《关于全面实行劳动合同制的通知》。1996年10月,劳动部发出《关于企业职工流动若干问题的通知》,就企业职工流动有关问题作出规定。这一时期的劳动就业政策,核心是通过劳动合同制的实施推进市场就业机制的建立,通过市场就业来促进就业发展,不断扩大城乡就业。

从20世纪90年代后期到21世纪初,随着国有企业改革攻坚的深入,大量原国有企业职工下岗失业,以促进国有企业下岗职工再就业为主要内容的就业政策得以实施,并最终促进了积极就业政策体系的建立。1995年4月,国务院办公厅转发了劳动部《关于实施再就业工程的报告》,标志着再就业工程的正式启动。在1996年召开的中央经济工作会议上,党中央提出必须把搞好国有企业放在更加突出的地位,大力推行再就业工程,对国有企业富余职工实行减员增效、下岗分流,解决国有企业人员过多的问题。1998年3月,中央提出要用三年左右的时间,通过改革、改组、改造和加强管理,使大多数国有大中型亏损企业摆脱困境。"三年脱困"目标的提出,加大了国有企业改革的力度,使得大量职工在短期内下岗。1998年6月,中共中央、国务院发布《关于切实做好国有企业下岗职工基本生活保障和再就业工作的通知》,要求通过加大政策扶持力度,拓宽分流安置和再就业渠道,组织下岗职工参加职业指导和再就业培训,引导和帮助他们实现再就业。争取用五年左右的时间,初步建立起适应社会主义市场经济体制要求的社会保障体系和就业机制。

随着国家经济结构调整和企业内部改革进程的加快,北京市下岗失业人员逐年增多。1998 年北京市出台新政策,用经济手段促进和鼓励下岗职工再就业。北京市劳动部门提出了"劳动者自主择业、市场调节就业、政府促进就业"三大就业方针,积极运用经济手段促进和鼓励下岗失业人员的再就业。还提出鼓励下岗职工、失业人员等城镇就业困难人员到农村承包荒山、荒滩、荒沟、土地,从事种植业、养殖业和农副产品加工等行业,实现就近就业、本乡本土就业,并享受补贴政策。

这一时期就业制度的主要取向是提高微观用人主体的效率,不断解放生产力,探索劳动力市场建设,其核心是通过培育市场上的供需主体和建立劳动力市场体制,提高劳动力的配置效率。

1993—2002 年,随着社会主义市场经济的建立,以及国有企业改革的不断深入,北京市从业人员规模在波动中增长,2002 年末从业人员为 679.2 万人,与 1993 年相比增加了 51.4 万人,年均增加 5.7 万人,年均增长 0.9%。

3. 2003—2011 年的积极就业政策实施

为了应对城乡新成长劳动力、农村富余劳动力、国有企业改革导致的下岗失业人员"三碰头"的严峻形势,2002 年 9 月中共中央和国务院印发《关于进一步做好下岗失业人员再就业工作的通知》,推出一系列促进就业再就业的政策,希望通过职业培训、提供公共岗位、改善就业环境、支持劳动者自谋职业和自主创业、鼓励企业更多吸纳就业等,有效扩大就业,由此确立了中国积极就业政策的基本框架。在此基础上,随着积极就业政策的不断发展,创业促进就业的政策体系也逐步形成和发展。[1] 2005 年 11 月,国务院《关于进一步加强就业再就业工作的通知》,进一步总结、扩展、调整、充实了积极就业政策。2007 年 8 月,全国人大常委会审议通过《中华人民共和国就业促进法》,集中体现党中央、国务院关于促进就业的原则和方针,明确促进就业工作的机制和政府以及有关社会组织在促进就业工作中的职

---

[1] 莫荣、刘永魁、陈云:《新中国成立 70 年就业发展历程与未来展望》,《中国劳动》2019 年第 11 期。

责。2008 年国际金融危机以后，高校毕业生和农民工就业成为就业的主要问题，积极就业政策升级扩展为更加积极的就业政策，包括推进创新创业，拓展就业新空间；强化职业培训和就业服务；在制定财税、金融、产业等重大经济政策时，要综合评价其对就业的影响等。2009 年 12 月，中央经济工作会议指出，扩大就业是保障和改善民生的头等大事，要把促进就业放在经济社会发展优先位置，"就业优先"目标得以确立。在"十二五"规划中，首次明确提出国家实施就业优先战略，把促进就业放在经济社会发展的优先战略位置。

为应对国际金融危机给首都企业发展和稳定就业、扩大就业带来的不利影响，2009 年 3 月，《北京市人民政府关于实施稳定就业扩大就业六项措施的通知》出台。实施稳定就业、扩大就业六项措施包括：支持企业稳定就业岗位，鼓励企业吸纳就业，促进城乡劳动者自主创业，提升城乡劳动者职业技能，完善就业特困人员托底政策，强化农民工就业服务。为落实好"六项措施"，北京市劳动和社会保障局随后下发了《关于鼓励用人单位吸纳就业有关问题的通知》《北京市职业培训补贴管理办法》等相关配套政策措施，并组织主流媒体对相关政策进行宣讲、解读，为贯彻落实"六项措施"奠定了良好的基础。

在这一面向实现充分就业实施积极就业政策阶段，北京市出台了一系列法律法规，使得促进就业措施、劳动者培训、劳动关系协调、就业援助、促进特殊群体就业等方面获得了制度保障，促进就业的长效机制得以建立，既为就业工作提供了坚实的法律和制度保障，又为全体劳动者创造了平等有序的就业环境。2011 年 12 月，北京市第十三届人大常委会通过的《北京市就业援助规定》发布，对在法定劳动年龄内，有劳动能力和就业愿望，处于无业状态并难以实现就业的城乡劳动者实行优先扶持和重点帮助。

总的来说，从实施积极就业政策到实施更为积极的就业政策，对于缓解就业压力，应对金融危机冲击下的就业问题起到了非常积极的作用。

2003—2011 年，北京市通过发展经济与增加就业岗位有机结合，扩大内需与扩大就业良性互动，政府多管齐下化解就业压力，有效确保就业总量持续增长的态势。2011 年末从业人员为 1069.7 万人，与 2003 年相比，增加 366.4 万人,年均增加 45.8 万人,年均增长 5.4%。

(三)高质量就业时期(2012 年以来)

从 2012 年开始,中国经济社会发展呈现新的特点,经济增长速度由高速增长转变为中高速增长,以供给侧结构性改革为主线的经济结构调整深入推进。在此期间,人口和劳动力呈现出新的特点:一是劳动年龄人口总量和占总人口的比例出现"双降",劳动力供给出现新的特点;二是高校毕业生依然保持较大规模,有效地改善了劳动力的供给结构;三是劳动者的劳动价值观念呈现出多元化发展的特点;四是供需结构性矛盾进一步凸显,技工短缺、民工短缺等现象依然存在。①

在此期间,为适应经济社会发展和人口变化的新特点,党和政府对就业政策进行了系列调整。从政策导向和变化上看,主要包括将就业和创业相结合,就业政策导向更加积极;对新就业形态给予重视,就业政策创新进一步加强;继续对重点群体予以关注,统筹推进就业工作;更加注重劳动力市场灵活和规范的统一,就业环境更加优化。②

1. 积极推进实现更高质量和更充分就业的新目标

党的十八大以来,就业在经济社会发展政策中的地位进一步上升,就业目标更加明确。党的十八大报告提出要"推动实现更高质量的就业"目标,之后的"十三五"促进就业规划明确要求"推动实现比较充分和高质量的就业"。中国特色社会主义进入新时代后,作为最大的民生,就业被置于更加突出的位置。党的十九大报告重申要"实现更高质量和更充分就业",并且把"更高质量"放在"更充分"的前面,从质和量两个方面提出了要求,且更加注重就业质量。这种目标任务的变化与我国社会主要矛盾的转换是相适应的,劳动者对更好就业的期待以及经济发展从规模型向质量型发展的转变,都要求更加注重就业质量问题。党的十九届四中全会提出"健全有利

---

① 赖德胜等主编:《中国就业 70 年(1949—2019)》,中国劳动社会保障出版社、中国人事出版社 2019 年版,第 31 页。

② 赖德胜等主编:《中国就业 70 年(1949—2019)》,中国劳动社会保障出版社、中国人事出版社 2019 年版,第 32 页。

于更充分更高质量就业的促进机制",这对就业从质和量两个方面提出了要求。要提高就业质量,就必须把就业放在经济社会优先发展的位置,2018年中央经济工作会议提出了就业优先政策。在2019年的全国人大会议上,《政府工作报告》首次将就业优先政策置于宏观政策层面,与财政政策、货币政策并列,就业工作由传统的民生板块前置到宏观调控板块。就业优先政策是基于中国就业理念和就业实践的政策创新和理论创新,必将对就业工作产生深远影响。

为实现更高质量就业的目标,党的十八大报告将"鼓励创业"作为重要内容写入就业工作方针,进一步明确要贯彻"劳动者自主就业、市场调节就业、政府促进就业和鼓励创业"的方针。该方针不仅明确了市场就业机制,更是在肯定劳动者就业主体地位的同时,肯定劳动者作为创业者的用人主体地位,并将就业创业作为一个融合的主体,使劳动者既是就业主体,也是用人主体,创业促进就业进入一个新时代。① 在此方针的指导下,为了进一步完善积极的就业政策体系,2015年国务院出台《关于进一步做好新形势下就业创业工作的意见》,2017年又下发了《关于做好当前和今后一段时期就业创业工作的意见》,以就业政策与宏观经济政策统筹促进就业工作有序高效开展。同时,也采取了一系列促进就业创业的措施,具体包括:通过发展经济扩大就业;发展第三产业,扩大就业容量;鼓励发展多种所有制经济,拓宽就业渠道;发展灵活多样的就业形式,增加就业途径;建立市场导向的就业机制,积极培育和发展劳动力市场;发展完善公共就业服务体系,等等。与此同时,国务院还连续发出多个促进大众创业、万众创新、就业精准扶贫、支持新业态发展、重点群体就业等方面的文件,形成了新一轮的积极就业政策的集成与创新。新时期积极就业政策的主要特点是将就业与经济转型升级和高质量发展紧密结合,把鼓励创业和促进就业更好地结合,是把党的十八大提出来的政府促进就业和鼓励创业相结合这一方针在政策上的具体化。

为了实现就业和创业相结合,使就业政策导向更加积极,2015年12月《北京市人民政府关于进一步做好新形势下就业创业工作的实施意见》发布;

① 莫荣:《建设好中国特色的劳动力市场》,《人民日报》2019年9月23日。

2018 年 12 月又发布《北京市人民政府关于做好当前和今后一个时期促进就业工作的实施意见》;2016 年 9 月,《中共北京市委北京市人民政府关于进一步构建和谐劳动关系的实施意见》发布,努力构建和谐劳动关系,推动科学发展,促进社会和谐。为了贯彻落实中央"稳就业"的决策部署,2019 年 9 月,北京市政府办公厅发布《北京市职业技能提升行动实施方案(2019—2021 年)》,提出将职业技能培训作为保持就业稳定、缓解结构性就业矛盾的关键举措,立足首都经济社会发展实际,坚持需求导向、结果导向,大力推行终身职业技能培训制度,按照培训信息公开化、培训项目目录化、培训评价即时化、培训资源集成化、资金使用有效化的工作思路,持续开展职业技能提升行动。2019年 11 月,北京市人力资源和社会保障局发布《北京市关于推进全方位公共就业服务的实施意见》,提出实现覆盖全民、贯穿全程、辐射全域、便捷高效的公共就业服务,不断提升公共就业服务均等化、精细化、便捷化、专业化水平,更好服务稳就业工作,推动实现更高质量和更充分就业。

2. 形成比较完善的就业政策体系

积极应对新形势、新情况,及时制定和实施了一系列更加积极、更具针对性、更有含金量的就业政策。一是政策范围覆盖更广。适应城乡一体化发展,完善岗位补贴、社保补贴、公益性就业组织岗位补贴、职业培训补贴等政策,就业政策已经覆盖到全体城乡劳动者,城乡统一的就业格局进一步健全。尤其是出台了鼓励生态涵养区农民到城区公共服务类岗位就业的支持政策,为服务保障城市管理运行和提升城市品质作出了重大贡献。二是政策功能更加健全。为应对产业调整外迁带来的就业压力,加快失业保险基金由保障性支出向促进性支出的转变,在发挥失业保险基金促进就业功能的基础上,2015 年出台实施稳岗补贴政策,鼓励企业少裁员、不裁员,惠及大量企业和职工,牢牢守住了就业基本盘。三是政策发力更加精准。针对日益凸显的地区性就业矛盾,实施"一地一策"帮扶,对就业困难地区和新机场临空经济区等重大项目建设地区给予资金倾斜。针对城乡就业困难人员就业,出台了精细化公共就业服务实施细则,根据就业困难程度不同实施分级分类帮扶。针对全市职工转岗转业压力,完善企业职工分流安置办法,实施一企一策帮扶,进一步提高了政策措施的实效性。

3. 构建起面向全体劳动者的职业培训制度

适应建立现代化经济体系的需要,把加强职业技能培训作为贯彻创新驱动发展战略和人才强国战略的重要抓手,大力推行终身职业技能培训制度,建设知识型、技能型、创新型劳动者大军。一是紧贴市场需求,加强城乡劳动力就业技能培训。跟踪重大项目建设用工需求、实施定向培训。在全国率先推行以"招工即招生、入企即入校、企校双师联合培养"为主要内容的企业新型学徒制,强化就业与培训紧密衔接,实现劳动者培训后即就业。二是适应产业转型升级需求,激励引导广大职工提升技能素质。2018年深入实施企业职工技能提升补贴政策,已有3万名企业职工通过网络服务平台在线申请补贴4000多万元。2013—2017年,累计培训城乡劳动力290.5万人次,技能人才总量突破330万人,高技能人才近100万人,人力资本价值显著提升。①

4. 建立完善的重点群体就业服务帮扶机制

坚持把重点群体就业作为稳定就业局势的基础,采取多种措施,解决重点人群就业问题,就业安全网织得更牢、更密。一是始终将高校毕业生就业放在首位。坚持就业服务前置、供需提前匹配,开展进校园送服务,举办分群体、分行业招聘会,尤其是深入实施离校未就业高校毕业生"一生一策"帮扶。2013年以来,在北京地区高校毕业生数量常年高位运行且逐年增加的情况下,实现了北京市生源高校毕业生就业率保持在96%以上,确保了困难家庭高校毕业生都有就业岗位。二是扎实做好企业职工分流安置工作。积极稳妥地处理好劳动关系,实现了分流职工就业有出路、创业有指导、生活有保障。三是加大城乡就业困难人员帮扶。在采取鼓励用人单位优先招用、公益性岗位安置等多种措施托底帮扶的基础上,落实市委关于低收入农户"六个一批"分类帮扶的要求,将北京市有转移就业意愿的低收入农户劳动者全部纳入就业帮扶体系,建档立卡,实施"一对一"就业援助。

5. 建立健全就业创业政策服务体系

北京市贯彻党的十八大提出的"健全基本公共服务体系"的要求,加

---

① 盛继洪主编:《北京经济高质量发展研究》,社会科学文献出版社2019年版,第80页。

快健全覆盖全民、贯穿全程、辐射全域、便捷高效的公共就业服务体系。建立了全市统一规范的人力资源市场公共服务体系，开通了"百姓就业超市"，为城乡劳动者提供足不出户的服务，公共就业服务标准化、信息化、精细化水平全面提升。落实京津冀协同发展战略，成立三地首家跨省、跨层级的人力社保服务中心，实现了三地就业信息和社保转移接续互通、人才资质和定点医疗机构互认、劳动保障监察和劳动人事争议处理互动，京津冀公共就业服务共建共享格局初步形成。围绕落实服务业扩大开放综合试点政策，出台鼓励支持人力资源服务业发展的意见，创新人力资源市场事中事后监管方式，市场在促进就业中的决定性作用有效发挥。

围绕落实党中央、国务院鼓励"双创"的决策部署，北京市不断充实完善创业担保贷款、创业培训、创业孵化基地扶持等一系列创业政策措施，创业工作取得长足发展。2018 年底，北京市政府发布《关于做好当前和今后一个时期促进就业工作的实施意见》，在鼓励创业带动就业的方面，提出要为创业企业提供项目孵化、资本对接、股权托管、培训指导等专业化服务。在推动创业发展中，全市创业帮扶对象已经扩展到高校毕业生、留学归国人员、事业单位科研人员、农村劳动力、去产能转岗职工、复转军人、残疾人等群体，形成了集项目推介、政策咨询、贷款融资、培训指导、孵化服务于一体的创业服务链条，大众创业、万众创新的格局逐步形成。

2012—2019 年，北京市从业人员由 1107.3 万人增加到 1273.0 万人，增长了 15.0%，年平均增长 2.0%；就业结构得到优化，三次产业就业比例由 5.2：19.2：75.6 调整到 3.3：13.6：83.1。

二、新中国 70 年北京劳动就业的发展实践

（一）就业规模不断扩大

新中国 70 年，北京市坚持就业工作与经济发展、产业转型同步推进，针对不同时期主要矛盾适时调整就业政策，从计划经济体制下的劳动力计划管理到社会主义市场经济下的就业优先战略，实现了更加充分和更高质量的就

业,就业规模得到持续扩大。

从城镇从业人员看,1949 年北京市从业人员只有 43.3 万人,到 2019 年增加为 1198.9 万人,增加了 26.7 倍,年平均增长 4.9%。从包含城乡从业人员的口径看,1963 年北京市从业人员为 281.4 万人,到 2019 年末人数为 1273.0 万人,增加了 3.5 倍,年平均增长 2.7%。见表 5.1。

表 5.1 1949—2019 年北京市从业人员数量的变化

年份	从业人员（万人）	绝对数（万人）		比例（%）	
		城镇	乡村	城镇	乡村
1949	—	43.3	—	—	—
1963	281.4	162.7	118.7	57.8	42.2
1974	380.7	221.3	159.4	58.1	41.9
1978	444.1	291.6	152.5	65.7	34.3
1980	484.2	326.8	157.4	67.5	32.5
1985	566.5	392.6	173.9	69.3	30.7
1990	627.1	461.2	165.9	73.5	26.5
1995	665.3	492.7	172.6	74.1	25.9
2000	619.3	456.3	163.0	73.7	26.3
2005	878.0	694.0	184.0	79.0	21.0
2010	1031.6	905.4	126.2	87.8	12.2
2015	1186.1	1107.1	79.0	93.3	6.7
2019	1273.0	1198.9	74.1	94.2	5.8

改革开放以来,北京市就业制度发生根本变革,伴随着从社会主义计划经济走向社会主义市场经济,北京市的就业制度也由统包统配发展到"劳动者自主择业、市场调节就业、政府促进就业和鼓励创业",提供了更广阔的就业空间。就业政策更加健全,逐步形成了适应市场促进就业创业的政策体系。在促进就业方面,实施鼓励单位招用、鼓励劳动者自谋职业(自主创业)、引导灵活就业的

政策,就业工作取得显著的效果。1978—2019 年北京市从业人员从 444.1 万人增加到 1273.0 万人,从业人员总量增加了 1.9 倍,年均增长 2.6%。其中,城镇从业人员由 291.6 万人增加到 1198.9 万人,增长了 3.1 倍,年平均增长 3.5%。

党的十八大以来,北京市坚持把就业创业摆在更加突出的位置,实施就业优先战略和更加积极的就业政策,实现了就业规模的平稳增加。全市从业人员从 2012 年末的 1107.3 万人增加到 2019 年末的 1273.0 万人,与 2012 年相比,增加 165.7 万人,年均增加 23.7 万人,年均增长 2.0%。

(二)就业结构不断优化

新中国 70 年,北京市就业的城乡结构、产业结构、所有制结构不断持续优化。2019 年末,全市就业人员达到 1273.0 万人,比 1974 年增加 892.3 万人,其中城镇就业人员达到 1198.9 万人;就业人员占全市常住人口的比重为 58.1%,比 1974 年提高 12.6 个百分点;三次产业就业结构由 1974 年末的 35.5∶33.3∶31.2 调整为 2019 年末的 3.3∶13.6∶83.1。

1. 城镇就业比例占绝对优势

新中国成立后,随着国民经济的逐步恢复特别是工业化进程加快,吸引了大量农村劳动力到城镇就业。根据统计资料,城镇就业人员由 1963 年的 162.7 万人增加到 2019 年的 1198.9 万人,占全市就业的比例由 57.8%上升到 94.2%;农村就业人员则由 1963 年的 118.7 万人减少到 2019 年的 74.1 万人,占全市就业的比例由 42.2%降到 5.8%。改革开放以来,城市化加快,农村劳动力转移速度也加快,劳动力市场的活力得到释放,城镇就业人口由 1978 年的 291.6 万人增加到 2019 年的 1198.9 万人,占全市就业人员比重由 65.7%升至 94.2%,40 多年间,城镇就业比重增加 28.5 个百分点,平均每年提高 0.7 个百分点。2012—2019 年,城镇就业比重由 90.0%增加到 94.2%,提高了 4.2 个百分点。

2. 第三产业成为吸纳就业最大产业

根据产业结构演变规律,伴随着经济发展与产业结构升级,就业人口首先由第一产业向第二产业转移,当人均收入进一步提高后,就业人口将会大量向第三产业转移。新中国 70 年,在经济发展过程中,北京市的就业结构也表现出了从第一产业向第二产业转移,然后再向第三产业转移的趋势。

从变动趋势看,1949 年全市农业劳动者占从业人员总数的 71.7%。在计划经济时期,城乡和区域之间的劳动力市场处于分割状态,人员流动较少,从业人员主要集中在农业、工业、建筑业等一、二产业领域。1963 年,全市从业人员为 281.4 万人,其中在第一产业的 119.9 万人,占从业人员的42.6%;在第二产业的 71.0 万人,占 25.2%;在第三产业的 90.5 万人,占32.2%。由此可见,随着北京市工业的迅速发展,从 1949 年到 1963 年的 14年间,第一产业就业的比例下降了 29.1 个百分点,标志着生产力的迅速增长。改革开放以后,北京市的产业结构经历了较大的变化,第三产业比重不断提升,第二产业比重下降,产业结构日趋合理。随着经济社会改革的推进,劳动市场分割状态逐步打破,促进了人员流动。伴随着产业结构变动,就业结构也发生了相应变化,从原来第二产业占多数向第三产业比重不断上升转变。1978—1991 年,北京市从业人员就业结构呈现“二、三、一”格局,在这个过程中,第三产业比重不断提升,第一、二产业比重下降。1992年末,第三产业从业人员比例首次超过第二产业,随后,第三产业从业人员占比不断提高,2019 年末,三次产业从业人员占比分别为 3.3∶13.6∶83.1。

第二产业从业人员从 177.9 万人增加到 281.6 万人,其吸纳就业的比例由 40.1% 缓慢上升到 44.9%,从 70 年代末到 90 年代初的 10 多年间仅上升了 4.8 个百分点。此后,随着产业结构逐步优化以及国有企业改革的深入,在从业人员规模增长的背景下,第二产业从业人员呈减少态势,占比逐年下降,2016 年以来已经降至 200 万人以下,2019 年为 172.5 万人,所占比重为 13.6%。从从业人员的国民经济行业构成来看,2019 年制造业占50.3%,建筑业占 41.9%,电力、热力、燃气及水生产和供应业占 6.0%,采矿业仅占 1.9%。

第三产业从业人员的比例自 1963 年到 1980 年,基本上保持平衡,维持在 32% 左右的水平。1981 年以后,第三产业的蓬勃发展,为就业提供了增长和提升空间,带动和助推就业人员快速增加。1978 年末,第三产业从业人员为 140.3 万人,2019 年末达到 1058.1 万人,比 1978 年增加了 917.8 万人,是 1978 年的 7.5 倍;就业比例由 1978 年的 31.6%上升到 2019 年的 83.1%,比 1978 年上升了 51.5 个百分点。第三产业从业人员的增长变化与全市从业人员的变化较为一致,第一阶段(1978—1992 年)和第二阶段(1993—2002 年)增长稳定,第三产业从业人员年均增长分别为 10.2 万人和 10.3 万人,年均增速分别为 5.1%和 3.2%;第三阶段(2003—2011 年)快速增长,第三产业从业人员年均增长 47.1 万人,年均增速为 8.4%;第四阶段(2012—2019 年)保持增长态势,第三产业从业人员年均增长 31.5 万人,年均增速为 3.4%。

2019 年,北京市法人单位从业人员总数为 1163.9 万人,将其细分为 19 个行业,可以看出,租赁和商务服务业、批发和零售业从业人数最多,分别占 14.4%和 11.6%;其次是科学研究和技术服务业、信息传输及软件和信息技术服务业分别占 10.1%和 9.7%;再次是制造业、建筑业、金融业、房地产业、交通运输及仓储和邮政业,占比分别为 7.5%、6.2%、5.9%、5.9%、5.8%;再次是教育、公共管理及社会保障和社会组织,占比分别为 5.5%和 4.3%;再次是住宿和餐饮业、卫生和社会工作,占比分别为 3.7%和 3.0%;从业人数较少的是文化及体育和娱乐业、居民服务及修理和其他服务业、水利及环境和公共设施管理业,以及电力、热力、燃气及水生产和供应业,占比分别为 2.1%、1.6%、1.4%和 0.9%;从业人数最少的是采矿业、农林牧渔业,占比分别为 0.3%和 0.1%。见图 5.1。

3. 不同经济类型从业人员结构变化明显

新中国成立后,我国的经济体制经历了社会主义计划经济建立发展以及从社会主义计划经济向社会主义市场经济转轨的过程。其间,所有制结构、产业结构的深刻变革必然引起就业结构的变化。

1949—1956 年,北京市还存在私营企业、个体手工业者。1949 年和 1950 年私营企业职工在全市职工总数中的比例超过 50%。此后逐年下降,1956 年实行全行业公私合营后,合营企业职工占职工总数的 16.3%。1958 年后,合营企业转为全民所有制企业,原个体企业转为集体所有制企业。此

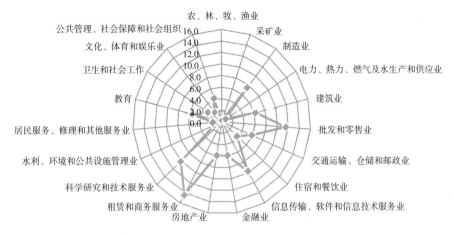

图 5.1　2019 年北京市法人单位从业人员行业占比雷达图

后,全民所有制单位职工数占职工总数的比例一般高达 80%以上。集体所有制单位除个别时候超过 20%以外,一般都在 13%到 20%之间。改革开放后,伴随着所有制结构从单一公有制转变成为以公有制为主体的多种所有制经济并存的结构,国有经济和集体经济从业人员占绝对优势逐步调整为多种类型单位并存的格局。

具体来看,国有单位从业人数由 1978 年的 240.9 万人增加到 1992 年的 371.5 万人,然后缓慢降到 2019 年的 170.8 万人,占全市从业人员的比例由 1978 年的 54.2%上升到 1992 年的 57.2%,再降到 2019 年的 13.4%;集体单位从业人员由 1978 年的 50.7 万人增加到 1992 年的 90.5 万人,再逐渐降到 2019 年的 14.9 万人,占全市从业人员的比例由 1978 年的 11.4%上升到 1992 年的 13.9%,然后逐渐降到 2019 年的 1.2%;除国有、集体单位之外的其他类型经济单位从业人员由 1978 年的 152.5 万人,逐渐增加到 2019 年的 1087.3 万人,占全市就业人员的比例由 34.4%显著地增加到 85.4%。可以看出,其他经济类型从业人员增长最快,40 多年间增加了 934.8 万人,增加了 51.1 个百分点;年平均增加 22.8 万人,年平均增长速度为 4.9%。

改革开放以来,随着经济体制改革,就业结构在不同改革阶段也呈现出不同特点。

第一阶段(1978—1992年),国有经济和集体经济从业人员占绝对优势。这一时期,市场经济活跃程度有限,市场的人力资源配置作用还未显现,城镇劳动力就业主要还是依靠国有经济和集体经济单位作为就业的主渠道。1978年末,国有经济和集体经济从业人员分别为240.9万人和50.7万人,占全市从业人员的65.7%。到1992年末,国有经济和集体经济从业人员分别增长到371.5万人和90.5万人,分别增加了130.6万人和39.8万人,占全市从业人员的比重上升到71.2%。

第二阶段(1993—2002年),其他经济单位从业人员不断壮大。1993年党的十四届三中全会通过的《中共中央关于建立社会主义市场经济体制若干问题的决定》中明确指出,改革劳动制度,逐步形成劳动力市场。发展多种就业形式,运用经济手段调节就业结构,形成用人单位和劳动者双向选择、合理流动的就业机制,实现了公有制为主体,多种经济成分并存的经济制度,也为多渠道安排就业提供了一定的保障。有限责任公司、股份制公司等其他经济类型单位的从业人员规模不断壮大,2002年末,除国有、集体以外的其他经济类型单位从业人员达到417.6万人,与1993年末相比,增加了231.8万人,占全市从业人员的比重上升到61.5%,已超越国有经济和集体经济,成为吸纳就业的主要力量。

第三阶段(2003—2011年),其他经济单位从业人员发展迅速。2003年,党的十六届三中全会再次强调大力发展和积极引导非公有制经济,大力发展第三产业,全力支持中小企业、个体私营经济的发展壮大,开拓更大的就业空间。2011年末,其他经济类型单位从业人员为860.8万人,与2003年末相比,增加了400.4万人,占全市从业人员的比重已超过8成,上升到80.5%。

第四阶段(2012年以来),其他经济单位从业人员继续增加。党的十八大强调要贯彻劳动者自主就业、市场调节就业、政府促进就业和鼓励创业的方针,实施就业优先战略和更加积极的就业政策,通过加快创业带动就业,就业结构向更多样化发展。2019年末,其他经济类型单位从业人员达到1087.3万人,与2012年末相比,增加了188.1万人,占全市从业人员的比重上升到85.4%,吸纳就业的能力进一步加强。见图5.2。

2019年,北京市城镇从业人员为1198.9万人,按登记注册类型分,私

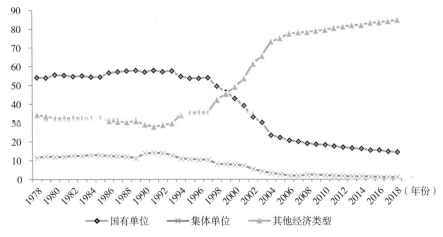

图 5.2　1978—2018 年北京市各经济类型从业人员比例变化趋势

营企业和有限责任公司就业的人数最多,占比分别为 31.1% 和 27.3%;其次是国有单位和股份有限公司,占比分别为 14.2% 和 9.4%;在外商投资企业和港澳台商投资企业就业的比例也较大,分别为 6.2% 和 5.9%;个体从业占 2.9%;其他和集体单位从业人数较少,占比分别为 1.7% 和 1.2%;联营单位从业人数最少,占比不到 0.017%。

4. 党的十八大以来就业结构呈现新变化

(1)第三产业从业人员占比不断提高

北京市三次产业的就业结构由 2012 年的 5.2∶19.2∶75.6 调整为 2019 年的 3.3∶13.6∶83.1,就业结构得到优化,第三产业从业人员比例不断提高。根据第四次经济普查数据,2018 年末第二产业从业人员 203.6 万人,与第三次经济普查相比,减少 13 万人,年均下降 1.2%;第三产业从业人员 1157.4 万人,增加 262.7 万人,年均增长 5.3%。第三产业从业人员占比达 85%,比 2013 年末提高 4.5 个百分点。分行业看,从业人员规模居前五位的分别是租赁和商务服务业(187.2 万人),批发和零售业(161.4 万人),科学研究和技术服务业(140.4 万人),信息传输、软件和信息技术服务业(138.9 万人)以及制造业(96.8 万人)。

随着服务业转型升级步伐加快,第三产业从业人员内部结构不断优化,传统服务业比重有所降低,生产性服务业增势强劲,满足人民群众对美好生活需要的生活性服务业蓬勃发展。

传统服务业从业人员虽然规模较大，但增速放缓，占第三产业从业人员的比重有所下降。2018年末，批发和零售业，交通运输、仓储和邮政业，住宿和餐饮业共有从业人员289.1万人，与2013年末相比，年均增长1.6%，从业人员占比由29.8%下降到25%。

生产性服务业增势强劲，以信息传输、软件和信息技术服务业为引领的生产性服务业市场主体增长，从业人员大幅扩张，比重持续提升。从增量看，信息传输、软件和信息技术服务业，租赁和商务服务业，科学研究和技术服务业的从业人员增长明显，5年增量均在45万人以上。从占比看，三个行业从业人员占第三产业从业人员的比重合计为40.3%，比2013年末提高3.4个百分点。从学历看，三个行业本科及以上学历（位）从业人员占比为49.2%，高于全市平均水平10.5个百分点。

从2013—2018年的五年来，与人民群众对美好生活追求密切相关的文化、体育和娱乐业，居民服务、修理和其他服务业市场主体增加，从业人员增长。2018年末，居民服务、修理和其他服务业法人单位从业人员30.6万人，文化、体育和娱乐业法人单位从业人员37.5万人，与2013年末相比，年均增速分别为7.3%和6.3%，分别高于全市平均水平3.2个和2.2个百分点。

（2）第二产业就业减量提质

随着工业企业发展由规模速度型向质量效益型转变，第二产业就业结构得到优化。一是从业人员的行业变化呈"两升两降"特点。服务于首都城市建设、提供基础保障的建筑业，电力、热力、燃气及水生产和供应业从业人员分别比2013年末增加30.9万人和1.5万人，年均分别增长8%和3.1%；伴随非首都功能疏解和产业结构转型升级，采矿业、制造业从业人员分别减少3.3万人和41.7万人，年均分别下降12.3%和6.9%。二是制造业（96.8万人）内部结构不断优化。制造业中的高技术制造业从业人员占比为30.6%，比2013年提高8.3个百分点。高技术制造业中具有大专及以上学历的从业人员占比达65.5%，高于全市7.9个百分点。

（3）中小微企业成为吸纳就业的重要渠道

随着"放管服"改革深入推进，优化营商环境、减轻税费负担等一系列有利于中小微企业发展的举措相继落地生效,市场主体活力不断被激发,在国民经济和社会发展中的作用日益显著。一是中小微企业发展迅速,成为吸纳社会就业主体。根据第四次经济普查数据,2018 年末,全市中小微企业吸纳从业人员 829.5 万人,比 2013 年末增加 224.2 万人,年均增长 6.5%,占第二、三产业从业人员的比重为 60.9%,占比提高 6.4 个百分点,对从业人员增长的贡献率达 89.8%。二是就业结构更趋合理。分行业看,租赁和商务服务业(158.9 万人)、批发和零售业(121.1 万人)、科学研究和技术服务业(94.5 万人)吸纳从业人员最多,占全市中小微企业从业人员的 45.2%。还有超 3 成(34.7%)从业人员集中在信息传输、软件和信息技术服务业(80.3 万人),金融业(73 万人)、制造业(68.3 万人)和建筑业(66.2 万人)。与 2013 年末相比,金融业,科学研究和技术服务业,租赁和商务服务业,信息传输、软件和信息技术服务业从业人员共增加 180.1 万人,对中小微企业从业人员增长的贡献率达 80.4%。

(4)就业布局更趋合理

随着北京疏解非首都功能的《北京城市总体规划(2016 年—2035 年)》的实施,中心城区从业人员比重有所下降。根据第四次经济普查数据,2018 年末,中心城区共有从业人员 940.1 万人,占比下降 2.3 个百分点。三城一区作为建设全国科技创新中心主平台,聚集了大量科技创新企业,带动从业人员较快增长。除了位于中心城区的海淀外,三城一区所在的昌平(5.1%)、怀柔(11.6%)和经济技术开发区(7.9%)从业人员年均增速分别高于全市平均水平 1.1 个、7.6 个和 3.9 个百分点。[1]

(三)就业质量不断提高

新中国 70 年,尤其是改革开放以来,在就业总量增加和结构优化的同时,就业质量也逐渐受到重视。特别是党的十八大以来更加突出强调推动高质量就业。在经济发展和法律法规的保障下,就业质量显著提升。

---

[1] 北京市统计局:《就业规模增长,结构调整优化》,2020 年 4 月 26 日,http://tjj. beijing.gov.cn/tjsj_31433/sjjd_31444/202004/t20200426_1882026.html。

1. 工资收入快速增长

改革开放前,职工平均工资增长较慢,1952—1978 年北京城镇单位在岗职工年平均工资从 544 元增加到 673 元,增长了 23.7%,扣除物价因素,实际仅增长 9.0%。改革开放后,随着经济发展和全面贯彻按劳分配为主体的分配制度改革,加之政府出台最低工资标准等一系列政策措施,广大劳动者的工资收入大幅提高。2019 年,北京市城镇单位在岗职工年平均工资达到 173205 元,是 1978 年的 257.4 倍,年均增长率达到 14.5%,扣除物价因素,实际增长了 28.7 倍,年均实际增长率为 8.5%。北京市劳动者报酬占 GDP 的比重呈现波动上升趋势,由 1978 年的 34.1% 提高到 2018 年的 54.4%,大幅提高了 20.3 个百分点。

从经济类型看,2019 年北京市城镇单位在岗职工年平均工资国有单位为 195783 元,集体单位为 69344 元,其他单位为 169239 元。

从横向比较来看,北京市平均工资远远高于全国水平。2019 年,北京非私营单位就业人员年平均工资是 166803 元,而全国水平为 90501 元,北京城镇非私营单位平均工资是全国的 1.8 倍,居各地区之首。[①] 北京城镇私营单位就业人员年平均工资为 85262 元,而全国水平为 53604 元,北京城镇私营单位平均工资是全国的 1.6 倍,亦居全国之首。

党的十八大以来,劳动者收入增长加快,更多地享受到经济发展的成果。2012 年城镇在岗职工年平均工资为 85307 元,到 2019 年增加到 173205 元,扣除价格因素,增长了 75.4%,年平均增长 8.4%。其中,国有单位由 90456 元增加到 195783 元,集体单位由 38596 元增加到 69344 元,其他单位由 85234 元增加到 169239 元;扣除价格因素分别增长 87.0%、55.2% 和 71.5%,年平均分别增长 9.4%、6.5% 和 8.0%。

2. 就业稳定性不断提高

(1)就业形势保持稳定

新中国 70 年来,针对不同发展时期面临的就业压力,北京市采取了不

---

① 国家统计局:《2019 年城镇非私营单位就业人员年平均工资 90501 元》,2020 年 5 月 15 日,http://www.stats.gov.cn/tjsj/zxfb/202005/t20200515_1745764.html。

同的就业政策，改革就业管理体制，就业矛盾得到妥善化解，稳定了就业大局，就业形势保持长期的基本稳定。

一是迅速解决旧中国遗留下来的就业问题。新中国成立之初，通过对原政府公职人员和官僚资本主义企业雇员实行"包下来"的政策，对私营工商业实行"公私兼顾、劳资两利"的扶持政策，对原有失业人员采取"以工代赈""生产自救"等措施进行安置，并采取招收就业、介绍就业和自行就业相结合等多种方式扩大就业，迅速解决了当时的就业问题。

二是及时处理返城知青就业问题。针对改革开放之初知识青年大量集中返城，城镇待业人员多、就业压力大的情况，采取了劳动部门介绍就业、劳动者自愿组织起来就业和自谋职业相结合的"三结合"就业方针，新政策实施后迅速解决了当时的城镇就业供需矛盾。

三是妥善化解下岗职工再就业问题。随着市场经济体制的逐步建立，国企冗员问题日益突出，减员增效成为国企解困的重要方式。针对国有企业职工大量下岗的情况，政府在保障下岗职工的基本生活的同时，制定实施了税费减免、小额担保贷款、培训补贴、就业服务等一系列政策，促进下岗失业人员再就业。

四是积极应对经济增速换挡面临的就业新形势。随着我国经济进入新常态，增长由高速转向中高速，就业总量压力大，结构性矛盾突出。北京市在充分发挥传统动能增加就业的同时，积极培育壮大新动能，大力发展服务业，优化营商环境，鼓励创业创新，支持民营企业和小微企业发展，就业形势持续保持稳定。高校毕业生、退役军人、农民工等重点群体就业得到保障，新就业形态、就业新机会不断涌现。

党的十八大以来，北京市着力构建多元化、社会化的公共服务供给体系。2012—2018 年北京市城镇新增就业 255.5 万人，促进城乡劳动者就业 134.6 万人，帮扶城乡困难人员就业 90.4 万人，本市生源高校毕业生就业率保持在 96% 以上，城镇登记失业率一直处于 1.5% 以内的较低水平。①

---

① 《六年来北京城镇新增就业 255 万人》，2019 年 8 月 26 日，北京市人力资源和社会保障局网站，http://rsj.beijing.gov.cn/xwsl/mtgz/201912/t20191206_920544.html。

2019 年,北京市深入实施就业优先战略和更加积极的就业政策,贯彻落实国务院促进就业工作实施意见,全市就业局势稳中向好。全年城镇新增就业 35.1 万人,城镇登记失业率为 1.3%。见图 5.3。

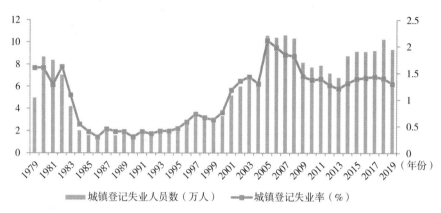

图 5.3 1979—2019 年北京市城镇失业人数和城镇登记失业率的变化

（2）积极构建和谐劳动关系

北京市一直重视劳动关系的协调工作。1949 年北平市和平解放以后到 1955 年,由于还存在私营企业和雇用学徒、帮工的个体经营者,劳资争议也不断发生。1949 年 4 月市劳动局成立以后,首要的任务就是处理劳资争议。1952 年下半年以后,改为发生争议后,先由各区劳动行政部门受理并进行处理,解决不了时,再转市劳动局处理。对国营、公营企业与职工之间发生的劳动争议问题,一般不采取处理劳动争议的程序解决,主要是通过企业主管部门和基层工会解决,较大的问题由劳动局请示市委或市政府裁定解决。1956 年以后,私营企业全部实行公私合营,个体经营户也以种种形式实行合作化,原有的劳资关系不复存在,劳资争议处理的工作随即停止。①

1987 年以后,由于劳动制度改革,推行了劳动合同制,逐步将用人权和工资奖金分配权下放给企业。在执行劳动合同中,在企业自主决定雇用、辞

---

① 北京市地方志编纂委员会:《北京志·综合经济管理卷·劳动志》,北京出版社1999 年版,第 303 页。

退职工和工资分配等问题,企业经营者和职工之间必然会产生分歧意见或争议。同时,由于经济生活中出现了个体经营户、私营企业、中外合资、合作企业以及其他类型的企业,这些企业有更多的劳动管理自主权,也必然出现更多的劳动争议。对劳动争议的处理再次成为政府劳动部门的一项重要的经常性工作,并将其纳入法治的轨道。

1987年,国务院发布《国营企业劳动争议处理暂行规定》。1988年,北京市总工会、北京市劳动局印发《北京市劳动争议调解委员会实行办法》,要求各企业都要成立调解委员会。随后北京市劳动争议仲裁委员会成立。自1992年起,劳动争议案件逐年增加。1993年,国务院颁布《中华人民共和国企业劳动争议处理条例》。1994年,全国人大常委会通过《中华人民共和国劳动法》。这些法律法规为妥善处理劳动争议案件提供了政策和法规依据。《劳动法》颁布以后,北京市进行了普及性的宣传,增强了职工知法、懂法和运用法律维权的意识。

在2008年《劳动合同法》实施后,北京市在全市范围内开展了"劳动合同宣传月"活动。为应对全球金融危机对北京市经济的影响,2009年2月,北京市劳动和社会保障局发布《关于应对当前经济形势稳定劳动关系的意见》,提出要稳定劳动关系,创造和谐环境,共渡经济难关。2011年9月,北京市提出构建和谐劳动关系首善之区,力争用三年左右时间使大多数企业进入劳动关系和谐企业的行列,以"签合同、上保险、保工资"为着力点,切实维护职工的劳动权益。

2016年7月,《中共北京市委北京市人民政府关于进一步构建和谐劳动关系的实施意见》发布,提出依法保障职工合法权益,健全劳动关系协调机制的措施。2019年8月,确定了构建北京特色和谐劳动关系的五大推进计划十七项重点任务,明确了和谐劳动关系评价的基础性指标、提升性指标以及区域指标。通过逐步建立并不断完善劳动合同制度、协调劳动关系三方机制、企业工资分配宏观调控体系,以及劳动人事争议调解仲裁和劳动保障监察执法机制等,为维护劳动者合法权益撑起了"保护伞"。

党的十八大以来,北京市以提升群众的获得感为目标,加强劳动关系的协调工作。通过日常巡查、专项检查、书面审查和案件查办等多种形式,严格规范用工行为、严厉处罚违法用工,首次实现了拖欠工资案件数、涉及人数和群体性突发案件数"三下降"目标,为首都劳动关系和谐稳定发展提供助力。通过提升案件处理质量,不断提高案件处理效率,努力实现社会公平正义。

3. 劳动保障持续加强

新中国成立 70 年来,我国的劳动保障制度经历了从无到有、从城镇到农村、从企业职工到城乡居民、从不完善到比较完善的发展过程,实现了从单位福利向统筹互济的社会保险的转变,建立起了比较健全的劳动保障制度,就业保障日趋完善。

1951 年 2 月,政务院颁布《中华人民共和国劳动保险条例》,由国家统一建立企业职工劳动保险制度。北京市按规定执行,向企业征收劳动保险基金,对企业职工遇到生、老、病、死、伤、残的困难时发放各项保险待遇。1953 年 1 月,政务院又修订公布了《劳动保险条例》,扩大了实施范围,提高了若干劳动保险待遇的标准。到 1956 年,根据国家财政经济的可能和国民经济发展的需要,劳动保险的实施范围基本涵盖了各企业的所有职工。1969 年以后,不再向企业征收劳动保险基金,不再实行基金统筹,一切费用由企业负担。

在社会主义计划经济时期,社会保障实际上是国家保障,但是,限于特定的经济发展阶段、生产力发展水平和财政能力,劳动保障待遇水平相对较低,覆盖也不够全面。改革开放以来,北京市率先在全国对原有保障制度进行补充和修订,逐步建立起养老保险、失业保险、基本医疗保险等多层次社会保障体系。

1978 年底,全市企业退休职工有 11 万人,1986 年底剧增到 51.55 万人,为 1978 年的 4.68 倍。退休费用支付加重了一些老企业、微利企业和政策性亏损企业的负担。于是,1986 年又开始在国有企业中实行退休基金社会统筹,建立职工养老保险制度,并逐步扩大到集体企业和其他经济类型的企业。1992 年以后建立职工个人缴费制度,逐步形成了社会统筹与个人账户相结合的制度模式。1986 年 10 月,北京市建立失业保险制度,此后经过1994 年和 1999 年两次政策调整。1994 年又实行全市城镇企业职工和退休人员大病医疗费用社会统筹办法。1996 年北京市工伤保险制度改革起步。

2005 年北京市以市政府令形式正式公布《北京市企业职工生育保险规定》。2001 年开始,北京市实施基本医疗保险制度。

随着经济体制改革不断深化,2006 年党的十六届六中全会提出到 2020 年要基本建立覆盖城乡居民的社会保障体系。围绕这一发展目标,北京全面推进社会保险制度改革,参保单位和人员覆盖范围逐步扩大,从国有企业向各类社会经济组织、从单位职工向灵活就业人员、从城镇居民向农村居民延伸,同时增加财政对社会保险的投入,逐步提高各项保险水平,并加强基层公共服务平台建设,推动社保经办的规范化、信息化、专业化,提升社会保险管理服务水平,社会保险体系逐步健全完善。

此外,北京市还逐年调整企业最低工资标准,制定和发布企业工资指导线、行业工资指导线、劳动力市场工资指导价位和行业人工成本。推行工资集体协商制度,引导企业合理确定工资增长幅度,确保农民工工资合理增长。

4. 劳动力素质不断提升

新中国成立之前,我国的文化教育十分落后,劳动者普遍处在文盲半文盲状态,接受过高等教育的人更是凤毛麟角。新中国成立后,通过发展正规学校教育,举办"扫盲班""夜校"等多种形式,劳动者的文化素质快速提高。据 1950 年户籍登记的不完全统计,北京市小学及以上文化程度的人口为 79.80 万人,占当时总人口的 42.52%。其中,大专及以上文化程度的有 4.73 万人,占总人口的 2.52%;高中文化程度的 4.45 万人,占总人口的 2.37%;初中文化程度的 9.45 万人,占总人口的 5.03%。[①]

新中国成立后,北京作为全国的政治、经济、文化、科研、教育和国际交往中心,一方面教育投入比较高,各级各类教育发达;另一方面又汇集了各地的英才,因而,北京成为全国劳动者文化程度最高的地区之一。改革开放后,教育事业的发展极大地促进人口素质的显著提升,加之市场导向就业机制的逐步形成,劳动者为了提升在劳动力市场中的竞争力,也更加注重自身素质的提高,劳动力文化素质进一步提高。

---

① 北京市地方志编纂委员会:《北京志·综合卷·人民生活志》,北京出版社 2007 年版,第 394 页。

2019 年,在北京市就业人员中,大专以上文化程度占 62.2%,比全国水平高出 39.4 个百分点;其中,男性占 58%,女性占 67.3%,分别比全国水平高出 36.1 和 43.3 个百分点。而高中及以下文化程度的人员比例远低于全国水平,见表 5.2。从动态比较来看,中低文化程度从业者比例在降低,而大专以上高文化程度从业者比例在上升。

表 5.2　2019 年北京市与全国就业人员受教育程度构成比较　单位:%

受教育程度	全体		男性		女性	
	北京	全国	北京	全国	北京	全国
未上过学	0.2	2.2	0.1	1.0	0.3	3.8
小学	1.9	15.7	1.8	13.6	2.0	18.5
初中	17.4	40.6	20.2	42.9	14.0	37.6
高中	18.3	18.7	19.9	20.7	16.4	16.2
大学专科	21.5	12.0	20.5	11.7	22.6	12.4
大学本科	31.1	9.7	28.2	9.1	34.7	10.4
研究生	9.6	1.1	9.3	1.1	10.0	1.2

资料来源:根据《中国人口和就业统计年鉴 2020》整理。

除了正规的学校教育外,为了提高劳动者的素质,政府还为劳动者提供了职业培训机会,既提高了劳动者的技能,也增加了劳动者的就业机会。新中国成立以来,北京市紧跟技术进步和产业升级对职工技能水平的要求,扎实做好劳动者职业技能培训。新中国成立初期,劳动部门和其他部门举办一些短期训练班对帮助失业人员就业起过一定作用。在1957 年以前全市陆续举办的 10 所左右的技工学校都已具备一定规模,培训出一批质量较好的中级技术工人。"文化大革命"结束以后,随着职业教育的发展,技工学校得到了恢复和发展。到 1994 年,全市已发展到164 所,在校学生 4.1 万人。自 1983 年开始,对在职职工的培训也逐步开展起来,同时开展中级工和高级工的培训,并建立工人技师的培训、考评和聘任制度。

党的十八大以来,北京市重点支持高校毕业生、在岗职工、失业人员、农村转移劳动力参加就业创业培训,大力开展终身职业技能培训,加快建设知识型、技能型、创新型劳动者大军。

北京市在职业培训方面的突出做法表现在如下方面:一是围绕首都高质量发展,开展职业技能培训,特别是人工智能、集成电路、节能环保、新材料新能源等高精尖产业发展需要,采取清单化、菜单式培训服务模式,组织新产业、新职业、新技能培训,培养造就了一大批急需紧缺人才。

二是服务企业职工职业能力素养的提升,重点实施企业职工适应性培训、转岗转业培训、岗位技能培训、高技能人才培养和技能大师工作室创新培训,助力企业发展提质增效。

三是服务重大项目建设需求,针对北京世园会、北京冬奥会,以及北京城市副中心、大兴国际机场等对劳动者技能要求,建立培训、实习、就业全链条服务机制,开展精准培训。

四是服务提升城市生活品质和群众生活,在城市供热供气、园林绿化、公共交通、环境卫生等城市运行保障领域,以及养老护理、医疗陪护、安保、快递等生活领域,实施从业人员技能提升培训。①

(四)非公有制经济就业主渠道地位凸显

在改革开放之前,公有制经济占据了国民经济的主导地位,同时也是劳动者就业的主要领域。改革开放之后,在巩固公有制经济主体地位的同时,不断发展非公有制经济。非公有制经济从小到大、从弱到强,不断发展壮大,已经成为推动国家和首都发展不可或缺的力量,成为劳动者就业的主渠道。

1. 个体经济从业人数由增转降

1949年北平和平解放后,社会上有大量的个体手工业者。当时对个体手工业者实行积极扶持和发展的政策,组织已失业的手工业者参加手工业

---

① 北京市人力资源和社会保障局:《70年来北京就业工作成效显著》,2019年9月9日,见http://rsj.beijing.gov.cn/xwsl/mtgz/201912/t20191206_920445.html。

合作社。1953 年以后,手工业合作化迅速发展,到 1956 年合作化高潮时,全市手工业者都进入了合作社。

1978—1986 年是个体经济的恢复阶段。在安置就业的压力下,在改革开放起步的历史背景下,作为待业青年广开门路的有益补充,个体经济开始得到恢复。1979 年,北京市有 40 万待业人员亟待安置。北京市将个体经济的发展与解决城镇待业人员的就业问题结合起来,对有北京市正式户口的城镇待业和闲散人员,具有经营场所,都可以发给营业执照,但不准雇工。1980 年,北京市放宽审批个体工商业者政策。由于各方的扶植和政策的放宽,全市每月平均增加 300 多户,开始缓解了北京市存在的城镇待业人员就业和商业、服务网点不足的问题,个体工商户迅速恢复和发展。

1981 年 7 月,国务院颁发《关于城镇非农业个体经济若干政策规定》,明确城镇个体经济是中国多种经济成分的组成部分,发展个体经济是一项长期经济政策,也是实现就业的一个途径。北京市进一步放宽个体经济管理政策,为进一步发展创造条件。1983 年 1 月,中共北京市委、市政府要求切实扭转重全民、轻集体、排斥个体的错误倾向,大力发展城乡个体经济。1984 年以后,北京市政府进一步把个体工商户的发展重点放在解决做衣难、住宿难、吃饭难、乘车难等事关人民生活的行业上。对个体工商户从业人员、经营行业、经营范围、经营方式、经营场地进一步放宽。

国家支持个体经济发展的政策出台直接导致北京市个体经济在 1982 年后迎来了快速发展,尤其是个体从业人员增长迅猛。从业人数从 1982 年的 1.6 万人增至 1983 年的 5.34 万人,到 1985 年猛增至 13.4 万人。北京市多种经济成分的共同发展,有效地吸纳了大量待业人员。从 1979 年到 1984 年,北京市共安置待业青年 108 万人。

1992 年,北京市进一步简化登记手续,提高办事效率。凡是基本符合条件,主要证件齐备,即予办理登记,简化一些不必要的行政审批,缩短了办照时间。同时,随着社会主义市场经济开始建立和逐步完善,各种适合从事个体经营的新兴行业逐步产生和发展起来。1994 年底,全市个体工商户已达 27.3 万户、从业人员 38.5 万人。

到 2000 年底,全市登记注册的个体工商户 24.5 万户,从业人员 34.5

万人。

到 2010 年,全市个体工商户达到 79.6 万户,从业人员达到 114.4 万人。此后,个体工商户数和就业人员所有减少,到 2018 年底,全市个体工商户数为 48.9 万户,从业人员为 78.8 万人。

2. 私营经济从业人数显著增长

1949 年 1 月,北平和平解放。人民政府通过组织私营工商业复工、复业,打击投机倒把,稳定市场物价等工作,使财政状况基本好转。1950 年底,在北京市工商行政管理机关登记注册的私营工商业 40570 户,从业人员 153173 人,其中私营商业 26573 户,从业人员 99150 人;私营工业 13997 户,从业人员 54023 人;工业中从业人员在 5 人以下占 75%,100 人以上只有 5 户,主要是轻工业和手工业,商业中中小户居多。①

1952 年,在恢复和发展城市工作中,北京市人民政府贯彻“公私兼顾、劳资两利”的政策,对有利于国计民生的工商业采取扶植方针,通过宣传政策,解除私方人员的疑虑,妥善处理劳资争议,帮助解决资金不足的实际困难,加强指导经营等方面作了大量工作。

1953 年 10 月,国家开始对资本主义工商业进行社会主义改造。北京市对私营批发商采取由国营商业替代的政策,进一步加大了加工订货和收购、包销的范围,把更多的私营工业产品掌握在国营商业手中。私营批发商经营的主要商品,都被国营和合作社营商业所代替,迫使大部分私营批发商停业或转业。

在国民经济恢复时期,北京市对少数生产经营困难的私营工商企业进行公私合营。1955 年,北京市政府根据“统一领导、归口安排、按行改造、全面规划”的方针,在全市继续扩展公私合营,并加快了对私营工商业的社会主义改造。在公私合营高潮中,全市私营工商业全部被改造成为公私合营或合作社营的企业。北京市是全国第一个对全市资本主义工商业实行公私合营的城市。

---

① 北京市地方志编纂委员会:《北京志·综合经济管理卷·工商行政管理志》,北京出版社 2001 年版,第 84 页。

在对资本主义工商业进行社会主义改造的过程中，许多工商界人士响应党的号召，改变生活状态，积极参加劳动，成为自食其力的劳动者；有的工商界人士在增产节约运动和劳动竞赛中，提出许多合理化建议，并被采纳，其中部分人因在增产节约运动中成绩突出，还出席了1956年在北京召开的全国工商界青年积极分子大会；另有一些人努力学习文化知识和劳动技能，为参加社会劳动创造条件，更多的工商界妇女说服、帮助丈夫或亲友消除顾虑，积极接受改造，搞好企业生产。这些努力都为工商业社会主义改造的顺利进行创造了条件，工商界人士也在社会主义改造中找到了自己的位置，成为建设社会主义的有用之才。

党的十一届三中全会后，随着个体经济的迅速发展和经营规模的不断扩大，北京市出现了以雇佣劳动为基础的个体大户。改革开放初期，虽然允许个体私营经济存在和发展，但人们对个体私营经济的认识还没有完全统一，在实践中还存在着这样或那样的顾虑以及各种限制私营经济发展的做法。因此，这一时期私营经济的发展在总体上速度并不快，突出表现在1988年下半年至1991年。1992年，在邓小平南方谈话的鼓舞下，北京市私营经济发展加快。1993年，北京市进一步放宽私营企业登记条件，允许企业优化组合后的富余人员，党政机关离退休人员，企业停产半停产的待业人员，以及行政、事业单位的编余人员申办私营企业。到1994年底，北京市私营企业达7376户，从业人员89969人，户均雇工12人。到2000年底，全市私营企业10.3万户，从私营经济行业分布状况看，多集中在第二产业的制造业和第三产业的批发零售贸易及餐饮业、社会服务业。

与个体经济变动趋势不同，私营经济户数和从业人数总体上处于上升的趋势。到2018年底，全市工商登记私营企业147.5万户，从业人员达1123.7万人。

3. 外商、港澳台投资经济从业人数稳定

1949年1月北平解放时，全市约有外商企业90户。新中国成立后，资本主义国家对中国实行封锁和禁运，一部分外商企业因经营不正常而歇业。1950年底，北京只有外商企业63户。此后，又有一些外商企业陆续歇业。

1978年，党的十一届三中全会以后，北京市扩大国际经济合作和技术交流,外商投资企业逐步发展起来。北京第一家中外合资企业(中国民用航空局北京管理局和香港伍占德中国航空食品有限公司共同兴办的北京航空食品有限公司),于1980年4月开业。1982年当年全市累计登记注册的外商投资企业7户,外国企业驻京代表机构466户。

1986年10月,国务院发布《关于鼓励外商投资的规定》,给了有产品出口的外商投资企业以及技术先进企业以特别优惠。对外商投资企业在生产经营、产品出口、外汇管理等方面的合法权益给予了法律保障。1988年6月,《北京市人民政府关于鼓励利用外资的若干规定》发布,进一步放宽外商投资项目审批权限。随着投资环境的改善和审批权限的下放,全市外商投资企业明显增加。同时外资的投向也更多地转向生产型企业。

1990年,北京市采取"解放思想,积极扩大利用外资,大、中、小项目并举,以中、小项目为主"的方针,进一步改善投资环境,采取简化登记程序,提高办事效率,向区县工商局下放外商投资企业登记的初审权,给外商投资创造更好的条件。1992年,北京市进一步改善外商投资环境,提高办事效率,加快吸引外资的步伐。同年4月,《北京市人民政府关于配套下放外商投资项目审批权的通知》,进一步把外商投资总额在500万美元以下(含500万美元)的外商投资项目审批权下放给区、县政府。北京市工商局也相应调整和放宽了外商投资企业的经营范围。

1993年是北京外商、港澳台投资企业发展最快的一年。北京市工商局全年登记注册外商投资企业3547户,是1992年同期登记的1.7倍。外商投资企业的分支机构、办事机构也有较快发展,当年新登记注册的分支机构335户、办事机构201户,比1992年同期分别增长了2倍和1.8倍。在新登记的外商投资企业中,大型项目增多,1000万美元以上的大型项目211户,是1992年33户的6.4倍,是前10年大型项目总数120户的1.7倍。外商投资领域也进一步拓宽,除继续向电子、服装等行业投资外,还开始向商业、国际期货咨询、殡葬、仓储业投资。来北京投资的国家和地区新增了11个。在北京投资的外商共来自74个国家和地区,以美国、中国香港、中国台湾、日本投资企业居多。

1994年,北京市进一步调整和扩大区、县工商局对外商投资企业初审的范围和权限。境外著名的跨国公司、大财团来京投资的增多。诸如,德国西门子公司、美国通用汽车公司、瑞士 ABB 公司、日本 SMC 株式会社等在北京均有投资。同时外商投资的第三产业发展迅速。

2019 年,全市规模以上外商投资企业 2123 个,从业人员 59.5 万人;全市规模以上港澳台商投资企业 1512 个,从业人员 57.2 万人。

(五)金融领域就业亮点呈现

作为重要的经济资源和财富,货币资金是连通整个现代经济生活的命脉和媒介。包括银行业、保险业、信托业、证券业和租赁业等在内的金融业运行状况不仅直接决定着金融行业的发展,而且在很大程度上关系着经济社会的发展,也成为社会就业的重要领域。

1. 金融业成为国民经济中的第一大支柱产业

在北京市,金融业是按照国民经济行业分类划分的 17 个行业中占比最高的第一大支柱产业。2016 年金融业实现增加值 4266.8 亿元,同比增长9.3%,占地区生产总值的比重为 17.1%,实现三级税收占全市的 42.5%,完成地方财政公共预算收入占全市的 18%,对经济增长的贡献率达到23.8%。金融业地区生产总值比重居全国前列,与纽约、伦敦、法兰克福、中国香港等国际金融中心城市的金融业占比相当。

2. 金融领域就业人数快速增加

从数量上看,新中国 70 年北京市金融领域就业人数趋于增长。金融保险业城镇单位在岗职工人数 1949 年为 1801 人,到 2019 年增加为 409961人,增加了近 227 倍。从在城镇单位就业比例来看,1949 年金融领域就业的比例为 0.57%,1952 年提高到 0.96%,1978 年降到 0.36%。1978 年以后金融业从业人数比例持续上升,1993 年达到 1.10%,2004 年达到 2.26%,2008 年达到 3.08%,2011 年达到 4.16%,2014 年上升到 5.01%,2019 年为 5.63%。

党的十八大以来,北京市金融业就业人数增长很快。根据第四次全国经济普查数据,到 2018 年末,北京市包括银行、证券公司、保险公司、信托投资公司和基金管理公司等广义金融业法人单位共有 12796 个,从业人员

805624人,分别比2013年末增长235.8%和86.1%。①

3. 工资水平居各行业之首

从国民经济各行业城镇单位在岗职工平均工资来看,工资水平排名第一的一直是金融业。2019年北京市金融业年平均工资高达347994元,为平均水平的2.0倍。其中,国有单位306346元,集体单位107357元,其他单位349147元,分别为平均水平的1.6、1.5和2.1倍。

北京市金融行业工资水平高的原因,一是缘自北京在全国金融业发展中的独特地位。以"一行三会"②为代表的金融监管类机构、以"工农中建"为代表的国有商业银行类金融机构、国际知名金融机构、国内大多数金融机构的总部,大部分超大型央企的总部也都设立注册在北京。而在金融机构总部中,聚集着大量高薪管理层人员。二是金融业的发展对于金融领域从业人员的以学历为代表的文化素质和文化教育程度提出了更高的要求,成为影响北京金融从业人员薪酬水平的重要因素。

(六)创新创业成效显著

新中国成立以来,北京市劳动者就业从以单位就业为主,到就业与创业并重,大众创业、万众创新(简称"双创")活力持续迸发。"十二五"时期特别是党的十八大以来,在科技北京发展建设规划指导下,按照国家实施创新驱动发展战略的总体要求,北京市围绕建设全国科创中心的战略目标,全面打造"双创"载体建设升级版,构建具有示范性和引领性的"双创"战略高地,建设有利于原始创新、成果转移转化的创新生态,促进创新链、产业链、服务链、资本链的高效融合,进一步集聚"双创"资源,以创新创业引领产业升级、助推就业提质,极大地提高了经济社会发展质量。

1. 政府积极引导"双创"工作

2007年前,创业作为再就业渠道,主要是针对下岗失业人员自谋职业、

---

① 北京市统计局、国家统计局北京调查总队网站,http://tjj.beijing.gov.cn/tjsj_31433/pcsj_31452/jjpc/。

② "一行三会"是指中国人民银行、中国银行业监督管理委员会、中国证券监督管理委员会和中国保险监督管理委员会。

自主创业制定的政策,党的十七大明确提出促进创业带动就业的战略决策,创业成为带动就业、创造更多就业岗位的重要举措得以发展。创业带动就业政策主要包括:自谋职业社会保险补贴政策、税收减免政策、小额担保贷款政策等,有效地调动劳动者创业的积极性。

党的十八大以来,北京市出台多项推动创新创业的政策。2014 年,中央和北京市推出多项政策促进创业,包括注册资本登记制度改革、大学生创业引领计划等,进一步明确了鼓励创业的政策导向。

注册资本登记制度改革显著激发了创业活力。2014 年,国务院出台《注册资本登记制度改革方案》,注册资本登记制度改革于 2014 年 3 月 1 日全面实施。新制度的推行降低了创业的门槛,对小微企业特别是创新型企业的发展有极大的促进作用。

鼓励大学生创业的政策导向进一步明确。在较长的时期里,大学生创业政策通常是大学生就业政策中的一部分,鼓励政策体现在税费减免、信贷支持、提倡引导等几个具体方面。2014 年 5 月,人社部、国家发改委、教育部等九部委联合下发了《关于实施大学生创业引领计划的通知》,提出实现2014—2017 年引领 80 万大学生创业的预期目标。2014 年 9 月,北京市人社局等 10 部门发布《北京地区大学生创业引领计划实施方案》,除贯彻国家政策以外,北京市提出的特有政策包括:第一,明确提出了引领在京创业的大学生人数,并重点提出战略性新兴产业以及生产和生活服务业这两个产业的创业大学生比重稳中有升;第二,北京地区高校的创业教育的重要性以创业基础教育列为必修课的形式进一步明确,将创业教育更深层次引入高等教育体系中;第三,针对经济发展新趋势,提出对开设"网店"创业的大学生和科技型小微企业的扶助政策;第四,为经营大学生创业场所的区县、高校或企业等提供帮助和指导;第五,开设专门服务窗口,为创业大学生提供一条龙服务,使创业大学生办理各项手续更为便利;第六,建立大学生创业工作及相关数据信息定期统计报送制度。2014 年下半年,北京市为推进大学生创业工作,建立了首批示范性高校创业指导中心和首个市级大学生创业园。2015 年 1 月,北京市教委与房山区政府签约共建北京高校大学生创业园。

党的十八大以来,北京市在坚持市场在资源配置中起决定性作用的同时,更好发挥政府作用,积极完善市场化服务和公共就业服务双轮驱动格局,为企业和劳动者提供更加高效、便捷、专业的就业服务,积极构建有利于大众创业、万众创新的政策制度环境和公共服务体系。2015 年 10 月,《北京市人民政府关于大力推进大众创业万众创新的实施意见》发布,以优化创新创业生态为主线,着力营造创新创业氛围,着力培育创新创业形态,着力完善创新创业布局,着力释放创新创业活力。建立了覆盖城乡,构建市、区、街乡、社区(村)四级公共就业创业服务体系,为劳动者提供法规政策咨询、市场供求信息发布、职业指导、职业介绍、技能培训、创业服务等全方位、多层次的公共就业创业服务。

北京市还持续激发市场就业活力,优化营商环境,持续深化"放管服"改革,推进人力资源服务行政许可先照后证改革,精简审批材料和环节。2018 年以来,北京市坚持把优化营商环境作为加快政府职能转变、促进高质量发展的重要抓手,不断深化改革锐意创新,取得了一系列成绩。在国家发改委对 22 个城市营商环境试评价中,北京市综合排名第一。2019 年 7 月,中共北京市委、北京市人民政府印发《北京市大力营造企业家创新创业环境充分激发和弘扬优秀企业家精神若干措施》,深入推进营商环境改革,大力营造有利于企业家创新创业的良好环境,充分激发和弘扬优秀企业家精神。

北京市不断完善就业创业政策支持体系,逐步形成创业培训、项目孵化、创业融资、减税降费、人才引进等政策。立足城市总体规划和产业调整方向,采取精细化服务、技能培训等多种方式,促进农村地区劳动力实现转移就业。围绕新经济新业态新产业,实施高校毕业生就业创业促进计划,开展精准服务,引导鼓励高校毕业生到基层和新经济领域就业创业。通过内部挖潜、转岗培训,促进企业职工转岗就业;采取鼓励用人单位招用、公益性岗位安置,帮扶困难群体实现稳定就业。通过财税、金融政策对初创企业扶持,提高创业担保贷款额度和贴息标准;调动民间资本的积极性支持创业,通过创新链、资本链、产业链"三链"融合,推动创新创业向纵深发展。

2."双创"发展取得显著成果

2015 年以来,"双创"主体快速增长,其间,每日新增科技型企业从

2015年的110家增加到2018年的223家,实现翻番;独角兽企业82家,企业数量和整体估值均实现了成倍增长;不断壮大的"双创"队伍为"北京创造"奠定了坚实的发展基础。首都特色创业政策、资金、品牌效应明显,"双创"文化日趋浓厚,"双创"生态更为完善,"双创"成效十分显著。

北京万人发明专利拥有量连续五年在全国位居第一,2018年,北京市专利申请量与授权量分别为21.1万件和12.3万件,相较2015年分别增长35%和31%。万人发明专利拥有量为111.2件,较2015年的61.3件增长80%,是全国平均水平的近10倍。新产业、新业态、新模式为特征的新经济,正全面助力北京经济实现高质量发展,2018年全市新经济总量达到万亿元水平,对GDP贡献达到三成。

北京"双创"的主体从小众走向了大众,科研人员、高校教师、企业高管、军转干部、医生、大学生等群体广泛参与"双创",高知识创业者成为主力军,学术导向的个体创新正向市场导向的群体创新转变。

北京的"双创"敞开了大门,正向央地协同、区域协同创新转变,不仅推动了一批央企重大项目率先在京产业化,还加快构建京津冀协同创新共同体。

经过几年积累,北京"双创"正呈现五个转变:从学术导向的个体创新向市场导向的群体创新转变,从分散式封闭创新逐步向开源式系统创新转变,从分隔式创新向央地协同、区域协同创新转变,从区域创新向境内外联动创新转变,从早期服务型向全链条生态型模式转变。①

3. "双创"助推社会事业的发展

为推动北京"双创"高质量发展,助力北京"双创"服务优化升级,北京市统计局联合北京市科委建立"双创"统计监测指标体系并按年度开展统计监测工作。北京市统计局2019年10月发布的数据显示,2018年北京"双创"整体水平进一步提升。"双创"综合指数为106.6,较上年提高6.6个点。四项分指数均较2017年有所提高。其中:"双创"环境指数为112.4,较上年提高12.4个点,在各项分指数中提升最快;"双创"资源指数

① 《每日新设223家科技型企业,北京亮出"双创"成绩单》,2019年6月13日,新华网,http://www.xinhuanet.com/2019-06/13/c_1124619734.htm。

为 100.5，较上年提高 0.5 个点；"双创"活力指数为 104.6，较上年提高 4.6 个点；"双创"成效指数为 108.8，较上年提高 8.8 个点。

（1）推动了政府服务的供给侧改革

2018 年，北京"双创"环境指数较 2017 年提高 12.4 个点。随着"9+N""9+N"2.0 和中共北京市委、北京市人民政府印发的《北京市进一步优化营商环境行动计划（2018—2020 年）》等政策措施落地，北京营商环境明显改善，减税降费效果显著。放宽企业所得税小微企业认定标准、企业研发费用加计扣除比例由 50% 提高到 75%，全年新增减税降费约 400 亿元，创新型中小微企业受益面扩大。"双创"服务效率提高，新注册企业所需时间缩短，税务部门全面实施"申报即享受"政策，简化申报环节，企业纳税时间从 142 小时压缩至 120 小时左右。产学研合作更加紧密，企业与院校、研究机构开展创新合作的比例较上年提高 4.2 个百分点。知识产权保护工作加强，知识产权一审结案量较上年提高 56%。

（2）加快了人才技术资本等创新要素聚集

2018 年，北京"双创"资源指数在上年较高水平上又提高了 0.5 个点。落实高端人才引进政策，为 2300 余名优秀科技创新人才办理引进落户，累计提供人才公租房约 8.2 万套。外籍人士和留学人员占创业者的比率为 11.1%，较 2017 年提高 0.8 个百分点。科技成果丰硕，技术市场活跃。2018 年，北京万人发明专利拥有量达 112 件，较上年提高 18.5%；技术市场合同成交总额 4957.8 亿元，较上年提高 10.5%；万名研发人员技术合同成交额 124.9 亿元，较上年提高 10.6%。[1]

（3）提高了"双创"发展的内涵和水平

2018 年，"双创"主体创新活力进一步提升，"双创"活力指数为 104.6，较上年提高 4.6 个点。中关村规模以下企业开展科技活动的比例为 63.4%，较 2017 年提高 10.4 个百分点。全市共有科技企业孵化器 152 个，其中"三城一区"孵化器数量占比为 57.2%；科技企业孵化器在孵企业总收

---

[1]　《关于北京市 2018 年国民经济和社会发展计划执行情况与 2019 年国民经济和社会发展计划的报告》，《北京日报》2019 年 1 月 29 日。

入较上年提高 38.1%,其中"三城一区"在孵企业总收入占比为 82.5%。全市共有众创空间 282 个,"三城一区"数量占比为 47.5%。"双创"服务机构为"高精尖"产业发展搭建孵育孵化平台,为创新创业企业和团队提供技术服务。在提供技术服务的机构中,服务"十大高精尖产业"的"双创"服务机构占全部"双创"服务机构的 90% 以上。

(4)培育了全新发展动能

2018 年,北京"双创"成效指数较上年提高 8.8 个点。独角兽企业达到 82 家,占全国近一半。从事人工智能、大数据、生物医药等前沿科技领域的独角兽企业占比超过 3 成,为"高精尖"产业发展提供新动能。中小微企业科技创新能力增强。小微企业专利申请量 13325 件,较上年增长 8.8%;中关村企业新产品销售收入占产品销售收入的比重为 38.9%,较上年提高 19 个百分点。新产业、新业态、新模式蓬勃发展,实现新经济增加值 10057.4 亿元,按现价计算较上年增长 9.3%,占全市地区生产总值的 33.2%,较上年提高 0.4 个百分点。①

(七)女性就业创业撑起半边天

1. 女性就业

新中国成立后,女性社会地位有了显著改善,更多的用人单位和家庭打破传统观念束缚,允许女性进入劳动力市场参与各项经济活动。政府为了保护女性的平等就业权,不仅批准了有关保护女性权益的国际文件,还制定了《妇女权益保障法》等一系列法律法规,女性的劳动参与率、职业获得以及工资收入等方面同男性的差距逐渐缩小。改革开放以来,市场化进程的发展对女性的劳动参与以及在劳动力市场中的状况产生了新的影响。为切实保障妇女平等就业权利,促进妇女就业,2019 年 5 月,北京市人力资源和社会保障局等九部门联合下发《关于进一步加强招聘活动管理促进妇女就

---

① 北京市统计局:《北京"双创"质量升级,蓄力发展新动能——北京大众创业、万众创新统计监测报告(2019)》,2019 年 10 月 18 日,http://tjj.beijing.gov.cn/zwgkai/zcwj/202002/t20200213_1629694.html。

业工作的通知》,要求把解决就业性别歧视作为推动妇女实现更高质量和更充分就业的重要内容。在招用人员过程中,不得以性别为由限制妇女求职就业、拒绝录用妇女,不得询问妇女婚育情况,不得将妊娠测试作为入职体检项目,不得将限制生育作为录用条件,不得差别化地提高对妇女的录用标准。要加强就业服务,以女大学生为重点,为妇女提供个性化职业指导和有针对性的职业介绍。组织妇女参加适合的培训项目,鼓励用人单位针对产后返岗女职工开展技能提升培训。

伴随经济社会发展,北京市女性就业形势持续向好,就业渠道不断拓宽,自主创业能力进一步增强。2019 年,城镇单位女性就业人数为 333.3 万人,比例为 42.1%。

(1)女性就业者的受教育水平高于男性

北京是高学历就业人口聚集的城市,并且女性就业者的受教育水平已经普遍高于男性。教育在劳动力市场的性别平等方面起到了非常大的作用,较高的受教育水平还有利于女性的就业,有利于两性就业差距的减小。由图 5.4 可以看出,在初等到中等教育程度区间,男性的性别比高于女性,在初中阶段出现峰值。42% 的就业男性的教育程度在中等教育及以下,就业女性的这个比例是 32.7%。而在高等教育程度区间,女性的比例则高于男性,67.3% 的女性就业者受过高等以上教育,而男性的这个比例为 58%。

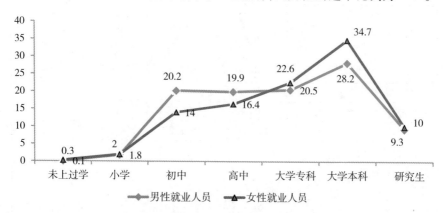

图 5.4 2019 年北京市分性别就业人口受教育程度构成

注:根据《中国人口和就业统计年鉴 2020》数据绘制。

（2）女性就业向高收入行业聚集，但是女性内部依然存在较大差距

根据北京市第四次全国经济普查公报，2018 年末，全市第二产业和第三产业法人单位从业人员 1361.0 万人，其中，女性从业人员 554.9 万人，占比为 40.8%。第二产业从业人员中，女性 53.7 万人，占比为 26.4%；第三产业从业人员中，女性 501.2 万人，占比为 43.3%。90.3% 的女性在第三产业就业，在第二产业就业的只有 9.7%。

从各个行业从业人员的性别构成看，女性在卫生和社会工作行业占70.1%，在教育行业占 63.3%，在金融业占 54.2%，在居民服务、修理和其他服务业占 52.3%，在住宿和餐饮业占 49.6%，在文化、体育和娱乐业占47.5%，在批发和零售业占 44.9%，在公共管理、社会保障和社会组织中占42.0%。在其他行业中，女性比例都在 40% 以下，见表 5.3。

从女性自身就业来看，就业比例最大的行业是租赁和商务服务业，占13.3%；其次是批发和零售业，占 13.1%；居第三位的行业是科学研究和技术服务业，占 9.5%；居第四位的行业是信息传输、软件和信息技术服务，占9.4%；居第五位的行业是金融业，占 7.9%；居第六位的行业是 7.7%。就业最低的行业是采矿业，仅占 0.1%。

表 5.3　2018 年北京市法人单位从业人员

	合计（万人）	女性（万人）	各产业中女性比例（%）	女性在各产业中的分布（%）
	1361.0	**554.9**	**40.8**	**100.0**
一、按产业分				
第二产业	203.6	53.7	26.4	9.7
第三产业	1157.4	501.2	43.3	90.3
二、按行业门类分				
农、林、牧、渔业	0.2	0.0	0.0	0.0
采矿业	3.6	0.6	16.7	0.1
制造业	96.8	33.7	34.8	6.1
电力、热力、燃气及水生产和供	10.8	3.1	28.7	0.6

	合计 （万人）	女性 （万人）	各产业中 女性比例 （％）	女性在各产 业中的分布 （％）
	1361.0	**554.9**	**40.8**	**100.0**
建筑业	96.5	17.0	17.6	3.1
批发和零售业	161.4	72.5	44.9	13.1
交通运输、仓储和邮政业	71.5	18.6	26.0	3.4
住宿和餐饮业	56.3	27.9	49.6	5.0
信息传输、软件和信息技术 服务	138.9	52.1	37.5	9.4
金融业	80.6	43.7	54.2	7.9
房地产业	73.0	28.8	39.5	5.2
租赁和商务服务业	187.2	73.8	39.4	13.3
科学研究和技术服务业	140.4	52.7	37.5	9.5
水利、环境和公共设施管理 业	18.4	6.0	32.6	1.1
居民服务、修理和其他服务 业	30.6	16.0	52.3	2.9
教育	67.1	42.5	63.3	7.7
卫生和社会工作	36.4	25.5	70.1	4.6
文化、体育和娱乐业	37.5	17.8	47.5	3.2
公共管理、社会保障和社会 组织	54.1	22.7	42.0	4.1

注:根据北京市第四次全国经济普查数据计算。

作为一个以第三产业为主的城市,女性一直以来都是北京市第三产业中的主力军,女性就业人口超过男性就业人口的行业均是第三产业,女性就业人口在行业内占比最高的前三个行业分别为卫生和社会工作(70.1%)、教育(63.3%)、金融业(54.2%),都是平均工资较高的行业。女性在第三产业中已经开始聚集在了收入较高的行业中,与此同时第三产业中的女性经济地位也出现了两极分化的情况,还有大量的女性聚集在第三产业收入较低的几个行业里面。

（3）女性在专业技术人员中占据优势

2015 年北京市 1% 人口抽样调查数据显示，专业技术人员中女性就业人口占比为 53.65%，男性为 46.35%，女性在专业技术职业中占据就业优势。

数据显示，2010—2015 年间女性高层次人才获得较大的发展，但是仍然没有超过职业比，远低于男性的性别比，单位负责人还是以男性为主导的职业。女性在专业技术人员职业上的性别比已经超过行业比，而且比男性性别比还要高出许多，专业技术人员职业中女性逐渐占据优势，2010—2015 年专业技术人员中女性的比例还在不断增长。同时普通办事人员的性别比在五年来也发生了增长，并且已经开始超过男性的性别比。女性在白领职业中不断扩张，越来越多的女性进入白领阶层。虽然女性在白领中的比例不断上升，但是，担任负责人的比例仍然不高。

2. 女性创业

推动妇女就业创业是落实大众创业、万众创新战略要求的具体体现，是保民生、促和谐以及促进女性自身发展的重要举措。在"双创"发展中，女性创业环境不断优化，对于女性创业发展起到了重要的促进作用。特别是北京市各级妇联组织和女性社会组织在推动女性创业方面发挥了重要作用，形成了首都女性创业的特色实践，涌现出一批优秀女性创业者和女企业家，在推动首都经济社会发展和科技创新，特别是在促进社会就业、参与基层社会治理、开展女性公共外交等方面展现了特有的价值和贡献。

在就业促进方面，北京市有关部门出台了《关于支持北京"巧娘"手工业发展，推动妇女创业就业的意见》《北京市小额担保贷款奖励性补助资金管理办法》等政策措施，联合中国妇女发展基金会等共同启动"母亲创业循环金"小额贷款项目，建设"首都巾帼现代农业科技示范基地"，建立完善基地宣传展示网络平台，强化妇女创业科技引领。北京市丰富创业就业培训内容，各级妇联共举办手工编织、农业技能、巾帼家政等各类培训班 1366 期，培训妇女73681 人次；组织妇女与专家结对活动 1403 次，受益妇女 44364 人次。① 实践

① 施昌奎主编：《北京公共服务发展报告（2015—2016）》，社会科学文献出版社2016 年版，第 98 页。

表明,促进女性创业就业,需要妇联组织发挥引领作用,不断加大政府对于女性创业的政策支持和服务,搭建助推女性创业的发展平台。

三、新中国 70 年北京劳动就业的实践经验

纵观新中国 70 年的发展历程,北京市的就业工作是在党中央和国务院的统一领导下,根据北京市的具体情况,立足发展阶段性特征,不断推进创新发展和政策完善,劳动就业取得了历史性成就,诸多就业指标在全国范围内均处于领先地位。概括起来,可以得到如下经验与启示。

(一)以保障和改善民生为根本,始终把就业摆在突出位置

就业是最大的民生,是人民生存生活权利的基本保障,更是劳动者融入社会、实现自身价值、分享发展成果、获得幸福的根本途径。新中国成立后,党和政府以人民为中心,就业问题一直被党和政府摆在经济社会发展的突出位置。北平解放后,通过恢复经济、稳定物价、解决就业等手段积极改善民生。新中国成立初期,中央人民政府把安置失业人员问题作为一件大事来抓,并采取救济和安置失业人员。1954 年新中国第一部宪法明确规定,国家通过国民经济有计划的发展,逐步扩大劳动就业,改善劳动条件和工资待遇,保证公民的劳动权利。在完成向社会主义的过渡后,国家开启大规模的工业建设,在计划经济体制下进行社会主义建设的探索和实践,保障了全体人民的基本民生需要。

改革开放后,经济建设成为党和国家的中心工作,但促进就业、改善人民生活,始终是经济建设的出发点和落脚点。改革开放初期,党中央重新认识社会主义的就业问题并进行政策革新,坚持以改革开放和发展经济解决就业问题,逐步打开了城市就业市场的大门,通过发展多种所有制经济,保障劳动者就业,解决隐性失业问题。

在社会主义市场经济体制建立和完善时期,政府确立了“劳动者自主择业,市场调节就业,政府促进就业”的就业方针,坚持通过发展经济、调整经济结构、深化改革、协调发展城乡经济以及完善社会保障体系促进就业,

并采取各种有效措施,千方百计地增加就业,努力把失业率控制在社会可承受的限度内。20世纪90年代后期到21世纪初,随着国有企业改革攻坚的深入,大量原国有企业职工下岗失业,以促进国有企业下岗职工再就业为主要内容的就业政策得以实施,并最终促进了积极就业政策体系的建立。2002年党的十六大明确提出要千方百计扩大就业,强调各级党委和政府必须把改善创业环境和增加就业岗位作为重要职责。2006年10月党的十六届六中全会决定,把社会就业比较充分、覆盖城乡居民的社会保障体系基本建立,作为构建社会主义和谐社会的目标和主要任务之一。2005年国务院下发《关于进一步加强就业再就业工作的通知》,对之前的政策进行了延续、扩展、调整、充实,积极就业政策的基本框架得以确立。积极的就业政策核心内容主要包括:以提高经济增长对就业的拉动能力为取向的宏观经济政策;以重点促进下岗失业人员再就业为取向的扶持政策;以实现劳动力与就业需求合理匹配为取向的劳动力市场政策;以减少失业为取向的宏观调控政策;以既能有效地保障下岗失业人员基本生活,又能积极促进再就业为取向的社会保障政策。2007年颁布的《就业促进法》明确规定,国家把扩大就业放在经济社会发展的突出位置,实施积极的就业政策,坚持劳动者自主择业、市场调节就业、政府促进就业的方针,多渠道扩大就业,并要求"县级以上人民政府把扩大就业作为经济和社会发展的重要目标,纳入国民经济和社会发展规划,并制定促进就业的中长期规划和年度工作计划"。北京市践行就业优先的发展理念,将扩大就业作为经济社会发展的重要政策目标,将城镇新增就业、调查失业率作为全市经济社会发展的重要指标。

党的十八大以来,就业被摆在了经济和社会发展的优先位置。随着我国经济社会发展与劳动力供给趋势的变化,我国就业的基本形势和主要矛盾也在发生深刻变化。劳动力供给增速趋缓,总量逐步减少,就业结构性矛盾逐步成为主要矛盾。党的十八大对就业工作提出新的更高的要求,努力推动实现更高质量的就业成为新目标、新任务。党的十九大报告中提出,就业是最大的民生,要坚持就业优先战略和积极就业政策,实现更高质量和更充分就业。就业问题在整个国民经济和社会生活中的重要性进一步提升。在经济社会发展中,保障人民的基本生存生活,满足每个劳动者获得生产的机会,提供合适的就业岗位,通过就业发挥劳动者的才能,实现个人的全面自由发展,同时也激发社会活力,创造社会的生机。就业优先战略不仅体现在新的战略高度上认识和把握就业问题,还将重点群体就业摆在突出重要的位置,重点抓好高校毕业生就业和化解产能过剩中出现的下岗再就业工作,加强技能培训,促进转岗就业。2018 年 7 月,针对复杂严峻的外部环境和国内经济面临的下行压力,党中央提出要做好稳就业、稳金融、稳外贸、稳外资、稳投资、稳预期工作,将稳就业作为"六稳"之首。2019 年的《政府工作报告》首次将就业优先政策置于宏观政策层面,旨在强化各方面重视就业、支持就业的导向。

(二)坚持实事求是,在不同历史阶段采取不同的就业政策

影响就业的因素非常复杂,在不同时期,就业的重点和难点是不同的,有周期性的就业问题,也有结构性的就业问题,而且所涉及的人群也不一样。党和政府在制定促进就业的政策时,坚持实事求是,一切从实际出发,根据经济社会不同发展阶段中就业形势的实际情况,确定不同的就业方针,制定实施不同重点内容的就业政策和措施,取得显著的政策效果。

在新中国成立之初,由于长期受战争的影响,经济萧条,失业问题严重。中央人民政府针对当时的失业情况,采取标本兼治的措施,一方面对旧社会遗留的政府公职人员和官僚资本企业的职工采取全包下来政策,以减少新的失业;另一方面,通过统一介绍与自行就业相结合的就业方针帮助失业者重新就业。

在改革开放之初,随着大量知识青年返城,加上新增劳动力,城市的就业压力剧增。坚持以改革开放和发展经济解决就业问题,党中央提出了"三结合"的就业方针,即劳动部门介绍就业、自愿组织起来就业和自谋职业相结合。劳动力管理体制的改革有效缓解了当时的就业压力。20 世纪 90 年代初,出现了农村富余劳动力、下岗失业人员和新成长劳动力在同一时期就业需求达到高峰的"三碰头"情况,劳动就业政策以促进和规范劳动力的流动,增强市场配置劳动力要素,提高用人单位用人自主权为主要导向。随后大力推行再就业工程,引导和帮助下岗职工实现再就业。

　　进入 21 世纪,特别是党的十八大以来,党和政府根据就业状况综合运用各种政策工具,就业政策不断升级。针对国有企业改革导致的下岗职工再就业问题,采取加大国家财政对社会保障的支持力度,加强"三条保障线",保障下岗失业人员的基本生活。为解决下岗失业人员再就业问题,2002 年党和政府提出实施积极的就业政策,通过职业培训、提供公共岗位、改善就业环境、支持劳动者自谋职业和自主创业、鼓励企业更多吸纳就业等来扩大就业。2009 年以后,积极就业政策升级扩展为更加积极的就业政策,包括推进创新创业,拓展就业新空间;强化职业培训和就业服务;在制定财税、金融、产业等重大经济政策时,要综合评价其对就业的影响等。

　　2012 年党的十八大报告明确要求贯彻"劳动者自主就业、市场调节就业、政府促进就业和鼓励创业"的方针,将鼓励创业作为就业工作方针的重要内容。"创业带动就业"表明我国的就业机制正在发生积极的变化,将推动大众创业、万众创新作为实现经济发展的"双引擎"之一。继 2015 年 4 月国务院出台《关于进一步做好新形势下就业创业工作的意见》后,2017 年 4 月国务院下发了《关于做好当前和今后一段时期就业创业工作的意见》,围绕着促进以创业带动就业、针对各类重点群体就业、支持新就业形态发展以及加强就业服务和职业培训方面提出了一系列政策和要求。与此同时,国务院还连续发出多个促进大众创业、万众创新、就业精准扶贫、支持新业态发展、重点群体就业等方面的文件,形成了新一轮的积极就业政策的集成与创新。

　　为贯彻落实国务院关于就业工作的指示,2009 年 3 月,北京市政府、市劳动和社会保障局先后出台了《北京市人民政府关于实施稳定就业扩大就业六项措施的通知》《关于支持企业稳定就业岗位有关问题的通知》《关于鼓励用人单位吸纳就业有关问题的通知》《北京市职业培训补贴管理办法》等相关配套政策措施。党的十八大以来,北京市贯彻落实党中央"稳就业"的决策部署,围绕落实首都城市战略定位,深入实施就业优先战略,全面贯彻"劳动者自主择业、市场调节就业、政府促进就业和鼓励创业"的新时代就业方针,不断丰富完善促进就业创业政策措施,高标准打好稳就业、促就业"组合拳"。特别是通过减税降费和稳岗补贴等一揽子措施,支持企业高质量发展。北京市的促进就业政策体系包括促进就业政策、就业服务政策和稳定就业政策三大类。① 政策受惠群体中既有年龄偏大人员、身体残疾人员、享受低保待遇人员、零就业家庭、长期失业人员等城乡就业困难群体,也有大学毕业生、农民工和国有企业富余职工等重点帮扶群体。政策作用目标既包括对城乡劳动者的就业服务,也包括针对单位招用、自谋职业、自主创业和灵活就业等不同就业形式的引导就业,还包括危机风险下的稳定就业。

(三)坚持以发展和改革统领就业,促进就业与经济社会发展良性互动

就业制度是整个社会经济体制的重要组成部分,就业制度要服从经济体制改革的需要。因此,就业制度的变革与经济体制紧密相连。党和政府坚持将就业制度改革和政策创新与经济社会其他领域的改革创新紧密结合,相互协调,相互促进。计划经济体制下的就业采用统包统配的形式,就业政策体现为全员就业、计划安置,通过固化的用工制度和户籍制度来保证和稳定城乡劳动者的就业岗位。而社会主义市场经济体制下的就业,则是坚持"劳动者自主择业、市场调节就业、政府促进就业"的方针,就业政策体现出市场性、多元性和灵活性的特点,通过市场化导向改革和强调比较优势发展战略的实施,不但实现了城镇就业的基本稳定,还吸纳了数以亿计的农民工就业。

把稳定和扩大就业摆在经济社会发展的优先位置,还把发展经济作为解决就业问题的根本途径。经济发展是就业增加的前提,没有一定的经济发展,就业的增加就缺乏根基。所以,在任何时期,党和政府都关注经济发展,坚持经济建设的根本任务,以经济社会发展来促进和保障就业,坚持就业与经济社会发展的良性互动,更加重视以全面改革促进就业创业。新中国成立之初,党和政府坚持将革命和建设结合起来,坚持以恢复和发展生产作为解决就业和治理失业的根本途径,并实施以工代赈的办法。在国民经

---

① 中国劳动和社会保障科学研究院课题组莫荣、翁仁木:《北京市创建充分就业市对策研究》,《中国劳动》2018 年第 6 期。

济迅速恢复发展的同时,就业问题也得到了比较好的解决。改革开放后,经济实现了持续高速增长,经济结构不断优化,经济发展与扩大就业保持了比较好的协同。

党的十八大以来,经济进入新常态,经济从高速增长阶段转向高质量发展阶段,国家继续推进经济发展与扩大就业的良性互动,更加重视以全面改革促进就业创业,在高质量发展中创造更多高质量就业机会,为创业就业提供新的空间。特别是在巩固公有制经济主体地位的同时,不断发展非公有制经济;在巩固做强传统动能的同时,不断培育新动能和经济新业态。通过提高公共就业创业服务水平,为实现更高质量和更充分就业提供动力。进入新时代,更要坚持以改革和发展促进就业创业。一是要集中精力抓发展;二是要把就业再就业工作做实;三是劳动者要转变观念。同时,要全面深化改革,为创造更加公平有效的劳动力市场,提高公共就业创业服务水平,为实现更高质量和更充分就业释放更多的改革红利。

(四)不断培育就业增长点,重视非公有制经济就业主渠道和创业带动就业的作用

重视非公有制经济就业主渠道的作用和功能。在改革开放之前,公有制经济占据了国民经济的主导地位,同时也是劳动者就业的主要场所。改革开放之后,非公有制经济有了迅猛的发展,而且日渐成为劳动者就业的主渠道。1997 年党的十五大将个体、私营等非公有制经济确定为社会主义市场经济的重要组成部分,将其纳入我国的基本经济制度。为了推进非公有制经济的发展,2005 年 2 月,《国务院关于鼓励支持和引导个体私营等非公有制经济发展的若干意见》文件出台,此后,针对非公有制经济的利好政策陆续出台。在 2018 年 11 月召开的民营企业座谈会上,习近平总书记再次强调了民营企业的重要作用,并从减轻企业税费负担等六个方面提出了促进民营企业发展的措施。这些措施对于激发非公有制经济活力,促进民营经济发展和扩大就业功能起到重要作用。北京市通过进一步提高对发展个体私营等非公有制经济重要意义的认识,统筹规划,改善服务,创造公平的市场准入环境,拓宽民营经济的发展领域,加强对民营经济的支持与服务,

创造民营经济发展的良好环境,疏通民营经济融资渠道,改善民营经济的生产经营条件,培育和完善对民营经济的社会服务,针对民营企业发展阶段的不同特点和需求,为民营企业提供精准识别、精准指导、精准匹配、精准支持的"四精准"全方位服务。经过多年的发展,民营经济已经成为北京市经济和社会发展的重要组成部分,在推动经济发展、改善民生、促进就业和科技创新等方面发挥着重要的作用。民营经济是北京吸纳就业的主力军,吸收了全市企业从业人员总量的70%以上。①

　　坚持就业与创业相结合共同促进就业的战略。劳动者的自主创业是解决就业问题的一条重要途径。随着"双创"的大力推行,北京市的创业环境大大改善,创业已由生存型创业转向生存型和机会型并存。创业带动就业,已经成为解决就业问题的一个重要途径。北京市加快建立健全与首都城市战略定位相匹配的创业政策服务体系,打造创业带动就业升级版,创造更高质量就业机会。一是完善创业政策,进一步加大对创业者的扶持力度。围绕支持高校毕业生、专业技术人才创新创业,完善落实创业"导师帮带制度"和创业见习基地、专业技术人员离岗创业政策,培育一批创业领头羊,发挥创业引领作用。服务推动新经济新业态领域创业,将现有创业就业政策向"互联网+"等领域延伸,完善相关扶持措施,促进新经济新业态发展。二是抓好创业服务升级,为创业者提供低成本、专业化、全要素的创业服务。完善公共创业服务体系,组织好创业培训、千名创业导师培育、优秀创业项目遴选、创业大赛等各类创业服务活动,提升公共创业服务效能。围绕解决创业者及创业企业用人难题,加强用工指导,加大技能人才、专业人才和管理人才培养和引进力度,及时提供人事代理、教育培训和职称评定等服务,打造"创业北京"的创业服务品牌。三是优化创业环境,激发全社会创新创造创业活力。进一步深化行政审批改革,为劳动者创业提供更大便利。继续搞好"双创活动周"等创业推进活动,鼓励支持创业沙龙、创业竞赛、创业论坛等各类活动开展,为创业者交流经验、学习借鉴、资源对接牵线搭桥。加大创业宣传,以榜样力量引领、带动更多劳动者投入创新、创业热潮,在全

---

① 《北京市七项就业政策助力民营企业招人》,《北京日报》2019年7月9日。

社会厚植创业文化，营造鼓励创业、激励创新的良好社会氛围。

（五）充分发挥政府的作用，加强劳动力市场建设和完善就业服务体系

改革开放以来，北京市坚持发挥市场在促进就业中的决定性作用，坚持市场导向的就业体制机制改革方向，同时，也重视政府的责任和作用，推动劳动力资源的市场化配置机制的建立完善，推动统一开放、竞争有序的人力资源市场体系建设，促进人力资源充分开发、合理流动和有效配置利用。经过长期的培育和发展，劳动力市场的决定性作用不断增强。一是就业渠道多元化，通过私营企业、外资企业、自主创业和各类新就业形态实现就业的劳动者越来越多，大量农村劳动力选择进城就业。二是就业形式多样化。许多新就业形态不再有硬性的时间、地点的限制，兼职就业、自由职业、网络平台就业等不断出现。三是就业观念市场化。劳动者愿意为获得就业岗位或更高收入而进行流动，打破了城乡、地区、行业和所有制的界限，自主择业、自主创业、终身学习等新就业观念也越来越流行。尽管市场在劳动力资源配置中起着决定性作用，但是，由于市场缺陷导致劳动力资源配置缺乏效率，因此对于就业问题，还需要发挥政府的作用。北京市坚持市场在资源配置中起决定性作用的同时，更好发挥政府作用，积极凝聚社会各方力量，完善市场化服务和公共就业服务双轮驱动格局，为企业和劳动者提供更加高效、便捷、专业的就业服务。

加强劳动力市场建设，消除不利于就业的体制机制障碍。城乡分割的劳动力市场不但阻碍了劳动力的自由流动，也损害了劳动力配置的效率。北京市统一城乡就业促进体系，形成城乡统一的就业失业管理制度，实现公平就业。将创业作为促进就业增长的重要渠道，着力消除制约创业发展的体制机制障碍，营造有利于创业的良好环境。通过统筹城乡就业，形成城乡一体化的劳动力市场，建立城乡劳动者自由流动、自主择业、平等就业、自主创业的新型就业制度，为北京市高质量和充分就业作出了重要的贡献。

完善就业服务体系，实现劳动者的充分和高质量就业。一方面，通过公共部门基本建立了覆盖城乡的公共就业服务体系,推动统一人力资源市场的建立,开展普惠性的免费全方位公共就业服务。通过强化就业服务和劳动力市场信息服务,改进和加强城乡劳动者人力资本投资和就业能力建设,缩小城乡劳动者在社会保障方面的差异。特别是坚持"保"与"导"相结合,即建立市场就业与托底就业保障相衔接的机制。就业能力较弱的就业困难群体通过充分利用本市有关就业支撑政策,失业人员尽快实现了就业。在保障就业困难群体就业的同时,还根据劳动力市场的供求信息和他们自身的实际情况,开展职业指导、职业培训、推荐介绍及跟踪服务等多项就业服务,帮助他们树立市场就业的思想,积极主动地提高自身技能、素质,引导他们最终通过市场实现就业。北京市建立了相对健全的公共就业服务体系,公共就业服务设施和就业服务制度远高于全国平均水平,因而失业人员、高校毕业生等重点人群就业率保持较高水平。另一方面,着力发展市场化服务体系,鼓励发展各类人力资源服务机构和服务产业,提供更加便捷高效和更有针对性的就业服务。

新中国成立 70 年来,北京市劳动就业工作取得巨大成就,为经济发展和社会稳定作出卓越贡献。未来较长一段时间,包括北京市在内的就业形势稳中有忧、稳中存变,劳动力供给总量趋减、人口老龄化进程加速、宏观经济不确定性增加、新技术变革及应用冲击,以及新业态发展对就业提出了新挑战。要保持就业发展的良好态势,北京市需要继续推进就业优先政策,加强与宏观政策的协同。同时,还要深化劳动力供给侧结构性改革,积极化解就业结构性矛盾,千方百计稳定和扩大就业。突出抓好重点群体就业,做好各类困难人员就业帮扶和托底安置。此外,还要完善就业服务体系,全面提升公共就业服务水平,全面提高就业质量,依法保护劳动者合法权益。激发市场活力,进一步增强创业创新和新动能对就业的带动作用。

第六章　老龄事业:老有所养　关爱夕阳

　　老年人的生活状况受到社会的广泛关注。1982年,第37届联合国大会通过的《维也纳老龄问题国际行动计划》(37/51号)指出,要"应当尽可能地让老年能够在自己的家庭和社会中享受一种被珍视为社会整体一部分的充实、健康、有保障和令人心满意足的生活"。我国是人口大国,也是世界上老年人口最多的国家。"老吾老,以及人之老""谁言寸草心,报得三春晖",古代中国就产生了养老、爱老、敬老的传统美德和孝道文化,"老有所养"也成为千百年来百姓追求的幸福生活以及国家建设的重要目标。老龄事业发展与经济社会发展密切相关,不仅涉及社会保障、养老服务、健康支持等体系的健全完善,也包括繁荣老年消费市场、建设老年宜居环境、丰富老年人精神文化生活、扩大老年人社会参与、保障老年人合法权益等具体工作。发展老龄事业是党和政府的重要工作,积极应对人口老龄化正日益凝聚起社会广泛共识。

　　北京作为国家首都,也是中国人口老龄化态势最具代表性的城市之一。关心、关注老龄人口,发展老年科教文化事业一直是中共北京市委、市政府推动民生和社会建设发展过程中始终强调的工作任务和目标。特别是伴随人口老龄化进入加速发展阶段,北京市积极推动养老服务改革,探索建立多支柱、多层次、公平、有效、可持续发展的基本养老保险制度,以及以居家为基础、社区为依托、机构为补充、医养相结合的现代养老服务体系,努力实现城乡老年人口老有所养、老有所依、老有所乐、老有所安。梳理新中国成立以来特别是党的十八大以来北京市老龄事业的发展进程、取得的成就和经验，对于全方位展示新中国 70 年北京社会建设成就具有非常重要的意义。

一、社会主义革命和建设时期的老龄事业

新中国成立前夕，旧社会遗留下来的国民经济几近全面崩溃，加之卫生医疗事业长期处于落后状态，医院少、药品缺，人民健康水平十分低下，新中国成立之初我国人口平均寿命还不到 40 岁（其中男性 39 岁，女性 42 岁），可以说面临的养老压力很小。新中国成立后，社会秩序逐步稳定，国民经济迅速恢复和发展，医疗卫生条件得到明显改善，人民生活水平大幅提高，社会经济的发展为养老事业发展创造了有利的条件。因此，在继承敬老、爱老民族优良传统以及体现社会主义国家人民当家作主制度优越性的同时，新中国也开始制定颁布一系列养老政策法规，建立并不断调整养老保险制度，推行老年优待政策，建设老年服务设施，推动养老服务产业发展。在此过程中，北京市积极贯彻党和国家有关老龄事业发展的一系列政策法规，并结合地方实际，不断加大政策和资金投入，开展老年优待工作，逐步探索推动老龄事业发展。

1954 年，中华人民共和国第一部宪法明确规定："劳动者在年老、疾病或者丧失劳动能力的时候，有获得物质帮助的权利。国家举办社会保险、社会救济和群众卫生事业，并且逐步扩大这些设施，以保证劳动者享受这种权力。"当时的北京，同全国一样，人口老龄化现象尚未显现，面临较小的养老压力。因此，在贯彻落实国家有关养老保障相关政策基础上，也结合地区实际，逐步实施开展相应的养老保障举措，包括企业职工的劳动保险制度、国家机关和企事业单位的干部退休保障制度等，并通过设立养老院、敬老院等养老福利机构等方式，为老弱病残、孤寡老人提供安度晚年的场所，对发展养老保障和老年福利事业进行了初步探索。

（一）制度养老：探索中的养老保障

1951 年，政务院发布《中华人民共和国劳动保险条例》（简称《劳动保

险条例》），是新中国成立后首部全国统一的社会保险法规。该条例对企业职工的养老和医疗作出了相应规定，这也成为当时北京市推行城市养老保障的重要政策依据。按照《劳动保险条例》，男职工年满 60 岁，一般工龄满 25 年，本企业工龄满 10 年；女职工年满 50 岁，一般工龄满 20 年，本企业工龄满 10 年，可以办理退休手续，按月领取养老补助费。养老补助费的标准是本人退休前工资的 35%—60%，发放养老补助费至退休职工死亡时为止。据此，北京市首先在百人以上企业中执行，又扩大到各种经济类型的企业。到 1951 年底，北京市实行《劳动保险条例》的职工有 8.4 万人。自 1952 年起，国家机关、事业单位职工开始实行退休制度和公费医疗制度。①

同时，北京市也开始根据国家统一安排，着手建立职工劳动保险制度，为职工提供养老、医疗等社会保障，以减少职工生活的后顾之忧。一些企业如电车公司、自来水公司、石景山钢铁厂等，着手拟定养老待遇等劳动保险的各项规定。随后，劳动保险制度的实施范围逐步扩大。到 1953 年，北京市实施《劳动保险条例》范围扩大到国营基本建设单位，到年底实行《劳动保险条例》的职工人数达到 30.9 万人。1956 年，实施范围进一步扩大到商业、外贸、粮食、供销合作、金融、民航、石油、地质、水利、水产、农场、牧场、造林等 13 个产业部门，享受劳动保险的人数增加到 49.9 万人。

同时，对不能坚持工作又不符合退休条件的人员，北京市执行中财委颁布的《关于国营企业工人、职员退职处理暂行办法（草案）》（1952 年）。按照这一办法，对已经实行劳动保险的国营企业职工，因个人身体衰弱不能工作，又不符合退休养老条件的，按退职处理。但是，由于当时国家机关、企事业单位干部中的一部分实行供给制，生、老、病、死以及伤残等方面主要由国家包下来，未实行《劳动保险条例》。

到了 1955 年 7 月，国家命令取消干部供给制待遇，一律实行工资制。国家机关、企事业单位的干部也建立了退休保障制度。1955 年 12 月，北京市贯彻国务院颁发的《国家机关工作人员退休处理暂行办法》，明确规定人

---

① 北京市地方志编纂委员会：《北京志·综合卷·人民生活志》，北京出版社 2007 年版，第 488 页。

民团体、企事业单位的干部参照执行。从此，干部和工人分别实行两种退休办法。① 直到 1957 年，国务院制定了《关于工人、职员退休处理的暂行规定》，统一了国家机关、事业单位与国营企业职工原来实行的两种退休办法。

同时，鉴于老年人身体机能随年龄增长不断衰退的生理特征，老年人具有强烈的医疗需求，为此，《劳动保险条例》也提出确立劳保医疗制度，解决工人的医疗保健问题，并逐步在国家工作人员范围内实施公费医疗制度，在农村建立起合作医疗制度，这些为保障老年群体的身体健康作出了积极贡献。在此背景下，北京市积极落实国家有关医疗保障方面的政策措施，推动城乡医疗保障制度建设，有效促进了老年人口的身体健康。

相较于城市企事业单位的养老政策，新中国成立初期我国对农村养老尚没有整体性政策安排，基本延续原有的家庭养老模式，实行家庭养老为主的养老政策。社会主义改造完成以后，党和政府对农村中无劳动能力和生活来源的鳏寡孤独老人，采取农村集体供养，逐渐形成了一种特殊的养老制度。在北京，广大农村以生产队、社为单位照顾和赡养孤寡老人，对尚有一些劳动能力或能够生活自理的老人，由队社安排一些简单劳动并进行赡养；或委托固定农户家庭对五保老人进行照顾，村社集体适当给予农户工分补偿或实物补助；或通过筹建养老院，对失去劳动能力老人进行赡养，国家和队社集体担负赡养费用。同时伴随农村合作化运动开展，逐步建立起合作医疗制度，有效缓解了农村缺医少药、农民看病难等问题，为保障农村老年群体健康作出了积极贡献。

（二）养老服务：推进老年福利机构建设

新中国成立初期，国家在实施基本的劳动保险制度的同时，对于一些生活困难老人和社会优抚对象，还通过开办福利性养老机构，提供生活照护型的粗放式养老服务，来解决这部分困境老年人社会照护问题。在当时城乡

---

① 北京市地方志编纂委员会：《北京志·综合卷·人民生活志》，北京出版社 2007 年版，第 489 页。

分治的二元社会结构下,城市服务设施是生产教养院,后更名为养老院、敬老院。而为了收养无亲属照顾的烈属老人,1958 年我国创建了烈属养老院(后更名为光荣院),主要接收孤老伤残军人、孤老复员军人等,逐步建立起相应的优抚对象养老机构。①

北平和平解放后,一批无依无靠、无生活来源和丧失劳动能力的孤寡老人,也受到了政府和社会的供养和照顾。1949 年初,北平市政府接管了当时市内唯一的一所老年人收养机构——北平市社会救济院安老所。该所担负收容北京市无经济来源、无子女赡养、流浪街头巷尾的病、弱、残孤寡老人。1949 年 2 月收容 600 人,1954 年增为 921 人。1961 年,该所改名为北京市养老院,承担收养北京市劳动人民出身的无依无靠、无家可归、无生活来源的社会孤寡老人,由国家供养终生。除市民政局举办老年人福利单位外,北京市东城区、崇文区、宣武区、朝阳区等民政部门,也于 1958 年、1959 年,分别兴办了养老院,收养本区孤寡老人。②

1969 年 2 月,财政部颁发《关于国营企业财务工作中几项制度的改革意见(草案)》,规定"国营企业一律停止提取劳动保险金",企业职工的各项劳动保险费用,均由企业负担。这一时期,职工退休制度也未正常执行,多数符合退休条件的职工没有办理退休手续。直到 1974 年,北京市的职工劳动保险工作,开始由北京市劳动局统一管理,这也标志着劳动保险工作开始逐步得到恢复和加强,实行《劳动保险条例》的单位中符合退休条件的老职工陆续办理了养老退休手续。

二、改革开放和社会主义现代化建设新时期的老龄事业

1978 年,党的十一届三中全会开启了我国经济社会发展的历史新时期。改革开放以来,面对国内外环境的复杂变化和重大风险挑战,党中央、

① 杨根来:《新中国养老服务 70 年发展历史脉络》,《中国社会报》2019 年 9 月 30 日。

② 北京市地方志编纂委员会:《北京志·综合卷·人民生活志》,北京出版社 2007 年版,第 485 页。

国务院团结带领全国各族人民,不断推进改革开放步伐,推动经济发展和各项社会事业取得举世瞩目的伟大成就。与此同时,伴随经济社会稳步发展,城乡居民收入显著提高,居民生活水平和质量得到极大改善。特别是社会保障事业逐步实现从低层次到制度建立完善再到全面推进的演变发展,党中央、国务院按照全覆盖、保基本、多层次、可持续方针,以增强公平性、适应流动性、保证可持续性为重点,积极推进社会保障事业建设,逐步建立了覆盖城乡的社会保障体系。由此,人均期望寿命也得到较大幅度提升,国家在调整经济社会发展的同时,逐步开始对养老政策进行调整,老龄事业随着经济体制改革进入有序发展的新时期。

特别是 20 世纪末,中国 60 岁以上老年人口占总人口的比例超过了10%,达到国际上认可的老龄化标准,开始步入人口老龄化国家行列,并在进入 21 世纪以后更加加快了老龄化速度。老龄事业发展日益引起国家和社会的普遍重视,党和政府积极应对人口老龄化挑战,把发展老龄事业作为统筹经济社会全面发展的重要内容,采取有效措施,探索适合中国国情的老龄事业发展模式,并充分运用经济、法律和行政的方式,不断推动老龄事业发展。

在此过程中,北京市把握发展机遇,全面推进改革开放,经济发展连续保持了多年的高速稳定增长。同时,为适应市场经济发展和配套国有企业改革,中共北京市委、市政府贯彻落实国家有关养老服务发展相应的政策法规,坚持以养老为先导,积极推进养老保险改革以及养老服务事业发展,逐步拓展到失业、医疗、工伤和生育,经历了由改革试点到推广铺开、从自发改革到自觉改革、从单项改革到综合改革的渐进过程,为建立形成政府、社会、市场广泛参与,全方位、多体系的养老服务体系奠定了基础。

(一)解决历史遗留问题(1978—1989 年)

改革开放和社会主义市场经济的深入发展,引起我国社会经济结构和价值体系发生划时代的变革。1978 年,国务院颁布《关于安置老弱病残干部的暂行办法》和《关于工人退休、退职的暂行办法》,对退休养老问题重新进行了调整和规范,开始确立以企业为主体的养老模式。1991 年 6 月,国务院颁布《关于企业职工养老保险制度改革的决定》,提出建立多层次的社会主义养老保险体系,开启了社会养老保险之门,确立了基本养老保险、企业补充保险、个人储蓄保险相结合的养老保险体系,明确基本养老保险政策是国家强制性的养老政策。至此,我国企业职工社会养老保险制度初步确立起来。①

在国家推动解决养老秩序混乱的历史遗留问题以及建立企业职工社会养老保险制度过程中,北京市积极贯彻国家有关养老事业发展的各项政策部署,并结合地区实际情况进行相应调整。根据国务院颁发的《关于工人退休、退职暂行办法》和《关于安置老弱病残干部暂行办法》,北京市在退休条件中取消了一般工龄的规定,将连续工龄改为 10 年,退休费的发放标准也改为按个人参加革命工作的时期(抗日战争时期、解放战争时期、中华人民共和国建立后)和连续工龄的长短分别发给相当本人退休前月标准工资的 60%—90%。到 1978 年底,北京市企业退休职工已有 11 万人。北京市的党政机关、群众团体、企业、事业单位干部则按照国务院《关于安置老弱病残干部的暂行办法》处理。同时,为解决好老干部离职休养问题,北京市出台具体政策,对新中国成立以前参加中国共产党所领导的革命战争、脱产享受供给制度待遇的和从事地下革命工作的老干部实行离职休养制度。1982 年开始,每年都有符合离职休养的老干部按规定办理离休。养老保险制度实施范围逐步扩大。

1982 年 7 月,北京市生产服务合作总社系统的企业已经开始试行统筹资金建立养老保险。按照当时的政策规定,男职工年满 60 周岁,女职工年满 50 周岁,分别实行退养、退休、退职制度。1983 年 1 月,北京市劳动服务公司系统企业,为青年职工建立养老储备金制,资金由企业利润中提取。1984 年起,国营企业及区、县、局系统集体所有制企业的临时工(指 1971 年以前雇用并有城市户口的),凡男年满 60 周岁,女年满 50 周岁,可办理退休,根据本人连续工龄长短,按月发给本人工资 60%—70% 的生活补助费,直至死亡,不足 30 元的按 30 元发给。1986 年,北京市人民政府颁布《北京

① 陈茉:《中国养老政策变迁历程与完善路径》,吉林大学博士学位论文,2018 年。

市国营企业职工退休基金统筹试行办法》,从 11 月起,率先在国营企业实行退休基金统筹。为加强统筹基金的管理,1987 年 7 月,北京市各区、县和企业主管局(总公司),均设立退休费用统筹管理委员会。

实行退休金社会统筹后,既缓解了企业之间退休费用负担畸重畸轻的问题,也使得职工按规定享受养老待遇更有保障。同时为保障退休人员的基本生活,减少物价上涨对退休人员的影响,退休人员同样享受国家规定的各类价格补贴,并随同在职人员增加工资的同时适当增加生活费补贴。1986 年,国营企业按工资总额 11.5% 提取劳动保险金,1987 年增加到13.5%;同年 5 月,为退休职工每月增发困难补助,劳动保险金的提取比例又增加到 15%。

在恢复和重建企业职工养老保险制度,解决养老秩序混乱等历史遗留问题过程中,北京市结合城市发展特点以及回应老年人口养老服务需求,逐步加强老龄社会福利机构建设步伐。1982 年 8 月,北京市的老年人福利单位几经整合,成立了北京市社会福利院。1988 年,为改善收养老人的生活环境,北京市政府投资新建了 11716 平方米的福利楼,并改名为北京市第四社会福利院。院内设有康复颐乐园、医疗门诊等设施,开展老年人文娱、书法、绘画、影视等活动,实施中西医康复治疗。福利院向社会开放,主要收养北京市、外埠、港澳地区和国外华侨等各界自费休养老人以及离退休老人和社会孤寡老人。随后,北京市民政局在西城区德胜门外新建第一社会福利院,总建筑面积达 12261 平方米,院内设有老年人休养楼(有床位 350 张)、生活颐养楼、会议礼堂、图书游艺室、康复医疗楼等。主要接纳北京市居民中的烈军属及残疾军人孤老、自行养老有困难的专家和教授、国家机关相当司局级以上的干部以及港澳同胞和海外华侨中的孤寡老人入院进行养老和康复治疗。

由此,这一阶段北京市老龄事业发展的主要任务是根据国家有关养老服务发展相应政策法规,解决一系列历史遗留问题,同时积极推进养老保险改革,推动以机构养老为主体的养老服务事业发展,以适应社会主义市场经济建立发展过程中的养老事业发展,同时应对愈加显现和突出的人口老龄化挑战。

（二）应对老龄化挑战（1990—2011 年）

1990 年,北京市人口年龄结构由成年型开始向老年型过渡,其中 60 岁以上老年人人口的比重达到 10.1%,成为我国继上海之后第二个进入"老年型"的城市。到了 1997 年底,北京全市常住人口中 60 岁以上的老年人口已达 174 万人,占总人口的 14%。[①] 2000 年第五次人口普查分析结果显示,北京市人口的平均年龄为 35.7 岁,比 1990 年提高 3.3 岁;60 岁以上的老年人口已达 170.2 万人,在总人口中的比重为 12.5%,与 1990 年相比老年人口总量增加了 60.8 万人,增幅高达 55.6%,年平均增长率为 4.4%,增长速度远远快于同期总人口 2.4% 的年平均增长率,在总人口中的比重上升了 2.4 个百分点;而 65 岁以上的老年人的人口比例高达 8.4%,[②]老龄化程度仅次于上海,位居全国第二,已成为典型的老年型城市。面对日益凸显的城市老龄化问题,北京市进一步加快推进城市企业职工养老保险制度改革进程以及农村社会养老保险的制度建设,从而为实现城乡老年人口"老有所养",减轻社会养老压力提供了制度保障。

1. 城乡并举:建立多层次养老保障制度体系

一方面,伴随国务院颁布《关于企业职工养老保险制度改革的决定》,全面启动了我国企业职工养老保险社会统筹的改革,实行基本养老、企业补充养老、职工个人储蓄养老保险相结合的制度,由国家、企业、个人共同承担费用。北京市根据相关政策,确定了职工个人缴纳养老保险费的标准。同时,为了使广大职工都能享有"老有所养",北京市不断扩大退休基金社会统筹实施范围,本着"互助共济,风险分担"的原则,尽量吸收企业单位参加退休基金统筹。截至 1997 年,北京市参加统筹的单位已达 17866 个,职工人数 2643754 万人。1997 年一年提取统筹基金总额即达 39.6 亿元。2006 年底,北京市政府制定颁布《北京市基本养老保险规定》,进一步保障劳动

---

① 白恩良、张克清:《北京迎接老龄化挑战》,《北京观察》2000 年第 6 期。
② 《北京人口平均年龄 35.7 岁,平均预期寿命 76.7 岁》,《北京青年报》2002 年 5 月 27 日。

者退休后的基本生活,并针对养老政策调整背景下的老龄人口,完善基本养老保险制度。

另一方面,除在农村推行五保供养制度,对失去劳动能力的鳏寡孤独老人实行五保供养以外,国家也开始积极建立全国统一的农村养老标准。1985年,民政部提交国务院《关于探索建立农村基层社会保障制度的报告》,正式提出农村实行社会养老的构想,并从1986年开始逐步进行试点和试行。在此背景下,北京市立足农村困难群众基本生活权益保障,积极贯彻落实农村五保供养制度,不断提高五保供养水平、扩大社会救助覆盖范围,加大力度实施农村社会养老保险,确保农村老年群众特别是困难老龄群体保障水平与经济社会发展同步提升。

2005年底,北京市人民政府办公厅在全国率先出台实施《农村社会养老保险制度建设指导意见》以及《关于实施北京市农村社会养老保险制度建设指导意见的具体办法》(市劳动和社会保障局、市财政局联合出台),①按照政策规定,参加北京市农村社会养老保险的山区农民将至少获得每人每年70元的政府补贴,平原农民可拿到最少每人每年50元的政府补贴,其中农保基金由个人账户资金和调剂金两部分组成。2007年12月,为进一步完善北京市农村社会保障体系,统筹城乡社会发展,保障农村居民年老后的基本生活,实现"老有所养"的社会建设目标,根据国家有关法律法规,北京市结合市区实际,制定了《北京市新型农村社会养老保险试行办法》(北京市人民政府印发)。这些政策从六方面进行了创新:制度模式由原来的完全个人账户模式改革为个人账户与待遇调整机制相结合的模式;筹资方式由"个人缴纳为主、集体补助为辅、国家予以政策扶持",明确为"个人缴费、集体补助,政府补贴";建立动态缴费机制;建立了农村养老保险与城镇养老保险的衔接机制;农村社会养老保险基金纳入区县财政专户管理;农村社会养老保险管

---

① 见《北京市人民政府办公厅关于印发北京市农村社会养老保险制度建设指导意见的通知》(京劳社农发〔2006〕75号)以及《关于实施北京市农村社会养老保险制度建设指导意见的具体办法》(京政办发〔2005〕62号)。

理机构不再提取管理服务费,人员和工作经费列入同级财政预算。① 这些不仅有助于解决北京本地农民的后顾之忧,进一步完善了北京农村社会保障体系,也对推动全国农村养老保险政策的建立产生了积极影响。

随后,针对城乡一部分无社会保障老年群体,北京市进一步出台《城乡无社会保障老年居民养老保障办法》,按照统筹城乡的要求,遵循与经济发展水平和财政承受能力相适应的原则,对具有北京市户籍、年满60周岁,且不享受社会养老保障待遇的人员,享受每人每月200元的城乡无社会保障老年居民养老保障待遇。2008年12月,北京市人民政府印发《北京市城乡居民养老保险办法》,针对具有本市户籍,男年满16周岁未满60周岁、女年满15周岁未满55周岁(不含在校生),未纳入行政事业单位编制管理或不符合参加本市基本养老保险条件的城乡居民,应当参加城乡居民养老保险,实行个人账户与基础养老金相结合,个人缴费、集体补助与政府补贴相结合的制度模式。②

伴随经济社会发展进程,北京市不断调整和解决特殊群体和对象的养老问题。如2001年制定颁布《农民工养老保险暂行办法》(市劳动和社会保障局印发),有针对性地解决农民工群体养老保险问题,有效保障农民工合法权益;2004年市劳动和社会保障局制定《关于本市建设征地农转工自谋职业人员社会保险有关问题的处理办法》,妥善解决建设征地农转工自谋职业人员的社会保险问题;2007年制定有关工伤职工养老保险办法,切实维护工伤职工合法权益;2009年就市内转移就业农村劳动力参加养老保险问题,市劳动和社会保障局颁布《关于本市转移就业的农村劳动力参加养老保险有关问题的通知》;2010年进一步加快推进基本养老保险工作重心从制度覆盖向人群覆盖转移,以实现"人人享受社会保障"的目标,着力化解历史遗留问题,维护北京市基本养老保险正常工作秩序,规范基本养老

① 《北京06年起实施农村社会养老保险制度》,2005年12月23日,http://www.gov.cn/banshi/2005-12/23/content_134721.htm。
② 《北京市人民政府关于印发北京市城乡居民养老保险办法的通知》(京政发〔2008〕49号)。

保险缴费行为。

与此同时,国家在医疗保险方面不断加大力度,保障老年人健康需求。从1998年国务院发布《关于建立城镇职工基本医疗保险制度的决定》,在全国范围全面进行职工医疗保障制度改革,逐步建立起城镇职工基本医疗保险、城镇居民基本医疗保险、新型农村合作医疗和城乡医疗救助制度,形成了我国基本医疗保障体系。据此,北京市积极开展医疗保障制度改革以及医疗社会救助,保障人民群众基本医疗需求,提高人民群众特别是老年人口的健康水平。

2. 跨越式发展:推进老年福利与养老服务体系建设

进入21世纪以来,中国人口老龄化速度不断加快,老龄化程度不断加深,呈现出城乡、区域间的不平衡,不仅对国家经济社会发展产生重要影响,也更加凸显出城乡养老服务发展的需求和问题。在建设富强、民主、文明、和谐、美丽的社会主义现代化国家进程中,国家开始积极应对人口老龄化问题,要求充分发挥政府、社会、家庭和个人的作用,积极推进方便老年人生活的基础设施建设,建立健全适应家庭养老和社会养老相结合的为老服务网络和满足老年人特殊需求的老年用品市场,加快建立以居家养老为基础、社区服务为依托、机构养老为补充的老年人社会福利服务体系,推进形成人人享有基本生活保障、不断满足人民日益增长的美好生活需要的中国特色社会主义养老体系。

北京市在推进城乡养老保险社会统筹发展、医疗保障制度改革、健全老年社会保障体系的同时,不断出台各项老年人优待和福利政策,逐步完善农村老年福利服务设施体系,为农村家庭养老提供支持,为老年人医疗保健提供载体,为老年人文化娱乐活动提供场所,不断满足农村老年人的生活和服务需求,为建设社会主义新农村和构建和谐社会的首善之区贡献力量。

在老龄人口社会福利建设方面,北京市各部门、各单位在20世纪90年代开始普遍建立多种形式的老年活动中心,作为离退休职工学习、健身、娱乐的场所,以提高老干部、老职工的生活质量,使他们老有所为、老有所乐,增进提升老年人社会福利。1992年,北京市劳动局在平谷县金海湖畔建设北京市退休职工活动站——碧海山庄,每年都组织接纳部分离退休职工前往疗养。各区县也建有退休职工活动站作为老职工健身、娱乐的场所。到1997年底,北京市有大小老干部活动站9000多个,其中具有一定规模的老干部活动中心100多个。①

在农村地区,除国家办的社会福利院外,北京市郊区大部分乡镇都办起了敬老院。特别是伴随社区服务开展,北京市城镇地区不少街道、社区也相继举办了为老年人服务的敬老院。到1997年底,北京市有市、区办的老年人福利院5所,职工601人,其中,医护人员238人,公设床位1120张,收养973人,其中自费者598人,"三无"对象355人,优抚对象20人。由乡镇、街道办的敬老院272所,职工1581人,共设床位8822张,收养5682人。在社会福利院和敬老院生活的老人,基本实现了老有所养、老有所依、老有所乐,无忧无虑地安度晚年。②

进入21世纪以后,我国进入全面建设小康社会,加快推进社会主义现代化的新阶段。解决老龄化问题,满足老年人不断增长的物质和文化需求,实现老龄事业与经济社会协调发展,促进社会公平和稳定,是社会主义现代化建设一项重要而紧迫的战略任务。2001年,民政部在全国发起实施"社区老年福利服务星光计划",利用发行福利彩票筹集的福利金资助城市社区的老年人福利服务设施、活动场所和农村乡镇敬老院的建设。在北京,星光计划以社区居委会为重点,新建和改扩建了一大批社区老年人福利服务设施和活动场所,逐步形成了社区居委会有站点、街道有服务中心的社区老年人福利服务设施网络。2006年,北京市结合新农村建设工程,参照城市社区"星光老年之家"建设的做法,决定实施"山区星光计划"。即以福利彩票公益金资助部分山区村建设老年福利服务设施,以改善山村老年人生活环境,提高其生活质量。2007年起,北京市正式启动城镇居民参加基本医疗保险试点工作,逐步将城镇无保障老人和在校学生及学龄前婴

---

① 北京市地方志编纂委员会:《北京志·综合卷·人民生活志》,北京出版社2007年版,第493页。

② 北京市地方志编纂委员会:《北京志·综合卷·人民生活志》,北京出版社2007年版,第485页。

幼儿纳入基本医疗保险体系,被称为"一老一小"保险,主要解决城镇老年人、学生及婴幼儿住院治疗的医疗费用。城镇老年人和学生儿童按照"就近就医"原则,可在全市定点医疗机构范围内就近选择 3 所医院作为本人的定点医疗机构,同时可在全市定点医疗机构中的中医医院、专科医院和 16 家 A 类医院直接就医。实施"一老一小"保险,不仅推进了北京市城镇居民住院报销水平的均等化程度,也是一项颇具创新性的老年人口关爱政策。

伴随老龄化进程不断推进,2009 年北京市民政局、市发展和改革委员会、市规划委员会、市财政局、市国土资源局出台《关于加快养老服务机构发展的意见》,提出养老服务坚持以"全面关怀、重点照顾"为理念,努力实现"9064"养老服务新模式。即"到 2020 年,90%的老年人在社会化服务协助下通过家庭照顾养老,6%的老年人通过政府购买社区照顾服务养老,4%的老年人入住养老服务机构集中养老",着重打造社区居家养老服务综合体,逐步建立起集中照料服务与社区居家服务互为补充的养老服务体系,推动老年福利服务由补缺型向适度普惠型转变。

随后,为切实解决北京市养老与助残问题,构建城乡一体化的社会化养老助残服务体系,完善"9064"养老服务模式,促进老年人、残疾人共享经济社会发展成果,北京市根据国家相关法律法规以及全面推进居家养老服务工作的要求,围绕人文北京、科技北京、绿色北京的发展要求,按照政府主导、部门协作、社会参与、个人自愿的原则,2009 年北京市民政局制定养老"九养"政策,包括建立万名"孝星"评选表彰制度、建立居家养老(助残)券服务制度和百岁老人补助医疗制度、建立城乡社区(村)养老(助残)餐桌、建立城乡社区(村)托老(残)所、招聘居家服务养老(助残)员、配备养老(助残)无障碍服务车、开展养老(助残)精神关怀服务、实施家庭无障碍设施改造、为老年人(残疾人)配备"小帮手"电子服务器等,以提升老年人、残疾人的社会福利水平和生活质量,促进和谐社会建设。① 据统计,"九养政

---

① 《关于贯彻落实〈北京市市民居家养老(助残)服务("九养")办法〉的意见》(京民老龄发〔2009〕504 号)。

策"受益人群高达 38 万人。①

同时，围绕"老有所养、老有所医、老有所教、老有所学、老有所为、老有所乐"的工作目标，北京市广泛动员社会力量，采取多种形式，逐步建立起广覆盖、多层次的老年身心关爱服务体系，以应对老年人（残疾人）心身疾病，满足老年人（残疾人）多样性、个性化的精神养老需求，全面提升老年人的生活质量和幸福指数。如提出从 2011 年起利用 5 年左右时间推进老年身心健康关爱服务工程，建立北京老年身心关爱服务行业管理的体制机制，健全"96156"精神关怀服务热线平台，建立市、区（县）、街（乡镇）、居（村）四级老年身心健康关爱服务体系，培育专业心理咨询师、志愿者、社区心理辅导员三支队伍，形成覆盖全市城乡社区的养老（助残）精神关怀服务体系，以提升老年人、残疾人精神生活水平，积极推动城乡老年人（残疾人）精神关怀服务与物质生活服务协调发展。②

2011 年，北京市继续深入落实"九养政策"和老年人优待办法，市民政局、市财政局、市残疾人联合会集中出台了《北京市低保家庭生活不能完全自理老年人入住定点社会福利机构补助办法（试行）》等 13 项老龄人口优待政策。同时不断加大对城乡敬老养老服务机构的扶持和资助，市民政局出台《关于进一步规范和调整街道乡镇敬老院建设资助工作的通知》，对全市街道乡镇敬老院新建、扩建和设施设备购置改造的建设项目给予资金扶持，对获得"星级评定"的养老机构给予 2 万到 32 万元不等的奖励。鼓励社会力量参与养老服务产业发展，市民政局、市财政局、市残疾人联合会出台《关于调整社会力量兴办社会福利机构运营资助标准的通知》，运营资助标准从每人每月 150 元至 200 元提高到 200 元至 300 元。开展社会办养老机构建设支持试点，2011 年全市共有 6 家社会办养老机构符合资助条件，下拨建设支持资金 3115.6 万元；探索"医养结合"，11 家养老服务机构被授

---

① 《北京"九养政策"将出 38 万人月领百元服务券》，2009 年 10 月 26 日，http://news.ifeng.com/mainland/200910/1026_17_1405533.shtml。

② 《关于进一步加强我市养老（助残）精神关怀服务工作的指导意见》（京民老龄发〔2011〕113 号）。

予医保定点资质,成为医保定点单位。此外,继续开展万名"孝星"和千家为老服务示范单位命名活动,老年人补助医疗制度覆盖范围扩展至95周岁及以上。加大养老设施建设土地供应,提高街道乡镇敬老院建设资助标准,全市新增养老床位10536张,养老机构服务的质量和水平也得到大幅提高。①

根据2011年北京市老龄工作委员会办公室对500名65周岁及以上老年人进行的老年人优待政策社会评价抽查,100%的老年人对优待政策表示赞扬,69.3%的老年人因享受免费乘车、逛公园等优待政策感觉身体状况和精神状况明显改善,37.6%的老年人明确表示因享受优待政策而减少了医药费支出。据统计,2011年北京市共办理老年人优待卡204167张,优待证136426张,为25234名90至99岁高龄老人发放高龄津贴2863.68万元,为477名100对以上老年人发放高龄津贴109.2万元。② 2011年中秋节,中共中央政治局常委、国务院总理温家宝看望北京市第一社会福利院的老人,并向全国的老年人致以节日祝福。温家宝观看了"北京市养老事业实现跨越式发展"展板,听取了北京市养老工作情况介绍,提出要努力实现老有所养、老有所医、老有所教、老有所学、老有所为、老有所乐的老龄事业发展目标。③

三、中国特色社会主义新时代的老龄事业

北京是中国人口老龄化态势最具代表性的城市之一。2012年,北京市60岁及以上户籍老年人口达到262.9万人,占总人口的20.3%;其中65岁及以上户籍老年人口184.6万人,占总人口的14.2%;80岁及以上户籍老年人口42.6万人,占总人口的3.3%。按照15—59岁劳动年龄户籍人口抚

---

① 北京市民政局:《二〇一八年北京市民政事业发展统计公报》,2019年8月23日,http://mzj.beijing.gov.cn/art/2019/8/23/art_659_291436.html。

② 老龄办:《市民政局系统2011年工作情况和2012年工作重点(第四部分)》,2012年2月2日,http://mzj/beijing.gov.cn/art/20121212/art-5550-1000.html。

③ 段柄仁编:《北京年鉴2011》,北京年鉴社2011年版。

养 60 岁及以上户籍人口计算,老年抚养比系数达到 29.4%。而到了 2019 年,户籍老年人口达到 367.7 万,占全市户籍总人口的 26.3%,其中 80 周岁以上户籍老年人口 63.1 万,占比 16.2%;百岁及以上高龄老年人口共 1046 人。① 与此同时,总人口抚养比达到 28%,相比 2010 年增长 7.06 个百分点。老龄化进程与家庭小型化、空巢化相伴随,与经济社会转型期的矛盾相交织,社会养老保障和养老服务的需求急剧增加。推动养老事业发展,积极应对人口老龄化,成为首都适应经济发展新常态和全面建成小康社会的一项重要任务。

党的十八大以来,以习近平同志为核心的党中央高度重视人口老龄化问题,关心老龄事业改革发展,关注老年群体福祉改善。为进一步推动老龄事业发展,党的十八大、十九大以及"十三五"规划纲要都对应对人口老龄化、加快建设社会养老服务体系、发展养老服务产业等提出明确要求,积极推动老龄事业发展,以确保和实现广大老年人过上幸福晚年生活。在推进养老服务发展方面,国家制定出台了一系列相关政策措施,老龄工作的顶层设计不断加强,养老服务在体系化建设上迈出了坚实步伐。特别是《"十三五"国家老龄事业发展和养老体系建设规划》的出台,成为各地区推动养老服务业发展的行动指南。该规划提出要坚持把加强规划作为构建大格局的重要基石,要认真做好规划的研究制定和贯彻实施,做好央地发展规划的有序衔接。

为此,《北京市"十三五"时期老龄事业发展规划》将养老服务的重点定位在居家,提出要实施居家养老幸福工程,构建具有首都特色的养老服务和保障体系,既吸收借鉴了养老服务领域好的经验做法,也是在全方位深入开展调研、精准掌握老年人需求基础上提出的。规划中提出社会养老保障体系更加完善、社会养老服务体系丰富多样、老龄社会管理体系共建共享、老龄政策法规体系更加完备的体系建设目标,以期在更高层次上引领养首都养老服务事业发展。②

---

① 《北京市常住老年人口已达 371.3 万人》,《北京日报》2020 年 10 月 19 日。
② 王小娥:《构建大格局 引领新发展 推动北京老龄事业实现新发展》,《中国社会工作》2017 年第 17 期。

在此过程中,北京市积极贯彻落实国家有关老龄事业发展的各项政策方针,推进实施养老制度改革以及养老服务产业发展,实现基本养老保险统筹协调发展,深入落实"九养"政策,进一步完善北京市"9064"养老服务模式,不断拓展敬老优待领域和范围,探索"医养结合""智慧养老""抱团养老"等新型养老模式,努力实现老有所养、老有所依、老有所乐、老有所安,推动首都老龄事业发展进入新阶段。

(一)围绕实现"老有所养"完善养老保障与多样化养老模式

老有所养,是老年人依靠社会和家庭能够得到所需的生活照顾和经济、物质保证,是实现老年人安心老去的基础和必要条件。在此意义上,实现老有所养,既需要保证老年人生活所需要的经济和物质生活条件,又强调老年人在生活不能自理时,得到社会或家庭的帮助和照顾。

2012 年以来,老龄化速度快、老年人口数量增大,以及老年抚养比例不断提高等,成为北京老龄化形势的新特点,也进一步凸显了加快发展养老服务事业的紧迫性。为此,一方面,北京市不断提高城乡居民养老金以及福利养老金的标准,出台老年人优待政策,扩大福利政策的惠及范围;另一方面也加快推进养老服务业发展,按照"9064"养老服务模式,逐步建立起政府、社会广泛参与,多层次、多类型、广覆盖的城乡养老服务体系。另一方面,我国自 20 世纪 90 年代逐步构建起覆盖城乡的养老保险基本制度,为老龄人口实现"老有所养"奠定了政策制度基础。在贯彻落实国家各项有关社会保障政策制度基础上,北京市根据首都经济发展水平,不断提高养老保障标准,逐步完善老年医疗保障、社会救助、高龄津贴、计划生育家庭奖励扶助补贴、老年优待等制度,逐渐形成了特殊困难老年人重点保障,逐步惠及全体老年人的福利保障格局。

据统计,"十二五"至"十三五"发展时期,北京市企业离退休人员平均养老金、城乡居民基础养老金、城乡居民福利养老金年均增长 10%以上,养老金水平一直处于全国前列,逐步实现了让所有老年人共享经济社会发展成果的民生目标。同时,北京市不断提高地区城乡居民养老金以及福利养老金的标准,连续出台老年人优待政策,扩大福利政策的惠及范围。特别是伴随 2005 年以来国家养老金持续连续上涨的趋势,北京市养老金月平均水平也在不断得到调整和提升。2012 年以来,北京市城镇职工基本养老金持续增长,企退人员人均基本养老金从 2012 年的月平均 2510 元提高到 2019 年的 4157 元,实现了多年连续增长,待遇水平全国领先。① 从养老专项资金投入来看,北京市养老专项资金由 2012 年的 5.2 亿元增加到 2019 年的 13.8 亿元,增长 165.4%,②其中 2019 年老年人福利支出达 121744.7 万元,571545 名老人享受高龄补贴,98095 人享受护理补贴,24232 人享受养老服务补贴;特困人员救助供养支出达到 16952.3 万元,5386 名老人享受特困救助供养;参加企业职工基本养老保险的人数达到 1651.6 万人,年均增长了 3.8%。③

为实现"人人享有社会保障"的目标,北京市取消了劳动者"身份、户籍、地域"界限,将 180 多万稳定就业的农民工纳入城镇职工养老和医疗保险覆盖范围;同时完成市级公费医疗与职工医保制度并轨,将 9 个重点村和重点村之外的 31 个村的整建制农转居人员纳入制度体系。坚持社保"新六项"待遇标准联动调整机制,调整企业退休职工接办养老金、最低工资、失业保险金、工伤职工伤残补贴及城乡居民基础养老金、福利养老金月水平,并对未享受中央财政补贴的城乡无社会保障老年居民 36.1 万人增发补贴,提高基础养老金和福利养老金水平。

北京市积极推进养老服务事业发展,逐渐形成了多样化养老服务模式。早在 2008 年,北京市在《关于加快养老服务机构发展的意见》(市民政局、市发展和改革委员会、市规划委员会、市财政局、市国土资源局联合出台)中,就提出了"9064"的养老模式构想。即 90% 的老年人在社会化服务协助下通过家庭照顾养老,6% 的老年人通过政府购买社区照顾服务养老,4% 的

---

① 根据北京市人力资源和社会保障局发布关于调整企业退休人员基本养老金相关通知中的数据计算。

② 《本市晒 70 年民生账单 养老机构床位 7 年增加 5 万余张》,《北京晚报》2019 年 9 月 6 日。

③ 北京市民政局:《2019 年社会服务统计季报表(四季度)》,http://mzj.beijing. gov.cn/art/2020/1120/art_66747618.html。

老年人入住养老服务机构集中养老。"9064"养老模式成为新时期北京市应对人口老龄化问题、推动老龄事业发展的一项重要政策实践。

按照 2009 年民政局出台的《北京市市民居家养老（助残）服务（"九养"）办法》，北京市继续以政府购买服务方式为老年人（残疾人）提供多种方式的养老（助残）服务。同时在社会养老方面，持续推进二级养老管理服务中心建设工作，采取改建、扩建、与社区服务中心或养老设施合建等方式，整合社区资源，不断增加养老机构和床位数量。通过补贴社会办养老机构运营，督办养老机构建设用地、房产证办理、消防验收、工程建设、财政补助等热点难点问题，给予街（乡、镇）养老照料中心设施建设支持和购置设备补贴等政策，进一步鼓励和推动社会力量参与养老机构建设。通过新建、改建、扩建养老照料中心，使全市近 120 万名老年人在享受机构养老服务的同时，还能就近享受到方便快捷的助餐、助浴、助洁、助急、助医、康复护理、精神慰藉等居家和社区养老服务。2015 年，北京市投入资金 4495 万元，在城六区和顺义等开展养老助餐服务体系建设试点，培育养老助餐特色品牌，鼓励大型社会餐饮企业通过建立"远郊中央厨房+冷链输送+社区配送站"的社区配餐网络，包片为老年人提供配餐、助餐和送餐服务。截至 2019 年底，北京市共有收养性养老机构 560 个，床位 108563 张，年末在院人数 46653人，进一步健全了以居家为基础、社区为依托、机构为补充、医养相结合的养老服务体系，以满足老年人多层次、多样化的养老服务需求。①

2015 年 11 月，为深入贯彻落实国务院对北京城市总体规划的批复，积极应对北京人口老龄化的严峻形势，解决养老服务中的突出矛盾和问题，北京市民政局、市规划委正式发布《北京市养老服务设施专项规划》，第一次明确提出"9064"养老服务目标，在充分分析养老服务设施现状以及与建设国际一流和谐宜居之都的差距基础上，提出建成"以居家为基础、社区为依托、机构为支撑的，设施齐备、功能完善、布局合理"的新型养老服务体系。在此过程中，北京市分区分级规划设置各类养老服务设施，努力提升人均养老设施用

---

① 北京市民政局：《二〇一九年北京市社会建设和民政事业发展统计公报》，2020年 8 月 18 日，http://mzj.beijing.gov.cn/art/2020/8/18/art_667_528368.html。

地面积,增加全市机构养老床位数量。其中2019年,北京市财政安排养老服务专项资金预算13.81亿元,重点用于支持各区建设运营街(乡镇)养老照料中心和社区(村)养老服务驿站,分类开展养老服务改革试点等工作。①

(二)围绕实现"老有所依"构建"三边四级"养老服务体系

"老有所依"是传统中国文化追求大同社会的重要标准,也是当下老龄化社会的一种真实诉求,期待老年生活能够有所依托。特别是对于一部分不愿或无法住进养老机构的老年人来说,居家、就近养老时如何解决生病及日常看护、照料问题,是养老服务建设的重点和难点所在。因此,北京市推进老龄事业发展过程中,不仅积极贯彻国家有关养老保障方面的制度政策,形成多样化的养老服务模式,也不断提升养老服务的质量和水平,以更大程度上提升老年群体的生活质量。构建"三边四级"的养老服务体系,将养老服务送至"最后一公里",就是确保实现老龄人口"老有所依"的重要举措。

"三边四级"养老服务体系,是指依托区级养老服务指导中心、街乡养老照料中心和社区养老服务驿站等区域性养老服务平台,统筹区域内企事业单位和社会组织提供的各类专业服务和志愿公益服务,实现老年人在其周边、身边和床边就近享受居家养老服务。所谓"三边"指的是老年人的"床边、身边和周边";"四级"指的是"市、区、街、居"四个层级的责任体系。

2016年,北京市提出并着手构建"三边四级"的养老服务体系框架,围绕贯彻落实《北京市居家养老服务条例》,按照养老服务要让老年人看得见、摸得着、感受得到的工作目标,从抓重点、补短板、重协调、促发展四个方面,积极推进北京养老服务发展。2017年,北京市财政安排养老服务资金预算12.81亿元,其中居家养老预算10.89亿元,投入运营养老机构506家,投入运营养老床位10.3万张,建成运营区级养老服务指导中心6个、建

---

① 武文娟:《北京市养老机构今年可提供医疗卫生服务》,《北京青年报》2019年3月7日。

成并运营街乡养老照料中心 172 个、社区养老服务驿站 380 家。① 同时,通过实施公办(建)民营改革,大大提升了公办养老机构的床位使用率。2018年初,全市共建设街乡镇养老照料中心 252 个,每年辐射开展居家养老服务项目 1000 多个。两年来共建成运营社区养老服务驿站 380 家,其中农村幸福晚年驿站 140 家。"三边四级"体系模样初显,建设已按部就班走上正轨。② 2019 年,新建 25 家街乡镇养老照料中心、150 家社区养老服务驿站,200 个"社区之家"示范点,加快补齐便民服务网点。

同时,北京市不断丰富居家养老服务体系,2017 年底累计建成"一刻钟社区服务圈"1452 个,覆盖社区 2706 个,覆盖率达到 87.5%,208 家单位向社区居民开放了食堂、运动设施、图书室等;经批准独立内设医疗机构且已经通过医保定点审定的养老机构达 73 家,引入医疗机构分支或经卫生部门批准内设医疗机构的养老机构 106 家,与周边医疗机构签订书面协议的养老机构 278家,提升了养老机构医疗服务覆盖率。为老年人建立健康档案 337.05 万份;为 155.5 万老年人提供包括免费体检在内的健康管理服务;每年为老年人提供出诊服务 14.64 万人次;为老年人提供诊疗服务近 3000 万人次;对符合相关政策的老年人免费普通门诊医事服务费约 2467 万人次。③

2019 年初,《北京市政府工作报告》提出要"推进医养结合,健全'三边四级'养老服务体系,实施差异化养老机构运营补贴政策,新建 150 家养老服务驿站",并依托其逐步建立起居家养老巡视探访制度,通过电话问候、上门巡访等多种形式,对独居、高龄、失能以及其他困境的老年人开展定期巡视探访,确保一部分儿女不在身边并因身体原因生活不便的老年人口实现"老有所依",提升独居老人养老服务质量。

未来,北京将有更完善的"老联体",即区域养老服务联合体,以养老驿

① 《〈北京市老龄事业发展和养老体系建设白皮书(2017)〉发布》,《北京日报》2018 年 10 月 16 日。

② 《北京市民政局回应养老服务质量关切:让专业的人做专业的事》,2018 年 1 月29 日,http://beijing.qianlong.com/2018/0129/2363024.shtml。

③ 《应对老龄化,看首都北京如何"攻坚"》,新华每日电讯,2018 年 6 月 22 日,http://www.xinhuanet.com/2018-06/22/c_1123018685_2.htm。

站和照料中心为服务核心,联合区域商户、公共服务商以及区域外的多类型服务商组建养老服务联合体,为老人就近提供居家养老服务。

(三)围绕实现"老有所安"建设老年健康服务体系

"老有所安"不仅强调老年人口拥有安身之处,更强调平安、安全的老年生活。伴随老年健康水平不断提升,北京市人口平均期望寿命已达到82岁,老龄化程度也逐步加深。与此同时,老年人口因年老体衰,具有复杂的治疗和护理需求,对老年健康保障也提出更大挑战。为实现老年人口"老有所安",北京市积极构建与首都经济社会发展水平相适应的,以提升老年人健康质量为目标,提供健康教育、预防保健、疾病诊治、康复护理、长期照护、安宁疗护等综合性、连续性服务的老年健康服务体系,改善老年人的生活质量,减轻家庭的养老和医疗负担。

在养老服务体系建设过程中,北京市积极探索建立养老机构与医疗机构联合体模式、提高养老机构医疗服务质量。2013年,北京市政府将双井恭和苑确定为全市首家医养结合养老服务模式试点机构。随着试点的深入,运营者发现,在养老机构内部简单地设立医务室,并不能满足老年人对专业医护、慢性病诊疗、病后复复及临终关怀的多样化需求。2014年,北京市民政局会同9个部门联合下发《关于进一步推进本市养老机构和养老照料中心建设工作的通知》,明确提出本市所有养老机构和养老照料中心都要具备医疗条件,构建"医养结合"服务模式。实现"医养结合",包括独立设置、配套设置与协议合作三种方式。配套设置是指采取内设医务室、卫生所(室)等或引入周边医疗机构分支机构等。独立设置是指有条件的养老机构和养老照料中心可采取申请独立设置康复医院、社区卫生服务中心(站)等医疗机构。协议合作则是针对周边医疗资源丰富、自身难以独立设置医疗机构的养老机构和养老照料中心,可采取与周边医疗机构签订合作协议的方式,开辟绿色就诊通道。① 2015年起,北京开始对符合条件的低

---

① 《北京推进"医养结合"养老机构将统一具备医疗条件》,《人民日报》2014年8月20日。

收入、失能、失独等特殊困难老年人给予居家养老服务补贴,根据需要进行家庭无障碍设施改造,配备一定的生活辅助器具。根据这一政策,失独家庭中有失能或70周岁以上老年人的,可入住公办养老机构,有能力的街道办事处或乡镇政府,对失独家庭中生活长期不能自理、经济困难的老年人则提供相应的养老照护服务。

"医养结合"模式打破了资源界限,有效串联起老年人与社区卫生服务机构、居家服务机构、三甲医院之间的联系。既可满足老年人院后护理、日常照护的刚性需求,又能够减轻三甲医院诊疗压力,丰富了社区卫生服务机构的居家、社区养老服务价值。同时,在医养结合试点上,北京市不断进行创新。如朝阳区搭建了老年人医养服务综合评估体系,为高龄失能老人家庭安装"一键智慧养老"设备,开展临终关怀机构建设试点,支持医养机构融合发展,多种形式提高医养结合服务覆盖率。截至2017年底,北京市已有经批准独立内设医疗机构且已经通过医保定点审定的达80家,引入医疗机构分支或经卫生部门批准内设医疗机构的63家,与周边医疗机构签订书面协议的286家。[1] 2019年,有171家养老机构与126家社区卫生服务中心和51家中医医院建立了中医药健康养老联合体。[2]

同时,为了让患病老年群体获得更好的医疗服务,北京市卫生计生委遵循世界卫生组织老年友善原则,制定评估标准,开展老年友善医院建设工作。2018年,通过自愿申报、区级评估、市级复核、综合评价等环节,北京协和医院等20家医院被授牌北京首批"老年友善医院"。老年友善医院通过建立老年人绿色通道、老年患者用药咨询窗口、提供护送病房服务等措施,实施连续性的医疗、康复、护理和安宁疗护等服务,倡导对老年患者进行综合评估,利用多学科整合管理团队为老年患者提供个性化、有针对性的医疗照护。截至2018年底,北京市为65岁及以上老年人免费体检65.5万次,累计为老年人建立健康档案343.5万份,全市526家养老机构中,95%的机

---

① 《应对老龄化,看首都北京如何"攻坚"》,2018年6月22日,http://www.xinhuanet.com/politics/2018-06/22/c_1123018685.htm。

② 北京市老龄工作委员会、北京市老龄协会、北京师范大学中国公益研究院编:《北京市老龄事业发展报告(2019)》。

构将能够通过不同形式提供医疗健康养老服务。①

此外,北京市也在不断加大对养老护理员职业培训的支持力度,特别是开展居家医疗护理的技术、技能培训,以提高为老年人提供上门医疗护理服务能力。对一部分分散供养的城乡特困失能老年人、计划生育特殊家庭(失独家庭)失能老年人,也组织提供上门巡诊、家庭病床服务,力争实现全市城乡老年人口健康服务体系全覆盖。同时推进街道、社区"老年人生活圈"配套设施建设,为老年人提供一站式便捷服务,营造安全绿色便利生活环境。

(四)围绕实现"老有所乐"创新养老社会服务

伴随养老、医疗等社会保障体系的完善以及社会服务体系的发展,老年人口逐步实现了"老有所养""老有所依""老有所安"等目标。而关注老年人精神健康,让老年人真正体会生活的乐趣,健康、轻松参与到社会生活中来,实现"老有所乐"也是进一步提升老龄事业发展水平,惠及广大老年人口的重要方面。为此,北京市推动老龄事业健康发展过程中,一方面积极建设老龄组织及服务设施,推动养老服务创新发展,开展社区老年心理咨询、精神关怀以及"孝星""老有所为"典型人物等推选宣传活动;另一方面也探索智能化养老服务,在提升老年人生活质量的同时,也最大程度解决空巢老人寂寞、空虚等精神问题,丰富老年人的文化生活。

根据全市老龄人口变化情况,北京市进一步发展老龄事业单位、老年法律援助中心、老年学校、老年活动室等老年组织和服务设施建设,为老年人口提供权益保障、法律咨询、学习教育、文化娱乐等多方面的服务。同时,整合利用现有公共服务资源,为老年人提供日常生活、文化娱乐等方面的优待措施。包括为老年人办理优待卡,老年人持卡免费乘坐市域内绝大部分线路公交车,部分公园、景区、文化活动中心、博物馆(院)、公共体育场馆、老年活动中心、社区服务中心等场所为老年人提供免费或优惠服务。市、区老

---

① 武文娟:《北京市养老机构今年可提供医疗卫生服务》,《北京青年报》2019 年 3 月 7 日。

年心理咨询热线为老年人提供免费心理咨询服务,社会法律服务机构为老年人免费或优惠提供法律咨询服务等。2014 年,北京市出台《关于加强基层老年协会建设的意见》,探索建立区(县)街(乡镇)居(村)三级老年协会,鼓励和扶持以社会团体登记注册,探索多种形式的老年协会组织方式。截至 2017 年底,北京市共有老龄事业单位 13 个,老年法律援助中心 130 个,老年维权协调组织 2895 个。见表 6.1。同时,各级老龄工作部门整合和开发辖区心理咨询服务资源,开设 96156 社区老年心理咨询热线,组织专业人员深入社区、家庭、机构,为老年人及其家庭成员提供心理咨询服务和相关知识培训。在 16 个区县对 3000 名老年人进行了精神需求和心理健康状况调查,确定了老年人精神关怀的工作重点和政策支持。2019 年,全市评估认定累计 99 个北京市民终身学习示范基地,积极引导老年人树立终身发展理念,支持老年人参与社会发展。①

表 6.1 2012—2017 年北京市老龄组织发展情况　　　单位:个

年份 类别	2012	2013	2014	2015	2016	2017
老龄事业单位	17	17	19	19	13	13
老年法律援助中心	16	339	378	242	278	130
老年维权协调组织	3917	4138	3607	3144	3042	2895

资料来源:《北京市民政事业发展统计公报》(2012 年、2013 年、2014 年、2015 年、2016 年、2017 年)。

与此同时,随着时代的发展与科技进步,新型养老方式日趋流行。社会上也涌现出一系列提升老人的晚年生活质量,最大程度地解决空巢老人寂寞问题的高科技产品。智慧养老就是面向居家老人、社区及养老机构的传感网系统与信息平台,并在此基础上提供实时、快捷、高效、低成本的,物联化、互联化、智能化的养老服务。

2012 年,全国老龄办首先提出"智能化养老"的理念,鼓励支持开展智慧养老的实践探索;2015 年,国务院印发《关于积极推进"互联网+"行动的

① 北京市老龄工作委员会、北京市老龄协会、北京师范大学中国公益研究院编:《北京市老龄事业发展报告(2019)》。

指导意见》，明确提出要"促进智慧健康养老产业发展"；2017 年 2 月，工业和信息化部、民政部、国家卫生计生委印发《智慧健康养老产业发展行动计划（2017—2020 年）》，计划在 5 年内建设 500 个智慧健康养老示范社区，意味着我国智慧养老驶入发展快车道。① 2016 年，北京市老龄委启动了以居家养老为基础的一系列政策，其中就包括采用互联网+创新服务的"幸福彩虹"社区特供店互联网+智慧居家养老模式。"幸福彩虹"社区特供店是北京通养老助残卡的服务支撑体系，是北京市老龄委重点工作，是北京老人专享的福利工程。北京市社区服务协会通过公益项目社会化运作的模式，引进社会力量进行投资建设，建成城区街道全覆盖并辐射郊区的"幸福彩虹"社区特供店体系。特供店通过厂商直采和互联网+创新服务模式，为北京通持卡人提供品质保证价格优惠的产品和志愿服务，并享有免费安装北京通专用 POS 机、争取政府补贴等 10 多项优惠。2017 年初，北京市近 1000 家"幸福彩虹"社区特供店可刷北京通养老助残卡，300 多万持卡老人可通过"幸福彩虹"智慧平台实现购物、家政等上门服务，稻香村等知名品牌及 5000 多家社区店正入驻"幸福彩虹"智慧平台体系。②

2017 年，北京市人民政府出台《北京市"十三五"时期老龄事业发展规划》，着眼于首都城市功能定位和京津冀协同发展，以让全市老年人有更多获得感为目标，提出了"十三五"时期的战略目标、主要任务和保障措施，成为首都老龄事业的发展蓝图和行动纲领。规划提出，到 2020 年，适应建设国际一流的和谐宜居之都要求，努力实现北京市养老工作理念和模式更加先进，养老保障和服务体系更加健全，管理体制机制运转更加高效，社会参与意识和能力显著增强，形成具有首都特色的养老模式，老年人民生福祉和生活品质实现跨越提升。因此，健全社会养老保障体系、丰富社会养老服务体系、实现老龄社会管理体系共建共享以及形成更加完备的老龄政策法规体系成为"十三五"时期北京市老龄事业发展的重要任务。据统计，2019

① 《"智慧养老"助力幸福晚年》，2018 年 3 月 21 日，新华网，http://www.xinhuanet.com/politics/2018-03/21/c_1122566877.htm。
② 《北京市近 1000 家"幸福彩虹"社区店可刷养老助残卡》，《北京日报》2017 年 4 月 11 日。

年,北京市提供住宿服务的养老机构达到 564 个,其中社会福利院 10 个、农村特困人员救助供养机构 4 个、光荣院 10 个、养老公寓等各类养老机构 540 个;养老机构服务床位数 107999 张,其中社会福利院 4585 张、农村特困人员救助供养机构 244 张、光荣院 602 张、养老公寓等各类养老机构 102586 张;养老机构服务人数 46858 人,其中社会福利院 2616 人、农村特困人员救助供养机构 36 人、光荣院 146 人、养老公寓等各类养老机构 44060 人;社区养老照料机构和设施 897 个,社区互助型养老设施 226 个,其他社区服务机构和设施 4564 个,提供社区日间照料床位数 13130 张、社区留宿照料床位数 4152 张。在社区服务上,累计建成"一刻钟社区服务圈"1580 个,覆盖 92% 的城市社区;建成"社区之家"408 个、社区规范化建设示范点 895 个;社区办公用房达标率由 20% 提升到 100%。[1] 与此同时,积极发展老年人文化、体育和教育事业,广泛开展精神关怀公益服务,老年人精神文化生活更加丰富,努力确保老年人口实现老有所养、老有所依、老有所安、老有所乐。

四、新中国 70 年北京市老龄事业发展的实践经验

老龄事业是党和政府高度重视的一项重要的社会建设事业。推进老龄事业健康发展,积极、科学、综合应对人口老龄化挑战,促进首都经济社会全面、协调、可持续发展,也是北京市民生和社会建设的重要目标和内容。新中国成立后,特别是改革开放以来,北京市在党中央、国务院坚强领导下,认真贯彻落实中央一系列重大决策部署,紧密结合首都实际,妥善处理改革与发展稳定关系,不断开创首都现代化建设新局面,经济实力实现历史性跨越,发展质量效益得到大幅提升,科技创新能力显著增强,城市环境面貌大为改观,文化建设成果丰硕,对外开放格局不断拓展,人民生活持续改善,社会治理体系不断完善,民主法治建设扎实推进,党的建设全面加强。在此过程中,北京市坚持"党政主导、社会参与、全民关怀"的老龄工作方针,立足

---

[1] 《本市发布 70 年民生发展成就》,《北京日报》2019 年 9 月 5 日。

首都功能定位和人口老龄化发展趋势，不断深化改革创新、强化政策支持、完善体制机制、巩固基层基础，养老服务和保障水平得到显著提升。特别是党的十八大以来，北京市坚持以习近平新时代中国特色社会主义思想为指导，深入贯彻习近平总书记对北京重要讲话精神，统筹推进"五位一体"总体布局，协调推进"四个全面"战略布局，牢牢把握"四个中心"城市战略定位，不断强化"四个服务"职能，努力践行新发展理念，加快疏功能、转方式、治环境、补短板、促协同、惠民生。同时，着眼于首都城市功能定位和京津冀协同发展，以让全市老年人有更多获得感为目标，北京市不断创新出台了多项老龄事业发展保障措施，提升养老保障和养老服务事业发展水平，大力弘扬尊老敬老优良传统，全社会老龄意识明显增强，爱老助老社会氛围日益浓厚，老年人权益得到切实保障，首都老龄事业发展取得巨大成就，并在养老保障和养老服务政策体系建设、养老事业法治化发展、政府与社会合作参与等方面积累了宝贵的实践经验，将为应对人口老龄化和推动北京市老龄事业发展提供重要启示。

北京市老龄事业发展取得的巨大成就，是首都民生事业发展的重要体现，也是北京市坚决贯彻执行党的路线方针政策，坚持解放思想、实事求是，坚持首都"四个中心"建设的城市战略定位，坚持以人民为中心的发展思想，以优化提升首都功能为使命，扎实推进经济社会高质量发展，强化首都服务保障功能，积极应对人口老龄化、持续增进全体人民的福祉水平，惠及广大老龄人口的重要体现。新时代首都发展的新定位，要求必须坚持以习近平新时代中国特色社会主义思想为指导，贯彻和践行习近平总书记视察北京重要讲话精神，深入落实首都城市战略定位，着眼推进京津冀协同发展战略，大力疏解非首都功能，聚力推进，倾力打造国际一流的和谐宜居之都。这其中就包括继续推进老龄事业健康可持续发展，实现老有所养、让老人有尊严地享受晚年生活。新中国 70 年北京老龄事业的发展历程形成了一系列推动老龄事业发展的经验积累，为新时代进一步促进老龄事业发展，融入首都经济社会发展全局，全面、多样、高质量满足老年人需求奠定了良好基础。

（一）彰显中国特色，大力弘扬爱老敬老文化传统

我国具有古老悠久的养老文化传承，重视人伦道德、讲究家庭和睦，孝道文化源远流长，敬老爱老助老是我们中华民族的传统美德。中国古代就有"卧冰求鲤""亲尝汤药"等二十四孝的故事，"老吾老以及人之老"也成为做人的一个准则。新中国成立以来，在推进中国特色社会主义建设发展过程中，我国政府高度重视老龄事业的发展，不断提升老年人口福利水平，在养老、医疗、文化和精神关怀、法律援助等方面切实维护和保障老年人口权益。

伴随 20 世纪末老龄化进程不断推进，积极应对人口老龄化，成为党中央、国务院正确把握人口发展大趋势和老龄化规律，作出的立足当下、着眼长远的重大战略部署，事关实现"两个一百年"奋斗目标，事关实现中华民族伟大复兴的中国梦，对于坚持以人民为中心的发展思想、实现经济高质量发展、维护国家安全和社会和谐稳定，具有重大意义。北京市在弘扬中华民族爱老、敬老、助老优秀传统文化基础上，立足京津冀协同发展，城市副中心建设、雄安新区建设推进的大背景，坚持强化首都全国政治中心、文化中心、国际交往中心、科技创新中心的核心功能，深入实施人文北京、科技北京、绿色北京战略，结合把北京建设成为国际一流的和谐宜居之都的目标，不断推动北京市老龄事业发展进程，提升区域养老服务协同发展水平。①

（二）践行法治要求，不断创新地方老龄事业发展实践

新中国成立以来，特别是党的十八大以来，党中央、国务院高度重视老龄事业发展和养老体系建设。自 1996 年《中华人民共和国老年人权益保障法》出台，老龄政策陆续发布，从早期的老龄福利、老龄工作、老年人优待等相关政策，到中期农村五保供养、养老服务、养老机构等制度改革，以及有关城乡养老保险、老年住房、老年宜居环境、医养结合等意见规划，老龄事业发

---

① 王小娥：《构建大格局　引领新发展　推动北京老龄事业实现新发展》，《中国社会工作》2017 年第 17 期。

展成为国家公共政策的重要内容。① 2016 年,"十三五"规划纲要对积极应对人口老龄化提出明确要求,进一步指出发展老龄事业对于保障和改善民生,增强老年人参与感、获得感和幸福感,实现全面建成小康社会奋斗目标具有重要战略意义。为此,北京市认真贯彻落实党和国家有关老龄事业发展方针部署,同时结合首都老龄化发展进程以及地方经济社会发展水平,不断创新老龄事业发展的政策实践,推动地区老龄事业发展。

一方面,北京市不断结合经济社会发展进程调整老龄事业战略重点,加大政策法规支持力度。在全国首次颁布了居家养老地方性法规《北京市居家养老服务条例》(2015 年 1 月 29 日北京市第十四届人民代表大会第三次会议通过),出台《关于加快推进养老服务业发展的意见》等相关政策。同时,为弥补居家养老服务短板,培育发展养老服务产业,北京市结合地区发展实际,创新提出并实施养老照料中心建设、养老助残服务、医养结合、养老护理队伍建设等配套政策,初步形成了以居家为基础、社区为依托、机构为补充的养老服务格局。另一方面,北京市积极完善老龄工作制度,强化对全市养老工作的组织领导和统筹协调,同时设立养老服务专项资金,支持老龄事业健康持续发展。据统计,"十二五"期间,北京市政府共投入 50 多亿元支持养老服务业发展,市规划委和市民政局编制出台《北京市养老服务设施专项规划》《北京市居住公共服务设施配置指标实施意见》(市人民政府印发)等专项政策,以专门性的制度安排和资金支持,推进实现养老服务设施科学布局、标准配置。

(三)坚持目标导向,促进老龄事业发展的合作治理

推动老龄事业发展是党和政府的重要工作,也是一项需要全社会广泛参与的系统工程,积极应对人口老龄化正日益凝聚起社会广泛共识。满足老年群体多元化需求,解决老龄工作中存在的问题和不足,不仅需要政府部门的高度重视和资金投入,也需要进一步落实"党委领导、政府主导、社会

---

① 陆杰华、刘芹:《改革开放 40 年来中国老龄研究的进展、创新及展望》,《中共福建省委党校学报》2018 年第 12 期。

参与、全民行动"的目标要求,构建政府、市场、社会力量广泛参与的老龄事业发展大格局。

北京市推动老龄事业发展过程中,坚持贯彻全面放开养老服务市场、提升养老服务质量的有关政策要求,加快推进养老服务业"放管服"改革。逐步对民间资本和社会力量申请兴办养老机构进一步放宽准入条件,加强开办支持和服务指导,落实好对民办养老机构的投融资、税费、土地、人才等扶持政策,对全市街道乡镇敬老院新建、扩建和设施设备购置改造的建设项目给予资金扶持,对获得"星级评定"的养老机构给予相应奖励。包括出台《关于调整社会力量兴办社会福利机构运营资助标准的通知》,不断提高运营资助标准。同时开展社会办养老机构建设支持试点,引导养老机构参保,增强意外风险应对能力,提升养老机构运营能力和服务水平,促进养老机构健康可持续发展。成立市老龄产业协会、养老行业协会、社区服务协会等一批专业化社会组织,引导企事业单位和社会组织参与养老服务。

"人口老龄化是社会发展的重要趋势,是人类文明进步的体现,也是今后较长一段时期我国的基本国情。"①进入新时代,新的历史条件下北京市老龄事业发展也将面临新的机遇和挑战。特别是伴随老龄化程度加深,老年人口数量持续增加,高龄和失能失智老人数量不断提升,养老服务需求持续增长,对服务能力和质量提出更多、更高层次的需求。而居家、社区养老服务供给能力不足,养老机构服务供给总量需求与供给结构之间的矛盾也将更加突出。因此,必须进一步加大养老服务的投入力度,构建推动老龄事业发展的大格局,探索更加多元化、差异化、多渠道、多形式的养老服务供给。同时更加关注城乡低收入群体、失独老人、残疾老人、失能老人等特殊老年群体的养老服务需求,改善老年人健康养老服务,构建更加均等化、广覆盖、可持续的养老保障和服务体系。例如,积极引导和规范企业进入养老市场,鼓励养老机构探索各类跨界养老商业模式。推动和促进养老服务业

① 《中共中央、国务院印发〈国家积极应对人口老龄化中长期规划〉》,2019 年 11 月 21 日,http://www.gov.cn/xinwen/2019-11/21/content_5454347.htm。

与教育培训、健康、体育、文化、旅游、家政等幸福产业融合发展,不断提供满足老年人需求的健康养老、养生旅游、文娱活动等服务。以进一步实现"老有所养、老有所依、老有所安、老有所乐"目标,形成老年人、家庭、社会、政府共同参与的良好氛围,积极创建完善老年友好型城市。

第七章　住房保障:住有所居　居住改善

住房问题是加强以改善民生为重点的社会建设的重要内容,是城乡居民生活中的民生大事,也是与国民经济和社会发展关联紧密的社会事业。新中国成立 70 年,在经济社会发展的不同历史时期,根据国民经济社会总体发展战略的变化、客观的经济社会发展条件以及广大人民群众对于住房的社会需求,北京市不断推进住房建设,完善住房保障体系和供应体系,历经了不同的历史发展阶段,经过长期努力,住房保障取得巨大成就,突出表现为住房条件改善,居住面积扩大,人居环境改善和居住质量提高,极大地提升了城乡居民的生活品质。

一、社会主义革命和建设时期的住房保障

1949 年,北平和平解放。相比饱经战争创伤、房屋毁损严重的其他地区,北京因由和平解放,房屋毁损很少,但中央国家机关、人民解放军机关和后来的大中型工业企业的建设等,对办公用房和居住用房的需求巨大。仅 1952 年,从外地迁入的机关工作人员及家属等群体数量就达 25 万之多。① 北京作为首都,在计划经济体制的大背景下,既要满足中央国家机关办公用房和干部职工居住用房的需要,又要满足人口迅速增长的普通市民群众的住房需

---

① 李君甫:《北京的住房变迁与住房政策》,中央编译出版社 2017 年版,第 3 页。

要,所以从和平解放到改革开放前,除个别特殊年份,北京的住房都比较紧张。

(一)平等化、低负担、较低居住水平格局的形成(1949—1958 年)

新中国成立之前,北平市的住房情况并不好。全市土地面积 707 平方公里,城区面积 62 平方公里,住宅面积 1354 万平方米,平房占 93.8%,楼房占 6.2%,人均居住面积 4.75 平方米,91%以上的住宅集中在城内 62 平方公里范围内。当年北平市人口 168 万人,32.9 万户,可作住宅房间约 70 万间。除自用户外,普通租户约 20 万户,出租的住房 20 万间。① 这些住房大多数已经很破旧。根据 1952 年的调查统计,城区的危房 6 万多间,860 多万平方米,占旧有房屋的 4.9%;破旧房屋 74 万多间,1070 万平方米,占 61%。②

北平和平解放后,党和人民政府承认和保护城市房屋的私有产权关系。在此原则基础上,坚持新建房屋和保护旧有房屋并重,通过加强房屋的登记管理、没收敌伪房产、代管业主逃亡无人管理房地产、整治和规范房屋买卖和租赁市场等措施,既满足了中央国家机关进驻后对房屋的巨量需求,又大体保障了北京房地产市场的稳定。

房地产登记、敌逆产没收。1949 年前,北平市公私房产约 120 万间,其中私产约 92 万间,占 76.7%。在私房中,占有百间以上的大房主,其房产大部分为其祖辈或本人在清代及民国时期所置,其中官僚置产占 27.5%,经营商业置产的占 60.9%;占有百间以下的小房主,多数系自行置产,其中继承的占 35.8%。③ 到了 1953 年房地产总登记基本结束时,在登记的 1192397 间房屋中,私产比例下降到 67.06%;没收的敌逆房产和接收的房产、坛庙房产等共约 958 万平方米,公产占到 23.96%。④

---

① 李君甫:《北京的住房变迁与住房政策》,中央编译出版社 2017 年版,第 2 页。

② 北京市地方志编纂委员会办公室:《北京房地产志》,北京出版社 1994 年版,第 31 页。

③ 北京市地方志编纂委员会办公室:《北京房地产志》,北京出版社 1994 年版,第 115 页。

④ 北京市地方志编纂委员会办公室:《北京房地产志》,北京出版社 1994 年版,第 106 页。

公产房统一分配。对于公产房，政策是统一管理和分配，避免浪费。在北平解放前夕，中共中央在《关于城市中的公共房产问题的决定致北平市委电》中提出，一切公共房屋连同家具等一律由房产管理机关统一管理和分配，接收所有公房后，即拟定房产分配计划，按照公共机关、团体、工厂、学校的实际需要，将所有房屋包括家具等，一律重新作一次统一合理的分配，以免出现浪费房屋及其他不合理现象。① 到 1955 年，北京市没收敌逆产房屋共 14.25 万间，除 4 万余间分配给北京市属单位外，其余调拨给中央单位。当年北京市基本建设面积达到 1400 万平方米，其中，中央级的行政、军事、党派、团体的建房约 950 万平方米。②

住房交换。在统一调配的基础上，1953 年，为解决职工宿舍与办公地点距离过远的问题，北京市房地产管理局开始试办市民房屋交换业务。1956 年对 563272 名职工居住情况进行调查，居住地点距离工作地点在 2.5 公里以上的仅单身职工就有 6 万多人，连同分散居住的带眷属的职工计算在内，估计共有 20—30 万人。据重点调查，在中央 57 个单位中，职工宿舍距离办公地点在 2.5 公里以上的占 62%。到 1956 年底，个人换房登记 4186 起 7579.5 间，换成 1277 起 2295.5 间；其中公房互换占 64.6%，公房和出租私房互换占 25.6%，出租私房互换占 9.8%。③

买卖市场管控。北平和平解放初期，因公私需房迫切，"房荒"一度严重，投机活动随之产生，造成房价骤涨，严重影响了城市的生产、工作和市民生活。为此，政府一方面严格限制公家购租私房；另一方面，对私房的买卖和价格严格控制，禁止一切通过买卖房屋营利的行为。房屋买卖价格评估，作为政府掌握房价的尺度，也是在城市建设中征用民房时给予补偿的标准，税务部门也用来确定房地产税税额。房屋价格评估以限高不限低为原则，

---

① 北京市地方志编纂委员会办公室：《北京房地产志》，北京出版社 1994 年版，第 140 页。
② 北京市地方志编纂委员会办公室：《北京房地产志》，北京出版社 1994 年版，第 145 页。
③ 北京市地方志编纂委员会办公室：《北京房地产志》，北京出版社 1994 年版，第 152—153 页。

对于过低的房价也进行调整。

公房房租标准。对于公房租金,根据"以租养房"的原则制定,力图既保证合理地修缮房屋、又兼顾市民的负担能力。其中,1950年制定的《公产房地租金标准》(简称"50标准"),由折旧费、修缮费、管理费、地租和房地产税五项内容构成,月租金平均每平方米(使用面积)0.21元;行政事业单位办公用房按100%计租,工商企业按120%至180%计租;民用住宅按租额的80%计租。按这个标准收租,年租金只为修缮费的50%,无法实现"以租养房"。① 1954年,全国机关工作人员改行工资制,由于工资低,中央国家机关工作人员的房租定得只占工资2%—3%。这一做法被全国效仿。1955年,北京市公布《北京市国家机关工作人员住用公家宿舍收租暂行办法》(简称"55标准"),该标准平均每平方米月租0.12元,其中楼房为0.14元,平房为0.10元。② 这个标准比之先前的1950年标准更低了一半。

私房房租管控。为了稳定租房市场,市政府从一开始就根据调查确定了内部掌握的私房租金标准。其中,1952年制定的标准平均为每平方米每月0.42元。1956年至1957年的调查显示,在74729户房主中,出租户6612户,出租房屋的租金与内部掌握的租金标准相比,高租金占50%,低租金占28%,租金一般平均占职工家庭总收入的10%以上,最高的占25%。据对274户占有房屋百间以上的房主调查,年租金盈余86万余元,相当所收租金的68%,平均每户年盈余3300余元,最多的达2.1万元;在被调查的占有51—100间的590户房主中,每户平均年盈余1400元。但房主每年每间房屋修缮投资平均为5元至6元,相当于公房修缮投资的35%左右。修缮投资不足,使房屋毁损严重,仅1956年发现的危险房就有5万余间。③

房屋投资建设。1956年5月8日,国务院在《关于加强新工业区和新

---

① 北京市地方志编纂委员会办公室:《北京房地产志》,北京出版社1994年版,第193—194页。

② 北京市地方志编纂委员会办公室:《北京房地产志》,北京出版社1994年版,第193—194页。

③ 北京市地方志编纂委员会办公室:《北京房地产志》,北京出版社1994年版,第115—116页。

工业城市建设工作几个问题的决定》中提出"六统一"："为了使工业城市和工人镇的住宅和商店、学校、邮电支局、托儿所、门诊所、影剧院等文化福利设施建设得经济合理，克服某些混乱现象，应该逐步地实行统一规划、统一投资、统一设计、统一施工、统一分配和统一管理的方针。"[1]在这以后，北京市提出城市建设实行统一领导，统一建房投资渠道和分配使用权限。在统一建房范围内，属中央单位办公及宿舍房屋，建成后由国务院分配；市属单位办公、宿舍房屋建成后由市计划委员会分配；安置拆迁户的周转房由拆迁机构负责。1955年至1956年，国家投资2000万元建成房屋26万平方米，均分配给中央各部作办公用房和宿舍；北京市财政拨款285万元建成房屋3.9万平方米(其中住宅3万平方米)，解决市级机关办公和市民住房。[2]由此也开始了中央级和市级各自投资建设和分配房屋的格局。

经过数年建设，到1956年底，全市房屋共251万余间，总数增加约1倍，其中私产占31.99%，比例也下降一半多，说明私产总数基本没变，新增的房屋基本都为公产。在城区(包括关厢)房主8.6万余户，房屋83万余间，私房中出租房屋约50万间，[3]这也是一个很高的比例。

从1949年到1956年，北京住宅使用总面积从757.7万平方米增长到1235万平方米，增长59%；人均面积却从4.75平方米下降到3.7平方米。[4]到1957年，住房实物福利分配体制已基本形成。这个体制在住房总量有限、新增投资有限、群众负担较小的情况下，通过标准化和相对平均化的分配、流通，最大程度地满足了人民群众的住房需求，这是社会主义制度优越性的体现。但也存在明显的问题：一方面，公房低租金无法维持现有住房的维护保养；另一方面，公房租金与私房租金存在巨大落差，私房房主不愿对

① 北京市地方志编纂委员会办公室：《北京房地产志》，北京出版社1994年版，第146页。

② 北京市地方志编纂委员会办公室：《北京房地产志》，北京出版社1994年版，第146页。

③ 北京市地方志编纂委员会办公室：《北京房地产志》，北京出版社1994年版，第115页。

④ 《北京房地产年鉴》，中国计量出版社2004年版。

房产进行维护性投资。

（二）平等化、低负担、低居住水平格局的巩固（1958—1966 年）

私有出租房的公有化改造。1958 年，根据国家对资本主义工商业社会主义改造的政策和原则，对私人出租房屋进行了社会主义改造，共有 20 万间房屋实行了国家经租；到 1966 年，经租的房屋全部转为公产。

1958 年，国家出台了《对私有出租房屋进行社会主义改造几个具体政策问题的规定》。改造起点以出租房屋间数和建筑平方米结合计算，其出租房屋达到 15 间或 225 平方米之一者，都列入改造对象。主要改造方式为国家经租，即由国家进行统一租赁、统一分配使用和修缮维护，并根据不同对象，给房主以合理利润。出租房屋百间以上的按出租房屋租金的 20%—25%定租，出租 51 至 100 间的按 25%—30%定租，出租 50 间以下的按 30%—40%定租。[1] 到 1958 年 9 月底，城区、郊区总共批准改造 5964 户，占应改造户数的 88.4%；经租房 14831 所、199147.5 间，占应经租的 91.4%；国家每月付给房主的固定租金 184619.66 元，相当于应收租金的 31.09%。定租后房主家庭人均月生活费 18.92 元。留房户 5509 户，房屋 40016 间，人均留房 1.1 间。私有出租房屋社会主义改造后，在改造起点以下的出租房和房主自住房还有 70 余万间。[2] 1964 年 1 月，国务院批转国家房产管理局《关于私有出租房屋社会主义改造问题的报告》，进一步明确国家经租房屋的性质，房主只能领取固定租金，不能收回已由国家经租的房屋。改造起点以下的少量私有出租房屋，可以宣布属于个人所有，允许出租或买卖。

1966 年 5 月"文化大革命"开始后，在接管私房的同时，国家经租的房产定租从 8 月 23 日起停发。9 月 24 日，中共中央批转的国务院财贸办公室、国家经济委员会《关于财政财贸和手工业方面若干政策问题的报告》提出，"公私合营企业应当改为国营企业，资本家的定息一律取消"。根据这

① 北京市地方志编纂委员会办公室：《北京房地产志》，北京出版社 1994 年版，第 116 页。
② 北京市地方志编纂委员会办公室：《北京房地产志》，北京出版社 1994 年版，第 117 页。

个精神,经租房屋转为公产。[1]

房屋交换。1958年3月,北京市政府与中央有关部门组成房屋调整委员会,按中直、国务院、中央军委、北京市四个系统分别组织进行房屋调整,为解决职工上班路远、办公和宿舍用房分散问题,在中央和北京市各单位之间进行了大范围的互换房屋。1959年,共换房81.9万平方米;1960年126万平方米;1961年,全年共为404个机关单位调换房屋20.3万平方米。[2]1962年1月,北京市房地产管理局发出《关于成立换房工作组,进一步开展房屋交换工作的决定》,使换房管理规范化、程序化,到1962年底,住户个人互换房屋15903间,约23.86万平方米。1963年,为进一步开展居民之间房屋互换,各区换房服务站单独或联合举办了三次规模不等的换房"赶集会",全年为60个单位换房542.5间,并为10520户居民互换了房屋。到1964年,陆续举办换房"赶集会"共11次。[3]

房租标准。从1958年到1966年,房租标准几经变化,但职工住宅的实际租金始终在0.22—0.27元之间徘徊,仍然是远低于修缮维护成本。[4] 这一阶段还逐步形成了机关、事业单位与企业单位租用国家经租房的不同计租标准,前者按"58标准"(楼房平均0.27元,平房平均0.22元)的100%计租,后者则按150%计租。

住房建设。1958—1962年5年间,新建住宅总共只有530多万平方米;1961—1964年,每年新建住宅建筑面积只有85.57万平方米。1958—1966年,住宅总使用面积从1376.2万平方米增长到1730.8万平方米,仅增

---

[1]　北京市地方志编纂委员会办公室:《北京房地产志》,北京出版社1994年版,第120页。

[2]　北京市地方志编纂委员会办公室:《北京房地产志》,北京出版社1994年版,第154页。

[3]　北京市地方志编纂委员会办公室:《北京房地产志》,北京出版社1994年版,第154页。

[4]　北京市地方志编纂委员会办公室:《北京房地产志》,北京出版社1994年版,第195页。

长 25.8%，人均几乎没变，从 3.89 平方米增长到 3.9 平方米。①

1958—1966 年这一时期，住房公有化继续推进，主要体现在私有出租房的公产化，同时房租标准维持在非常低的水平，巩固和加强了平等化、低负担的住房格局，但是，新建住房规模很小，因此，很低的居住水平也持续下来。

（三）平等化、低负担、低水平住房格局的进一步强化（1966—1978 年）

私房接管与分配。1966 年"文化大革命"开始后，全市 8 万多户 54 万间约 765 万平方米私有房屋被迫交公，占城近郊区私房总数的 94.2%。同年 10 月，北京市人民委员会批转市房地产管理局《关于市、区级房屋分配工作的几项规定的请示》，"在分配时，首先解决劳动人民中最迫切、最急需的居住困难户，并应优先照顾烈军属和归国华侨""机关单位办公用房一般不予解决。"②1967 年至 1968 年，对接管的私房作了分配，有 7.2 万多间由机关、企事业单位和职工占用，住用私房的职工有 10 万多户。③

1967 年 7 月 26 日，北京市革命委员会发出《批转〈市房地产管理局关于空房分配的请示〉的通知》规定，对接管的出租私房空房和其他多余的空房，在房管部门统一安排下，解决一批严重拥挤户（人均居住 1.5 平方米以下）、严重不便户（人均居住 2 平方米以下）和个别无房户（包括生育无房及其中一方年满三十岁以上的婚后无房和结婚无房、受迫害归国华侨无房等）的用房问题。各房管所使用空房不平衡时，由各区房管局进行调整。在 1972 年以前，空房分配就是按照这些标准掌握的。④

1978 年 3 月 30 日，北京市房地产管理局制定《北京市房屋使用、交换

---

① 《北京房地产年鉴》，中国计量出版社 2004 年版。

② 北京市地方志编纂委员会办公室：《北京房地产志》，北京出版社 1994 年版，第 149 页。

③ 北京市地方志编纂委员会办公室：《北京房地产志》，北京出版社 1994 年版，第 189 页。

④ 北京市地方志编纂委员会办公室：《北京房地产志》，北京出版社 1994 年版，第 149 页。

暂行办法》,规定"对一切有利于解决职工的居住困难,有利于促进合理用房,符合规定的换房,均应大力支持,不得以各种借口进行阻挠",职工住直管公房,所在单位进行内部调整时,如房屋使用合理,确实能为解决职工居住困难,房管部门也应予以支持。[1]

租金。20 世纪 70 年代后,由于公有住宅租金标准不统一(主要是指上文提到的原国家经租房在机关事业单位和企业单位之间租金标准有区别),"同是国家职工,同住公有住宅,房租负担却高低悬殊,很不合理,已在一定程度上影响到党群关系和干群关系。"1979 年,北京市革命委员会推行新的公房租金标准。高级楼房和高级平房平均每平方米月租 0.19 元;正规楼房和较好平房平均每平方米月租 0.16 元;简易楼房和一般平房平均每平方米月租 0.12 元;简易平房平均每平方米月租 0.09 元。[2]　相对于此前已经比较低的房租水平,这个价格又有大的调整。当时,全市职工平均月工资 63.37 元,楼房房租仅占职工家庭收入的 2.42%,平房房租仅占职工家庭收入的 2.6%。[3]

建设。与房租水平的进一步压低相对应,新建住房数量也非常小。1967 年到 1976 年间,新建住宅总共只有 602.9 万平方米。在"文化大革命"期间,很多机关外迁、大学停招、干部下放,知识青年"上山下乡",人均住房面积出现小幅回升,1970 年以后在 4.36 平方米左右徘徊,1976 年达到 4.45 平方米,1978 年达到 4.55 平方米,不过还是低于新中国成立初期 4.75 平方米的水平。[4]　见表 7.1。"文化大革命"结束后,各种人员返城,由此产生的住房问题更为严重。到 1979 年,职工住房十分困难,基层单位尤为突出。全市严重缺房户已达 30 万户,其中,人均居住面积不到 2 平方米的严

---

[1]　北京市地方志编纂委员会办公室:《北京房地产志》,北京出版社 1994 年版,第 155 页。

[2]　北京市地方志编纂委员会办公室:《北京房地产志》,北京出版社 1994 年版,第 196 页。

[3]　北京市地方志编纂委员会办公室:《北京房地产志》,北京出版社 1994 年版,第 199 页。

[4]　李君甫:《北京的住房变迁与住房政策》,中央编译出版社 2017 年版,第 4 页。

重拥挤户约有 2 万户;老少三代、大儿大女、两对夫妻、翁媳、叔嫂同居一室
的约有 23.5 万户;夫妻分居、等房结婚、落实政策返京无房户约有 4.5
万户。①

表 7.1　1956—1978 年北京市房屋建筑与住宅状况

年份	住宅建筑面积(万平方米)	人均居住面积(平方米)
1956	2055.4	3.76
1957	2217.8	3.7
1958	2450.1	3.89
1959	2516.7	3.42
1960	2627.6	3.24
1961	2733.6	3.49
1962	2798.8	3.67
1963	2873.1	3.66
1964	2954.6	3.67
1965	3051.6	3.68
1966	3137.9	3.90
1967	3158.8	3.88
1968	3226.3	4.04
1969	3257.0	4.32
1970	3267.8	4.36
1971	3306.6	4.33
1972	3355.0	4.29
1973	3425.8	4.32
1974	3516.3	4.36
1975	—	—
1976	3733.3	4.45
1977	3857.7	4.52
1978	4034	4.55

数据来源:北京市建委、北京市国土资源局:《北京房地产年鉴2004》,中国计量出版社2004年版。

---

① 北京市地方志编纂委员会办公室:《北京房地产志》,北京出版社1994年版,第
150页。

总的来看，从 1949 年到 1978 年，伴随着计划经济体制的建立和形成，北京市的居民住房也经历了平等化、低负担和较低水平格局的建立、巩固和逐步强化过程。其间，住宅建筑面积从 1354.3 万平方米增加到 4034 万平方米，但人口增加更快，人均居住面积反而从 4.75 平方米下降到 4.55 平方米。虽然人均居住面积非常小，但在社会主义制度下，通过国家对私房的经租、对公房的相对平均分配，挤压办公用房来保障职工居住、精心组织住房交换等措施，住房分配相对平均、合理，以较小的住房总面积大体上满足了全市群众基本住房需求，且住房经济负担较轻。但是，这种住房格局最大的问题是在住房公有制下房租过低，几乎完全将住房作为福利品，没有形成有效的住房投资机制，未能形成住房领域的简单再生产和扩大再生产。

二、改革开放和社会主义现代化建设新时期的住房保障

1978 年以后，随着国家推进改革开放和社会主义市场经济，包括北京在内的全国城镇住房体制也进入前后多轮改革的时期。改革的核心问题就是建立能够长效运转并较快扩大建设规模的住房投资机制，改善居民居住条件，满足人口快速城市化的居住需要，并与日益发展的商品经济和市场经济体制相协调。北京作为首都，既存在极为复杂的公产房投资、分配体系需要改革，还需要在改革的同时保障好中央国家机关等单位的职工住房，而且住房商品化、市场化推进也体现全国的风向标，房改任务艰巨复杂。

（一）改革住房实物分配制度阶段（1978—1988 年）

在知识青年返城和干部政策落实后，北京的人口急剧增加；同时，20 世纪 60 年代生育高峰出生的人口逐步进入婚龄育龄阶段，住房需求显著增加，住房问题更为突出。尽管新建住宅面积不断扩大，但是人均居住面积还是很小。为了解决城市居民住房紧张问题，也为了减轻改革中政府和企业的负担，政府开始在历史遗留问题的基础上改革住房投资建设制度。

（1）私房返还——解决历史遗留问题

1983 年 3 月，北京市落实私房政策领导小组印发《关于落实"文革"中

接管的私房政策的若干规定的实施细则》，明确对"文化大革命"中接管的私人出租房，要确认原房主所有权，发还产权。属于社会主义改造时缓改、漏改的私人出租房，按国务院 1964 年关于出租私房由国家经租的规定处理。房主自住房现仍由原房主居住的，确认原房主的所有权，发还产权。被挤占的房主自住房，房主要求回原房居住的，应先发还产权，由占房单位腾退，暂时退不了的，可分期腾退。腾退原房确有困难或房主不要求迁回原房居住的，可申请住用公房，住用公房的数量按建筑面积不超过被占用的房屋面积确定。由于 1982 年新修改的《宪法》将城市建成区土地确定为国有，因此只发还房屋产权，不发还地产权。同月，市落实私房政策领导小组办公室印发实施细则，对产权、出租房、自住房、拆除房、经济结算等规定了具体处理办法。同时还明确，经社会主义改造的原私人出租房产，定租发放到 1966 年 9 月底，房产已属于国家所有，不存在落实私房政策问题。对于缓改、漏改的原私人出租房，其中产权人生活不困难的予以补改，并按"文化大革命"前私房平均租金标准的 20%—40% 一次付清产权人 5 年定租，房产即属国家所有。

1984 年底，发还"文化大革命"中接管的私房产权工作基本结束。发还自管的 5.6 万户，房屋 31.3 万间；作价收购的 8.5 万间；产权人下落不明，房屋转为代管的 1722 户，房屋 9976 间。为落实房屋产权，共应付给房主 6191 万元，平均每间 119.64 元。发还房主自住产权中，现自住房发还自管的 14.5 万间；带户发还的 4.3 万间；自愿换出房屋带户发还的 0.5 万间；征用拆除的 4.3 万间；收购的 2.6 万间。到 1990 年，共腾退私人自住房 7.2 万余间，占应腾退数量的 87.8%。①

（2）私房买卖

按照房屋评价办法，到 1982 年，城区房屋价格水平比房屋实际建筑成本约低 50% 以上，为解决房价偏低的问题，市政府规定，自 1982 年 8 月 1 日起，城区房屋按 1957 年《北京市城区房屋估价办法》，瓦房价格上调 30.7%

---

① 北京市地方志编纂委员会办公室：《北京房地产志》，北京出版社 1994 年版，第 124—125 页。

至 48.4%，灰瓦房上调 30.7% 至 61.2%，灰房上调 30.7% 至 79.7%；郊区房屋则按 1974 年《北京市郊区房价评估办法》，一律上调 40%，房屋附属物（门楼、院墙、水电设备等）的价格也提高 40%。① 1986 年 4 月，市政府规定，自当年 6 月 1 日起，私有房屋的买卖价格由买卖双方按房屋质量议定，议价幅度最高不得超过 1982 年市人民政府批准的房价标准的六倍。

（3）公房建设与分配

为了快速增加住房供应，减轻政府财政负担，1980 年 12 月，国家城市建设总局发出通知，明确"住房分配应与住宅建设的投资渠道一致起来"的原则：凡能自筹资金建房的企业和单位，其职工住房问题自行解决；国家补助和地方投资建设的住宅，应主要分配给无力建房的中小学校教职员工、街道居民和基层行政机关、群众团体等单位的职工。国家计划委员会和国家建设委员会规定，职工住房按中央机关、国家机关等六个系统分别解决，北京市职工住房由北京市负责解决。1982 年，中共北京市委、市人民政府决定，"凡企业单位和有盈利的事业单位职工的住房问题，原则上均应由本单位或上级主管部门自筹资金建房解决；行政单位和无盈利的事业单位职工的住房问题，由市财政投资建房解决"。此后，新建住宅由市计划委员会每年把住宅建设指标分配给各系统和各区、县、局，由市政府和各区、县、局自行分配。市房地产管理局也不再承担分房任务。

由于单位建房的积极性被调动起来，1980 年以后每年新增住宅面积在 400 万—600 万平方米，1 年差不多相当于改革开放前 10 年的住宅面积增加量，1979—1987 年累计新建住宅面积约 3900 万平方米，相比 1978 年等于新建了一个北京城的住房面积。由于人口快速增长，住房情况仍需要继续改善。而且，这个阶段以单位为主的住房建设与分配方式，在供给量快速增加的同时，也大大强化了住房的单位制供应惯性和预期，给住房改革带来了较大的影响。1979—1987 年北京住宅建设状况见表 7.2。

---

① 北京市地方志编纂委员会办公室：《北京房地产志》，北京出版社 1994 年版，第 169 页。

表 7.2　1979—1987 年北京市住宅建设状况

年份	住宅建筑面积（万平方米）	人均居住面积（平方米）
1979	4326.6	4.57
1980	4706.4	4.79
1981	5162.9	5.08
1982	5620.9	5.38
1983	6115.6	5.68
1984	6538.3	5.92
1985	7055.8	6.17
1986	7484.2	6.46
1987	8122.0	6.82

数据来源：北京市建委、北京市国土资源局：《北京房地产年鉴 2004》，中国计量出版社 2004 版。

（二）住房商品化改革阶段（1988—1998 年）

（1）改革：努力实现住宅投资的良性循环

首先，新建的城市公有住宅由国家以补贴的形式出售给个人。出售的目的是回收建房资金，推动住宅投资走向良性循环。1984 年 12 月，北京市人民政府公布的《北京市新建住宅补贴出售试行办法》规定，从 1985 年起，凡机关、团体、企业（包括集体所有制单位）、事业单位在本市新建住宅，无论资金来源是财政拨款或自筹，均要本着先卖后分的原则，划出不低于竣工面积的 20% 的住宅，对本单位职工出售。如只分不卖，从第二年起，计划部门对其归属的区、县、局、总公司及该单位不安排建房。补贴出售的商品住宅，优先售给无房户、大龄青年等房结婚户、严重不便户、现住私房需落实政策的腾退户和其他困难户。其次，对公有旧房，折价出售给个人。

新建住宅补贴出售办法试行后，住房分配即逐步向有偿分配过渡。1988 年，根据北京市房屋产权多元化、隶属关系多头、地域之间差异大的特点，11 个中央和市属单位开始住房制度改革试点，共出售新旧楼房 1000 多套。1989 年把分期分批优惠售房政策试点扩大到 100 个单位。1990 年，住房制度改革在 10 个远郊区县推开。①

1990 年，北京市政府确定了通过房改促进危旧房改造的方针，房改在城市中心地区推行。从 1991 年到 1992 年初，市属产权单位大部分开始房改。同时，在北京电视台设备厂、联想集团、北京电子工艺技术研究中心等单位进行了住房公积金试点。截止到 1992 年 2 月底，全市市属单位 4300 万平方米住房实施了房改，占市属住宅总面积的 90%。其间，30 多个中央在京单位先后参加了房改试点。② 1992 年 6 月，中央在京党政机关房改方案出台实施。国务院机关事务管理局印发了《〈中央在京党政机关住房制度改革实施方案〉的通知》，主要内容是逐步提高租金，对于租金负担超出家庭成员收入 5% 的部分，由单位进行房租补贴；同年，国管局还发布了向职工出售住宅的规定，扩大了出售范围。

根据国务院全面推进城镇住房制度改革的要求，在总结试点经验的基础上形成了北京市住房制度改革实施方案和七个配套办法。在具体工作中着重实施以下五个方面的政策：一是建立职工住房公积金制度；二是建立政府单位住房基金；三是出售公有住房；四是逐步提高房租；五是集资合作建房，实施危旧房改造。

1993 年 11 月，中共十四届三中全会通过了《中共中央关于建立社会主义市场经济体制若干问题的决定》，系统确立了建立社会主义市场经济体制的改革目标和基本原则。1994 年 7 月，国务院下发《关于深化城镇住房制度改革的决定》（以下简称《房改决定》），正式提出了"建设与市场经济体制相适应的新城镇住房制度"。《房改决定》的基本精神是逐步摆脱单位制，实现住房建设、分配和管理的社会化。为此，一方面，对以单位为主建设的存量住房逐步提高现有住房的租金并推动以成本价出售；另一方面，还要在增量住房供应和分配上建立全新的社会化机制，即通过政府主导的经济适用房建设来实现住房供应社会化，同时，通过建立单位和个人共同负担的

---

① 北京市地方志编纂委员会办公室：《北京房地产志》，北京出版社 1994 年版，第 152 页。

② 北京市地方志编纂委员会办公室：《北京房地产志》，北京出版社 1994 年版，第 390 页。

住房公积金以及发展住房金融,实现货币化住房分配和交易。新房改政策核心的要求是,单位售房收入根据单位和住房性质上缴政府,比如行政和全额预算事业单位要上交 85%,这样政府才有资金投入面向社会的经济适用房建设。但是,这个规定跟长期以来形成的单位制惯性冲突很大,导致公房销售暂停。1996 年国办再次发文停止售房收入上缴。所以,北京市属单位和在京中央国家机关的房改,基本上还是按照 1992 年各自发布的实施方案执行。①

（2）建设

房改回收的资金使单位获得充裕的资金进行职工住房建设,因此,新建住房速度进一步加快。1988—1997 年间,每年新建住宅面积从 600 万平方米逐步增长到接近 1000 万平方米;人均居住面积也逐步增长到 9.66 平方米。自 1993 年到 1998 年,市政府通过"康居工程""安居工程"等组织建设住房近 300 万平方米,解决约 5 万户中低收入且单位无力建房职工的住房问题。②

买卖与租赁。1988 年,北京市人民政府发布《北京市房屋买卖管理暂行规定》,明确单位购买公房,必须经市房地产管理局或区县人民政府批准;个人购买房屋,必须具有北京市城镇居民常住户口;除单位向职工出售住房和房屋经营单位出售商品房外,房屋买卖价格可由买卖双方按照房屋的质量、用途、所处地段等不同情况协商确定,但最高不得超过市政府规定的限价标准;禁止私下买卖房屋或变相买卖房屋,禁止高价买卖或变相高价买卖房屋,禁止在房屋买卖中隐瞒房价、偷税漏税,禁止非法倒卖房屋和非法居间牟利。

随着改革开放的深入发展,大批外地人员进京经商务工。为加强对外地进京人员的管理,1987 年 8 月 13 日,北京市人民政府批转市公安局、市房地产管理局《关于加强暂住人员租赁私有房屋管理的规定》。按此规定,

---

① 刘阳:《有限非商品化保护下的"双轨制"——新单位制住宅供应研究》,北京大学博士后研究报告,2017 年。

② 数据来源:根据历年《北京统计年鉴》相关条目数据整理。

非北京市正式户口的外地来京暂住人员,租赁城乡私人合法所有房屋,由租赁双方签订租赁合同,并向出租房屋所在地的房管机关或乡镇人民政府提交租赁合同和双方本人的居民身份证、户口簿和来京暂住的其他身份证明,经审查符合规定,由房管机关或乡镇人民政府出具准租证明。租金由租赁双方按照房管机关的规定议定。

这一阶段,随着住房产权改革推进,单位建房热情高涨,建房资金回笼加快,基本上形成了住房投资的自我循环。但这种住房建设和分配模式在一定意义上造成职工对单位的依赖,与市场经济发展的要求不符。因此,改革目标就从建立住宅投资的良性循环变成住房建设和分配制度的社会化①以及市场化。

（三）从住房社会化到住房市场化（1998—2007 年）

国务院于 1998 年 7 月下发了《关于进一步深化城镇住房制度改革加快住房建设的通知》,主要包括三方面相互关联的内容;首先,要求从当年下半年开始停止住房实物分配,力图以此改变以单位为轴心的住房供应循环;同时,在实现住房需求社会化上,要求以落实住房补贴和住房公积金制度为基础,增强职工的市场化住房购买力;在住房供给市场化上,提出房改目标为"建立和完善以经济适用住房为主的多层次城镇住房供应体系"。值得注意的是,此时国家所提出的经济适用房具有特定的政策意涵,适用对象是占职工 80% 以上的中低收入群体,而不是少数低收入群体,他们是社会化供房的主体部分。从实质上看,《房改通知》除了为应对宏观经济挑战而更强调"发展住宅产业""培养新的经济增长点"之外,主要仍为实现《房改决定》并将住房供应主体从单位替换为社会的目标。② 为贯彻《房改通知》的

①　这个"社会化"概念包含两个层面的含义,一是相对于当时人们已经习惯的单位制供房,强调摆脱单位制,从更大的社会范围获得住房;二是相对于后来人们熟悉的市场化商品房供应,强调住房供应的社会性(如合作建房)和社会保障性质(如政府统建的经济适用房)。

②　刘阳:《有限非商品化保护下的"双轨制"——新单位制住宅供应研究》,北京大学博士后研究报告,2017 年。

精神,北京市人民政府办公厅等分别于 1998 年 10 月、2001 年 8 月和 2002 年制定了《关于加快经济适用住房建设的若干规定(试行)》(以下简称《若干规定》)、《北京市城镇居民购买经济适用住房有关问题的暂行规定》(以下简称《暂行规定》)和《北京市城镇廉租住房管理试行办法实施意见》。

在经济适用房建设和购买方面,北京市于第一阶段在《若干规定》基础上陆续出台了《关于北京市行政机关事业单位购买经济适用住房的实施意见》《北京市进一步深化城镇住房制度改革加快住房建设实施方案》《关于第一批经济适用住房销售管理购买办法》《北京市已购公有住房和经济适用房上市出售管理办法》等政策。这一阶段的政策导向是力推经济适用住房,鼓励开发企业建设,促成单位和城镇居民购买。在市政府提出本市居民家庭中低收入标准及认定办法之前,经济适用房敞开向社会供应,购房者没有收入等方面的限制,建设开发也没有明确建设标准、户型面积等规定。2000 年《暂行规定》出台,首次对申请购买经济适用住房的北京市城镇居民资格有了明确的限定:(1)必须是无房户和现住房面积未达到本市规定的补贴面积标准①的未达标户,并且家庭年收入 6 万元以下;(2)夫妇双方均为机关工作人员或教师的家庭、市政府批准的重点工程建设中的被拆迁居民家庭和政府组织实施的危旧房改造项目区异地安置的居民家庭,可凭借有关证明购房。这一阶段对购买者的资格有了明确规定,而且逐步细化的经济适用房的供给对象外延,包括有居住证的外地人员、海归人员、军队人员等。由此经济适用房的认知度大大提高,购买踊跃。但由于经济适用房建设数量少,户型面积偏大,供应数量少,逐渐呈供不应求之势。

城镇廉租住房主要面向具有本市非农业常住户口、人均住房使用面积低于 7.5 平方米以下的最低收入家庭和其他需要保障的特殊家庭。廉租住

---

① 各类公有单位人员住房补贴面积(指建筑面积)标准为:公务员科级以下,60 平方米;正、副科级,70 平方米;副处级,80 平方米;正处级,90 平方米;副局级,105 平方米,正局级,120 平方米。机关工勤人员:技术工人中的初、中级工和 25 年以下工龄的普通工人,60 平方米;技术工人中的高级工、技师和 25 年(含)以上工龄的普通工人,70 平方米;技术工人中的高级技师,80 平方米。

房实施租金补贴、实物配租和租金减免三种形式,实行申请审批轮候退出机制。此外,低保家庭、优抚家庭、离休干部家庭新增租金免交,家庭人均收入低于400元的,房租超过家庭收入10%的部分免交房租,其他家庭超过其家庭月收入15%的部分免交。截至2003年底,北京已有1.3万户家庭享受了廉租住房政策,廉租住房家庭人均住房面积由2.2平方米增加到10.7平方米。①

在公积金方面,由职工个人和单位分别按照职工工资8%的比例缴存住房公积金。职工可以使用住房公积金购买、建造、翻建、大修自住住房,购房时申请住房公积金低息贷款,并通过住房公积金为危改和廉租住房提供优惠住房信贷和资金支持。

事实上,1998年房改政策并未完全从事实上阻断单位制供房。《房改通知》规定,"在符合城市总体规划和坚持节约用地的前提下,可以继续发展集资建房和合作建房"。集资和合作建房的土地也可享受政府建经适房的划拨待遇。特别是对于无力为职工进行住房补贴的困难企业,政府只能鼓励其"利用单位自有土地,组织职工集资合作建房"。集资房尽管在产权性质上不同于之前的公房,但仍然是以单位为主轴的住房供应方式。关于合作建房,虽然鼓励不同单位职工之间的合作,但在法律法规不健全、职工缺乏社会性合作习惯的背景下,所谓合作社也大都是由单位组织实施的,跟单位集资房没有实质区别。

在商品房价格上涨、地方政府经适房供应乏力的背景下,仍然"非市场化"的单位集资房成为住房供应的新主导方式,再次使大量新建住房进入"实物分配"的旧体制。尽管北京市大力投资建设经济适用房,但是住房保障的任务仍旧艰巨。自1999年至2006年,北京市经适房竣工面积从123万平方米迅速增长到300万平方米左右,共建设了约0.2亿平方米;但商品住宅年竣工面积则从1000万平方米左右增长到3000万平方米以上,累计增加1.42亿平方米,商品住宅增速是经适房的7倍。其间,新建住宅面积1.6亿平方米以上,比上一个10年共新建0.735亿平方米又加速了1倍多;

① 数据来源:根据《北京统计年鉴》相关条目整理。

2006 年人均居住面积已经增加到 20 平方米,总体上已经告别了住房
紧张。①

从 1999 年到 2004 年,由于政府着力建设经适房,以及各大单位抓紧集
资建房分房,北京的房价比较稳定;但在 2005 年、2006 年两年,房价上涨,
这就带来了对房价较快上涨的调控。

(四)市场化调控阶段(2007—2015 年)

1. 住房市场化格局的强化与商品住宅建设量的高位运行

2008 年,国务院发布了《关于促进房地产市场持续健康发展的通知》
(以下简称《房地产通知》),从住房制度改革、住房体系建设转向房地产市
场发展的角度,提出坚持住房市场化、调整供给结构、建立住房保障制度等
发展任务。在推进市场化方面,除了推动公房上市,激活住房二级市场,最
主要的就是对经济适用房重新定位。在 1998 年的《房改通知》中,经适房
的定位是带有政策性质的"准商品房",是城市居民满足住房需求的主体房
型;《房地产通知》中的调整供给结构,除了抑制高档商品房,主要就是把中
低档住房的空间从政策上明确出来,经济适用房明确为"具有保障性质的
政策性商品住房"。与之前的政策相比,《房地产通知》取消了 1998 年《房
改通知》确定的以经适房为主体的住房供应格局,将绝大多数城市居民都
纳入住房市场。

2007—2015 年间,北京市商品房每年销售量在 1500 万—2500 万平方米之
间波动。新增商品房不少于 1.6 亿平方米,其中,新增住宅约 1.3 亿平方米。

2. 缩减经适房、廉租房供应量

自 2007 年起对城八区城市居民申请廉租房经济适用房和相关准入标
准作出明确规定。申请租房补贴或实物配租要以家庭为单位,申请人必须
具有本市城镇户籍,在本市生活。申请家庭人均住房面积、家庭收入、家庭
资产符合规定的标准。对于廉租房的申请标准,以三人户家庭为例,家庭年
收入须在 20880 元以下,家庭总资产净值须在 30 万元及以下。对于经济适

---

① 数据来源:作者根据历年《北京统计年鉴》相关条目汇总整理。

用房准入标准,申请人须取得本市城镇户籍时间满三年,人均住房使用面积须在 10 平方米以下;在收入和资产方面,以三人户家庭为例,年收入须在45300 元以下,家庭总资产净值须在 36 万元以下。

这样经过规范管理之后,廉租房和经适房的受惠范围就很小了。据统计,2005 年左右城镇家庭户约为 480 万户,廉租房政策自从 2001 年开始实施到 2006 年,共有 1.5 万户家庭享受到廉租房,为北京家庭户的 0.28%。[1]而就在经适房建设高峰期的 2004 年和 2005 年,竣工套数分别为 27399 套和 29409 套,其面积仅相当于同年商品房竣工面积的 10.06% 和 9.43%。此后经适房建设面积下降到每年 100 万平方米左右,仅相当于同期商品房竣工面积的 3%—4%。[2]

3. 新保障措施

保障房的缩减,加之国家对城市建设用地使用权开始采用"招拍挂"的方式出售,提高了商品住宅用地成本,使得北京在 2007 年之后的房价除了个别年份回调之外,持续多年攀升。同时,政府为了遏制房价过快上涨,也努力创新政策性住房供应。

4. 限价商品房("两限房")与公租房

2007 年,北京市在修订原有廉租房、经济适用房管理办法的基础上,推出了限价商品房。限价商品住房套型建筑面积以 90 平方米以下套型为主;一居室控制在 60 平方米以下;两居室控制在 75 平方米以下。2008 年,制定了限价商品房的管理办法,该办法规定,3 人家庭要取得购房资格,年收入须在 8.8 万元以下,人均住房面积 15 平方米以下,家庭净资产 57 万元以下。符合规定的申请家庭按优先配售条件及住房困难程度,通过摇号等方式配售限价商品住房。对参加多次摇号均未能摇中的申请家庭,轮候三年以上的,区县住房保障管理部门可为其直接配售。北京"两限房"不只针对低收入人群,对于公务员、来京创业的"白领"等,也酌情纳入"两限房"保障范围。

---

① 萧琦:《3000 万平方米保障性住房与两限房给北京住宅市场带来什么影响?》,《北京房地产》2007 年第 9 期。

② 根据《北京统计年鉴》相关年份数据整理计算。

2009 年,北京市推出公租房保障模式,并逐步完善实物配租和租金补贴并举。截至 2017 年底,累计配租公共租赁住房 18.5 万户;市场租赁住房补贴新增家庭 3500 户;公租房补贴累计发放 2.32 万户、5.42 亿元;市场租赁补贴累计发放 4.97 万户、14.51 亿元。[①]

2007—2015 年北京市保障性住房建设情况见表 7.3。

表 7.3　2007—2015 年北京市保障性住房竣工量

年份	经适房	限价房	公租房
2007	188.6(万平方米)	——	——
2008	101.1(万平方米)	——	——
2009	98.2(万平方米)	82.7(万平方米)	——
2010	144.6(万平方米)	219.3(万平方米)	15.8(万平方米)
2013	0.3 万套	1.9 万套	1.1 万套
2014	0.6 万套	1.7 万套	1.2 万套
2015	0.9 万套	0.8 万套	1 万套

数据来源:根据《北京统计年鉴》相关数据整理。

自从 1978 年以来,我国就进入住房体制改革阶段,中心目标是建立适应于商品经济和市场经济体制的住房投资体制,扩大住房供给。就北京市而言,经过前后四个阶段长达近 40 年的探索,最终形成了市场、政府双重投资建设和分配体制,商品房建设量显著增长,居民居住条件显著改善。长期以来逐步构建的住房投资体制不但形成了高效住房供给,以至成为整个经济体系和金融体系运转的中心环节,以及国民经济增长、城市财政能力的主要支柱,同时,带来房价上涨、住房分配不均等问题,迫切需要新的房地产发展思路。

三、中国特色社会主义新时代的住房保障

实现住有所居是加快推进以改善民生为重点的社会建设的重要内容

---

① 北京市统计局、国家统计局北京调查总队:《数说北京:改革开放 40 年》,中国统计出版社 2018 年版,第 80—81 页。

和目标。2016年12月,中央经济工作会议强调了"房子是用来住的,不是用来炒的"新定位。2017年2月28日,习近平总书记在中央财经领导小组第15次会议上的讲话中再次重申了"房住不炒"的定位。

北京作为国家首都,于2016年9月30日率先全国出台了《关于促进本市房地产市场平稳健康发展的若干措施》。到2017年3月,更连续出台多项政策严控房价上涨,标志着北京的房地产业和居民住宅建设事业进入了"房住不炒"的新时代。

1. 新建商品房

从新建商品房销售面积看,2016—2019年北京的新建住房规模迅速收缩到2000年左右的水平,降到1000万平方米以内。见表7.4。

表 7.4　2016—2019 年北京市新建商品房销售面积　单位:万平方米

年份	新建商品房销售面积
2016	1675
2017	612
2018	696
2019	938.9

数据来源:根据北京市住房与城乡建设委官网相关资料整理。

其中,2017年初出台的严控政策使北京房价在3年多的时间里停止上涨,甚至有时略有下降,同时新入市的商品房面积也出现了下降,直到2019年才相对恢复。

此外,经过较长时期大规模的建设,广大人民群众对住房的需求已经从数量需要转向品质提升,因此,在住宅建设上,北京市有关部门规定新上市的商品房和政策性住房必须都是精装修交付,且新住宅小区要同步建设配套养老设施。

2. 房地产市场调控

为适应新时代房地产业"房住不炒"的定位,北京市于2016年9月底发布《关于促进本市房地产市场平稳健康发展的若干措施》后,采取有力措施予以落实,包括:试点"控地价、限房价"的土地交易方式,锁定房价预期;严格执行差别化住房信贷政策,提高购房首付比例,二套房认定恢复"认房又认贷";坚决遏制炒作学区房,大力整治"商改住"问题;限定最高房价,并开展综合执法,保持严查态势,"逢涨必查、逢炒必办";发布住宅用地供应计划,缓解涨价焦虑;严查"捂地惜售"行为,增加市场供给。此外,把治理重点转向存量房市场,打击"黑中介""哄抬房价"以规范出租行为。通过一系列精准有力的综合举措,有效遏制了房价上涨,使北京房价保持稳定,甚至略有回调,出现了积极的变化。

3. 推进租购并举

自20世纪90年代以来,解决群众住房问题的主要路径就是购房,无论是购买来自市场的商品房,还是来自政府的经适房,或者来自单位的房改房、集资房。租房市场虽然始终存在,但都处在边缘地位,不仅规模偏小,而且市场秩序不够规范、承租人权益得不到充分保障。更为重要的是,作为市民的权益,承租人诸如子女上学、参与社区事务等得不到充分认可。2016年6月,国务院办公厅印发了《关于加快培育和发展住房租赁市场的若干意见》,2017年10月,党的十九大报告提出"加快建立多主体供给、多渠道保障、租购并举的住房制度",租赁住房成为解决住房问题以及构建新时代住房制度的重要方式,得到了党和国家的高度重视。北京市住房和城乡建设委员会等部门于2017年9月发布实施《关于加快发展和规范管理本市住房租赁市场的通知》,健全住房租赁管理制度,并在以下几个方面取得较大进展。

一是上线运行租赁监管平台和交易服务平台,为承租人赋权,引导居民形成先租后买的梯次消费模式。通过与相关部门共享备案信息,为租房人办理居住证、积分落户、子女就学、公积金提取等提供租住证明服务,将"为承租人赋权"落到实处。到2019年底,全市租赁合同在平台上备案量突破230万笔。[1]

① 北京市住房和城乡建设委员会:《2019年工作总结和2020年工作思路》,ht-tp://zjw.beijing.gov.cn/bjjs/xxgk/ghjh/10845313/index.shtml。

二是发展长租事业。鼓励企业自持商品住房租赁，明确自持年限、出租期限、项目转让、网上签约等要求，禁止以租代售。截至 2017 年底，已有 27 个企业开发自持租赁房项目，建筑面积 143 万平方米。① 2018 年后，针对租金过快上涨、租金贷等热点问题，研究制定了相关政策措施，进一步规范住房租赁服务企业经营行为和融资行为，保护承租人的合法权益。

三是加强租赁型职工集体宿舍供应。北京市住建委出台了《关于发展租赁型职工集体宿舍的意见（试行）》，鼓励将闲置商场、写字楼、酒店、厂房等改建为租赁型职工集体宿舍，解决城市运行和服务保障人员基本居住问题。例如，2018 年就有 15 个项目、18 万平方米实现开工，可提供宿舍 4100 套（间）。②

四是整治房屋租赁市场。开通打击"黑中介"投诉举报热线，严查克扣租金押金及强迫贷款、采取软暴力威胁租户等违法违规行为；认真调查处理哄抬房租、打隔断群租、转租、室内甲醛超标等问题；规范网络房源发布，多次集中约谈治理主要网站，下架违规房源信息 92 万余条，冻结违规账户约 7 万个。市区住建执法部门共检查门店 4097 家，立案处罚 723 起，曝光 200 余家，责令关停门店 300 余家。③ 同时，健全租赁市场管理制度，发布租赁合同示范文本，规范互联网租赁信息发布；制定应对租金上涨预案，组织中介行业协会按月发布市场信息。

通过系列政策举措，住房租赁市场的建设和整治取得显著效果。2017 年，全市住房租赁市场交易量增长明显。全年累计住房租赁交易 246.8 万套次，同比增长 22.3%；住房租赁规模与市场销售交易规模之比由 2016 年的 6.2∶1 增至 2017 年的 13.9∶1。

4. 大力发展公租房和共有产权房

进入新时代，北京市对于公租房采用多种供给渠道，包括直接建房出

---

①　北京市住房和城乡建设委员会：《2017 年工作总结和 2018 年主要工作》，http://zjw.beijing.gov.cn/bjjs/xxgk/ghjh/523216/index.shtml。

②　北京市住房和城乡建设委员会：《2018 年工作总结和 2019 年主要工作》，http://zjw.beijing.gov.cn/bjjs/xxgk/ghjh/53605381/index.shtml。

③　北京市住房和城乡建设委员会：《2018 年工作总结和 2019 年主要工作》，http://zjw.beijing.gov.cn/bjjs/xxgk/ghjh/53605381/index.shtml。

租、收购市场存量二手房出租、对市场租房进行货币补贴等形式。此外,还创新租赁形式、扩大租赁对象范围,如新职工专项配租、老年家庭与子女家庭就近选房、建立"新北京人"专项分配长效机制,公租房、共有产权住房按照不少于30%的房源比例面向符合条件的非京籍家庭配租配售。此外,相关主管部门还大力协调公租房入住家庭适龄子女就近入学。

北京市自2013年开始推出自住型商品房,2017年又将其升级为产权和权益分配更明晰、更科学的共有产权房,购房时按价格占周围市价的比例与政府分享产权,但享有完全的使用权,出售时政府按产权比例收回溢价收益,成为解决群众居住问题,保障其财产权益,同时还干扰房地产市场秩序的创新举措。2016年,自住房累计入市项目69个、6.3万套。2017年,制订实施了《北京市共有产权住房管理暂行办法》,构建起完整的规划设计、品质保证、审核分配、使用管理等制度,住房保障政策体系进一步完善;当年在建共有产权住房项目42个、4.3万套,其中已有8个项目、7300套开展了申购。2018年严把审核、摇号、签约等关键环节,科学确定价格及份额,全年网申共有产权住房2.9万套。2019年大力推进共有产权住房上市申购,全市累计申购46个项目、4.5万套。见表7.5。

表7.5　2016—2019年公租房配租套数与共有产权房(自住型商品房)申购套数

单位:万套

年份	公租房	共有产权房
2016	9.6	6.3
2017	—	0.73
2018	3.2	2.9
2019	1.45	4.5

数据来源:根据北京市住房与城乡建设委官网相关资料整理。

5. 集体土地租赁房

推进租购并举住房体制的重要发力点就是降低出租住房建设管理成本。在《土地管理法》修改后,集体土地可以不改变所有制性质而进行住房建设,为降低出租住房建设用地成本打开了广阔空间。2018年,北京市住房保障和住房制度改革工作领导小组办公室出台了《关于加强北京市集体土地租赁住房试点项目建设管理暂行意见》，优选有信誉、有实力的企业和机构作为实施主体参与建设，鼓励产业园区多渠道解决务工人员住宿问题，设计市场租赁住房、公租房和职工集体宿舍等，打造灵活多样、精致宜居的租赁住房，探索建立公租房、市场租房补贴与集体土地租赁住房趸租的有效衔接机制。2017 年确定 39 个集体土地租赁房项目，2018 年已开工 12 个，可提供房源 1.2 万套；2019 年，确定试点项目 68 个，可提供租赁房 4.2 万套。

6. 老旧小区综合整治

提高群众居住生活质量，除了新建住房、发展租房外，改善已有住房和居住小区的品质也是一个重要方面。北京市努力推进老旧小区综合整治，自 2017 年开始，又展开了新阶段整治，内容包括抗震加固、节能改造、加装电梯、架空线入地、上下水改造、补建停车位等综合整治工作。2017 年组织城六区和通州区 10 个小区进行新阶段老旧小区综合整治试点，项目涉及 76 栋楼、43 万平方米、5600 余户居民。其中，全市老楼增设电梯开工 459 部，完工并投入运行 274 部，同时有 21 个单元门安装了电动爬楼机。2018 年，制定了《老旧小区综合整治工作方案（2018—2020 年）》。2018—2019 年，共确定了 233 个老旧小区改造项目，其中部分已完工；老楼增设电梯开工 1593 部，2019 年已完工 933 部。

在加快开展老旧小区综合整治的同时，还着力加强整治后的规范化、专业化管理，制定了《关于建立我市实施综合改造老旧小区物业管理长效机制的指导意见》，全市 210 个项目改造后将实施专业化物业管理，初步形成了以精治共治法治为引领的老旧小区综合整治工作新模式。

党的十八大以来，特别是 2016 年以后，随着党中央提出"房住不炒"新定位，北京的城市住房事业也进入了新时代，一方面多措并举、精准发力控制好商品房价格，另一方面通过大力发展租房市场、建设共有产权房、探索集体土地租赁房等方式，创新住房供给、更有效地提供政策性住房，从而在市场经济的大背景下，逐步形成了新时代城市住房供应格局，更有效地在住房分配领域彰显社会公平正义。

第八章　社会救助:弱有所扶　兜底托底

作为重要的社会安全网和社会建设的制度安排,社会救助对于保障民生、缓解贫困和实现社会公平意义十分重大。新中国 70 年,北京市社会救助实施的客观条件和社会环境发生很大的变化,社会救助经历了深刻的制度转型和体制变革,在保障城乡贫困群众的生活和维护社会稳定、实现社会公平正义方面发挥了重要的兜底保障作用,成为北京市民生建设的重要保障机制和社会建设的重要组成部分,展现了北京的社会发展和社会进步。

一、新中国 70 年北京社会救助变革发展的历史进程

北京市社会救助制度的变迁变革与经济社会发展的历史阶段以及社会救助的目标任务紧密相关,在不同的历史时期形成了不同的制度安排,体现了在特定经济社会发展阶段上社会救助制度的实践特色,概括起来可以分为过渡时期的社会救助、全面建设社会主义时期的社会救助、市场化改革进程中的社会救助以及中国特色社会主义新时代的社会救助等变革发展的历史阶段,反映了在指导思想、实现路径和发展原则等诸多方面的政策变迁。

(一)社会主义过渡时期的社会救助(1949—1956 年)

中华人民共和国成立后,中国步入了社会历史发展的新纪元,开启了社会主义社会救助事业新的历史起点,同时,社会主义的社会性质也决定了社会救助制度根本区别于以往历史上社会救济的本质特征和根本原则。伴随

从新民主主义社会向社会主义社会的过渡，社会救助事业也经历了新旧社会交替的根本性制度变革。

新中国成立之初，国家百业待兴，旧社会遗留下来大量的社会问题、各种社会丑恶现象以及由于战争的影响和新中国成立前长期在帝国主义、封建主义和官僚资本主义三座大山压迫下劳苦大众苦难的民生，成为中国共产党和刚刚诞生不久的人民政权在进行社会治理时面临的不可避免的历史性艰巨挑战，对于新生的人民政权而言是社会治理和社会建设的重大考验。新中国成立之初，国家一穷二白，发展基础薄弱。正如毛泽东所言，"我们一为'穷'二为'白'。'穷'，就是没有多少工业，农业也不发达。'白'，就是一张白纸，文化水平、科学水平都不高。"①由于国家财政能力十分有限，社会救助面临巨大挑战，特别是当时在社会上存在包括贫民、难民、乞丐、孤老残疾和失业人员等在内的大量的需要社会救助的人群。其中，失业问题尤为突出，失业人员、半失业人员（如三轮车夫）、私营小煤窑雇佣的临时工人等社会群体生活困难，直接影响社会稳定和政权建设。面对艰巨的社会救助任务和复杂的社会问题，北京市积极开展社会救助和社会治理。

新中国成立伊始，人民政府采取果断措施，铲除了已延续了三千多年的娼妓制度。1949年11月21日，北京市第二届各界人民代表会议通过了关于封闭妓院的决议，当晚即由北京市人民政府下令执行。北京市公安局会同北京市妇联等有关单位，一夜之间将200多家妓院全部封闭，妓院老板、领家被集中，妓女被解放。从此，娼妓制度在北京绝迹。妓院被封闭后，人民政府对老板、领家及妓女采取了不同的政策。对老板、领家采取集中审查、处理的办法，依法惩处其中的罪大恶极者，对罪恶一般并愿悔改者，允许其坦白认罪并给予出路。对他们剥削、压榨妓女而获得的财产予以没收，作为救济妓女之用。对于妓女则采取医治性病、改造思想、从事生产的方针，以使她们提高觉悟，转变思想，成为自食其力的劳动者。经过政府有关人员艰苦的努力、细致的工作，在妇女生产教养院中学

---

① 《毛泽东文集》第七卷，人民出版社1999年出版，第43—44页。

习、劳动的妓女转变了态度,提高了认识、掌握了生产技能,成为新中国的建设者。

针对当时比较突出的失业问题,北京市制定和实施了《救济失业员工决定实施细则》,发放救济金,救助困难群众。"自1950年2月至1956年9月底,领取救济金的总共有98229人次(不包括家属),其中属于按'细则'规定救济的12506人次,经常性救济的18828人次,紧急与临时救济的63150人次,给予冬季棉衣补助的2107人次,对有名望的老知识分子特殊救济1638人次。"①同时,通过资助返乡生产、生产自救、以工代赈等形式解决失业人员的生活困难问题。

在灾害救助方面,新中国成立初期,自然灾害救助也是社会救助的重要内容。20世纪50年代北京多次出现洪涝灾害,1949年至1954年6月,北京市郊区陆续发生各种自然灾害,其中水、旱、虫灾较重。1956年,"永定河发生两次洪水,三家店拦河闸工地围堰受损,大兴县麻各庄决堤。北运河支流温榆河、坝河普遍漫溢。全市农田受涝面积19.3万公顷(289万亩),受灾人口447295人,坍毁房屋64618间。"②面对自然灾害给广大人民群众生产生活带来的影响和损失,党和政府积极调查灾情,发放救灾款物,抗击旱涝等自然灾害,努力降低灾害影响,保障群众生活。在社会救助的原则方针上,实行"生产自救,节约度荒,群众互助,并辅之以政府必要救济"。灾害发生之后,灾害救济主要由各级政府根据受灾情况临时划拨一定救灾款项与物资,帮助灾区灾民解决部分生活与生产问题,这种救灾方式多为临时性,并没有固定的机制。③ 在改革开放之前,人们的生活水平还比较低下,再加上我国实行的是计划经济体制,灾害的救助主要由政府来完成,所以,社会救助主要体现在单位与单位之间,个人的救

---

① 北京市地方志编纂委员会:《北京志·综合经济管理卷·劳动志》,北京出版社1999年版,第26页。

② 北京市地方志编纂委员会:《北京志·自然灾害卷·自然灾害志》,北京出版社2012年版。

③ 北京市地方志编纂委员会:《北京志·自然灾害卷·自然灾害志》,北京出版社2012年版,第729页。

助行为比较少。①

在过渡时期,北京社会救助事业发展的重要成就不仅表现在对大量需要救济人员提供救助,还突出体现在社会救助组织的沿袭、创立和建立上。作为中国红十字会地方分会的北京市红十字会以及北京市民政局在新中国成立后进入了新的发展阶段,并在社会救助中发挥重要的作用,奠定了新中国70年北京市社会救助事业发展的重要制度架构,成为社会主义新中国社会救助变迁发展中重要的早期实践和探索。

新中国成立之初,社会救助的全新实践和制度建设开启了北京市社会救助事业发展新的历史起点。针对特定的社会状况,在不断推进经济社会建设中,制定和实施了一系列符合当时社会历史条件的政策措施,成为中国共产党在民主革命时期社会救助思想在社会主义中国首都北京的实践运用,也反映了中国共产党早期城市管理和社会治理的思想理念和政策主张,在历史上第一次探索建立从根本上有别于资本主义制度和半殖民地半封建社会性质的社会主义社会救助制度,并取得了历史性和创造性的治理成果,开创了社会主义社会救助的崭新时代,从社会救助和社会改造方面展现了新中国首都北京的社会形象和社会新貌。

(二)全面建设社会主义时期的社会救助(1956—1978年)

新中国成立后不久,在中国共产党的领导下,我国完成了对农业、手工业和资本主义工商业的社会主义改造,实现了由新民主主义向社会主义的过渡,开启了全面建设社会主义的历史时期。在经济管理体制上实行社会主义计划经济体制,在农村逐步建立和实行人民公社,构建了社会主义公有制的经济制度,成为在全面建设社会主义时期社会救助制度的基本经济背景。

在全面建设社会主义的发展进程中,党和政府十分关心关注城乡困难群众的生活。在建设社会主义的全新实践中,如何建立体现社会主义本质要求和符合中国客观国情的农村社会救助制度,解决长期以来农村生活困

① 北京市地方志编纂委员会:《北京志·自然灾害卷·自然灾害志》,北京出版社2012年版,第736页。

难居民的社会救助问题,从而有效保障农民民生,成为社会建设的重要课题。在中国共产党和人民政府的领导和组织下,在自愿和互利基础上劳动农民组织起来并建立和发展的社会主义集体经济组织——农业生产合作社,在农业生产合作化中逐渐孕育产生和形成,成为农村困难群众的生活保障制度依托。1956 年 6 月 30 日,第一届全国人民代表大会第三次会议通过的《高级农业生产合作社示范章程》第五十三条规定:"农业生产合作社对于缺乏劳动力或者完全丧失劳动力、生活没有依靠的老、弱、孤、寡、残疾的社员,在生产上和生活上给以适当的安排和照顾,保证他们的吃、穿和柴火的供应,保证年幼的受到教育和年老的死后安葬,使他们生养死葬都有依靠。对于遭到不幸事故、生活发生严重困难的社员,合作社要酌量给以补助。"①1956—1978 年,伴随农业合作化和农村发展,在农业合作化并把小农经济逐步改造成为社会主义集体经济的过程中,农村"五保"制度从无到有逐渐发展成为农村社会救助制度的重要组成部分。1960 年 4 月,第二届全国人民代表大会第二次会议通过的《1956 年到 1967 年全国农业发展纲要》提出,"实行'五保',优待烈属和残废革命军人,供养和尊敬父母""农业合作社对于社内缺乏劳动力、生活没有依靠的鳏寡孤独的社员,应当统一筹划,指定生产队或者生产小组在生产上给以适当的安排,使他们能够参加力能胜任的劳动;在生活上给以适当的照顾,做到保吃、保穿、保烧(燃料)、保教(儿童和少年)、保葬,使他们的生养死葬都有指靠。对于缺乏劳动力的烈属和享受残废抚恤金以后仍然不能维持生活的残废革命军人,合作社应当按照国家规定的优待办法给以优待,使他们的生活不致低于一般社员的水平,"从而在全国范围内确立了这项关乎农村居民民生保障的重大政策安排,也成为极具中国特色的乡村社会救助制度。

这一时期,以计划经济体制为根基,以全民所有制为保障,以政府救助为依托,北京市逐步建立了包括城乡困难群众救助、自然灾害救助以及"五保户"供养制度在内的社会救助制度体系,在当时的经济社会发展水平和历史

---

① 《高级农业生产合作社示范章程》,中国人大网,http://www.npc.gov.cn/wxzl/wxzl/2000-12/10/content_4304.htm。

条件下，构建了基于特定经济发展阶段以及国情市情的社会救助制度，对于保障城乡困难群众的基本生活发挥了重要的作用，体现了社会主义制度的优越性，彰显了社会救助中人民政府的民生保障责任和社会人文关怀，是对于社会救助事业发展的全新探索和创造性实践，成为在改革开放和社会主义现代化建设时期以及中国特色社会主义新时代下社会救助的重要实践基础和制度源头。

（三）改革开放和社会主义现代化建设新时期的社会救助（1978—2012年）

20世纪80年代后，在改革开放的进程中，伴随经济体制改革的不断深化，经济社会生活发生深刻变化，农村联产承包责任制逐步确立实行，城市国有企业改革加快推进，个体、私营经济等非公有制经济快速发展，社会流动趋于加快，城乡关系发生嬗变，原有的基于农业合作化和城市国有企事业单位为依托的计划经济年代下的社会救助制度面临新的挑战，难以适应社会形势变化和社会转型发展的客观要求，需要基于社会救助的功能定位和目标导向，构建与经济发展阶段性特征相适应的新的社会救助制度，以更好地维护社会稳定，促进社会和谐，服务和推动国有企业改革。特别是在城市化进程中，大量农民离开土地进城务工，流动人口大量增加，不仅给社会治理带来新的课题，也使得社会救助和民生保障工作面临新的任务。同时，在市场化改革加速推进和国有企业改革发展的过程中，下岗失业现象的出现以及由此带来的民生保障问题日益凸显，出现城市新贫困现象，形成了新的城市贫困群体。这一时期，"城市贫困，是在城市这一特定地域内出现的贫困现象。它是我国社会转型和经济体制转轨过程中出现的重大社会问题。城市贫困问题如得不到有效缓解和控制，势必带来社会矛盾的激化和社会冲突的加剧，影响安定团结的政治局面，阻碍改革开放的发展。"[①]新的城市贫困问题以及由此带来的对于经济体制改革和社会发展所形成的现实挑战，要求社会救助制度必须适应外部环境和经济基础的变化做出适应性和

---

① 尹志刚、焦永刚、马小红、王雪梅、李宁、曹颖：《北京城市贫困人口致贫原因分析》，《市场与人口分析》2002年第4期。

针对性的调整,在新的社会条件下实现社会救助制度创新发展。

在城市,着眼于加快社会主义市场经济体制的构建,进一步完善社会保障体系,保障城镇低收入居民家庭的基本生活,根据国家关于加快社会保障制度改革、建立城镇最低生活保障制度的相关要求,从1996年7月1日起,北京市建立并实施了城镇居民最低生活保障制度,明确了城镇居民最低生活保障线标准和保障范围、最低生活保障金的申请和发放办法,以及实施城镇居民最低生活保障制度的措施,成为新型社会救助制度开启的重要标志,也成为在当时的历史条件下正确处理改革、发展、稳定关系大局的重要社会治理举措和社会政策安排,体现了民生建设的政策创新,在保障城镇低收入群众的基本生活以及维护首都政治稳定和社会安定方面意义重大。制度规定,"根据本市物价水平和城镇居民实际生活水平,按照保障群众基本生活需要的原则,确定1996年本市城镇居民最低生活保障线标准为家庭月人均收入170元。凡具有本市城镇居民正式户口(不含外地来京就读的在校学生),家庭月人均收入低于当年本市城镇居民最低生活保障线标准的人员,均属保障范围。"

北京在全国范围内较早地进行了新型社会救助制度和社会救助政策的改革探索,而妥善解决城市贫困人口的生活困难问题,成为当时我国经济和社会发展中的一项重要任务。1997年9月2日,《国务院关于在全国建立城市居民最低生活保障制度的通知》发布,成为变革和完善传统社会救助制度以及建立健全社会保障体系的重大举措,推动了北京市新型社会救助制度的建设发展,体现了党和政府的民生关怀,突出反映了适应时代变革和发展阶段性特征变化构建新型社会救助制度的必要性。在全国新型社会救助制度构建的政策引领以及基于北京社会救助制度变革发展的自身实践,《北京市实施〈城市居民最低生活保障条例〉办法》于2000年7月1日起开始施行。该办法规定,"持有本市非农业户口的城市居民,共同生活的家庭成员月人均收入低于本市当年城市居民最低生活保障标准的,可以申请享受本市最低生活保障待遇""城市居民最低生活保障标准,按照维持本市城市居民基本生活所必需的衣、食、住费用,并适当考虑水电燃煤(燃气)费用以及未成年人的义务教育费用确定;并根据本市经济发展水平和财政承受能力,随着本市生活必需品的价格变化和人民生活水平的提高适时调整",明确规定了城市居民最低生活保障制度实施的程序、资金来源、标准确定、义务等管理内容,成为新型社会救助制度基础性、根本性的制度安排,奠定了新型社会救助制度的运行模式。

北京城市居民最低生活保障制度建立以来,作为社会救助体系中最为重要的经常性社会救助项目,在社会救助的功能和目标实现上发挥着基础性的保障作用。同时,作为新的社会救助实践和社会政策创新,在社会救助制度的变革发展以及城市居民最低生活保障制度的运行中也面临着社会救助实施的效率与公平问题,包括低保制度相关政策的完善、低保资格审核、低保制度的流动性、低保制度中不同层级政府管理之间的关系以及在低保实施中的财政管理体制的完善,等等,需要借鉴国内外改革发展的实践经验,不断完善城市居民最低生活保障制度。从社会救助制度的演变历程看,20世纪90年代以来是北京市社会救助改革、发展和完善的重要时期,政策创新和制度拓展构成社会救助制度变革的基本走向和发展轨迹,彰显了社会救助制度坚持兜底保障和制度正义的政策导向,体现了在城乡关系变革中社会救助制度改革发展的历史性跨越。

为了进一步完善城市居民最低生活保障制度,针对制度运行和管理中存在的问题,着眼于制度公平和政策完善,2002年6月,《北京市人民政府印发市民政局关于完善城市居民最低生活保障制度若干意见的通知》规定,"凡在就业年龄段内有劳动能力人员,经两次介绍而无正当理由拒绝就业的,暂不享受城市低保待遇及生活补助""具有本市常住户口、年满16周岁、持有《中华人民共和国残疾人证》、生活不能自理的重残人,经户籍所在地区县残联审核确认,家庭月人均收入高于本市当年城市低保标准、低于最低工资标准的,本人或监护人可持确认证明向户籍所在地街道(乡镇)民政部门提出申请,参照本市当年城市低保标准,对其本人按月发给生活补助",这些改革政策的出台体现了北京市社会救助注重和坚持积极的社会救助政策取向,同时,在社会救助的发展中坚持从实际出发,秉持人文关怀、以人为本、应保尽保的治理理念,不断扩大社会保障的覆盖面,将需要保障的特定社会群体纳入社会救助的民生保障安全网。

城市居民最低生活保障条例的制定和实施,奠定了与社会主义市场经济发展要求相适应的新型社会救助的制度基础和基本框架,自从其建立以来,适应社会救助实施的经济社会背景的变化,着眼于实现社会公平正义,着力推进政策完善,并在社会救助的管理和运行中不断提升社会救助的规范化、标准化和法治化水平。为了进一步完善北京城市居民最低生活保障制度,保障城市低收入居民家庭的基本生活,增强社会保障制度的可操作性和可执行性,2000 年 12 月 15 日,北京市民政局、北京市财政局、北京市人事局、北京市劳动和社会保障局和北京市总工会发布了《关于印发〈北京市城市居民最低生活保障制度实施细则〉的通知》,对于城市居民最低生活保障制度的救助标准、保障范围、申请程序、待遇发放、资金来源、行政处罚等作出了明确的规定和政策安排,进一步优化和完善了救助管理,推进了管理水平的提升和体制机制的创新,在构建社会主义和谐社会首善之区中发挥了非常积极和重要的作用,也为全国社会救助制度的改革发展提供了宝贵的经验。但是,低保制度实施以来,处于北京市加速推进城市化、现代化和市场化的历史时期,经济社会状况发生巨大而深刻的变化,在改革发展过程中出现了许多新情况和新问题,诸如,就业多元化给低保资格审核带来现实挑战,人户分离现象的存在给低保制度带来管理难题,低保资格审核难的问题困扰低保工作开展,居民就业形式多元化、隐性就业和大量临时就业、非正规就业等因素导致居民收入来源多元化和部分居民收入隐性化的现象普遍存在,实际就业和收入情况难以掌握,低保制度的流动性不高,等等,都需要从实际出发,秉持保障民生和促进和谐的制度目标,进一步细化和完善相关政策法规,不断破解管理运行难题,推动低保制度的科学发展。

在城市社会救助不断改革发展的过程中,农村社会救助也获得了新的发展,并进行了新的政策实践。其中,突出表现为农村居民最低生活保障制度的建立以及农村五保供养制度的创新发展。

改革开放以来,北京农村经济获得了快速发展,农村居民生活水平不断提高,但是,在农村经济社会发展中,部分农村居民还存在生活困难问题,需要社会帮扶和救助。同时,在农村经济社会变革中,农村社会救助处于转型发展的制度变革,需要在改革发展中扩大保障范围,增强保障功能,推进农村社会救助的制度化、规范化发展，以更好地实现社会救助目标，保障农村民生，维护社会稳定，助推改革发展。

在特定的经济发展阶段和社会救助政策实施的既有条件下，低保制度建立之初，由于城市居民最低生活保障制度是基于户口性质和户籍类别的社会救助制度，其救助对象指向为持有城市非农业户口、家庭月人均收入低于本市当年城市低保标准的城市居民，因而，农村生活困难群众没有被覆盖在低保制度范围之内，体现了社会救助城乡分治和城乡分割的状况。在经济社会发展中，特别是在不断推进社会救助的城乡统筹发展中，北京市在全国范围内较早地进行了农村最低生活保障制度构建的实践探索，在城乡关系变革的背景以及在城市居民最低生活保障制度运行实践的基础上，推进城乡社会救助的共同发展和协同发展，成为在经济社会发展中社会救助的政策创新和社会救助的制度创设，进一步丰富了北京市农村社会救助、五保供养、扶贫济困等制度安排和救助项目。2002年4月，北京市人民政府批转了北京市民政局《关于建立和实施农村居民最低生活保障制度的意见》，将具有本市农业户口、上年家庭年人均收入低于户籍所在区县当年农村居民最低生活保障标准的农村居民，纳入当地农村居民最低生活保障范围，体现了社会救助公平性和保障性的制度属性和政策拓展，以及基于经济社会发展阶段性特征下社会救助发展的阶段性和保障水平与经济发展阶段的适应性，使得作为经常性社会救助项目的低保制度从城市扩展到农村，突破了社会救助的户籍限制，实现城乡社会救助的统筹发展和共同发展，反映了在城乡关系的转变和变革下社会救助的民生保障安全网的城乡拓展、城乡贯通和城乡统筹。

从新中国成立以来社会救助的发展历程看，在二元社会结构下社会救助长期实行城乡分治的二元社会管理体制，社会救助存在明显的城乡差别，农村地区缺少具有现代意义的贫困人群生活救助保障制度，农村贫困居民和低收入家庭无法获得与市民同等的社会救助政策支持，形成民生保障安全网的救助缺失和缺位。伴随经济社会发展以及城市化进程加快，城乡关系嬗变，城市化水平不断提高，因此，基于城市化不断发展过程中城乡关系的深刻变革，统筹社会救助的城乡共同发展和一体化发展成为社会救助改革发展面临的目标任务,也成为作为经济发达地区和特大城市社会治理面临的现实课题。在城市化进程加快和社会主义新农村建设的背景下,北京市居民最低生活保障制度逐步突破城乡差别的原有格局,较早进行了农村居民最低生活保障制度改革创新的实践,使得低保制度从城市扩展到了农村,突破了历史上城乡分割的社会救助体制,成为北京市社会救助和贫困治理中具有重要时代意义的重大制度变革,有助于从制度上改变长期存在的农村贫困人口在社会救助上的社会排斥问题,成为保障农村困难群众基本生活的重要社会安全网,标志着全面的、制度化的反贫困社会政策的普惠化实施。

从社会救助制度变革发展的历程可以看出,社会救助的发展和完善经历了国家社会救助政策的顶层设计和政策引领与地方社会救助的创新实践和积极探索紧密结合的发展过程,是自上而下的政策推动与自下而上的创新实践同向发力、积极互动的结果,体现了党和政府对于城乡低收入家庭和困难群众的政策关怀。

在地方农村最低生活保障探索实践的基础上,随着社会建设理念的提升和社会救助政策实施环境的变化,在全国范围内建立农村居民最低生活保障制度的条件日益成熟。特别是党的十六届六中全会从构建社会主义和谐社会的要求和目标出发,提出推进社会主义新农村建设,逐步建立社会保险、社会救助、社会福利、慈善事业相衔接的覆盖城乡居民的社会保障体系,逐步建立农村居民最低生活保障制度,为社会救助制度变革发展提供了新的条件、背景和发展目标。2007 年,《国务院关于在全国建立农村居民最低生活保障制度的通知》下发后,极大地推动了北京市农村居民最低生活保障制度的健全和发展,发挥了政策引领和顶层设计的重要作用。

纵观北京城乡低保制度的发展历程,21 世纪的头十年是社会救助制度快速发展和社会救助规模显著扩大的时期,反映出了一些鲜明的制度变迁特征,同时对北京市社会救助制度的模式塑造和政策完善产生了重要的影响。

作为新中国成立以来在农村社会救助领域发挥重要作用的特困人员供养制度,在从社会主义计划经济向社会主义市场经济的转型中面临新的政策条件和政策基础,也为特困人员供养制度的发展带来新的实践课题。在农村经济发展和社会变革中,农村集体经济解体,1998年农村税费制度改革开始试点,2004年起全面取消农业税等重要农村经济社会变革成为农村社会救助制度变革发展的重要历史背景。2006年,国务院颁布《农村五保供养工作条例》,推动了北京市农村社会救助制度的发展。在改革开放以来农村社会救助实践的基础上,2008年,《北京市实施〈农村五保供养工作条例〉办法》公布施行。该《办法》规定,农村五保供养包括下列内容:供给粮油、副食品和生活用燃料;供给服装、被褥等生活用品和零用钱;提供符合基本居住条件的住房;提供疾病治疗,对生活不能自理的给予照料;办理丧葬事宜,从而通过制度安排在吃、穿、住、医、葬方面对农村村民给予生活照顾和物质帮助。在农村五保供养的实施中,为了保障五保供养工作的顺利开展,实现规范救助和公平救助,切实发挥五保供养在农村贫困治理中的作用和功能,指导和推动五保供养工作的基层实践和有效运行,2008年6月,北京市民政局、北京市发展和改革委员会、北京市农村工作委员会、北京市财政局等部门共同发布了《关于印发〈北京市农村五保供养制度实施细则〉的通知》,对于农村五保供养标准与供养资金、供养对象范围、供养内容、申请审批程序、供养待遇及发放、供养协议及财产处置、供养服务机构的管理、档案及信息化管理、政府部门职责、依法行政和行政处罚等相关事项做出了明确的规定和安排,为农村五保供养制度的规范运行提供了具体明确的可操作性的政策规定,推动了农村五保供养政策的落实和政策目标的实现。

在医疗救助方面,针对城乡困难群众的实际情况和就医需求,为了进一步完善社会救助制度,推动医药卫生体制改革和基本医疗保险制度优化,建立和完善具有社会保障性质的城市医疗救助制度,回应低收入群众的基本医疗需求,北京市在社会救助制度的改革发展中较早地进行了医疗救助的改革探索,发挥医疗救助在保障城乡困难家庭生活中的重要作用,保障低收入群众的基本医疗需求,将享受本市城市居民最低生活保障待遇的人员、家庭月人均收入高于全市城市低保标准但低于全市最低工资标准的本市城镇职工基本医疗保险对象以及全市规定的其他特殊生活困难人员纳入医疗救助范围,进一步丰富了救助项目,强化了救助功能,明确了医疗救助待遇、医疗救助办法、医疗救助资金来源等制度安排,努力满足困难群众的就医需求。在城市特困人员医疗救助实践的基础上,着眼于进一步完善北京市的社会救助体系,在加快社会主义新农村建设的过程中,作为新型农村合作医疗制度的重要配套政策措施,北京市的医疗救助实现了从城市到农村的覆盖,拓展了医疗救助的覆盖范围,实现了医疗救助的城乡统筹发展,将享受全市农村居民最低生活保障待遇的人员、享受民政部门生活困难补助的人员、民政部门认定的其他困难人员纳入到农村特困人员医疗救助范围,扩大了医疗救助范围,更多地惠及农村特困家庭和困难群众,成为全市社会救助体系的重要组成部分和社会救助功能发挥的实现机制。

这一时期是新型社会救助制度变革重塑的重要时期,社会救助制度与时俱进、创新发展,在经济转型特别是社会主义市场经济发展中,适应人口老龄化、城镇化、就业方式多样化的现实情况,着力推进社会救助的制度创新,不断完善社会救助政策,构建了新型社会救助的基本框架,保障了城乡困难群众的基本生活,服务了经济体制改革发展的需要,促进了社会和谐稳定,成为社会建设的重要成果。特别是 21 世纪以来,城乡居民最低生活保障制度在变革中发展,不断实现政策完善和创新,在保障民生和维护社会公平正义方面发挥了重要的作用。但是,在新的历史条件下社会救助制度处在新的发展阶段,面临新的发展课题,需要在以往改革发展实践的基础上,践行新发展理念,着眼新的发展目标,实现新的改革发展,在保障性、公平性、可持续性上实现新的提升。

(四)中国特色社会主义新时代的社会救助(2012 年以来)

进入中国特色社会主义新时代后,北京市社会建设进入新的历史时期。在全面建成小康社会的发展目标下,在改善民生和创新治理中加强社会建设,成为社会救助事业发展的实践要求,体现了鲜明的人民导向、发展导向、创新思维和法治思维,实现了从社会管理向社会治理的创新发展。在社会建设改革发展中,践行以人民为中心的发展思想,秉持共建共治共享,着力推进治理体系和治理能力现代化,提高保障和改善民生水平,按照兜底线、织密网、建机制的目标,加强和创新社会治理,在社会救助已有发展的基础上,推进社会救助和贫困治理在新时代实现新发展和新作为,着力打造社会救助的升级版，实现社会救助管理升级和功能升级，更好地满足人民群众的社会需求。

在城乡居民最低生活保障制度建设方面，经过多年的运行和发展，最低生活保障制度在保障民生、维护稳定和促进和谐方面发挥了重要的作用，已经成为社会保障体系的重要组成部分和兜底保障的重要实现机制，但是，在最低生活保障制度的工作保障、运行机制、监督监管、责任落实等方面还存在一些制约最低生活保障制度效率和效能发挥的问题，需要坚持问题导向和目标导向，不断在政策改革创新中加以完善。

进入新时代，作为社会保障体系的重要组成部分以及实现弱有所扶的重要保障机制，社会救助改革发展的步伐加快，在实现公平救助、规范救助、法治救助方面不断推进，对于社会救助功能的发挥起到了重要的推动作用，也促进了社会救助的创新发展和制度完善。在新时代，最低生活保障制度得到进一步的加强。2012 年，《国务院关于进一步加强和改进最低生活保障工作的意见》对于最低生活保障制度的总体要求、基本原则做出了明确的规定，强调坚持应保尽保、公平公正、动态管理和统筹兼顾，为最低生活保障制度的改革完善提供了发展遵循，也为北京市低保制度的发展发挥了引领和推动作用。在新型社会救助制度建立以来长期社会救助和贫困治理实践的基础上，为了进一步推进社会救助的法治化，实现社会救助托底线、救急难、可持续的发展目标，促进社会公平正义与和谐稳定，2014 年 5 月，《社会救助暂行办法》开始实施，构建了包括最低生活保障、特困人员供养、受灾人员救助、医疗救助、教育救助、住房救助、就业救助、临时救助和社会力量参与的"8+1"社会救助格局，成为在社会救助发展史上具有里程碑意义的社会救助实践，极大地推动了社会救助事业的法治化发展。

在新时代社会救助的法治化和规范化发展中，北京市城乡居民最低生活保障制度获得进一步的完善和发展。从北京市最低生活保障制度建设发展的实际出发，针对受助群体的社会差异性，为了更好地实现最低生活保障制度的保障性，在城乡居民最低生活保障制度的政策实施中，着力体现分类救助、城乡统筹、重点保障、促进就业和政策衔接的原则，体现了在北京城乡关系深刻变革的特定社会历史条件下，坚持社会救助的兜底性和公平性原则要求,实施积极的社会救助政策,努力提升社会救助的民生保障性和政策科学性,特别是针对增强社会救助的流动性,在社会救助实践中着力解决社会救助养懒汉的问题,实行了就业奖励政策,体现了鲜明的积极的劳动力市场政策取向,进一步完善了城乡居民最低生活保障制度。

在新时代,北京市的社会救助在特困人员供养方面实现创新发展,体现了社会救助制度城乡统筹、共建共治和全面发展的新特点。作为肇始于社会主义计划经济年代并长期存在于农村贫困救助的五保制度在新时代获得领域延伸和功能增强。在《社会救助暂行办法》施行后社会救助日益趋于法治化发展和规范化运行的背景下,北京市实行特困人员供养办法,切实做好城市特困人员的供养工作,保障基本生活,通过采取集中供养和分散供养的方式,对于持有本市非农业户籍的无劳动能力、无生活来源且无法定赡养、抚养、扶养义务人,或者其法定赡养、抚养、扶养义务人无赡养、抚养、扶养能力的老年人、残疾人以及未满16周岁的未成年人,由当地政府给予特困人员供养,从而进一步扩大了社会救助的范围,实现公平救助和统筹救助,织密织牢社会救助的民生保障安全网,实现应保尽保,进一步完善了社会救助的体系和工作机制,成为在新时代推进城市社会救助的重要制度安排和创新发展。

在城市生活无着的流浪乞讨人员救助管理上,北京市不断完善相关制度,坚持分级分类救助,及时提供服务,体现北京对于流浪乞讨人员的人文关怀和社会关爱,取得了重要的救助成果。"与民政部门协调联动,确立由26家综合医疗机构和专科医疗机构构成的、覆盖全市16个区的医疗救治网络,建立急危重疾病、传染性疾病、精神病等绿色通道工作,按照'就近、就急、就能力、就区级定点'的原则,及时做好医疗服务,2019年共救治1.1万余人。"[1]

在新时代,北京市社会救助事业的发展不仅表现为社会救助体系完善和功能增强,还突出体现在以推进社会救助精准性、公平性、规范性为目标的社会救助管理和工作机制的创新发展上。在新型社会救助建立和实行的

---

[1] 北京市卫生健康委:《坚持首善标准 完善救治体系 切实做好首都流浪乞讨人员医疗救治工作》,《中国民政》2020年第10期。

较长的时间里，作为基于家庭收入核查的城乡居民最低生活保障制度，居民家庭收入核对问题直接关系到社会救助的公平性和公正性，也是实现"阳光低保"的关键所在。对于直接关系社会救助公平公正的居民家庭经济状况核对，不仅体现在城市社会救助的实施上，还体现在农村社会救助的管理运行之中，从而避免了错保、骗保、关系保和人情保的发生，成为社会救助有效规范开展的制度性、基础性保障机制，对于准确认定救助对象、确定救助金额、实施精准救助和提高社会救助绩效发挥了重要作用，成为在社会救助管理实践基础上重要的制度创新，也进一步提升了社会救助制度运行的科学化和规范化水平，推进了社会救助治理体系和治理能力的现代化。

新时代社会救助的发展进步还表现为社会救助法治化发展中社会救助格局的深刻变化。伴随社会救助和贫困治理理念的变化，共治共建成为社会救助改革发展实践的重要遵循，社会力量参与社会救助成为新时代社会救助发展的重要实践。在经济社会发展中，贫困治理多元共治的局面正在形成，慈善事业不断发展，为社会救助和贫困治理注入了新的力量和资源，扩大了社会救助的治理基础，增强了社会救助的保障能力。在慈善力量参与北京社会救助的实践中，坚持政府主导、社会参与、公开透明、规范管理、平等自愿、量力而行的基本原则，努力构建救助联动机制、信息共享机制、统筹协调机制和引导扶持机制，促进了慈善力量参与社会救助的开展。2016年《中华人民共和国慈善法》的施行为慈善力量参与社会救助提供了法治遵循，进一步推动了社会救助的多元合作治理，引导和推动社会力量参与社会救助，在新时代加强和创新社会治理中，引导支持社会组织、志愿服务和慈善事业健康发展，并在社会救助实践中逐步完善现金救助，不断发展社会服务，大力发展慈善事业，形成共治共建共享的社会救助事业发展局面。

二、新中国70年北京社会救助变革发展的政策实践

（一）社会救助理念不断创新

社会救助的目标是通过科学的制度安排来保障个体的生存权利和人类

尊严,从而达到贫困救济、增进社会团结和促进社会公平的目标。新中国70年,北京社会救助的发展历程凸显经济社会发展阶段变化下社会救助理念的变革和创新,反映了社会救助从单纯的贫困救济到全面的贫困治理、从解决社会问题到实现社会公平正义以及从维护社会稳定到构建社会和谐的发展变革历程,体现了社会救助理念与治理的与时俱进和创新发展。在从社会主义计划经济向社会主义市场经济的深刻转型中,社会救助的安全阀和稳定器作用日益彰显,成为维护社会良性运行和协调发展的重要实现机制。特别是在经济改革深入推进、社会利益关系调整的改革时期,社会救助的政治重要性增长,被赋予了更多的社会政治寓意,对于实现首都北京和谐稳定以及加强以改善民生为重点的社会建设具有重要的现实意义。新型社会救助制度的建立和发展与市场化改革相伴同行,与市场化改革中出现的城市新贫困问题密切相关,蕴含着保障性与发展性相结合的制度属性和价值目标。从社会救助建立之初着眼于为经济体制改革配套、保障困难群众的基本生活和维护社会稳定到保障民生和实现社会公平正义,社会救助的制度意涵正在逐步发生改变,社会救助理念也在发生适应性的积极变革,其中,作为社会救助核心制度安排的城乡居民最低生活保障制度的普遍建立则成为改革开放后社会救助制度建设中最为重要的政策创新,成为社会建设中关乎人民群众切身利益的民心工程和德政工程,成为北京市在构建社会主义和谐社会首善之区中重要的社会政策构建和反贫困社会工程。新型社会救助制度的建立和完善不仅对于推动城市国有企业改革和维护社会和谐稳定具有重要意义,而且对于解决城乡贫困问题、优化社会收入分配格局和推进社会公平正义发挥了积极的作用。

在新时代,社会救助的理念创新是对新时代社会主要矛盾的变化以及经济社会发展阶段性特征的现实回应,是在坚持以人民为中心的发展思想基础上对于社会救助管理运行、发展目标、功能定位等一系列关系社会救助发展方向和实现路径的时代考量。坚持以人民为中心的发展思想,践行兜底保障,切实保障民生,推动解决重点民生问题,促进社会公平正义,体现了强烈的民生关切和人文关怀,反映了在坚持合作治理思想下秉持新发展理念的实践要求。新时代社会救助发展理念和政策思维体现了尊重规律和求真务实的实践要义,既基于客观具体的国情市情定位,坚持尽力而为,量力而行,也从民生保障的要求出发,逐步提高社会救助标准,优化救助服务,并在实践中针对贫困治理的根本目标,注重教育发展和教育救助在社会救助和贫困治理中的重要作用,强调要用好教育这个阻断贫困代际传递的治本之策,努力办好人民满意的教育,加强困境儿童保障,体现了着眼长远和标本兼治的鲜明政策导向。

新中国70年北京社会救助理念的创新是实践的成果,也是对社会救助改革发展中现实问题的回应,表现为社会救助在价值指向上从生存保障性社会救助到发展性社会救助的积极转变;在社会救助的目标取向上从保障城乡困难群众的基本生活和维护社会和谐稳定到坚持兜底保障、努力实现社会公平正义;在救助主体上,从依靠政府救助到党政领导下社会力量的积极参与和合作治理;在社会救助的方式方法上,从单纯依靠现金救助逐步演变为现金救助、社会服务、心理疏导和社会工作介入融入的综合化、复合式的社会救助;在社会救助的制度运行保障上,在坚持依法治国和依法施政的背景下,社会救助法治化深入发展并不断推进社会救助的规范化、标准化建设,从而不断推进社会救助治理体系和治理能力的现代化。

(二)社会救助体系不断完善

从社会救助事业发展的历程、环境和背景看,经过新中国70年的经济社会建设,北京市实现了经济社会发展的历史性跨越,城市综合实力显著增强,为社会救助体系的健全和完善奠定了必要的基础。经过多年的实践探索,适应社会主要矛盾的转变和经济社会发展水平的提升,北京市逐渐构建了比较完善的社会救助体系。在经济体制改革和社会变迁中,特别是顺应市场化改革对于社会建设和社会治理的客观要求,在推进全面建成小康社会和加强贫困治理中,北京市着力推进城乡社会救助体系建设,建立了以城乡居民最低生活保障制度和农村五保供养制度为基础,教育救助、医疗救助、住房救助、就业救助、司法救助以及供暖补助等专项救助为配套,临时救助和应急救助为补充的社会救助体系,有效保障了城乡困难群众的基本生活。2014年,作为全国首部社会救助综合性行政法规的《社会救助暂行办法》施行,开创了中国社会救助事业发展的里程碑,极大地推动了北京社会救助体系的建设和社会救助事业的发展,促进了社会救助体系日趋完善。

纵观新中国 70 年北京社会救助体系的发展历程,社会救助变革鲜明地体现了变革性、时代性和民生性的改革发展特点,在经济社会巨变和社会救助体制机制的变迁中,适应时代发展的需要,始终坚持民生导向,推进社会救助体系创新发展,形成与社会主义市场经济发展要求以及民生保障目标相适应的新型社会救助体系,经历了从单一救助到复合救助、从现金救助到综合救助、从道义救助到法治救助的深刻转型,不断堵漏洞、补短板、强弱项,逐步完善社会救助工作机制以及社会救助目标实现的保障机制,提升社会救助的经办能力和治理能力,促进了社会救助体系的完善、拓展和升级,显著增强了社会救助的能力和效能。

(三)社会救助资金不断增长

新中国 70 年,北京市经济实现了跨越式发展,经济总量显著扩大,实施社会救助政策的能力不断增强,为推进以改善民生为重点的社会建设提供了必要的保障。进入 21 世以来,在经济快速发展中,经济社会统筹发展不断推进,社会建设的重要性增长,社会建设的力度不断加大,社会建设投入趋于增长,从而为社会救助事业发展和民生保障创造了必要的条件,突出表现为在社会救助的法治化发展中社会救助的资金安排保障得到确立和加强。在城市居民最低生活保障制度建立初期,2000 年《北京市实施〈城市居民最低生活保障条例〉办法》明确规定,"实施城市居民最低生活保障制度所需资金,列入各区、县财政预算,纳入社会救济专项资金支出科目,专账管理,专款专用。"在特困供养方面,《北京市城市特困人员供养办法》规定,"城市特困人员供养资金纳入区(县)财政部门预算管理",做出明确的制度安排和政策规定,为社会救助目标实现提供资金保障。新中国 70 年,伴随经济不断发展和社会建设不断加强,在社会救助改革发展进程中,北京市城乡低保资金不断增长,体现了政策实施的鲜明特点。一是北京市城乡低保资金实现了较大幅度的增长。从 1999 年到 2019 年,北京市全年累计支出城市居民最低生活保障资金和农村居民最低生活保障资金分别从 4642.7 万元和 883.2 万元增长到

95340.5 万元和 46269.9 万元,①分别增长了 19.5 倍和 51.4 倍。二是城乡低保资金增速存在较大差异,农村居民最低生活保障资金增幅显著高于城市居民最低生活保障资金,反映在城乡关系变革和城乡社会救助统筹发展过程中农村社会救助事业的快速发展和农村社会救助投入的不断增长。见表 8.1。

表 8.1 北京市城乡居民最低生活保障资金增长变化情况 单位:万元

年份	全年累计支出城市居民最低生活保障资金	全年累计支出农村居民最低生活保障资金	合计
1999	4642.7	883.2	5525.9
2000	7744	1157.3	8901.3
2001	14972.8	1314.6	16287.4
2002	19872.3	1597.9	21470.2
2003	33773.8	3621	37394.8
2004	43757.6	4587.2	48344.8
2008	53029.9	9295.7	62325.6
2009	63210	13764.7	76974.7
2010	60078	15531.6	75609.6
2011	68505.3	23993.9	92499.2
2012	68938.4	26698.1	95636.5
2013	72189.5	28402.2	100591.7
2014	71168.9	29037.7	100206.6
2015	72044.6	34964.2	107008.8
2016	80215.8	38402.0	118617.8
2017	88520.2	40406.2	128926.4
2018	87076.0	39533.3	126609.3
2019	95340.5	46269.9	141610.4

资料来源:根据《二〇一九年北京市社会建设和民政事业发展统计公报》和二〇〇二年至二〇一八年历年北京市民政事业发展统计公报数据整理。

---

① 《二〇〇二年北京市民政事业发展统计公报》,北京市民政局网站,http://mzj.beijing.gov.cn/art/2003/6/18/art_659_291414.html,《二〇一九年北京市社会建设和民政事业发展统计公报》,北京市民政局网站,http://mzj.beijing.gov.cn/art/2020/8/18/art_659_528364.html。

（四）社会救助标准不断提高

新型社会救助制度建立以来,从保障城乡困难群众的生活出发,秉持共建共享的发展理念,坚持保障民生和激活就业相结合,统筹社会救助标准和社会保障各项标准之间的关系,北京市持续调整城乡低保标准,满足民生保障需要,更好地发挥保障民生和实现社会公平的作用,突出表现在如下几个方面。

一是低保标准连年提高。从 1996 年到 2019 年,北京市低保标准从 170元增长到 1100 元,增长了 5.47 倍。特别是进入新时代,北京市低保标准实现了更大幅度的提高,社会救助的力度进一步加大。2012 年,北京市的低保标准达到 520 元,2018 年首次达到 1000 元。2019 年低保标准调整提高到 1100 元,此外,对于符合条件的 16 岁以下未成年人、60 岁以上老年人和重度残疾人,保障标准还上浮 25%或 30%。① 见表 8.2。

表 8.2　北京市城乡最低生活保障标准的增长变化情况

单位:元/人·月

年份	城乡最低生活保障标准
1996	170
1997	190
1998	200
1999 年第一次	210
1999 年第二次	273
2000	280
2001	285
2002	290
2003	290

---

① 《惠及近 20 万人,北京低保标准调整至月人均 1100 元!》,北京日报客户端,https://baijiahao.baidu.com/s? id=1624172239276285152&wfr=spider&for=pc。

年份	城乡最低生活保障标准
2004	290
2005	300
2006	310
2007	330
2008	390
2009	410
2010	430
2011	500
2012	520
2013	580
2014	650
2015	710
2016	800
2017	900
2018	1000
2019	1100

资料来源:北京市统计局、国家统计局北京调查总队编:《北京统计年鉴 2020》,中国统计出版社 2020 年版,第 575 页。

二是低保标准在全国处于较高水平。由于中国经济社会发展的不平衡性,低保标准不仅体现在城乡差距上,还表现在低保标准的地域差异上。2019 年北京市最低生活保障标准为 1100 元/人·月,在全国仅次于上海市,位居第二位。

(五)社会救助规模显著扩大

新中国 70 年,北京市的社会救助经历了体系逐步趋于完善、救助项目不断丰富和救助制度日益健全的发展历程。在坚持应保尽保、应救尽救的救助理念下,在经济发展中社会救助能力显著提升,实现了社会救助规模的扩大,表现为社会救助的对象来源扩大,社会救助人数增长。一是城乡居民最低生活保障人数总体大幅增长。在城市居民最低生活保障方面,从 1996 年到 2019 年,北京城市居民最低生活保障人数从 0.9 万人增长到 6.5 万人,①增长了 6.22 倍;在农村居民最低生活保障方面,从 1999 年到 2019 年,北京市农村居民最低生活保障人数从 1.2 万人增长到 3.8 万人,②增长了 2.17 倍;二是城乡居民最低生活保障人数经历了较大的数量变动。低保制度建立以来,保障人数大体经历了快速增长后受助群体规模趋于减小、增长趋于回落的发展历程。以农村居民最低生活保障为例,农村居民最低生活保障制度建立后,农村低保人数快速增长,进而拉动了整个城乡低保总体人数的数量增长。至 2009 年新中国成立 60 周年时,北京市农村居民最低生活保障人数达到历史峰值,为 8 万人,此后逐年减少,到 2019 年为 3.8 万人。在农村五保供养人数方面,从 1999 年到 2019 年北京市农村五保供养人数从 3580 人增长到 5338 人。见表 8.3。

表 8.3 北京市城乡居民最低生活保障和农村五保供养人数的变化

年份	北京市城乡居民最低生活保障人数(万人)			农村五保供养人数(人)
	城市居民最低生活保障人数	农村居民最低生活保障人数	合计	
1996	0.9	—	0.9	—
1997	0.9	—	0.9	—
1998	2.8	—	2.8	—
1999	4.3	1.2	5.5	3580
2000	6.7	1.6	8.3	3342

---

① 北京市统计局、国家统计局北京调查总队编:《北京统计年鉴 2020》,中国统计出版社 2020 年版,第 577 页。

② 北京市统计局、国家统计局北京调查总队编:《北京统计年鉴 2020》,中国统计出版社 2020 年版,第 577 页。

续表

年份	北京市城乡居民最低生活保障人数(万人)			农村五保供养人数(人)
	城市居民最低生活保障人数	农村居民最低生活保障人数	合计	
2001	7.8	1.8	9.6	4916
2002	12.0	5.4	17.4	5534
2003	16.1	6.7	22.8	4990
2004	16.1	7.5	23.6	4382
2005	15.5	7.8	23.3	4199
2006	15.2	7.1	22.3	5279
2007	14.8	7.8	22.6	4541
2008	14.5	7.9	22.4	4288
2009	14.7	8.0	22.7	4914
2010	13.7	7.7	21.4	4610
2011	11.7	7.0	18.7	4135
2012	11.0	6.3	17.3	4103
2013	10.4	6.0	16.4	4076
2014	8.9	5.1	14	4194
2015	8.5	4.9	13.4	4451
2016	8.2	4.7	12.9	4474
2017	7.8	4.4	12.2	4503
2018	6.7	3.8	10.5	4599
2019	6.5	3.8	10.3	5338

资料来源:北京市统计局、国家统计局北京调查总队编:《北京统计年鉴 2020》,中国统计出版社 2020 年版,第 577 页。北京市统计局、国家统计局北京调查总队编:《数说北京 70 年》,中国统计出版社 2019 年版,第 518 页。《二〇一九年北京市社会建设和民政事业发展统计公报》,北京市民政局网站,http://mzj.beijing.gov.cn/art/2020/8/18/art_659_528364.html。

三、新中国 70 年北京社会救助变革发展的实践经验

新中国成立 70 年来,在全国社会救助事业的变革发展中,伴随北京经济社会建设不断推进,北京社会救助事业发展的外部环境、历史阶段、主要任务等发生了很大的变化,经历了从城乡分割到城乡统筹、从标准较低到标准提高、从内容单一到内容丰富的制度化、规范化、法治化的发展历程,充分彰显了社会救助的本质属性和制度功能,在保障城乡困难群众的基本生活、维护社会公平正义、保持社会稳定以及构建社会和谐等方面发挥了重要的作用,成为社会建设和民生建设中基础性、兜底性、保障性的制度安排以及完善收入分配和实现弱有所扶的重要机制。

(一)坚持制度属性实现社会救助发展目标

通过社会救助来保障困难群体的生活,从而实现贫困救济、增进社会团结和促进社会公平正义,是社会救助制度发展的重要出发点和制度建设的根本目标。社会救助的地位独特,并在不同的历史时期发挥着重要作用。新中国 70 年,在不同的历史时期和经济社会发展的不同阶段,北京市对于民生建设和社会救助工作高度重视,把民生保障作为政府工作的重中之重。作为社会保障体系的重要组成部分以及国家和社会对由于各种原因而陷入生活困境的公民给予财物接济和生活扶助的制度,社会救助制度在北京市的社会生活中扮演重要角色,有效地保障了城乡困难群众的基本生活,这一点在新中国 70 年北京市经济社会发展不同的历史时期都得到了充分的体现,彰显了社会救助在社会建设和社会治理中的重要价值。特别是 21 世纪以来,新型社会救助制度进入建设和发展的加速期,社会救助制度处在经济社会转型的特定历史阶段,担当着为经济体制改革配套以及维护社会稳定的重要任务,社会救助的改革发展被赋予了更多的社会政治寓意。在政策目标和政策实践上,从着眼于为经济体制改革配套、保障困难职工的基本生活和维护社会稳定到保障民生和实现社会公平正义,不断推动社会救助理念创新。特别是作为社会救助制度核心构件的城乡居民最低生活保障制度

的城乡统筹发展,成为改革开放后社会救助制度建设中重大进展,也成为中央政府和各级地方政府着力加强实施的社会政策安排和反贫困社会工程。从实践上看,21 世纪以来城乡居民最低生活保障制度的陆续建立和施行,不仅对于推动城市国有企业改革和维护社会稳定起到了非常重要的作用,而且对于缓解城乡贫困问题、优化社会收入分配格局和实现社会公平正义发挥了积极的作用。最低生活保障制度作为直接关系为困难群众提供社会支持的重要制度安排,直接关乎民生状况与社会和谐稳定,在努力解决好城乡困难群众的生活保障中体现了民生温度和民生关怀。

纵观新中国 70 年北京社会救助的发展变迁,在新中国成立初期,社会救助积极有效开展,维护新社会的城市生活秩序,巩固新生的人民政权,实现了深刻的社会改造,并在全面建设社会主义时期发挥了重要的扶危济困作用,体现了社会主义制度的优越性和人民性;在改革开放和社会主义现代化建设新时期,社会救助制度成为服务和推进国有企业改革的重要配套政策措施,应对了改革带来的社会阵痛和社会问题,维护了社会公平正义,成为实现社会和谐稳定的重要保障机制;在新时代中国特色社会主义建设和发展中,坚持以人民为中心的发展思想,社会救助制度被赋予了新的时代内涵,彰显改革发展为了人民、改革发展依靠人民、改革发展成果由人民共享的发展理念,是共治共建共享的合作治理理念在社会救助领域的具体体现,成为实现弱有所扶的民生发展目标的重要兜底保障机制,成为新时代北京社会建设中具有基础性和保障性的贫困治理机制。

(二)坚持目标导向推动社会救助创新发展

社会救助是由于贫困治理的实践需要而产生和发展的,同时在社会救助的实践中随着经济社会发展阶段性特征和社会政策实施环境的变化不断进行适应性的变革。新中国成立 70 年,北京社会救助事业始终坚持目标导向,不断推进社会救助制度变革和政策创新,并在社会救助实践中彰显保障性和发展性。作为一项重要的社会政策,社会救助在不同的历史时期面临不同的社会救助实施条件。新中国 70 年,在从社会主义计划经济向社会主义市场经济的体制变革中,社会救助发展的环境发生深刻变化,出现诸多新情况和新课题,需要在实践中不断推进理念创新和政策创新。这些问题既有作为社会救助制度自身发展中普遍存在的一般性和普遍性的问题,也有在经济转型和社会变革中出现的具有具体性和特殊性的矛盾问题,包括在人口老龄化背景下社会救助发展面临的社会条件;如何避免福利依赖从而提高社会救助的流动性成为社会救助的普遍政策关注;社会救助的资金来源特别是在经济发展中不同层级政府之间在社会救助资金的负担分配问题;如何通过就业激活和就业促进等积极的劳动力市场政策来避免社会救助的福利依赖;如何打破贫困的代际传递和恶性循环,构建更加关爱贫困儿童的社会救助,使贫困家庭走出贫困陷阱;如何提高社会救助制度在促进社会团结和社会整合方面的作用;如何实现社会救助标准制定和调整的科学化,实现保障民生、促进就业和减轻财政负担三者之间的优化和平衡;如何在社会救助和贫困治理的实践中践行共治共建共享的发展理念,实现社会救助格局的优化和完善;如何进一步完善作为最低生活保障制度实施关键环节的居民家庭收入核对进而实现公平救助和科学救助,等等,成为在社会救助改革发展中遇到的现实问题,需要在改革发展实践中通过制度完善和政策创新加以解决和实现。同时,新中国 70 年北京社会救助改革发展的实践表明,社会救助事业所取得的进步是在不断破解制约发展的问题基础上开拓前行和变革实现的,也正是在不断解决问题的过程中促进了北京社会救助的规范化、科学化和法治化发展。

在社会救助政策实践中,保障性是社会救助的本质要求和根本特征。新中国 70 年,社会救助的变革发展彰显了鲜明的民生保障制度特征和政策取向。这就是坚持社会救助的根本目标,努力解决城乡贫困群众的生活困难问题,而社会救助的保障性是在社会救助的制度变革和政策创新中不断发展的,是在坚持兜底线、织密网和建机制的发展要求中不断得到实现的。这其中社会救助的保障性是与社会救助的公平性密切相关的。特别是在经济社会发展中,随着城乡关系的变化,社会救助实现了从城乡分割到城乡统筹、城乡一体的发展进程,社会救助安全网从城镇扩展到农村,使得社会救助制度扩展覆盖到农村地区。在社会救助的实践中,体现了对新时代社会救助改革发展目标的追求。社会救助和贫困治理的基础是经济发展;同时,在发展实践中需要用改革的方法不断推进治理创新,而发展应该是科学发展和高质量发展,这应该成为社会救助改革发展的总要求和总目标,需要在社会救助事业发展进程中,不断推进改革创新,在救助标准制定和调整、保障标准科学衔接、政策宣传和信息公开、制度运行监测评估、救助资源整合聚力等方面全面优化,打造社会救助制度的升级版。

(三)坚持问题导向推进社会救助善治

纵观新中国 70 年北京社会救助变革发展的历程,可以看出,社会救助坚持和践行以人民为中心的发展思想,在坚持社会救助根本定位和本质属性的基础上,根据不同历史时期社会救助面临的客观环境和发展要求,坚持改革取向,不断推进制度完善和体系健全,破解发展难题,发挥社会救助的兜底保障作用。在社会救助的改革发展中,体现了全面改革的方法论和实践逻辑,即在社会救助的改革发展中坚持以保障民生为目标,推进社会救助政策改革和制度变革,在实践中基于民生保障的短板和不足,不断深化社会救助改革;同时,在社会救助的改革发展中注重实现改革的整体性、系统性和协同性,构建了充分彰显人民性和民生性的密实可靠的社会救助体系,并形成社会救助改革发展的北京实践和北京特色。特别是在社会救助的改革发展中,坚持问题导向,不断完善相关政策,成为北京社会救助改革发展的实践主线和内在逻辑。从城市居民最低生活保障制度的建立到实现低保制度的城乡统筹发展,从低保制度的确立到以低保制度为核心的社会救助体系的构建和健全,从实行最低生活保障审批的公示制度到居民家庭经济状况核对和低收入家庭认定,从社会救助管理运行中遇到的实际情况和存在的具体问题到建立健全社会救助监督检查长效机制,等等,处处体现着坚持问题导向推进社会救助改革发展的实践逻辑和治理思维。

长期以来,北京市高度重视社会救助并在改革发展中推动社会救助的持续发展,在社会救助的政策实践上体现了自上而下的国家政策顶层设计和政策引领以及自下而上的主动作为和具体实践的有机结合。与全国相比,北京社会救助中受助群体的规模相对较小,但是,社会救助是实现弱有所扶的重要工作机制和保障措施,是社会保障体系的重要组成部分,发挥着托底线、保民生、维稳定、建和谐的重要作用。在此方面,为了推进城乡社会救助体系建设,统筹协调社会救助工作,发挥不同部门在社会救助中的作用,进而形成社会救助的合力,有效推动相关各项政策落实,切实保障困难群众的基本生活,北京市建立了社会救助工作联席会议制度,明确了会议职责、会议组成、会议议题和会议程序等有关事项,推动了社会救助事业的发展。同时,在社会救助事业改革发展中,北京市积极贯彻落实国家关于社会救助改革发展的方针政策,并结合北京市的具体实际加以推进和实施,体现了具有针对性和前瞻性的政策实践,从而提高了社会救助的治理效能,为实现公平救助、科学救助、有效救助提供了体制机制保障。

(四)坚持依法治理推动社会救助法治化发展

新中国成立以来,北京市的社会救助走过了一条不断趋于制度化、规范化和法治化的发展道路,社会救助的法治化水平显著提高,促进了社会救助制度的规范运行和体系完善,展现了兜底保障和扶危济困的鲜明制度功能。从北京社会救助发展的历程看,在社会救助的制度构建和政策实践中,鲜明地体现了注重法治、强化法治和践行法治的发展历程,并在社会救助中将社会救助的实践经验和制度建设成果加以总结和运用,推动法治实践,成为在法治国家、法治政府和法治社会建设中的法治要求在社会救助领域的具体体现。伴随从社会主义计划经济到社会主义市场经济的转型发展,社会救助制度运行与社会救助的法治实践相伴同行。新型社会救助制度建立以来,国家陆续出台了《城市居民最低生活保障条例》《农村五保供养工作条例》《社会救助暂行办法》《中华人民共和国公益事业捐赠法》《中华人民共和国慈善法》等一系列政策法规,引领和推动了社会救助事业的规范化和法治化发展,极大地推动了北京社会救助事业的法治发展。同时,在社会救助事业发展的地方实践中,北京市的社会救助立足于保障民生、维护稳定和构建和谐的目标定位,探索在经济发达地区和特定的城市战略定位中推进社会救助事业创新发展的实现路径,将社会救助的法治化发展要求转化为北京社会救助的具体实践,制定和实施了大量的涉及社会救助管理和运行各个方面的规章制度和政策法规,构建了完善健全的法规制度体系,坚持依法救助,依法管理,依法施政,推进了社会救助的法治化实践、规范化发展和制度化运行,体现了社会救助事业法治化发展和贫困治理的积极成果。

第九章　生态环境:绿水青山　首都底色

生态文明建设直接关系经济社会发展,关乎人民生活幸福和民生福祉。新中国成立以来,环境保护和生态文明建设始终在城市建设和经济社会发展中居于重要地位。新中国70年,在不同的历史时期北京进行了大量的富有成效的生态环境建设,突出表现为生态环境保护事业快速发展,生态环境建设投入不断加大,生态环境保护技术不断提高,生态文明建设的思想理念不断创新,生态环境建设和环境保护的意识不断增强,生态环境治理的效果和能力显著增强。在经济社会平稳健康发展的同时,生态环境质量实现持续改善,生态文明水平全面提升,广大市民的生态环境获得感、幸福感不断增强。生态文明建设已经成为北京发展的亮丽底色。

一、环境保护事业的孕育创始阶段(1949—1977年)

新中国成立之前,几经沧桑的北京满目疮痍,大量手工作坊停工,仅有的几个工厂多分布在近郊区城市主导上风向、水源上游,污染物无一处理;一批易燃易爆、散发恶臭的工厂混杂在城市居民区,污染周围的环境。原有不多的城市基础设施年久失修,供水短缺,排水不畅,垃圾成山,污水横流,蚊蝇滋生,环境脏乱不堪。郊区许多林茂泉涌的地区变成了荒山秃岭,风沙危害、洪水泛滥、泥石流等自然灾害时有发生,自然生态严重失调。"无风三尺土,有雨一街泥"便是当时北京城市环境的真实写照。

新中国成立初期,北京市人民政府确定了"服务于人民大众,服务于生产,服务于中央"的城市建设方针,成立了卫生工程局,统一管理全市的下水道、河道和垃圾粪便清运工作;组织开展了大规模的环境建设,彻底清除了清末以来堆存在天安门等城区的大量垃圾;修建公厕,迁出居民区的粪场、粪坑,实行了垃圾有机物和无机物分类收运,组建了废品收购网络;疏浚河湖水系,整治河湖,开辟城市水源,划定保护区,建设自来水厂;掏挖整修旧沟,消灭龙须沟等臭水沟,建设污水管网及处理厂;疏挖陶然亭、龙潭湖等处窑坑、苇塘、植树绿化,改造成公园绿地;开展大规模的群众性爱国卫生运动,喷洒药物,消灭"四害"。20 世纪 50 年代,北京市大力兴修水利,先后在郊区修建了官厅水库、密云水库、怀柔水库及京密引水渠等重大水利工程;组织群众开展山区大规模的植树造林,采取封山育林、飞播造林等措施,使大面积荒山重新披上绿装。这些措施为减少水土流失、泥石流灾害和风沙危害,涵养水源,防止洪水泛滥,保护自然生态环境发挥了重要作用。20 世纪 60 年代,尽管人们对保护环境和维护生态平衡尚未完全认识,但北京市各级政府从人民利益出发,组织开展了大量的城市建设和一些与保护环境有关的工作。20 世纪 70 年代初,城市人口增加,旧城区内有近千家工厂与居民混杂,存在废水、废气、废渣、噪声、振动、烟尘、恶臭等污染扰民问题,影响居民生活。多数工厂工艺落后,排放的污染物基本未经治理,严重污染环境。这一时期,北京市在环境保护方面虽然做了大量探索性和开创性工作,取得了一定成绩,但是由于各级政府和广大群众的环境意识刚刚开始建立,对环境问题的艰巨性、复杂性、长期性认识不足,且缺乏经验,制订的环境保护工作规划目标过高、要求过急。由于历史欠账过多、投资不足,存在计划执行不力、治理技术装备水平低、行政管理缺乏法律依据、治理进度赶不上污染发展等问题。[①]

二、生态文明建设初创和奠定基础阶段(1978—2011 年)

　　在党中央、国务院一系列重要指示和方针政策的指引及改革开放的形

[①]　北京市地方志编纂委员会:《北京志·市政卷·环境保护志》,北京出版社 2004 年版,第 4 页。

势下,北京市加强法制建设,强化环境管理,加大城市基础设施建设、污染防治及生态建设力度,深入开展环境保护宣传教育、国内外交流、环保科研和监测等工作。北京市的环境保护工作进入了开拓阶段。1979年8月,市革委会将环境保护办公室改名为北京市环境保护局,明确主要职责是:草拟地方环境保护法规、监督环保法规执行情况,参与制定规划,组织环境科研、监测和宣传教育等。1980年4月,中央书记处关于首都建设方针的"四项指示",要求把北京建设成为优美、清洁,具有第一流水平的现代化城市。自1987年起,以迎接举办第十一届亚洲运动会为契机,进一步完善环境管理体系和各项制度,开展区域环境综合整治,环境保护工作开始向纵深发展。①

至1990年,北京市已形成了环保部门统一监督管理、各部门分工负责的环境管理体制。根据国家颁布的有关环保法规,结合本市的实际情况,北京市陆续颁布实施了多项地方性环境保护法规和规章,在防治大气、水、噪声污染及征收排污费、建设项目和乡镇街道企业管理等方面,做到有法可依、有章可循,使环境保护工作逐步走上法制管理轨道。北京市先后实施了限期治理、环境影响报告书、排污收费、污染集中控制、环境保护目标责任制等国家推行的八项环境管理制度和为群众办环保实事制度,有力地推动了首都环境保护工作的开展。自2000年开始,中共北京市委、市政府认真贯彻中央人口资源环境座谈会精神和国务院对《北京市环境污染防治目标和对策》的批复要求,以人为本,继续加大环境污染防治力度,狠抓各项措施的落实,并以申办2008年奥运会为契机,加快城市环境基础设施建设,大力开展环境综合整治,实现了环境质量明显改善的既定目标。2001年,国务院颁布《全国生态环境保护纲要》,为落实"保护优先、预防为主、防治结合"的生态环境保护工作方针,北京市结合实际情况,制定了《北京市人民政府关于贯彻落实全国生态环境保护纲要的意见》,为全市生态环境保护与建设工作健康发展指明了方向。2001年申奥成功以后,北京在煤烟型污染治理、机动车污染控制、工业污染防治和扬尘控制等方面,实施了多项大气污染控制措

---

① 北京市地方志编纂委员会:《北京志·市政卷·环境保护志》,北京出版社2004年版,第10页。

施。在多年坚持不懈治理污染的基础上,2008 年北京市政府制定实施了第十四阶段控制大气污染措施。积极进行区域联动实施奥运空气质量保障措施。经国务院批准,环境保护部和北京、天津、河北、山西、内蒙古、山东六省区,成立了奥运空气质量保障工作协调小组,先后召开了六次协调会议,研究制定了第 29 届奥运会北京空气质量保障措施,加强调度,保证各项治理措施按期完成。2010 年,北京颁布了《"绿色北京"行动计划(2010—2012)》。"绿色北京"理念上升为城市发展战略,节能减排工作走在全国最前列,清洁能源、绿色交通、垃圾处理、污水处理等设施承载能力实现新跨越,政策法规、工作机制、宣传教育等绿色发展机制建设进一步创新健全。

　　这一时期,北京市的环境保护工作虽然取得了较大进展,但环境管理还不能适应形势发展的需要,一些单位、部门和群众的环境意识、资源意识和法制观念依然相对薄弱,有法不依、执法不严、违法不究现象仍然不同程度地存在;环境建设的投资力度仍不能满足需要;环境管理及科研监测人员素质仍需进一步提高。就总体而言,某些环境污染的发展趋势仍未得到有效控制;市区采暖期煤烟型污染相当突出,总悬浮颗粒物、二氧化硫、氮氧化物年均值均超过国家标准,夏季存在着光化学烟雾污染的潜在威胁;城市污水及垃圾无害化处理率仍很低,城市下游水体污染仍很严重,地下水硬度及硝酸盐含量持续增高;施工噪声以及社会生活噪声污染加重;农村化肥、农药及畜禽粪便等面源污染、水土流失、风沙危害等尚未得到根治。[①]

三、生态文明建设提质发展阶段(2012 年以来)

　　党的十八大以来,中国特色社会主义进入新时代。生态文明建设在历史继承和创新发展的基础上,面临新的发展目标和任务。在生态文明建设取得长足进步的同时,经济发展与生态环境保护之间的矛盾逐渐凸显,"大

---

① 北京市地方志编纂委员会:《北京志·市政卷·环境保护志》,北京出版社 2004 年版,第 12 页。

城市病"带来的生态环境问题日益严峻,人民群众对美好生态环境的需要亟待满足,需要在生态文明治理方面不断适应新形势的变化和要求。其间,我国大力推进生态文明建设,努力建设美丽中国,实现中华民族永续发展,把生态文明建设作为统筹推进"五位一体"总体布局和协调推进"四个全面"战略布局的重要内容,开展了一系列根本性、开创性、长远性变革工作,污染治理力度之大、制度出台频度之密、监管执法尺度之严、环境质量改善速度之快前所未有,推动生态环境保护发生历史性、转折性、全局性变化。北京的生态文明建设也进入了满足人民群众对美好生活向往的新阶段。北京市深入践行习近平总书记对北京重要讲话精神,坚持新发展理念,落实高质量发展要求,紧紧围绕建设国际一流和谐宜居之都的总目标,在推动京津冀协同发展大局中,统筹本地治污与区域协作,实现了生态环境质量全面、持续改善,推动首都绿色发展、高质量发展取得初步成效。"绿水青山就是金山银山"的理念深入人心,生态文明顶层设计和制度体系建设加快推进,污染治理强力推进,绿色发展成效明显,生态环境质量持续改善。

(一)大气污染治理成效显著

1. 治理成果

党的十八大以后,北京的大气环境治理进入新阶段。针对人民群众关心关切的大气环境污染问题,北京持续实施有力的大气污染综合治理措施,使得空气质量明显改善。2013年以后,北京市大气污染控制历程中措施最系统、力度最大。在诸多治理措施中,燃煤锅炉治理、民用燃料清洁化、产业结构调整对大气环境质量改善的贡献最为显著。全市空气质量持续改善,主要污染物年平均浓度全面下降,空气质量达标天数增加,重污染天数减少。2019年,北京市环境空气中细颗粒物($PM_{2.5}$)年平均浓度值为42微克/立方米;二氧化硫(SO_2)、二氧化氮(NO_2)和可吸入颗粒物(PM_{10})年平均浓度值分别为4微克/立方米、37微克/立方米和68微克/立方米,均达到国家二级标准。[1]

---

[1] 北京市生态环境局:《2019年北京市生态环境状况公报》。

2. 治理措施①

为回应人民群众对良好空气质量的迫切需求,治理好空气污染,北京市紧紧围绕年度空气质量改善目标,坚持工程减排与管理减排并重,突出打好重型柴油车、扬尘、挥发性有机物治理三大攻坚行动,着力加强城市精细化管理,强化区域联防联控,深化秋冬季大气污染防治攻坚,空气质量实现持续改善,为打赢蓝天保卫战奠定了扎实基础。

(1)坚持统筹调度,严格落实责任

首先是强化顶层设计。2018 年北京市出台了《关于全面加强生态环境保护坚决打好北京市污染防治攻坚战的意见》《北京市打赢蓝天保卫战三年行动计划》等文件,召开全市生态环保大会、秋冬季攻坚大会,全面部署打赢蓝天保卫战工作。其次是推进责任落实。扎实做好中央环保督察和生态环境部蓝天保卫战强化督查反馈问题整改落实;聚焦扬尘污染等共性突出问题、针对空气质量相对较差区域,开展专项督察和日常监督,健全督查、交办、巡查、约谈、线索移交等机制,将环保的责任和压力传递到基层,推进问题解决、任务落实。各区、各部门齐心协力、全力推进广大市民主动参与、积极行动,构建社会共治体系。

(2)坚持科学治污,提升监管能力

完成新一轮 $PM_{2.5}$ 来源解析,为北京市打好蓝天保卫战提供科学支撑。在持续发挥全市 $PM_{2.5}$ 高密度网络趋势监控作用的基础上,建成覆盖全市乡镇(街道)的粗颗粒物监测网络,并向社会公布全市粗颗粒物浓度较好、较差的乡镇(街道),市、区、乡镇(街道)三级联动,实现精细管理。综合卫星遥感、空气质量地面观测等各类数据,完善"热点网格"技术,拓展技术支撑执法的新局面。以"点穴式"联合执法攻疾点穴"环境痛点",实现执法向精准化转变。

(3)坚持问题导向,打好污染防治攻坚行动

找准关键靶向目标,强化污染防治攻坚行动。一是柴油货车污染治理攻坚。持续推进机动车结构优化升级,2018 年发布国三排放标准柴油货车

---

① 北京市生态环境局,北京市 2018 年全年空气质量新闻发布会,2019 年 1 月。

全市域限行政策、完善配套补助政策,疏堵结合,推进4.7万辆国三排放标准柴油货车报废转出,累计推广新能源车23万余辆;①创新实施重型柴油车闭环管理机制;以重型柴油车为重点强化机动车排放监管,创新实施机动车检测场记分制管理,自2018年8月起,北京在全国率先实施重型柴油车氮氧化物排放检测。打好扬尘污染管控攻坚行动。建立扬尘污染防治定期联席会议机制,强化统筹调度;依托粗颗粒物监测网络、视频监控系统、道路扬尘走航监测、遥感技术等科技手段不断提升扬尘监管能力;加强扬尘污染违法行为联合惩戒;二是挥发性有机物治理攻坚。紧抓疏解非首都功能"牛鼻子",有序退出一般制造和污染企业,动态清理整治"散乱污"企业,进一步扩大结构性减排成效;开展第二次污染源普查,有序推进陶瓷制品制造等行业排污许可证申领核发,创建市级和国家级绿色工厂;三是压减燃煤收官行动,同步做好电力、燃气、优质煤供应保障,确保居民温暖过冬。全市平原地区基本实现"无煤化"。

(4)坚持严格执法,进一步加大环境监管执法力度

保持重型柴油车高压执法态势,按照"公安处罚、环保检测"执法模式,聚焦进京路口、市内重点道路和车辆集中停放地等开展路检夜查。创新固定源执法模式,运用"热点网格"、车载式$PM_{2.5}$监测设备等科技手段,针对重点区域、重点行业、重点时期进行协同执法、科技执法、随机执法,同时加大曝光力度、以案说法震慑环境违法行为。进一步夯实法规政策标准保障体系。完成《北京市大气污染防治条例》与上位法的一致性修改、北京市生态保护红线管理条例立项论证;征收环境保护税,进一步复核调整扬尘等环境保护税税款,充分发挥税收促进治污、减排作用;发布《餐饮业大气污染物排放标准》,修订《汽油车稳态加载污染物排放限值及测量方法》《柴油车加载减速污染物排放限值及测量方法》等,着力构建世界领先水平的环保标准体系。

(5)坚持区域协同,推进大气污染联防联控

不断深入贯彻落实京津冀及周边地区大气污染防治领导小组会议精

---

① 《2019年北京市将把柴油货车治理作为重中之重》,《北京日报》2019年3月29日。

神,聚焦秋冬季重点时段,进一步加强区域联防联控。在生态环境部的统筹组织下,打好秋冬季污染防治攻坚行动,开展柴油货车污染治理、挥发性有机物综合治理等专项行动。强化区域空气重污染联合应对,完成《北京市空气重污染应急预案(2018年修订)》,建立市、区、乡镇(街道)和企业"3+1"应急响应体系,实行差别化"一厂一策"重污染天气应急响应方案,实施精细化管理,保障民生。

(二)水资源可持续利用和水生态环境持续改善

1. 保护治理成效

党的十八大以来,北京持续开展城市污水处理系统建设和河湖整治,节约用水和城市污水资源化工作。河流、湖泊和水库水质有所改善,集中地表饮用水水源地水质符合国家水源水质标准要求。2019年密云水库蓄水量突破26亿立方米,创下本世纪以来新高。① 密云水库等主要集中式饮用水源地水质稳定达标,地下水水质总体稳定,地表水水质持续改善。

2. 保护治理措施

(1)统筹加强水资源保护和涵养

一是珍惜用好河清海晏的水资源。为缓解京津和华北地区的缺水难题,改善生态环境,支撑区域社会经济可持续发展,我国实施跨流域水资源配置的南水北调工程。在此方面,南水北调水约占北京城区生活供水的70%,是北京的"开源水";密云水库作为北京最大的饮用水源供应地,是北京城的"生命水"。二是持续压减地下水开采。通过划定地下水禁采区限采区范围,逐步压减应急水源地取水量。利用密云水库调蓄工程反向输水、汛期洪水调度等时机,持续开展向密云、怀柔、顺义等区地下水源地补水。三是着重加强水源地保护,构筑"生态修复、生态治理、生态保护"三道防线。四是深入实施"节水优先"战略,用水总量得到有效控制。

---

① 《密云水库蓄水量创下本世纪新高(礼赞70年)》,《人民日报》2019年7月19日。

（2）扎实推进水生态修复

一是推进永定河综合治理和生态修复。延庆妫水河世园段水生态治理、房山永定河河岸景观林提升等工程已按期完工。2018 年水利部海河水利委员会、京津冀晋四省市联合签署永定河生态用水保障合作协议，2019年从洋河、桑干河实施生态调水，官厅水库也已向下游实施生态补水。二是推进北运河综合治理。重点实施通州甘棠闸至市界段河道扩挖主槽、堤防加高等措施，同步实施生态景观工程建设，逐步构建城市副中心"通州堰"防洪体系。三是推进海绵城市建设，建成各类城市雨水利用工程。

（3）持续加大水环境执法和日常监管力度

一是坚持河长制湖长制一抓到底。全面建立"市、区、乡镇、村"四级河长制体系。2018 年首次发布市总河长令，开展"清河行动"和"清四乱行动"。二是加强日常执法监管。建立与公安、城管、生态环境等部门的联合执法机制，持续开展排水与水环境等专项执法行动。三是严格实施水环境区域补偿制度。在流域上下游各区政府间建立经济补偿制度。自 2015 年实施以来，全市缴纳水环境区域补偿金持续下降，2018 年缴纳总额 4.6 亿元，较 2015 年减少 61%。补偿金的大幅减少反映了治污力度的不断加大和水环境质量的明显好转。[①]

（三）营造自然生态良好的绿色北京

党的十八大以来，习近平总书记高度重视首都生态环境建设，坚持每年亲自参加首都全民义务植树活动，对大力推进林业绿化和生态文明建设提出了一系列新指示、新要求。北京的自然生态环境建设紧紧围绕建设国际一流和谐宜居之都的目标，坚持工程带动、政策拉动、创新驱动、全民发动，圆满完成了以平原百万亩造林为代表的一批重大生态工程，完成了一系列重大活动的景观环境布置和服务保障任务，人民群众的绿色获得感、幸福感明显增强。门头沟、密云、怀柔区紧紧围绕生态涵养区功能定位，深入践行

---

① 北京市水务局：《北京水资源保护和水环境治理取得阶段性明显成效》，《北京人大》2019 年第 9 期。

习近平生态文明思想,在生态环境质量持续改善的同时,绿色发展水平逐步提升,人民群众获得感日益增强,成为生态文明建设及"两山"实践的国家样板。在《中共北京市委关于制定北京市国民经济和社会发展第十四个五年规划和二〇三五年远景目标的建议》中提到,立足首都城市战略定位,深入实施人文北京、科技北京、绿色北京战略,为率先基本实现社会主义现代化开好局、起好步。绿色北京战略要求更加突出绿色发展,让青山绿水蓝天成为首都发展底色。

按照《生态环境状况评价技术规范》(HJ 192-2015)评价,2018 年北京生态环境状况指数继续提高。其中,植被覆盖指数有所增加,生物丰度指数和水网密度指数基本保持稳定,土地胁迫指数和污染负荷指数呈下降趋势。从功能分区看,门头沟、房山、昌平、平谷、怀柔、密云、延庆等生态涵养区 2015—2019 年生态环境状况持续好于其他区域。其中,怀柔、密云区生态环境状况级别达到"优"。

2017 年 2 月,中共中央办公厅、国务院办公厅印发《关于划定并严守生态保护红线的若干意见》,2018 年北京市人民政府正式印发《北京市生态保护红线》。北京生态保护红线区域面积 4290 平方公里,占市域总面积的 26.1%,包含水源涵养、水土保持、生物多样性维护和重要河流湿地 4 种类型。生态保护红线呈现"两屏两带"空间格局,"两屏"指北部燕山生态屏障和西部太行山生态屏障;"两带"为永定河沿线生态防护带、潮白河—古运河沿线生态保护带。全市生态保护红线包括水源涵养、水土保持和生物多样性维护的生态功能重要区、水土流失生态敏感区,以及市级以上禁止开发区域和有必要严格保护的其他各类保护地。北京市生态保护红线严禁不符合主体功能定位的各类开发活动,严禁任意改变用途,确保生态功能不降低、面积不减少、性质不改变。生态保护红线划定后,只能增加,不能减少。北京还组织开展生态保护红线勘界定标,推进生态保护红线地方立法,建立健全责任体系、监测评估、监督考核、政策激励等制度,保障生态保护红线落地实施、严格执行。

截至 2019 年底,北京市共建立各级各类自然保护区 21 处,其中,国家级自然保护区 2 处,市级自然保护区 12 处,区级自然保护区 7 处。见表 9.1。

表 9.1　北京市自然保护区基本情况

序号	所在区	自然保护区名称	面积（公顷）	批建年份（年）	主要树种及保护对象
1	延庆区	松山国家级自然保护区	6212.96	1985	野生动物、天然油松林
2	门头沟区	百花山国家级自然保护区	21743.1	1985	褐马鸡、兰科植物、落叶松等温带次生林
3	房山区	拒马河市级水生野生动物自然保护区	1125	1996	水生动物
4	怀柔区	怀沙河怀九河市级水生野生动物自然保护区	111.2	1996	水生动物
5	怀柔区	喇叭沟门市级自然保护区	18482.5	1999	天然次生林
6	延庆区	野鸭湖市级湿地自然保护区	6873	1999	湿地、候鸟
7	密云区	云蒙山市级自然保护区	4388	1999	次生林自然演替
8	密云区	云峰山市级自然保护区	2233	2000	天然油松林
9	密云区	雾灵山市级自然保护区	4152.4	2000	珍稀动植物、天然次生林
10	房山区	石花洞市级自然保护区	3650	2000	溶洞群
11	延庆区	朝阳寺市级木化石自然保护区	2050	2001	木化石
12	平谷区	四座楼市级自然保护区	19997	2002	天然油松林等
13	房山区	蒲洼市级自然保护区	5396.5	2005	森林群落及森林生态系统
14	顺义区	汉石桥市级湿地自然保护区	1900	2005	湿地及候鸟
15	延庆区	玉渡山区级自然保护区	9082.6	1999	野生动植物
16	延庆区	莲花山区级自然保护区	1256.8	1999	野生动植物
17	延庆区	大滩区级自然保护区	15432	1999	野生动植物
18	延庆区	金牛湖区级自然保护区	1243.5	1999	湿地
19	延庆区	白河堡区级自然保护区	7973.1	1999	水源涵养林
20	延庆区	太安山区级自然保护区	3682.1	1999	野生动植物
21	延庆区	水头区级自然保护区	1362.5	2017	森林及野生动植物

（四）拓展绿色生态空间

拓展绿色空间是重要的民生实事项目。北京持续营造一流的生态环境、生产生活环境,绿色空间为提升市民的生活品质和幸福指数服务。绿色空间画境是城市生态环境的主体构成,也是城市生态文明的载体和纽带。2012—2019 年,北京森林覆盖率由 38.6% 提高到 44%,城市绿化覆盖率由 46.2% 提高到 48.5%,人均公园绿地面积由 15.5 平方米提高到 16.4 平方米。见表 9.2。

表 9.2　2012—2019 年北京市园林绿化及森林情况

年份	年末公园绿地面积（公顷）	人均公园绿地面积（平方米）	城市绿化覆盖率（%）	林木绿化率（%）	年末园林绿地面积（公顷）	森林覆盖率（%）
2012	21178	15.5	46.2	55.5	65540	38.6
2013	22215	15.7	46.8	57.4	67048	40.1
2014	28798	15.9	47.4	58.4	80223	41.0
2015	29503	16.0	48.4	59.0	81305	41.6
2016	30069	16.1	48.4	59.3	82113	42.3
2017	31019	16.2	48.4	61.0	83501	43.0
2018	32619	16.3	48.4	61.5	85286	43.5
2019	35157	16.4	48.5	62.0	88704	44.0

资料来源:北京市统计局、国家统计局北京调查总队编:《北京统计年鉴 2020》,中国统计出版社 2020 年版,第 192—193 页。

1. 新一轮百万亩造林绿化行动计划

为了初步改善北京平原缺林少绿的状况,奠定平原地区绿色生态空间格局的基础,完善首都的绿色空间。2012 年,中共北京市委、市政府作出了实施平原百万亩造林工程的重大决策。到 2018 年底,基本形成"两环、三带、九楔、多廊"的空间布局,显著提升了城市生态承载能力。

浅山区作为首都重要水源涵养地和生态屏障,构成了生态布局总规划中"一屏"的前沿区。2019 年 4 月,中共北京市委书记蔡奇在调研时强调,浅山区的生态建设要充分借鉴平原造林工作经验,抓好生态林断带、废弃矿山和宜林荒山荒地等大尺度"块状"绿化。同时,要把"疏解整治促提升"专项行动延伸和覆盖到整个浅山区,强化产业准入、生态红线和开发强度管控,提升地区基础设施和公共服务的水平。作为首都西部的绿色生态屏障,昔日的门头沟区以煤炭、石灰和水泥为三大支柱产业,面临着水土流失严重、缺乏生态涵养等问题,为当地生态环境发展带来不小的负担。随着首都百万亩造林绿化工程开展,门头沟区加大对废弃矿山采空区的生态修复、生态保育工作和小流域治理工作力度,生态环境得到很大改善。截至 2019年,已逐步清退浅山地区石灰石、煤炭等采矿产业,关闭了煤窑采石场,还全面启动浅山区"疏解整治促提升"行动,因地制宜开展生态修复和涵养。同时,大力推广潭柘寺、妙峰山等绿色旅游资源,聚力打造京西"塞罕坝"。

2018 年底,中共北京市委北京市人民政府发布了《关于推动生态涵养区生态保护和绿色发展的实施意见》,为浅山区绿色发展建设做出了具体引导。该意见指出,将推进生态保护多元化补偿机制,提升铁路、医疗、教育等领域的基础设施建设和公共服务水平,培养各区间协作联动机制,不断加大财政政策和资金倾斜力度对生态涵养区予以财力体制补助。2019 年,北京在门头沟、平谷、怀柔、密云、延庆、昌平及房山等区新增七个浅山荒山造林项目。随着中关村"一区十六园"等高新技术产业机构在城市内外的布局,浅山区还将逐步搭乘科技创新的快车,实现生态保护和产业发展双赢互促的局面。

北京生态涵养区涉及全市七个区,其中门头沟、平谷、怀柔、密云、延庆五区为主体,整个行政辖区均属其中。以山区、山前地区为主要构成的生态涵养区,从地理空间到城乡关系均带有典型特征。

在百万亩造林绿化工程实施过程中,北京市还创新项目审批管理机制,加强工程建设的规范管理。工程建设项目审批权限下放到各区政府,由各区政府因地制宜、对症下药,各自制定工程实施方案,开展施工和决算审计等工作。浅山区台地、拆迁腾退地造林等项目,由各区政府负责确定项目审批流程和管理模式,实现了"政府主导、市区共担、社会参与"的投入机制,大大提高了各区工作效能。严格遵守工程开展管理规范、定期通报等机制和工程技术导则、项目管理等制度,在灵活开展的机制下,对核心规范进行了刚性约束,为高效、有针对性地施工建设提供了强有力的保障。

2019 年新一轮百万亩植树造林规划融入了全新的理念,首提"无界森林、宜居城市""森林+"模式,主打森林、山、水、城、田有机融合。用于绿化的树种选择严格遵循"乡土、长寿、抗逆、食源、美观"的方针,特意推荐了适宜鸟类等动物取食、筑巢的树种,打通了生物迁徙的通道。通过综合治理,使造林同生态系统中其他元素协调发展,既能发挥自身功能,又可以服务生产生活和实现生态效益最大化,进而逐步修复生态链,实现浅山层林尽染,平原蓝绿交融,城乡林茂鸟语的愿景,生态系统得到完善,绿色空间也随之鲜活了起来。

新一轮百万亩造林绿化工程以"一屏、三环、五河、九楔、多廊、多片区"的绿色结构建设为基础开展:"一屏"即山区生态屏障;"三环"即一道绿隔城市公园环、二道绿隔郊野公园环、环首都森林湿地公园环;"五带"是指永定河、潮白河、北运河、拒马河、沟河五条滨水生态带;"九楔"即九个楔形绿色空间,打通九条连接中心城区、新城及跨界城市组团的楔形生态空间;"多廊"即多条重要生态廊道;"多片区"是城市发展重点区域、森林湿地群建设重点区域。在这个框架下,百万亩造林绿化工程建设进一步提升了绿色空间的互联互通性和环境系统的生物多样性。按照新版城市总体规划,2019 年第一道绿化隔离地区公园总数将近一百个,基本实现闭合成环,形成"一环百园"的生态格局。

2. 城市副中心的生态环境建设

通州区是北京城市副中心,森林结构则主要以农田林网和四旁散生树为主,成方连片的森林很少,树种单一,结构简单。树种主要为毛白杨、垂柳、洋槐,再简单搭配一些常绿树和花灌木。着眼发展目标,城市副中心不断构建多功能、多类型、多层次、成网络的高质量绿色空间体系,增强生态承载力,为建设国际一流的和谐宜居之都提供支撑。城市副中心的生态建设以"两环、一带、两区"为范围,构建"一带、一心、多廊、多园"的绿色空间,以大运河为骨架,以"城市绿心绿化"为核心,建立绿地与城市景观融合的生态绿廊,营造滨水环境,配备居民"出门见绿"的公园体系。在大运河森林公园内,随处可见通过自然更替、自然修复等手段培育出近自然森林生态空间和小微湿地;在两岸堤路上,乔、灌、花、草、地被、湿生等各类植物百余个品种汇聚,游览路程错落有致。2019年,副中心园林绿化水平持续提升。通过深入落实国家森林城市创建指标体系,完成造林任务,实施潮白河森林景观带、台湖万亩游憩园等重点绿化美化工程,实施宋梁路、六环西侧路等道路沿线绿化景观建设,推进千年守望林与大运河森林公园景观融合工程,群众绿色生活体验不断增强。城区的东西南北中都建成了大型休闲公园、湿地公园,突出打造了以永顺城市公园、刘庄公园、宋庄公园等工程建设为主体的北部一环。建成潮白河生态带、东南郊湿地、马驹桥湿地三座森林湿地,建成于家务中心公园等镇域中心公园,基本形成了蓝绿交织、成方连片的多级绿色空间布局。

除不断"留白增绿"外,通州区还对北运河、通惠河等河流河道进行了综合整治,进一步打造水绿相融的生态廊道。随着水环境的改善,野鸭、白鹭、天鹅等过去难得一见的鸟类又重新出现在了人们的视野。生态环境不断优化提升的背后离不开新理念、新技术的支撑。北京城市副中心的生态建设注重用生态的方法解决生态的问题。在打造公园、绿地时,充分发挥"城市海绵体"的自然优势;在建造湿地、游憩园时,利用建筑垃圾再生产品;在造林时,优先使用乡土地被和园林废弃物等。经过发展建设通州区已建成东郊森林公园、台湖万亩游憩园、潮白河生态带等五处万亩以上的郊野公园和森林湿地,形成了成方连片、布局均衡、连续贯通的多级绿色空间系统。

3. 北京园博园的绿色发展

北京园博园位于丰台区境内永定河畔绿色生态发展的核心区域,东临永定河新右堤,西至鹰山公园,南起梅市口路,北至莲石西路,依托永定河道,与卢沟古桥遥相呼应,交通较为便利,历史文化氛围浓郁。由于永定河上游官厅、三家店等水库的水资源过度利用,永定河中下游逐渐形成了断流干涸、生态退化等景象。加上人为的盗采砂石、垃圾无序倾倒,永定河逐渐成为沟壑遍布、河床裸露的脏乱沙滩,成为垃圾填埋场和京西最大的风沙源。① 多年累

---

① 温宗勇、李伟、甄一男、董明、臧伟:《永定河畔的绿色奇迹——北京园博园地区发展变迁调查研究》,《北京规划建设》2013年第5期。

积形成的大量砂石坑,南北绵延数里,自 20 世纪 90 年代以来,就有很多建筑工地将建筑垃圾运输至此地消纳。砂石坑逐渐变为垃圾填埋场。2013年 5 月,第九届中国国际园林博览会在北京召开。园博会为治理永定河提供了新的契机,本着"以会兴业、以会惠民"原则,依托大型会展,提升落后地区经济社会发展动力。在确立园博园建设项目以后,通过生态化、绿色化的规划设计和建设改造,成为北京乃至全国土地规划治理模式转型的成功案例实践,彻底改善了周边生态环境。园博园的建设是北京永定河生态修复的重要工程,减少了京西风沙源,修复了永定河功能湿地和水系统,是北京市其他地区乃至全国生态修复的典范。

4. 延庆区①的生态蓝图

改革开放以来,延庆由一个地处偏远、发展落后的县城摇身一变成为生活富裕、环境优美、和谐文明的宜居城区。20 世纪 90 年代,延庆县就确立了生态保护优先原则,坚持做到一切与生态保护发生冲突的行为都必须为保护和建设生态环境让路。"生态优先"的延庆区先后成为 2019 年世园会承办地和 2022 年北京冬奥会三大赛区之一。两大盛会的举办,推动延庆区加快构建绿色高精尖产业体系。

从 20 世纪的"冷凉战略""三动战略"②到生态文明发展战略,延庆始终坚持涵养生态、绿色发展的大方向。进入 21 世纪,延庆重点实施了风沙源治理、水源涵养林、绿色通道、退耕还林等工程,相继建成妫河生态走廊、官厅生态库滨带、北山生态观光带。

对优质生态的执着追求和对生态立区理念的一脉相承,为延庆摘得一顶又一顶桂冠,"全国绿化模范县""全国森林旅游示范县""国家生态文明建设示范区""国家全域旅游示范区"等一大批殊荣接踵而至。世园会、冬奥会筹办举办与延庆生态文明建设相辅相成,赛会筹办对生态建设提出了更高要求。2016 年 5 月,延庆开始创建国家森林城市,在服务保障赛会筹办举办的过程中,精心策划、精准施策,在山水大花园中举办世界园艺博览

---

① 2015 年北京延庆撤县设区。
② "三动战略"是指旅游牵动、城镇带动和科教推动。

会,将绿色、环保、生态贯穿于冬奥会延庆赛区的规划设计之中,冬奥会、世园会由此成为延庆创建国家森林城市的点睛之笔。不仅如此,凭借丰富的森林资源优势和良好的生态环境,延庆区以市政、林业等重点生态建设项目为依托,积极创造绿色就业岗位,在林业惠民政策的带动下,努力促进就业和改善民生。

2018 年 12 月,生态环境部对北京市延庆区等第二批 16 个"绿水青山就是金山银山"实践创新基地进行授牌命名。延庆区为北京市唯一入选区,成为探索实践"绿水青山"向"金山银山"转化的实践者和排头兵。延庆区将充分放大冬奥世园机遇,大力发展冰雪园艺等绿色产业,打造"冰雪之城""园艺之都",促进经济高质量发展。因地制宜不断提高绿水青山的成色和品质,提升生态产品的供给能力和保障能力,探索生态文明建设全社会"多元参与、共建共享"模式,实现绿色发展、绿色惠民与绿色共享有机统一,为生态价值有效实现提供保障。

(五)生态协同发展

在较长的时期里,由于京津冀在资源禀赋、要素投入和经济发展水平存在差异,三地环境污染的区域性、叠加性、外部性与行政分割化、属地碎片化的治理之间的矛盾和冲突,成为京津冀环境协同共治面临的一大困境。实际上,京津冀生态环境治理犹如下一盘大棋,唯有协同共治,才是京津冀生态环境治理的发展之道。京津冀生态环境要想得到持续改善,三地必须联手筑牢京津冀协同发展的绿色生态屏障。这就需要三地构建多元治理结构,建立环境治理的利益互惠机制,注入利益互惠新动能,加强环境信息、技术、政策等属于京津冀环境治理的"要素流",拓展京津冀环境治理的协同共生界面,加快形成稳定的协同共生关系,全面提高京津冀环境治理的整体效能,让协同共生成果更好转化为人民群众的福祉。

1. 京津风沙源治理

2000 年春,我国北方地区连续发生 12 次扬沙、浮沉、沙尘暴天气,其中多次影响京津,其频率之高、范围之广、强度之大为 50 年来所罕见,引起党中央、国务院高度重视。2005 年 5 月,。国务院总理朱镕基亲临河北、内蒙古视察治沙工作，作出"治沙止漠刻不容缓，生态屏障势在必建"的重要指示。2006年6月，京津风沙源工程紧急启动。工程实施以来，总共在内蒙古浑善达克沙地南缘、阴山北麓、乌兰布和沙漠东缘，库布齐沙漠边缘地带、山西毛乌素沙地东缘、河北省的冀蒙边界等地建成六条生态防护林带。

2. 永定河流域治理

作为首都的"母亲河"，永定河是京津冀地区的生态大动脉，在京津冀地区具有重要的地位。永定河是海河的五大支流之一，流经山西、内蒙古、河北、北京、天津五省（自治区、直辖市）。由于持续干旱及人类活动等因素的影响，永定河水资源承载力严重不足，下游平原河段长期干涸、断流，部分河段沙化及水体污染严重，水生态功能严重退化。

在京津冀协同发展的契机下，三地联合走生态协同发展之路，使永定河重新焕发了水清岸绿的勃勃生机。永定河绿色生态发展带自建成以来，给周边的生态环境带来了极大地改善，不仅增加了河道蓄水功能，还增加了水生态调节服务价值，有效改善了生态环境。经过建设与发展，永定河绿色生态发展带已经发展成为人们休闲旅游的好去处，永定河也被打造成为京津冀绿色生态协同发展的典范。北京市把永定河综合治理与生态修复作为首都"水生态一号工程"，不断加大治理力度。经过努力，永定河综合治理与生态修复工作取得实质性进展，生态环境明显改善。未来，永定河综合治理将继续按照"治理、恢复、涵养、提升"相结合的思路，统筹"山水林田湖草"生命共同体，突出"水"和"林"两个生态要素，把保障河湖生态用水放在突出位置，加大节水力度，遏制地下水超采，提升水源涵养能力，合理配置外调水，把山区建设成为生态安全屏障、平原建设成为绿色生态走廊，逐步恢复永定河生态系统。

2016年，国家发展改革委、水利部、国家林业局联合印发《永定河综合治理与生态修复总体方案》，根据方案要求，京津冀晋四省市政府联合中国交通建设集团有限公司共同发起设立了永定河流域投资有限公司，以公司化、市场化方式组织开展跨省区的流域综合治理与生态修复工程。2018年6月，京津冀晋四省（市）人民政府联合战略投资方中交集团共同出资组建永定河流域投资有限公司，以"投资主体一体化带动流域治理一体化"的模式开启新一轮永定河治理，拟逐步实现"流动的河、绿色的河、清洁的河、安全的河"的治理目标,努力为全国流域治理贡献"永定河样本"。在国家成立部省协调领导小组后,北京市率先成立市级领导小组和办公室,率先落实河长制,率先推动建设项目落地实施。从组建流域投资公司方案的提出,到各股东协议签署完成,中央有关部门之间、省市政府之间、五方股东之间进行了多轮沟通协调,最终消除分歧,形成统一意见。流域投资公司组建的过程也是统一思想、凝聚共识的过程。针对资金平衡方式、建设运营模式、生态水量服务、农业节水风险等问题,组织规划、咨询和科研单位等进行专题研究,与沿线地方政府和部门多种方式进行沟通交流。在资金平衡上,按照"一地一策"原则,提出了环境增值收益、生态水量服务、产业综合开发、政府采购运行养护服务等综合平衡模式,并推演测算;在生态水量服务上,进行了生态水量成本核算,提出了断面考核、累进计价、流域公司参与生态水量等意见;在产业开发方面,储备了一批美丽乡村、绿色能源、产业园区等意向项目;在农业节水方面,编制永定河流域农业节水工程建设推进方案。

3. 大气污染区域联防联治①

区域大气污染联防联控最早可以追溯到 2008 年北京奥运会期间的空气质量保障行动,这也是京津冀地区开展复合性大气污染区域联动防治的率先尝试。2014 年 11 月 10—11 日亚太经济合作组织(APEC)领导人非正式会议及 2015 年 9 月 3 日纪念中国人民抗日战争暨世界反法西斯战争胜利 70 周年阅兵活动期间,均实施了区域性空气质量保障的实践。

有关区域大气污染联防联控机制的政策性文件最早出现于 2010 年 5 月,原环境保护部等九部委共同制定了《关于推进大气污染联防联控工作改善区域空气质量的指导意见》,指出了"解决区域大气污染问题,必须尽早采取区域联防联控措施"的思路。2012 年 12 月环境保护部国家发展和改革委员会、财政部发布了《重点区域大气污染防治"十二五"规划》,提出了包括"联席会议制度""联合执法监管机制""环境影响评价会商机制""信息共享机制""预警应急机制"等在内的一个系列新机制。2013 年 9

---

① 何伟、张文杰、王淑兰、柴发合、李慧、张敬巧、王涵、胡君:《京津冀地区大气污染联防联控机制实施效果及完善建议》,《环境科学研究》2019 年第 10 期。

月,国务院出台《大气污染防治行动计划》,进一步明确了区域联防联控在我国大气污染防治工作中的地位。在原环境保护部的协调下,2013年10月由京津冀及周边地区六省(直辖市)和国家七部委主要领导共同协商建立京津冀及周边地区大气污染防治协作小组,成立协作小组办公室,办公室设在原北京市环境保护局。北京市与保定市、廊坊市,天津市与唐山市、沧州市分别建立了大气污染治理结对合作工作机制("2+4"结对合作机制),签订了大气污染联防联控合作协议书;六市坚持目标同向、措施同步、科学谋划、联防联控共同发力大气污染防治工作。2014年4月,十二届全国人大常委会第八次会议表决通过了《环保法修订案》,为实施重点区域大气污染联防联控建立了扎实的法律依据。然而,由于京津冀地区三省(直辖市)之间存在十分明显的社会经济发展差异,三省(直辖市)发展阶段不同,导致各行政主体的利益诉求不一致,从组织机构运行实际效果看,京津冀地区区域协作机制还需要进一步强化。为此,2018年7月,《国务院办公厅关于成立京津冀及周边地区大气污染防治领导小组的通知》提出,"为推动完善京津冀及周边地区大气污染联防联控协作机制,经中共中央、国务院同意,将京津冀及周边地区大气污染防治协作小组调整为京津冀及周边地区大气污染防治领导小组",对解决区域环境问题发挥了重要作用。

(六)生态空间的精细化治理

1. 生态环境管理

(1)法规标准

2019年,北京市发布了《农村生活污水处理设施水污染物排放标准》《地铁噪声与振动控制规范》《加油站油气排放控制和限值》《电子工业大气污染物排放标准》和《建设用地土壤污染状况调查与风险评估技术导则》等五项地方生态环境标准,法规标准体系得到进一步完善。

长期以来,北京市将生态环境标准作为生态环境保护法律法规和政策的重要组成部分,在污染治理和生态环境改善工作中,结合首都功能定位,坚持标准先行,以适用性、先进性、前瞻性为原则,通过严格的标准为生态环境监督管理提供依据和有力支撑,为控制污染、改善环境质量服务。

为推动大气污染防治工作,北京市于 1998 年在全国率先制定发布了相当于欧 I 与欧 II 标准的《轻型汽车排气污染物排放标准》;通过不断完善标准建设,于"十二五"时期初步确立了北京市环境保护标准体系结构框架,生态环境标准体系不断优化和拓展,更加完善。现行北京市生态环境标准体系包括大气、水、土壤、固体废物、环境噪声与振动、放射性和电磁辐射等要素,分为强制性、推荐性两层次,涵盖排放标准、产品标准、监测方法及技术规范等多种类型。

以改善北京市水环境质量为核心,截至 2019 年,北京市共发布了四项水环境保护标准。2019 年北京市生态环境局、北京市市场监督管理局发布的《农村生活污水处理设施水污染物排放标准》,综合考虑本市农村生活污水排放特点,以"用生态的方法解决生态的问题"理念为指导,充分体现了对农村生活污水"因地制宜、鼓励回用、生态处理、宽严相济"的原则。而2012 年北京市环境保护局、北京市质量技术监督局发布的《城镇污水处理厂水污染物排放标准》首次提出了污染物排放限值与地表水环境质量指标接轨的概念,要求排入地表的主要污染物限值指标达到地表水 IV 类功能区水质标准。2013 年北京市环境保护局、北京市质量技术监督局修订的《水污染物排放标准》强化了对有毒有害污染物的控制,要求直接排入地表水体的主要污染物排放限值分别达到地表水 III 类和 IV 类功能区水质标准。

在土壤环境保护标准方面,自 2011 年起,北京市相继发布了八项土壤环境保护标准,分别涉及土壤环境风险评价、污染场地修复等内容,为污染场地修复工作提供了规范和指导。2018 年《中华人民共和国土壤污染防治法》(简称《土壤污染防治法》)发布后,土壤污染防治思路有了新调整,2019年北京市市场监督管理局发布的《建设用地土壤污染状况调查与风险评估技术导则》是国内首个结合《土壤污染防治法》要求进行编制的技术标准,也是国内首个采用国际先进评估方法的技术标准,能够更好的指导北京市建设用地土壤环境管理工作的开展,也将对全国相关工作的开展起到示范作用。

此外,噪声控制标准、辐射技术标准、固体废物标准等其他环境要素标准,与监测方法、监测规范、清洁生产等配套标准共同支撑着北京市生态环境标准体系。

经过多年持续努力,北京市基本形成了国内最为严格的地方生态环境标准体系。标准先行,严格管理,生态环境保护标准化工作对推动北京市环境质量改善发挥着重要作用。随着行业技术水平升级、环保水平不断提高,北京市还将持续关注标准的适用性,对标准进行适时修订,不断完善生态环境标准体系,持续助力北京市生态环境质量改善。

(2)生态文明体制改革

2018年,根据党中央、国务院批准的北京市机构改革方案,组建中共北京市委生态文明建设委员会,统筹协调、整体推进全市生态文明建设工作。将原市环境保护局的职责,以及市发展改革委的应对气候变化和减排,原市规划国土委的监督防止地下水污染,市水务局的编制水功能区划、排污口设置管理和流域水环境保护,原市农业局的监督指导农业面源污染治理,原市南水北调办的南水北调工程项目区环境保护等职责整合,组建北京市生态环境局,为市政府组成部门。

完善打好污染防治攻坚战的体制机制,实施超标柴油货车"闭环管理"、年检场"记分制"管理,全面落实"河长制",推进建立"湖长制",建立禁止"洋垃圾"入境的协作机制。健全生态系统保护制度体系,推行生态保护补偿,建立湿地保护修复、耕地河湖休养生息制度,试行生态环境损害赔偿制度。完善绩效考评和责任追究制度,出台生态文明建设目标评价考核办法实施细则,编制自然资源资产负债表,实施领导干部自然资源资产离任审计,开展绿色GDP核算试点。完善推动绿色发展政策,开征环境保护税,启动水资源税改革试点,发展绿色信贷、绿色债券,试点设立绿色发展基金,完善政府绿色采购政策。

优化营商环境,提升企业群众办事体验。推进工程建设项目审批制度改革试点工作,压缩审批时限。推进"一网通办""一窗通办",实现政务服务事项100%网上办理。实施排污许可管理制度,有序推进排污许可证核发。强化证后监管,开展排污许可专项执法,对重点企业开展抽查检查,夯实企业主体责任。实施有利于生态环境保护的经济政策。推进排污费向环境保护税平稳转换,开始征收环境保护税。启动水资源税改革试点。加大对生态环境保护与治理的投入力度。完善政府绿色采购制度,优先采购符合环保要求产品。建立绿色金融债券担保机制,启动环境污染责任保险试点。

（3）生态环境监测

加强生态环境监测能力建设。2018年,北京市印发了《北京市深化环境监测改革提高环境监测数据质量实施方案》,坚持依法监测、科学监测、诚信监测,开展环境监测质量监督检查。全面开展大气、水、土壤、声、辐射和生态等环境质量监测。推进生态环境监测网络建设,建成覆盖全市乡镇（街道）的粗颗粒物自动监测网络,优化调整水环境质量监测网络,建成全市土壤环境监测网络。

2. 垃圾分类

垃圾分类不仅是城市管理的需要,也是群众的身边事和利益问题,直接关系到人居环境和公共卫生安全。20世纪90年代,随着北京市城市经济发展和居民生活水平的不断提高,北京市垃圾产量呈逐年增加的趋势。北京市垃圾产量变化一方面与北京市经济发展有着密不可分的联系;另一方面,北京市人口数量变化也对其产生了重要的影响。①

2010年前后,北京在全市推广垃圾分类处理。2017年,北京市开始以街道为单元开展垃圾分类示范片区创建,示范片区内既包括居民小区,也包括企事业单位和各类公共机构。从创建垃圾分类达标小区到创建垃圾分类示范片区,实现"连点成线""连线成片",各街道（乡、镇）在组织开展示范片区创建时,会对片区内基础信息进行普查、建立台账,摸清示范片区的建筑、人口、垃圾分类责任主体等底数情况。因地制宜确定居民小区垃圾分类投放方式,优化垃圾分类桶站设置和管理。各示范片区会对物业公司明确垃圾分类服务管理主体责任,要求物业公司指导居民正确投放,向居民宣传垃圾分类知识。在创建过程中,还会建立环卫专业运输和社区垃圾收集的有效衔接,着力解决混装混运问题。新版北京市人大常委会制定的《北京

---

① 王景甫、周宇、李静岩、王聪:《北京市生活垃圾的现状及其变迁》,《生态经济》2014年第2期。

市生活垃圾管理条例》于 2019 年 12 月 18 日正式发布,这标志着北京市生活垃圾分类将正式步入法制化、常态化、系统化轨道。新修订《条例》明确规定,产生生活垃圾的单位和个人是分类投放的责任主体,其应当按照生活垃圾分类标准投放垃圾,明确生活垃圾分类管理责任人,对不按规定投放垃圾的有权要求改正。

截至 2019 年 7 月,北京共有 224 个街道(乡、镇)开展垃圾分类示范片区创建,涉及 5.2 万余个责任主体,8511 个居民小区。①

3. 城市环境管理

北京市高度重视垃圾处理工作,紧紧扣住垃圾处理是关系民生的基础性公益事业的定位。2012—2017 年是北京垃圾处理设施建设历史上速度最快的时期,垃圾处理工作水平处于全国领先,原生垃圾基本实现无害化处理。一大批大型骨干设施建成投产,生活垃圾处理实现了从过去单一填埋为主向焚烧、生化等资源化处理为主的转变。

环卫设施污染防控水平不断提升。完成阿苏卫、安定等 16 座垃圾卫生填埋场全密闭改造工程,填埋场穿上厚实的塑料外衣,防治臭气外溢,通过导管收集进行发电或作为燃料利用。新建改建 6 座垃圾处理设施渗滤液处理系统,新增渗滤液处理能力每日 1720 吨,渗滤液处理设施处理能力达到每日 7950 吨。推进环卫设施与周边百姓的和谐共处。②

4. 能源供给利用

北京坚持绿色协调可持续发展理念,有计划、有步骤地压减焦炭、油品等的生产规模,逐步推行“煤改电”,加大压煤、减碳工作力度。2008 年后,焦炭和煤气生产彻底退出北京,2017 年底发电基本实现无煤化。2018 年,水电、风电、太阳能及生物质等可再生能源发电量 32.3 亿千瓦时,占发电总量的 7.2%。③ 重点领域能源消费更加清洁。工业随着压煤减碳工作持续

---

① 《试点+立法　北京破局垃圾分类》,《北京商报》2019 年 7 月 16 日。

② 北京市人民政府新闻办公室:《北京市“砥砺奋进的五年”系列新闻发布会》2017 年 6 月。

③ 新中国成立 70 周年北京经济社会发展成就系列报告之八——新中国成立 70 年北京能源资源环境发展综述(2019 年)。

发力,终端能源消费品种逐步清洁化。

随着生态环境保护各项政策持续推进,北京市能源消费品种不断清洁化,环境持续改善,绿色发展特征逐步显现。改革开放之初,北京市能源品种较单一,主要以煤品和油品燃料为主。煤品燃烧效率不高,且对环境污染较严重。随着生态环境保护意识的逐渐深入人心,压减燃煤作为重要工作稳步推进。作为煤品的主要替代能源,天然气这一清洁高效能源在北京市能源消费结构中从无到有,能源品种逐步清洁化,清洁能源的输入为北京城构筑了坚固的绿色屏障。

四、北京生态文明建设的发展经验

回顾新中国成立 70 年以来的首都生态文明建设历程,从最初的环境整治到环境治理,再到资源节约和生态保护,到现在的借助生态文明建设,提升首都精细化治理水平,无不体现出党和政府积极回应人民群众的需求,彰显以人民为中心的发展思想,蕴含着在北京生态文明建设各个阶段的发展实践经验。

(一)坚持健全首都生态文明制度体系

健全的制度体系是生态环境治理的关键环节。北京的生态文明建设也是伴随着健全的生态文明制度体系建设的过程。一是实行最严格的生态环境保护制度。践行"绿水青山就是金山银山"的理念,健全源头预防、过程控制、损害赔偿、责任追究的生态环境保护体系。二是全面建立资源高效利用制度。推进自然资源统一确权登记法治化、规范化、标准化、信息化,健全自然资源产权制度,落实资源有偿使用制度。三是完善生态环境综合治理体系。完善以机动车、扬尘和挥发性有机物治理为重点的大气污染防治体系。健全以"河长制""湖长制"为统领的涵盖各类水体的水环境治理体系。四是健全生态环境保护责任体系。完善市级统筹、区级落实、街道(乡镇)具体监督、社区(村)巡查的生态环境保护工作机制。完善生态文明建设目标评价考核制度,健全领导干部自然资源资产离任审计制度。健全生态环境保护综合行政执法体制机制。完善生态环境保护督察制度。完善生态环境公益诉讼制度。落实生态环境损害赔偿制度。完善生态环境质量监测预警体系。建立健全重点领域和重点区域生态环境问题第三方评估机制。①

(二)坚持完善京津冀协同治理新格局

首都北京的生态文明建设离不开京津冀生态协同治理。党的十八大以来,京津冀生态协同治理以顶层设计引领方向,通过组织机构建设的有力推动,联动机制的保障效用、横向补偿机制的支持作用、要素创新的支撑功能、法治协同的护航效果,建立起了以政府协同为主体、人大—政协协同为重要组成,多维协同构架的京津冀生态协同治理格局,初步形成了跨区域生态协同治理的"京津冀经验"。② 区域大气污染联防联控就是通过建立统一规划、统一监测、统一监管、统一评估、统一协调的工作机制来优化区域经济布局,统筹交通管理,发展清洁能源等,推动落实区域大气污染治理控制目标和任务。流域水污染防治联防联控就是流域上下游地方政府按照流域生态环境保护要求,通过建立联合协调机制,实行统一规划、统一标准、统一监测、统一防治措施,打破行政区界限,形成治水合力,预防和解决流域突出水环境问题。

(三)坚持以绿色科技创新引领生态文明建设

北京作为全国科技创新的排头兵,在生态文明建设过程中,不断着重强化绿色科技创新的引领作用。注重降低消耗、减少污染、改善生态,促进生态文明建设、实现人与自然和谐共生的新兴绿色技术研发。北京重点发展的绿色技术集中在大气污染防控、节水和水环境综合治理、节能与环境服务业、固体废物减量化和资源化、污染场地与土壤修复、现代化能源利用、绿色智能交

---

① 《中共北京市委贯彻〈中共中央关于坚持和完善中国特色社会主义制度、推进国家治理体系和治理能力现代化若干重大问题的决定〉的实施意见》,https://www.sohu.com/a/359254295_203914。

② 郭珉媛、牛桂敏、杨志:《京津冀水环境协同治理的实践与经验》,《环境保护》2019年第19期。

通和生态农林业等重点领域。鼓励龙头企业实施绿色发展规划,按照市场化、项目化机制组织运作新型专业孵化器,支持有基础、有意愿的高校科研院所优先在绿色技术领域深化科研人员职务科技成果所有权或长期使用权试点工作,设立绿色技术创新融资综合服务平台,支持本市绿色技术企业开展节能减排和污染治理项目。

第十章 社会组织:政社合作 协同共治

社会组织通常是指除政府和市场外的一切志愿团体、社会中介组织和民间协会的集合,通常被称为非营利组织(NPO)、非政府组织(NGO)、第三部门等。社会组织与政府组织、企业组织共同构成了现代社会的三大组织体系,也成为推动现代社会进步的重要推手,尤其是伴随20世纪80年代以来的"全球社团革命",使得各种形式的社会组织在世界范围内蓬勃发展,在小至社区,大至国家、国际和全球的各种社会事务中发挥着重要作用,成为参与社会建设、推动社会治理的重要主体之一。在我国,社会组织主要指那些"具有一定社会公共属性、承担一定社会公共职能,代表一定社会群体共同利益或公共利益的,具有非营利性特征的一类组织。"①社会组织不同于政府组织和企业组织,它的典型特征是非政府性、非营利性和志愿性。新中国成立以来,北京作为国家首都,依据其自身的城市定位、政策环境和治理思路,在社会组织建设层面取得了一系列显著成果,探索出了一条独特的社会组织发展道路。经过新中国70年的发展,北京社会组织已逐步成为推进城市经济与社会发展、提升社会治理与社会服务的重要力量。

一、新中国 70 年北京社会组织的发展历程与特征

广泛的社会组织是嵌入在社会经济的各个领域,通过发挥各类作用而

---

① 王名:《社会组织论纲》,社会科学文献出版社2013年版,第7页。

存在与发展着。社会组织发展的广度和深度受到多方面的影响和制约,具有普遍联系与多样的复杂性,社会组织的发展离不开制度规范,更离不开其所处的具体时代背景。新中国成立70年来,北京社会组织的发展与演变同整个国家发展历程有着密不可分的联系。因此,对于北京社会组织70年发展历程的梳理与回顾,需要在国家建设的时代背景下考察社会组织的演变与发展路径。可以说,国家建设所处的不同时期、不同阶段和主要任务的变化,对社会组织的发展态势产生不同程度直接或间接的影响,使得北京社会组织在不同历史时期呈现出各自不同的发展特征。结合国家建设和北京社会建设与城市发展的演进路径,可将新中国70年来北京社会组织的演进划分为以下四个阶段:1949—1977年的萌芽发展期、1978—1999年的复苏发展期、2000—2011年的快速发展期以及2012年以来的创新发展期。

(一)北京社会组织萌芽发展时期(1949—1977年)

1. 萌芽发展阶段北京社会组织的基本情况

新中国成立前夕,北京市各类社会团体已经有了一定程度的发展,1948年9月,北京经核准的社团数量有502个,其中,职业团体189个、社会团体313个。[①] 新中国成立之初,北京社会组织发展起伏较大,各项管理制度缺失,促进社会组织良性发展的社会环境还未形成,这一阶段,北京社会组织在组织形态上较为单一,只有一些为数不多、开展活动也较为有限的社会团体。

新中国成立后,我国开始对旧社会遗留的社会团体进行清理整顿。1949年3月,北京市军事管制委员会颁布《关于社会团体暂行登记办法》,规定已成立或将成立的一切社会团体,均须向市人民政府民政局申请登记。从1949年3月到1951年7月,北京市军事管制委员会、北京市人民政府对大部分原有社团和新成立的社团进行审查、登记。[②]

---

① 北京市地方志编纂委员会:《北京志・政务卷・民政志》,北京出版社2003年版,第443页。
② 北京市地方志编纂委员会:《北京志・政务卷・民政志》,北京出版社2003年版,第417页。

　　1950 年 9 月 29 日，政务院第五十二次会议通过《社会团体登记暂行办法》，规定"地方性的社会团体，向当地人民政府申请登记，由省（市）或行政区人民政府批准"，这实际上对北京市社会组织的登记管理机关进行了确认。同时，该《办法》把社会团体划分为六大类："人民群众团体、社会公益团体、文艺工作团体、学术研究团体、宗教团体，其他符合人民政府法律组成的团体。"这六大类社团的划分，体现了新中国成立初期以社团为主的北京社会组织发展的基本格局。1950 年，北京市新申请的社团有 260 个，加上 1949 年年末 299 个，共计 559 个社会团体。① 1951 年 3 月 23 日，政务院内务部公布了《社会团体登记暂行办法施行细则》（以下简称《施行细则》），对社会团体的登记事项进行了具体规定。《施行细则》规定，社会团体应该接受人民政府对其工作上的指导，并协助人民政府进行经济、文化、国防等各项建设。为了加强对新中国成立前旧社会团体的清理整顿，《施行细则》特别规定："自本细则公布之日起，主管社会团体登记的政府机关，应限令各旧有的社会团体，于一定期间内补行登记手续，逾期不办者，以自动解散论，抗不登记继续活动者，得由该管人民政府解散之，并给予该社会团体负责人以惩处。"截止到 1951 年 7 月 14 日，申请登记的社团累计有 443 个。其中，人民群众团体 187 个，公益团体 11 个，文艺团体 6 个，学术团体 37 个，剧艺团体 153 个，会馆财产管理委员会 18 个，其他 31 个。至此，大部分旧有社会团体及新中国成立后新成立的社会团体都进行了登记。②

　　1956—1966 年间，社会政治生活的变化以及 1959—1961 年三年困难时期，在一定程度上削弱了人民组建社团的积极性，社团组织数量有所减少。在 1957 年开展的整风运动和反右派斗争中，文艺界受到严重的干扰。很多文艺类社团不愿意触摸政治的高压线，社团活动一度陷入低迷。但是，学术性团体在这一时期发展较为活跃，尤其自然科学领域的学术性社团发展较快。这一时期成立的学术性社团主要有中国金属学会北京分会、中国

---

① 北京市地方志编纂委员会：《北京志·政务卷·民政志》，北京出版社 2003 年版，第 446 页。
② 北京市地方志编纂委员会：《北京志·政务卷·民政志》，北京出版社 2003 年版，第 447 页。

建筑学会北京分会、中国园艺学会北京分会、中国林学会北京分会、中国造船工程学会北京分会、中国测量制图学会北京分会、北京市硅酸盐学会、北京市力学会等。1958年,北京市科学技术协会成立,其主要任务是开展学术活动,做好科学及技术普及工作,向政府和有关单位提供科技咨询和建议,发现、培养科技人才,反映会员和科技工作者的意见和要求,进行国际学术交流等。这一时期新增加的自然科学学术团体,主要是随着社会主义建设的全面展开、一些学科相继设立或适应研究的需要而成立的,这些学术团体的出现为社会主义建设产生了积极而重要的影响。①

1968年,中共中央通过了《关于撤销高检院、内务部、内务办三个单位,公安部、高法院留下少数人的请示报告》,次年,内务部撤销。社会组织在这期间基本丧失了赖以存在的社会文化环境。这一时期的北京,乃至全国的社会组织发展都几乎停滞。

2. 北京社会组织在萌芽发展阶段的基本特征

在新中国成立最初的特殊历史时期,北京社会组织发展在这一阶段体现出了与所处时代背景相适应的一些独有的特点,主要表现在以下方面。

(1)社会组织发展较为单一

新中国成立初期,北京市社会组织的发展基本上较为单一。主要体现在以下方面,一是社会组织的类型还比较单一,主要以社会团体为主。二是社会组织的活动领域也比较单一,相对来说,学术类、文艺类社会团体发展较快,表现比较活跃。

(2)社会组织受政治环境的影响较大

在新中国成立初到改革开放前的30年里,社会组织的发展受国家的政治运动影响比较大,社会组织的自治性体现的不够充分,受政府管制较多,其作用发挥也较为有限。新中国成立之初,随着国家出台相关文件,北京社会组织得到了一定程度的发展,诸如科学研究、文艺等领域社会组织在国家政策的支持下得到了一定程度的恢复与组建,在社会主义建设的不同历史

---

① 北京市地方志编纂委员会:《北京志·政务卷·民政志》,北京出版社2003年版,第430页。

时期,政治运动影响了公民组建社团的积极性,社团数量大大减少,甚至北京社会组织发展几乎停滞。可见,萌芽阶段的北京社会组织的发展受国家政治环境的影响巨大。

(3)还没有形成稳定的社会组织管理体制

萌芽发展阶段的北京社会组织在管理体制与机制方面都还处于探索过程中,各项社会组织相关政策的波动性也较大,如前所述,1950 年 9 月政务院第五十二次政务会议通过《社会团体登记暂行办法》颁布,规定"地方性的社会团体,向当地人民政府申请登记,由省(市)或行政区人民政府批准"。然而,随着内务部被取消,社会组织相关工作也随之中断,全国层面包括北京社会组织的管理体制尚未形成。

(二)北京社会组织复苏发展时期(1978—1999 年)

1. 北京社会组织在复苏发展阶段的基本情况

改革开放后,随着经济体制改革的不断推进,经济、社会领域获得巨大发展,人民民主观念日益增强,社会参与意识也逐渐增强,为社会组织的恢复和发展创造了条件。北京社会组织的发展也逐步进入了恢复和兴起阶段。

(1)社会团体发展状况

1977 年,中国科协在天津召开中国动物学会等五家学会学术讨论会,这标志着中国学术性社团活动的开始。1978 年 2 月,民政部成立。同年 3 月,全国科学大会在北京召开,邓小平在会上明确提出"科学技术是生产力"等重要观点,对科学技术的作用得到认同,全国各级科协和学会相继恢复工作。1982 年 12 月,第五届全国人民代表大会第五次会议通过新修定的《中华人民共和国宪法》,明确规定公民结社权,全国各类社会团体迅速发展。1985 年 1 月,北京市社会团体数量达 235 个。见表 10.1。[1] 1987 年,北京市在全国率先全面恢复社团登记工作。1985 年到 1989 年,中共北

---

[1]　北京市地方志编纂委员会:《北京志·政务卷·民政志》,北京出版社 2003 年版,第 448 页。

京市委、市政府有关部门协同市民政局、市社会团体管理办公室对全市社会团体进行调查研究,并在此基础上开始对社团组织进行重新登记和清理整顿。至 1989 年完成了全市社团的复查登记和清理整顿,初步建立起社团管理机构和相应的工作制度。1988 年 7 月,民政部社会团体管理司成立,明确民政部归口负责社会组织登记管理,保留业务主管部门对社会组织审查核准和日常管理的权限。1989 年 8 月 23 日,北京市社会团体管理办公室成立,设在北京市民政局,初步建立起首都社团管理体制。①1989 年 10 月 13 日,国务院第 49 次常务会议通过《社会团体登记管理条例》,规定成立社会团体必须在民政部门登记注册。重申并具体规定了由登记管理机关和业务主管部门共同负责核准登记的社会团体的监督管理,确立社团双重管理体制。

表 10.1　1985 年 1 月北京市社会团体一览表　　　单位:个

类别	数目
科协系统	111
社会科学联合会系统	43
体育运动委员会系统	34
文学艺术联合会系统	9
宗教系统	9
党政机关系统	29
合计	235

数据来源:北京地方志编纂委员会:《北京志·政务卷·民政志》,北京出版社 2003 年版。

　　为了规范北京社会团体的运作,1991 年相继成立了北京市和区县两级社团登记管理机关。1991 年至 1993 年间,北京市民政部门做了大量的社会组织制度化建设工作。1991 年,北京市社会团体管理办公室制定了《北

---

① 　北京市地方志编纂委员会:《北京志·政务卷·民政志》,北京出版社 2003 年版,第 417 页。

京市社会团体管理的若干规定》，以及社团登记、财务管理、监督检查等配套规定 47 个。[1] 1992 年至 1993 年，又在社会团体分类、分支机构设立、章程审核、财务管理等方面，分别建立相应制度，进一步推进了北京社会团体管理的制度化和规范化。1995 年，联合国第四次世界妇女大会及非政府组织妇女论坛在北京召开，将非政府组织的概念和机制引入中国。随后，社会团体在全国出现了一个发展高潮。

截至 1996 年底，全市注册登记的社会团体已达 2000 家。其中市级 925 家，区县级 1075 家。[2] 在民政部的统一部署下，1997 年，北京市开展了为期两年的社会团体清理整顿工作，北京社会团体数量在这一时期有所下降。由于这一时期相关数据不全，仅选取其中一些关键时点对应的数据进行呈现。见图 10.1。

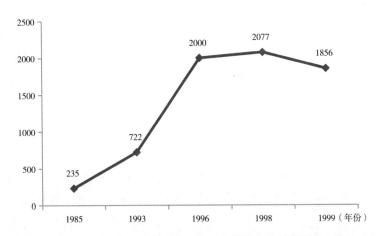

图 10.1 1985—1999 年复苏发展期北京社会团体数量发展情况（单位：个）

（2）民办非企业单位发展状况

民办非企业单位是改革开放后中国经济社会转型过程中出现的新兴事

---

① 北京市地方志编纂委员会：《北京志·民政志》(1991—2010)，北京出版社 2018 年版，第 269 页。

② 北京市地方志编纂委员会：《北京志·民政志》(1991—2010)，北京出版社 2018 年版，第 266 页。

物,特别是 20 世纪 90 年代末期,非营利机构逐步被国家视为改革事业单位激励机制的一种替代性选择。1996 年,中共中央办公厅、国务院办公厅印发《关于加强社会团体和民办非企业单位管理工作的通知》,民办非企业单位这一名称首次在政府文件中出现,该《通知》对社会组织进行分类,将民办事业单位改为民办非企业单位,列入民间组织,归口民政部登记管理,明确了民办非企业单位实行统一登记、双重负责、分级管理的管理体制,并要求对民办非企业单位普遍进行一次检查、清理和整顿。1996 年 5 月,北京市政府发布施行《北京市事业单位登记管理办法》,标志着全市事业单位(包括民办非企业单位)登记工作正式开始。同期,北京市社会团体管理办公室专门成立民办非企业单位调查组,对全市民办事业单位进行调研,初步决定将 2000 余家单位纳入民办非企业单位登记范畴。1997 年 5 月,北京市明确了民办非企业单位统一归口登记、双重负责、分级管理的管理体制,并开始对民办非企业单位普遍检查、清理和整顿。1999 年 12 月,民政部颁布《民办非企业单位登记暂行办法》(民政部令〔1998〕18 号)以及《民办非企业单位名称管理暂行规定》(民发〔1999〕129 号)。启动了民办非企业单位登记工作。同年,北京的民办非企业单位开始实行登记管理。

(3)基金会发展状况

北京市自 1984 年第一家基金会成立到 1988 年 9 月之前,基金会的发展一直处于无登记状态。即基金会经批准后无须登记即可开展活动。因此,这一阶段,北京市也未设立对基金会进行统一管理的机构。1988 年 9 月 9 日,国务院第 21 次常务会议通过《基金会管理办法》,这是我国关于基金会的第一部行政法规。《办法》明确中国人民银行为基金会审查批准部门、民政部门为登记注册部门。自此,基金会登记进入有法可依阶段。1989 年下半年开始在全国范围内进行基金会和社会团体的复查登记工作。自 1988 年 9 月至 1999 年 9 月,北京市基金会的管理是三方负责登记阶段,即根据《基金会管理办法》,基金会成立必须首先经业务主管单位同意,报中国人民银行审查批准,到民政部门进行注册登记。1999 年 9 月,中国人民银行和民政部联合下发《关于做好社团基金会监管职责交接工作的通知》,

将基金会审批和监管的职责全部移交同级民政部门。此后,新成立基金会时,经业务主管单位同意后,即到民政部门登记注册,不需再经中国人民银行批准。自此,基金会管理从三方负责登记向双重管理过渡。

2. 北京社会组织在复苏发展阶段的基本特征

相比较萌芽发展期,改革开放至 20 世纪末的 20 余年时间里,全国各行各业都取得了快速发展,北京社会组织也在这一阶段取得了一定程度的发展并且呈现出了特有的时代特征。

(1)三类社会组织共同发展的格局基本形成

在复苏发展期,民办非企业单位作为一种全新的组织类型登上了北京社会组织发展的舞台,并在教育、卫生、文化、科技等领域开始发挥作用,以自己独特的方式推动着北京市的各项社会事业的发展。同时,改革开放给予国家社会经济发展的巨大推动,以及国家相关政策的支持下,基金会也逐步登场,为首都的公共服务与社会福利事业贡献力量。至此,北京社会团体、民办非企业单位、基金会三大类型社会组织共同发展的格局基本形成。

(2)对社会组织规范化发展的制度创建进行了初步探索

在这一时期,北京社会组织相关管理部门在规范社会组织管理方面做了大量的努力与尝试,制定了一批有关社会组织登记、年检、印章管理、名称规范、分支机构管理、财务管理、注销等方面的制度规范,对引导这一时期首都社会组织的健康发展起了积极的作用与影响,也为北京社会组织的规范化发展奠定了良好的法制基础。

(3)社会组织双重管理体制基本形成

在复苏发展阶段,无论从国家层面还是北京市层面相继出台了各项制度,他们对社会团体、民办非企业单位以及基金会三大社会组织在管理体制、机制,尤其是双重管理方面都作出了较为明确的制度规定。在这一阶段,北京社会组织的双重管理体制格局基本形成。

(三)北京社会组织快速发展时期(2000—2011 年)

进入 21 世纪,北京市社会组织也逐步进入了一个管理规范和繁荣发展的历史阶段。这一时期,北京社会组织的发展实现了历史性的飞跃。

1. 北京社会组织在快速发展阶段的基本情况

在这一时期,北京市社会组织也逐步进入了一个管理规范和繁荣发展的历史阶段,社会组织发展呈现历史性的飞跃发展。社会组织数量和规模上的空前发展壮大得益于社会主义市场经济体制注入的活力,也受益于国务院先后出台的《社会团体登记管理条例》和《民办非企业单位登记管理条例》以及 2004 年出台的《基金会管理条例》的有效实施,三大条例为北京社会组织的快速发展营造了必要的政策环境。

(1)社会团体发展状况

2000 年 7 月,中共中央组织部发布《关于加强社会团体党的建设工作的意见》,重申社会团体党建工作的重要性。同年,北京市要求新申请登记的社会团体必须建立党组织,促进社会团体在首都改革开放、市场经济体制建设、促进首都两个文明建设中发挥积极作用。

2001 年,北京市社团办将注册登记处和社团管理处合并为社团管理处,负责全市性社会团体成立、变更、注销登记的审查和报批及公告工作。同年,中共北京市委办公厅、市政府办公厅下发《关于确定和调整民间组织业务主管单位的通知》,要求进一步落实和完善双重负责管理体制。年内,全市共调整组建行业社团 31 个,合并 8 个,新成立行业社团 30 个。①

2003 年 10 月,中共十六届三中全会提出为完善社会主义市场经济体制,要求"按照市场化原则规范和发展各类行业协会、商会等自律性组织"。北京市开始对社会团体所办的经济实体进行脱钩管理。尤其对社会团体投资设立公司的行为进行规范,支持北京市社团经济的有序发展。2003 年,北京市在社团登记工作中,开始运用网上审批系统办理登记业务。2004 年7 月,社会组织网上审批系统正式启用,北京市全面实行社会团体网上登记、网上年检、网上咨询、网上举报等日常工作。

2007 年 10 月,国务院办公厅发布《关于加快推进行业协会商会改革和

---

① 北京市地方志编纂委员会:《北京志·民政志》(1991—2010),北京出版社 2018 年版,第 269 页。

发展的若干意见》(36 号文)，肯定了改革开放以来行业协会商会发展取得成绩并全面提出下一步以民间化和市场化为中心的改革规划。自此，北京行业协会商会得到快速发展。

2010 年，中关村国家自主创新示范区领导小组印发《中关村国家自主创新示范区社会组织登记管理办法(试行)》，实施中关村社会组织登记管理改革试点，启动了中关村社会组织的直接登记。

相比较于萌芽发展和复苏发展阶段，北京社会组织在快速发展阶段所处的时代背景较为有利于社会组织的发展，2000 年至 2011 年间，北京社会团体一直保持着稳定增长的发展态势。见图 10.2。

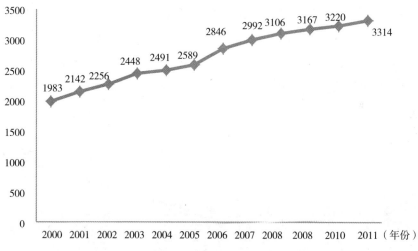

图 10.2　2000—2011 年北京社会团体数量发展变化情况(单位：个)

(2)民办非企业单位发展状况

2000 年 1 月，北京市民政局再次在全市范围内对教育、卫生、科技、民政四大行业的民办非企业单位发展情况进行系统调研。这次调查为全面开展民办非企业单位登记管理工作奠定了基础。同年 6 月，在全市 18 个区县开展民办非企业单位登记管理试点工作。同年 8 月，确定了市级和区县民办非企业单位的业务主管单位，并授权北京市总工会等 11 家单位行使业务主管单位职能。2001 年，北京市把民办非企业单位正式纳入民政部门的管

理范畴。2003年1月,北京市民政局启动民办非企业单位年检工作。同年
8月,依据《中华人民共和国行政许可法》,北京市民政局重新制定了一套新
的民办非企业单位成立、变更、注销登记的申请材料格式文本和行政许可程
序性规定,以及民办非企业单位成立、变更、注销登记需要提交的全部材料
目录、流程图、示范文本,进一步规范了民办非企业单位的登记管理工作。
2005年,北京市民政局组织开展民办非企业单位自律与诚信建设活动,通
过规范章程、开展各种主题公益活动,不断提高非营利组织的社会公信力。
2010年10月,北京市民政局将民办非企业单位成立登记、变更登记、注销
登记和北京市民政局服务大厅登记咨询受理等工作移交社会组织登记处负
责,实现了登管分离。同年11月,北京市民政局印发《北京市社会组织评
估管理暂行办法》和《民办非企业单位规范化建设评估指标》,并委托第三
方评估机构首次对49家民办非企业单位进行规范化管理方面的评估。

自21世纪初北京市对民办非企业单位实行登记注册以来,北京民办非
企业单位逐步走上了规范化的法制道路,并且在这一发展阶段实现了数量
上的飞快增长。见图10.3。

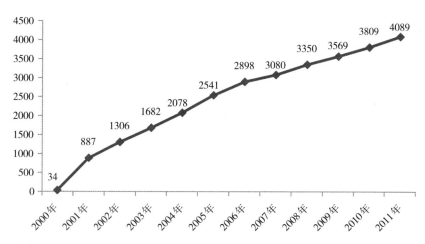

图10.3　2000—2011年北京民办非企业单位数量发展变化情况(单位:个)

(3)基金会发展状况

2004年3月,国务院第39次常务会议通过《基金会管理体例》,将基金

会区分为公募和非公募。以法规的形式确定了基金会登记管理的双重体制,明确省以上民政部门是基金会的登记管理机关,省以上人民政府有关部门或省级政府授权的组织是基金会的业务主管单位。自此,基金会双重管理体制正式确立。同年6月,民政部颁布《基金会名称管理规定》(民政部第26号令)。同月,北京市民政局开始对原有基金会进行换证,并重新登记。同年8月,北京市社会团体管理办公室设立基金会管理处,开始由专门处室负责基金会登记和管理工作。从2004年《基金会管理条例》出台以来,北京基金会的发展也走上了规范化发展的日程,在数量上增速很快。见图10.4。

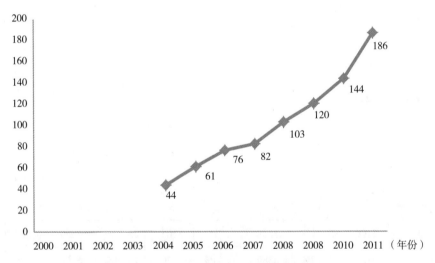

图10.4 2000—2011年北京基金会数量发展变化情况(单位:个)

2. 北京社会组织在快速发展阶段的基本特征

快速发展阶段的北京社会组织在短短10年时间里,无论是数量,还是制度建设以及作用发挥方面,都体现出了快速发展的时代特征。

(1)三类社会组织数量快速增长

北京社会组织在快速发展阶段,其三大类型组织在同期均实现了数量上的快速增长,其中,在2000年至2001年实现了数量增长的小高峰,当年实现了社会组织年增长量1000家。2006—2007年、2008—2009年、2009—2010年度以年增长量 300 家左右的速度发展,其余年度,均以年增长量 500 家左右的速度发展。三类社会组织的年平均增长率为 7.37%,其中,基金会数量最少,但增长速度最快,自 2004 年至 2011 年间,平均年增长率达 22.87%。其次为民办非企业单位,自 2002 年至 2011 年,平均年增长率为 16.51%。相比较而言,社会团体增长率稍低,年平均值增长率为 4.78%。总体来看,北京社会组织在这 12 年间,数量增长较快,发展态势较为迅速。见表 10.2。

表 10.2 2000—2011 年北京社会组织数量与增长情况   单位:个

年度	社会团体数量	社会团体增长率	民办非企业单位数量	民办非企业单位增长率	基金会数量	基金会增长率	社会组织总量	总量增长率
2000 年	1983	6.84%	34	—	—	—	2017	8.67%
2001 年	2142	8.02%	887	—	—	—	3029	50.17%
2002 年	2256	5.32%	1306	47.24%	—	—	3562	17.60%
2003 年	2448	8.51%	1682	28.79%	—	—	4130	15.95%
2004 年	2491	1.76%	2078	23.54%	44	—	4613	11.69%
2005 年	2589	3.93%	2541	22.28%	61	38.64%	5191	12.53%
2006 年	2846	9.93%	2898	14.05%	76	24.59%	5820	12.12%
2007 年	2992	5.13%	3080	6.28%	82	7.89%	6154	5.74%
2008 年	3106	3.81%	3350	8.77%	103	25.61%	6559	6.58%
2009 年	3167	1.96%	3569	6.54%	120	16.50%	6856	4.53%
2010 年	3220	1.67%	3809	6.72%	144	20.00%	7173	4.62%
2011 年	3314	2.92%	4089	7.35%	186	29.17%	7589	5.80%
年平均增长率	—	4.78%（2000—2011 年平均增长率）	—	16.51%（2001—2011 年平均增长率）	—	22.87% 2004—2011 年平均增长率）	—	7.37%（2004—2011 年平均增长率）

数据来源:2000—2011 年北京市民政事业发展统计公报。

(2)初步构建了一套社会组织规范化发展的制度体系

在这一阶段国家相关制度框架下,北京在社会组织建设方面开创性地创设了一套规范社会组织发展的各项规章制度。这些制度规范所涉内容较为广泛,可操作性较强,很大程度上激发和促进了北京社会组织的发展,从而为社会组织的合规发展奠定了坚实的制度基础。以民办非企业单位为例,在复苏发展阶段,确立了民办非企业单位的登记管理制度后,北京市先后制定了一套民办非企业单位成立、变更、注销登记等方面的材料目录、示范文本等,具有很强的操作性与示范性,使民办非企业单位的登记管理工作进展更为顺畅。

(3)社会组织参与北京社会建设的格局基本形成

2006年10月,中共十六届六中全会通过《关于构建社会主义和谐社会若干重大问题的决定》,第一次提出并系统论述了"社会组织"的概念,提出对社会组织的管理要"坚持培育发展和监督管理并重,培育扶持和依法管理社会组织的政策。"2007年10月,中共十七大报告全面论述了以民生为核心的社会建设,进一步重申社会组织的概念,强调社会组织在社会建设、公共服务和政治民主建设等方面积极作用。在上述大政方针的指引下,如何引导北京社会组织参与社会治理和社会建设愈发受到相关政府部门的重视。2007年12月,中共北京市委社会工作委员会、北京市社会建设工作办公室成立,2008年9月,中共北京市委、市政府召开"北京市社会建设大会",印发《关于加快推进社会组织改革与发展的意见》(京发〔2008〕18号),明确北京市社会组织发展方向。同年9月,中共北京市委、市政府印发《北京市加强社会建设实施纲要》"1+4"文件。① 2009年,北京市设立社会建设专项资金,通过向社会组织购买公共服务的方式,建立政府购买社会组织服务机制,将社会组织纳入北京市社会建设体系中。2010年7月,北京市社会服务管理创新推进大会召开,推出一系列社会服务管理创新重大举措。2011年6月,中共北京市委十届九次全会审议通过了《中共北京市

---

① "1+4"文件是指1个纲要,2个意见,2个办法。其中2个意见是指:《关于进一步加强和改进社会领域党建工作的意见》《关于加快推进社会组织改革与发展的意见》。2个办法是指:《北京市社区管理办法(试行)》《北京市社区工作者管理办法(试行)》。

委关于加强和创新社会管理全面推进社会建设的意见》。同年 11 月,北京市政府印发《北京市"十二五"时期社会建设规划纲要》,在上述文件精神框架下,社会组织参与北京社会建设格局基本确立。

(四)北京社会组织创新与发展时期(2012 年以来)

1. 北京社会组织在创新发展阶段的基本情况

从新中国成立至 2012 年,长期的制度创建为北京社会组织的发展确立了一系列基本的管理规范与制度框架。如上文所述,快速发展阶段中北京社会组织的发展脉络主要以社会团体、民办非企业单位、基金会三大社会组织类型为分析框架。相比而言,本阶段北京社会组织的制度创建更多体现在各项业务工作中,比如社会组织党建、社会组织监管、社会组织参与基层社会治理等,本部分将以上述社会组织开展的各项业务工作为分析维度,对北京社会组织在这一阶段的发展进行简要回顾与评述。

(1)社会组织党建

2015 年 9 月,中共中央办公厅印发《关于加强社会组织党的建设工作的意见(试行)》,2017 年 10 月,党的十九大报告提出"坚持党对一切工作的领导",2018 年 4 月,民政部印发《关于在社会组织章程增加党的建设和社会主义核心价值观有关内容的通知》,党建工作写进社会组织章程。

在上述重要会议、文件精神指导下,2016 年 7 月,中共北京市委办公厅印发了《关于加强和改进社会组织党的建设工作的实施意见》,中共北京市委组织部印发《关于加强和改进社会组织党的建设工作三年行动计划(2016—2018)》。同年 8 月,市委常委会审议决定,依托市民政局党委专门成立市行业协会商会综合党委,统筹负责 524 家市级行业协会商会党建工作,以及市民政局作为业务主管单位的和直接登记无业务主管单位社会组织的党建工作,总数近 2000 家。截至 2019 年第三季度,共组建联合党委 52 家,批复成立党支部 31 个,综合党委所属党组织 659 个,基本实现党的组织全覆盖。①

---

① 《北京:培管并举,现代社会组织管理体制逐步建立完善》,2019 年 9 月 11 日,www.chinanpo.gov.cn/3501/121139/index.html。

（2）社会组织监管

2012 年以来,北京市在社会组织监管方面做了很多创新与探索,主要体现在信息公开、诚信自律建设、规范化评估建设等诸多方面。

一是社会组织信息公开。2018 年,民政部印发《社会组织信用信息管理办法》,并开发"全国社会组织信用信息管理系统"。一系列政策与举措意味着社会组织的信息公开建设已提上日程。在国家推动的基础上,北京市也着手加快推进与健全社会组织的信息公开制度建设与社会组织信用体系建设。2015 年出台《北京市基金会信息公开实施办法》,先后印发《北京市民办非企业单位信息公开指引》《北京市社会团体信息公开指引》,2016 年出台《北京市社会组织信用信息管理暂行办法》,在上述制度建设的支持下,陆续构建了北京社会组织信用信息公开及查询平台,社会组织公开透明运作的机制逐步建立。

二是社会组织诚信自律建设。2015 年 10 月,北京市民政局出台《北京市社会组织行政约谈办法》。2016 年,出台《北京市行业协会商会负责人任职管理办法(试行)》,不断推进社会组织诚信自律建设,完善守信激励和失信惩戒机制,探索建立违法失信社会组织黑名单制度。仅 2019 年,北京市全年共执法处罚社会组织 376 起,其中,取缔非法社会组织 16 起,行政处罚 360 起,[1]并将社会组织诚信建设作为评估考察的主要内容之一纳入社会组织评估系统中,从而在制度建设层面和社会组织管理实践层面保障了社会组织诚信建设工作的有序推进。

三是社会组织评估建设。作为引导社会组织规范化管理的制度设计,社会组织评估是民政部门管理与支持社会组织发展的重要政策工具。2016 年 10 月,北京市民政局制定《北京市社会组织评估机构管理办法》,不断规范第三方评估机构管理,引导北京社会组织评估由规范性评估向能力提升评估转变。鉴于相关部门对于社会组织监管力度和手段较为有限的现实情况下,等级评估成为包括对社会组织基础条件、内部治理、工作绩效、诚信建

---

① 《二〇一九年北京市社会建设和民政事业发展统计公报》,2020 年 8 月 18 日,http://mzj.beijing.gov.cn/art/2020/8/18/art_659_528364.html。

设以及社会组织参与脱贫攻坚和精准救助等方面工作进行监督与管理的有效手段,不断推进北京社会组织的规范化发展。

(3)慈善事业发展

2016年3月,中华人民共和国第十二届全国人民代表大会第四次会议通过《中华人民共和国慈善法》,同年8月,民政部出台《慈善组织公开募捐管理办法》与《慈善组织认定办法》,在上述慈善事业发展基本制度框架下,2019年9月,北京市政府出台《北京市促进慈善事业若干规定》,在慈善募捐和捐赠、促进措施、监督管理方面都作出相关规定。截至2019年底,北京市级慈善组织已发展至462家,认定具有公开募捐资格的有54家,北京慈善事业逐步步入规范化、法治化发展轨道。

(4)社会组织参与基层社会治理

党的十八大以来,北京社会组织在基层社会治理领域非常活跃,发挥了政府、企业不能替代的重要作用。尤其借助社区社会组织,积极投入基层社区建设,以及社会组织培育孵化方面尤为突出。

一是社区社会组织建设。社区是党和政府联系、服务居民群众的“最后一公里”。实践证明,社区社会组织是城市基层社会治理有效的组织平台。2016年8月,中共中央办公厅印发《关于改革社会组织管理制度促进社会组织健康有序发展的意见》,提出要大力发展社区社会组织。2017年,民政部印发《民政部关于大力培育发展社区社会组织的意见》,要求按照社区社会组织分类扶持、分类管理机制的思路,提出培育发展社区社会组织的总体要求。在上述制度框架下,截至2018年底,北京备案的城乡社区组织已达25332个,成为北京基层社会治理的重要力量,不断提升着北京城市精细化管理水平。

二是社会组织的培育与孵化。培育、孵化对于促进社会组织建设与发展至关重要。北京市民政部门一直注重社会组织培育孵化体系建设,2017年,北京市民政局出台《关于社会组织培育孵化体系建设的指导意见》,同年6月,北京市社会组织培育孵化平台联合体启动。截至2019年第一季度,北京市已建立市社会组织孵化中心1个、分中心2个、区级基地16个、街道(乡镇)级基地138个,累计孵化培育社会组织

1000 多家,①逐步形成了"上下贯通、覆盖广泛、资源整合、专业规范、多层次、多类型"的市、区、街三级社会组织培育孵化网络体系。

2. 北京社会组织在创新发展阶段的基本特征

(1)三类社会组织稳步增长

2012 年以来,随着社会组织各类管理制度的不断完善,北京社会组织在其内部治理、项目开展等方面的规范化程度也不断提升。2016 年,北京社会组织数量突破了 1 万家,继而进入了一个稳步发展的状态。在发展速度上,社会组织年平均增长速度为 6.8%,其中,基金会依然是数量最少但增长最快的组织类型,保持着 19.45% 的年平均增长率,其次为民办非企业单位,年平均增长率为 7.92%,社会团体年平均增长速度为 4.06%。与快速发展阶段相比,北京社会组织在创新发展期的发展速度平稳中有所下降,这也是北京社会组织由单纯的数量激增向内在质量提升转变的体现。见表 10.3。

表 10.3　2012 年以来北京社会组织数量及增长情况　　单位:个

年度指标	社会团体数量	社会团体增长率	民办非企业单位数量	民办非企业增长率	基金会数量	基金会增长率	社会组织总量	总量增长率
2012 年	3392	2.35%	4382	7.17%	219	17.74%	7993	5.32%
2013 年	3573	5.34%	4712	7.53%	275	25.57%	8560	7.09%
2014 年	3730	4.39%	5035	6.85%	318	15.64%	9083	6.11%
2015 年	3961	6.19%	5378	6.81%	382	20.13%	9721	7.02%
2016 年	4267	7.73%	5972	11.04%	515	34.82%	10754	10.63%
2017 年	4586	7.48%	6969	16.69%	609	18.25%	12164	13.11%
2018 年	4539	-1.02%	7262	4.20%	729	19.70%	12530	3.01%
2019 年	4556	0.37%	7522	3.58%	771	5.76%	12849	2.55%
2012—2019 年均增长率	—	4.06%	—	7.92%	—	19.45%	—	6.80%

数据来源:2012—2019 年北京市民政事业发展统计公报。

---

① 《北京市社会组织今年首批 15 家孵化机构入壳》,2019 年 4 月 22 日,搜狐网,https://www.sohu.com/a/309661486_120057041。

（2）社会组织逐步成为社会治理中的重要力量

2012 年以来，在政府购买服务、税收优惠、免税资格认定等各类支持型政策的推动下，北京社会组织以各类公益项目为参与形式，依托自身管理灵活、服务专业、资源多元等组织优势，在环保、养老、助残、教育、医疗卫生、社区治理、志愿服务、脱贫攻坚、京津冀协同发展等方面发挥着重要的作用，弥补了政府专业性不够、社会资源动员能力有限以及人员匮乏等不足，逐步成为党和政府领导下社会治理的重要合作伙伴。

（3）在创新社会组织制度规范中促进发展

在创新发展阶段，北京相关部门在实践中不断探索，在促进社会组织规范化发展与监督管理等方面，出台了一系列涉及社会组织登记、年检、评估、政府购买服务、社会组织人才发展、志愿服务、三社联动等创新政策与制度规范，在促进社会组织规范化发展的同时，激发了社会组织的内在活力，撬动了社会组织发展的各类资金、人才、专业等社会资源，为北京社会组织持续向纵深发展拓展了更广泛的空间。

（4）社会组织发展的组织生态基本形成

北京社会组织在最初的发展阶段里，处于下游从事一线服务的操作型社会组织（亦即服务型社会组织）发展较快。2012 年以来，在各类支持性政策的引导下，北京出现了越来越多的诸如北京市协作者社会工作发展中心、恩派公益组织发展中心、北京七悦社会公益服务中心等以专业技能、操作经验等为主要支持内容的专业支持型社会组织。同时，北京经济社会的快速发展推动了一批基金会的产生与发展。由此，居于上游以资金支持为主要特征的基金会、居于中游以专业技能与实操经验支持为主要特征的专业支持型社会组织以及居于下游以提供一线服务为主的服务型社会组织组成的资源共享、协作互动的公益链条以及公益联盟机制初步建立，北京社会组织的组织生态渐具雏形。①

---

① 徐宇珊：《社会组织结构创新：支持型机构的成长》，《社团管理研究》2010 年第 8 期。

二、新中国 70 年北京社会组织发展的主要成就

新中国成立以来,北京社会组织在社会建设的历史进程中取得了巨大成就与丰富的实践经验,在北京社会建设领域中记载了浓墨重彩的一笔。北京社会组织发展取得的成就与经验除了体现在数量增长方面,更多的是体现在社会组织发展的内涵质量方面,诸如社会组织党建工作、社会组织自身管理体制机制创新、社会组织参与经济社会生活各领域的公共服务供给、助力脱贫攻坚与精准扶贫等。

(一)社会组织数量与质量稳步提升

在新中国 70 年的发展历程中,北京社会组织由最初的几百家发展到数以万计,其在数量方面取得的发展成就非常卓著。

1. 数量增长

为了呈现不同发展阶段北京社会组织在数量方面的增长变化情况,本部分提取了部分重要发展时间节点所对应的社会组织数量,对其加以比较与分析。由于在萌芽发展与复苏发展两个阶段中,北京社会组织的数据不够完整,因而,在此仅选取能获得数据的年份所对应的数据进行呈现与分析。新中国成立之初,北京仅有一些社会团体开展活动,类型较为单一。1950 年北京社会团体的数量为 559 家。改革开放初期,北京社会组织的发展得到了一定程度的恢复,1985 年北京有 235 家社会团体。到复苏发展阶段末期,1999年北京社会团体有 1856 家。进入 21 世纪,北京社会组织相关登记工作也逐步规范,数据也逐步全面和精准。在快速发展阶段,三大类社会组织并存的发展格局已经基本形成,2011 年北京社会组织总量达到 7589 家。2019 年底,北京社会组织已过万,达到 12849 家。见表 10.4。

表 10.4　北京社会组织在各个发展时期主要年份的数量变化　单位:个

	1950 年	1985 年	1999 年	2011 年	2019 年
社会团体	559	235	1856	3314	4556

	1950 年	**1985 年**	**1999 年**	**2011 年**	**2019 年**
民办非企业	—	—	—	4089	7522
基金会	—	—	—	186	771
社会组织总量	559	235	1856	7589	12849

在发展趋势上,北京社会组织在萌芽发展阶段(由于缺失1978年数据,因此在此选取临近年份1985年数据),在数量上没有呈现出增长的趋势,反而呈下降趋势。在复苏发展阶段中,北京社会组织的发展已经呈现出了上升的趋势,到了快速发展和创新发展阶段,北京社会组织的上升趋势已经相当凸显,从北京社会组织发展在数量上反映出的增长趋势,也可隅见不同历史阶段北京社会建设以及社会组织管理的一般状况。见图10.5。

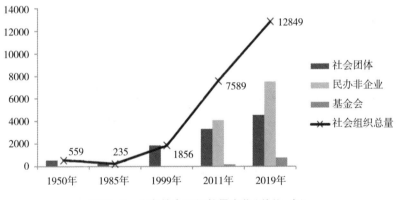

图 10.5　北京社会组织数量变化(单位:个)

2. 质量提升

新中国成立以来,北京社会组织不仅在数量上获得了很大的发展,其规范化与专业化程度不断提升,社会组织的内涵与质量也得到了前所未有的提高。在此方面,突出表现在社会组织等级评估的建设和发展上。

等级评估是由民政部门牵头创设旨在对社会组织的规范化管理进行专业评判与等级认定的制度安排。社会组织等级评估结果有5个等级,由高至低依次为 5A、4A、3A、2A、1A。自 2007 年民政部《关于推进民间组织评估工作的指导意见》和《全国性民间组织评估实施办法》下发后,在民政部本级陆续启动了基金会、民办非企业单位、全国性行业类、学术类、联合类社团等 8 类社会组织的评估工作。随后,全国所有省级民政部门都陆续开展了社会组织评估工作。早在 2010 年,北京市民政局就研究制定了《北京巾社会组织评估管理暂行办法》,对社会组织评估工作进行规范管理。2017 年至 2019 年,北京市先后对 908 家市级社会组织进行了规范化管理方面的等级评估并予以评定相应等级,其中 5A 社会组织有 139 家,4A 社会组织341 家,3A 社会组织 368 家。见表 10.5。

表 10.5 北京市级社会组织等级评估情况 单位:个

	5A	**4A**	**3A**	**2A**	**1A**	**总计**
2017 年度	53	105	106	14	3	281
2018 年度	48	115	138	16	5	322
2019 年度	38	121	124	15	7	305
总计	139	341	368	45	15	908

数据来源:根据北京市民政局官网信息整理。

借助科学的指标设计、专业的评估方法,最初以推进组织规范化治理为目的的评估工作,自 2007 年以来逐步演变为以提升社会组织能力与专业性的支持性评估,已逐步发展成为推动社会组织质量提升与专业发展的重要制度规范,同时,等级评估也成为民政部门为数不多的对社会组织进行引导与管理的有效手段。

(二)社会组织党建持续增强

党的十九大报告把社会组织党组织建设明确列入加强基层党组织建设的内容。2017 年 10 月,新修订的《中国共产党章程》在党的基层组织一章中,也专门增加了社会组织党组织的内容。为了落实党中央关于社会组织党建的重要精神,北京市民政局党委专门成立了市行业协会商会综合党委,统筹负责全市脱钩后协会商会、直接登记和市民政局主管社会组织的党建工作,进一步加强了社会组织党建的工作力量。截至 2019 年第三季度,共组建社会组织联合党委 52 家,批复成立党支部 31 个,综合党委所属党组织 659 个,基本实现了党的组织全覆盖。党的十八大以来,北京市在社会组织党建管理体制方面不断创新,主要表现在以下方面。一是按照学术团体、公益慈善组织、基金会等领域进行分类,组建隶属于综合党委的联合党委,明确其工作职责和工作任务。二是开展社会组织管理层与党组织班子成员"双向进入、交叉任职"试点工作,推动党组织书记参加或列席管理层会议,保证社会组织正确的政治方向。三是将社会组织党建工作统一纳入市、区、街三级社会组织培育扶持机构,将党建需求及资源列入市社会组织资源配置平台,推动资源对接和统筹使用。

(三)社会组织管理创新不断深化

新中国成立以来,北京社会组织在管理实践中形成了很多有效的方法与手段,社会组织管理创新程度不断深化,主要体现在社会组织发展基本制度的建构与创新制度的探索上。

1. 逐步健全社会组织发展基本管理制度

有效的管理制度是社会组织规范化发展的基础与保障。新中国成立以来,北京社会组织在管理实践中摸索了很多卓有成效的管理经验,并凝练和转化在出台的各项制度、政策和规范性文件中。在社会组织萌芽发展阶段,北京出台的相关制度较为有限。在复苏发展阶段,出台的制度和政策则较为集中在社会组织管理体制的构建方面。到了稳步发展阶段,北京社会组织管理已经初步构建了一套社会组织发展的基本制度体系,在社会组织参与社会建设方面开展了诸多实践探索,在社会组织参与社会建设的制度层面也尝试了一些创新与开拓。在创新发展阶段,北京社会组织管理制度主要以创新与拓展为特色,目的在于提升社会组织发展的质量,增强其参与社会建设与社会治理的深度与广度。

在具体制度内容方面,在贯彻落实国家出台的相关政策基础上,结合自身发展实际,北京市出台了很多带有地方特色的、切实可行的社会组织管理实施细则与办法,这些制度主要分布在相关政府部门对社会组织的"入口""管理口""出口"三大管理环节中。在社会组织"入口"上,2010 年以来,北京对四类社会组织直接登记做了一些探索,对社会组织登记的名称管理、社会组织法人管理愈发严格与规范。对社会组织在登记时章程规范以及党组织建设等方面均有相关管理规定,严把社会组织"入口关"。在社会组织"管理口"方面,社会组织获得合法身份后,在年检、评估、财务管理、社会组织负责人、内部治理、业务开展、信息公开、社会评价等方面都有相关规定,社会组织的各项业务开展都要有法可依,做到社会组织管理规范、专业。在社会组织"出口"方面,对注销与撤销社会组织在程序与手续、资产清算、联合查处、案件移送等方面均有具体规定,疏通了社会组织"出口",逐步完善了社会组织的退出机制。

2. 深入探索社会组织发展提质创新制度

除了社会组织发展基本制度建设外,北京市还通过政策创新鼓励与推动社会组织领域新生事物的发展。2011 年,中共北京市委《关于加强和创新社会管理全面推进社会建设的意见》中明确提出,要"积极扶持社会企业发展,大力发展社会服务业"。随后,中共北京市委社会工委、市社会办与相关研究机构在全市联合开展了专题调研、试点建设,推动成立了北京社会企业发展促进会,初步构建政府部门、社会组织、研究机构"三方共促"工作机制。2018 年 8 月,北京社会企业发展促进会出台《北京市社会企业认证办法(试行)》,从使命任务、社会参与、可持续发展能力、创新性、行业影响等 9 方面确立了社会企业的认证标准。截至 2019 年 5 月,北京首批共认定北京市城市再生资源服务中心、北京慈爱嘉养老服务有限公司等 46 家社会企业。[1] 他们分别活跃在北京科技、养老、环保、教育、文化等社会民生需求领域。2019 年 8 月,中共北京市委社会工委、市民政局和昌平区联合发布《关于回天地区社会组织创新发展示范区建设的试点方案》。

---

[1] 《北京认证首批 46 家社会企业:解决社会问题、创新公共服务》,北京日报客户端, https://baijiahao. baidu. com/s? id = 1633767960040607518&wfr = spider&for = pc。

在社区社会组织备案、政府购买社会组织服务机制、社会企业认证扶持等方面,进一步放开公共服务市场准入,不断探索社会组织参与超大型城市社区治理的有效途径,拓展社会组织参与社会治理的广度和深度。为了培育更多的社区社会组织,发挥其在打造共建共治共享社区治理格局中的独特作用,2019 年 9 月,中共北京市委社会工作委员会、北京市民政局、北京市发展和改革委员会、北京市财政局、北京市农业农村局联合印发《关于培育发展社区社会组织的实施意见》,在总体要求、加强党建引领、完善支持措施、促进作用发挥、服务保障等方面都做了安排与部署。上述各项社会组织发展方面的制度创新对于进一步深化社会组织参与北京社会建设都有着深远的现实意义,对推动北京社会建设与引导北京社会组织发展作用巨大。

(四)社会组织在社会治理中的作用更为凸显

新中国 70 年,社会组织参与北京的社会建设和社会治理,在教育、卫生、生态环境、科技研究等领域中提供各类个性化、专业化的公共服务,发挥着社会组织独特的作用,对于推动北京社会建设发展功不可没。尤其党的十八大以来,在党中央各项支持性政策框架下,北京社会组织的发展逐步由增量转为提质,社会组织自身的能力与专业性得到了显著提升。从 2012 年以来,北京社会组织在提供公共服务方面呈现出领域多元的突出特点,其中,在社会服务、教育、文化、科技研究领域的社会组织较多,表现也最为活跃。在体育、卫生、工商服务、农业及农村发展、生态环境等领域也分布了一定的社会组织,表现较为活跃。但是,在法律、宗教以及国际等涉外领域社会组织相对较少。见表 10.6。

表 10.6　2012—2018 年北京社会组织活动领域数量分布　　单位:个

年份 类别	2012	2013	2014	2015	2016	2017	2018
科技与研究类	648	589	659	761	859	732	829
生态环境类	76	75	86	85	86	104	97
教育类	2738	3195	3220	3181	3222	3336	3282
卫生类	425	477	517	535	572	577	604

续表

类别＼年份	2012	2013	2014	2015	2016	2017	2018
社会服务类	1169	1065	1306	1634	2134	2773	3737
文化类	480	599	627	671	735	838	889
体育类	476	515	564	596	634	677	712
法律类	83	79	81	84	87	110	68
工商业服务类	395	502	534	617	728	642	541
宗教类	45	42	43	44	44	44	43
农业及农村发展类	650	665	609	601	581	503	391
职业及从业组织类	178	169	169	168	159	99	88
其他	629	591	668	744	913	1729	1249

数据来源：2012—2018 年历年北京市民政事业发展统计公报整理。

按照党的十九大关于脱贫攻坚的新部署、新要求，探索与建立具有社会组织特点的帮扶体系和运行机制势在必行。2018 年 7 月，北京市民政局和市扶贫协作和支援合作工作领导小组办公室（简称"市扶贫援合办"）联合召开北京市社会组织参与脱贫攻坚和精准救助动员大会，广泛动员全市社会组织积极参与对口支援的河北、内蒙古、西藏、新疆等 7 省（区）89 个县级地区的脱贫攻坚和北京市困难群众精准救助。同时，北京市正式开启社会组织参与脱贫攻坚和精准救助推介对接活动。民政部社会组织管理局、市扶贫援合办、市委社会工委、市农委，北京市对口支援协作省（区）民政部门、扶贫部门、对口支援地区代表，以及北京市 16 个区民政局、区发改委（外联办）相关领导，260 家市级社会组织代表、市行业协会商会综合党委下属 34 个联合党委负责同志等共 500 多人参加会议。[1] 同年 8 月，为深入推进社会组织参与脱贫攻坚和精准救助工作，北京市民政局、北京市扶贫援合办联合出台了《关于广泛动员社会组织参与脱贫攻坚和精准救助的指导意

————————

[1] 《北京市组织举办社会组织参与脱贫攻坚和精准救助动员大会暨推介对接活动》，2018 年 7 月 19 日，http://mzj.beijing.gov.cn/art/2018/7/19/art_4490_464070.html。

见》,对社会组织参与脱贫攻坚和精准救助的区域对象、重要领域、扶持政策等内容进行了部署,初步建立了具有首都特色和社会组织特点的帮扶体系和运行机制。

北京社会组织参与脱贫攻坚的主要做法与经验主要体现在以下方面:一是以多种方式组织实施对口支援。社会组织参与脱贫攻坚帮扶内容主要聚焦在就业、教育、健康、生态环境治理等八大领域,努力凝聚社会力量,形成精准帮扶运行体制。二是开展资源动员。充分发挥枢纽型社会组织和联合党委的作用,分别在其管理体系内进行深度动员,聚集更多力量参与脱贫攻坚和精准救助。三是社会组织擅长个性需求分析与有针对性地给予专业帮助,探索建立具有社会组织特点的精准帮扶模式。四是在政府的主导下,建立社会组织脱贫攻坚活动与政府行政体系协调推进、协同发展的社会化运作机制。

(五)慈善事业发展稳步推进

1. 慈善事业发展的简要历程①

1981年7月,中国首个具有现代意义的公益慈善团体——中国儿童少年基金会成立,这也意味着中国公益慈善事业走上现代化之路,表明公益慈善事业步入一个崭新时代。国家级基金会为北京市慈善基金会的发展树立了榜样。1985年北京成立了北京围棋基金会、北京市教育基金会、北京市华侨事业基金会。这些基金会主要以教育发展和对外交流为主要目标。之后,北京又相继成立了如北京青少年科学基金会等涉及教育、妇女、儿童、文化等方面的多家基金会。

改革开放以来,北京经济、社会、文化等领域都取得了巨大的发展,人民群众的综合素质和慈善理念都得到了很大的提升。作为国际大都市,北京已经具备了大力发展慈善事业的条件。经过多年的积累,北京市的慈善事业发展走在了全国的前列。中共北京市委、北京市人民政府于2006年印发了《关于认真落实党的十六大、十六届三中、四中和五中全会精神,加快首

---

① 任超、董思嘉:《公益慈善事业40年》,2019年1月24日,http://www.bjzx.gov.cn/zxqk/bjgc/bjgc201901/twh201901/201901/t20190124_17462.html。

都慈善事业的发展的相关意见》,该意见明确提出了首都慈善事业发展的指导思想、基本原则和主要目标。2007年12月26日,全国首家省级慈善公益组织行业联合会——首都慈善公益组织联合会在京成立。这是全国第一个区域管理、协调、服务慈善公益组织的平台。它的诞生是中国慈善事业发展的一项创举,标志着首都慈善公益事业进入了一个新的发展阶段。2008年这一年被许多媒体称为"中国的慈善元年"。中国南方冰雪灾害、汶川地震等重大自然灾害相继发生,给人民群众的生命财产造成了重大损失。广大人民群众纷纷加入慈善公益的队伍中,特别是首都人民群众对慈善事业的热情空前提高,慈善事业的参与度显著增强。同年,北京成功举办了第29届夏季奥运会,志愿服务也成为首都公益事业发展的一个重要里程碑。

与此同时,北京公益慈善事业的管理也得到了持续不断地规范和加强。2008年,民政部颁布了《救灾捐赠管理办法》,推动增强救灾募捐的透明度。2011年,民政部颁布了《中国慈善事业发展指导纲要(2011—2015年)》,2014年1月1日,北京市民政局实施《北京市促进慈善事业若干规定》,对北京市社会团体、民办非企业单位、基金会等非营利性组织进行更加规范的管理。2015年11月,北京市民政局、北京市人民政府国有资产监督管理委员会、北京市工商业联合会贯彻党的十八大精神,发布了《关于鼓励支持我市国有企业、民营企业积极参与"慈善北京"建设的意见》,旨在推动北京的企业通过公益慈善事业更好地履行社会责任,为建设国际一流的和谐宜居之都贡献力量。2016年3月,《中华人民共和国慈善法》(简称《慈善法》)出台,同年9月1日正式实施。2016年5月4日,北京市民政局发布了《关于学习宣传贯彻〈中华人民共和国慈善法〉的通知》,认真学习贯彻执行《慈善法》的相关规定。为贯彻落实《中华人民共和国慈善法》,大力弘扬慈善文化,传播慈善理念,宣传慈善典型,2017年9月1日,在北京市、区两级民政部门指导支持下,由首都公益慈善联合会和北京公益服务发展促进会联合主办的第四届"慈善北京"慈善图片巡展暨"爱的瞬间"优秀慈善摄影作品展在北京民生现代美术馆正式启动,与此同时,"2017慈善北京宣传周"也拉开帷幕。2019年9月,北京市政府通过《北京市促进慈善事业若干规定》),明确规定北京市、区人民政府支持和促进本行政区域内慈善事业发展,将慈善事业纳入国民经济和社会发展规划并组织实施,将慈善事业发展经费列入政府年度财政预算,不断优化首都慈善事业发展环境,深入健全首都慈善活动的监督管理体系,这些慈善制度建设极大地激发和引导了首都人民承担社会责任、人心向善的价值理念与社会实践,"慈善北京"已经成为一道亮丽的城市名片。

2. 慈善事业发展的现状

在慈善事业发展方面,北京现有公益慈善事业的内容涉及助医、助老、助残、助学、助困、救灾、法律援助、绿化环保、志愿服务、关注艾滋病、关怀外来务工人员、关心服刑人员、帮扶农民工子弟、文化遗产的保护、关注西部贫困地区、慈善从业人员技能培训、帮扶罕见病患者、开展心理咨询帮扶、对突发事件的应急救助、帮扶贫困家庭妇女就业、普及科普知识等20多个领域,形式从单纯的募集善款到义诊、义赛、义演、义拍、义展、论坛、讲座、志愿服务、针对救助者个性化的帮扶、对西部地区的支教、慈善公益类的专业培训、企业个人冠名等10多种形式。

在慈善组织发展数量方面,2016年至2019年底,北京市级慈善组织数量稳步增长。截至2019年底,市级慈善组织有462家,其中,认定具有公开募捐资格的有54家,慈善信托备案有24家。见图10.6。

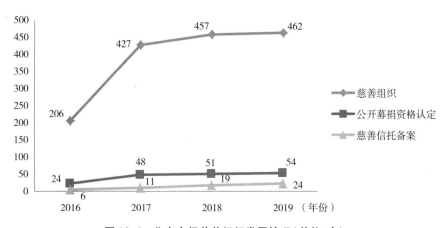

图 10.6 北京市级慈善组织发展情况(单位:个)

数据来源:根据北京市民政局官网公布慈善组织名单、北京市获得慈善组织公开募捐资格名单、北京市慈善信托备案公示等通知公告整理统计。

党的十八大以来,北京市多措并举,充分发挥慈善力量在完善社会救助体系中的重要作用,汇聚慈善力量,助推精准扶贫,积极引导慈善力量有序参与缓解民众自身无力解决而政府救助政策又未能覆盖的民生困难。

三、北京社会组织发展的拓展与深化

改革开放以来,社会组织发展迅速,已经成为促进北京经济社会发展的重要力量。2011年《北京市"十二五"时期人文北京发展建设规划》颁布实施以来,北京市紧紧围绕"四个中心"功能建设,着力提高"四个服务"水平,大力推动社会组织参与非首都功能疏解,推进京津冀社会组织协同发展。然而,与世界发达国家尤其是世界城市的目标相比,北京社会组织在资源整合、作用发挥等方面还需继续拓展与深化。党的十九大报告提出,"打造共建共治共享的社会治理格局""加强社会治理制度建设,完善党委领导、政府负责、社会协同、公众参与、法治保障的社会治理体制,提高社会治理社会化、法治化、智能化、专业化水平",为不断增强北京社会组织参与社会建设的广度与深度,持续发挥社会组织在北京社会建设中的重要作用指明了发展方向,需要努力构建新型政社关系,提升社会组织参与北京社会治理的创新空间与领域,深化社会组织管理体制机制改革创新,将成为北京社会组织参与社会建设的重要内容。

(一)构建新型政社关系,打造共建共治共享社会治理格局

第一,构建新型多元治理格局,发挥社会组织独特作用。进入新时代,我国社会主要矛盾已经由人民日益增长的物质文化需要同落后的社会生产之间的矛盾转化为人民日益增长的美好生活需要和不平衡不充分的发展之间的矛盾。人民群众不仅对物质文化生活提出了更高要求,而且在民主、法治、公平、正义、安全、环境等方面的要求日益增长。相比较于政府、企业,社会组织在组织与决策等层面具有广泛的灵活性、开放性、多元性和包容性的突出优势,能够有效回应人民群众不断增长的社会需要,这是社会组织构建新型社会合作治理框架的前提与基础。不同类型、不同文化、不同

性质的组织,都可以在社会组织这个平台上进行资源整合、意见交换、协同创新,通过链接不同社会治理主体,在多元主体之间形成了多样化的良好合作关系,不断拓展社会组织在社会治理中的作用空间与领域,从而积极推动社会治理变革发展。

第二,把社会组织纳入北京城市战略定位与建设体系,发挥社会组织的独特优势,不断提高"四个服务"水平。要持续优化社会组织结构,结合首都发展的新功能与发展新需求,有选择地推动社会组织发展;要充分利用各种社会资源,提高社会组织的跨区域合作视野与服务能力,加强对外合作,高效聚合全球创新要素资源,共同服务于京津冀协同发展;要重点发展科技类社会组织,通过发展服务科技创新的社会组织,推动技术创新与产业发展;此外,在基层社会治理方面,要不断拓展与创新社会组织服务能力,使社会组织成为公共服务资源下沉社区的重要平台。

(二)深化社会组织管理体制机制改革创新

改革开放以来,北京社会组织获得了快速发展,在全市经济、社会、文化等领域发挥着越来越重要的作用。然而,与世界发达国家尤其是世界城市的目标相比,北京社会组织建设还存在差距,需要进一步推进社会组织管理体制机制的改革与创新。

第一,完善社会组织法律法规系统,进一步提升社会组织的规范有序发展。随着社会建设和社会治理的不断推进,以及社会组织发展目标、环境和条件的变化,原有的相关规章条例已经无法满足对数量和种类日益增多的社会组织实施有效管理的要求。为了保障社会组织的规范有序发展,需要突破原有的双重管理体制,建立符合"政社分开"要求的系统化的政策法规体系。如税收优惠政策、薪酬政策、职称评定政策、资金支持政策,等等。由此形成完善的政策法规体系,确保社会组织的发展规范和有序。

第二,创新与构建社会组织综合监管体系,促进社会组织平稳有序发展。2016 年,北京市民政局分布《"十三五"时期民政事业发展规划(2016—2020 年)》,提出要深化社会组织管理体制改革,构建社会组织的综合监管体系。一是加强登记机关、行业主管部门、相关职能部门和"枢纽型"社会组织的分工协作，建立政府监管为主导、社会监督为主体、行业自治为支撑、法律监督为底线的综合监管体系；二是建设社会组织信用信息系统，推进社会组织信息公开，探索建立黑名单制度，强化发起人责任，构建社会组织信用体系；三是建立党委统一领导、相关部门协同配合的社会组织党建工作体制，按照"应建必建"的原则，推进在社会组织领导机关中设立基层党组织。这些政策举措明确了社会组织综合监管体系建设的目标、路径和方向，需要着力建构系统化、多手段的监管体系，促进社会组织自身的管理制度建设和运作能力提升。

第三，深化社会组织参与社区治理体系建设。推动社会治理重心向基层下移，把人力、财力、物力更多投到基层，以网格化管理、社会化服务为方向，大力推动社区社会组织发展，以社区社会组织为枢纽，清理社区服务盲区，提升社会组织参与基层社会治理能力与水平。健全基层综合服务管理平台，强化城乡社区自治和服务功能，健全新型社区管理和服务体制。特别是在城乡社区要发挥社会组织作用，实现政府治理和社会调节、居民自治良性互动。①

第四，持续深化社会组织管理体制机制改革创新。社会组织管理需要在实践中不断创新、稳步发展。实践是创新得以生长的土壤，创新离不开实践，社会组织的发展与创新离不开特定的经济社会发展环境。社会组织管理体制机制的创新，需要紧密结合现实发展环境，因地制宜，探索与发展阶段性特征相适应的社会组织管理体制、运行机制和保障体系，完善社会组织管理体制、作用机制和服务方式，扩大社会公众参与，增强社会自治功能，不断激发与探索社会力量参与社会治理的深度与广度。

---

①　向春玲：《十九大关于加强和创新社会治理的新理念和新举措》，人民网，http://theory.people.com.cn/n1/2017/1211/c40764-29697335.html。

第十一章　社区治理:夯基固本　重心下移

社区是社会服务和社会治理的重要单元,是社会建设和社会治理中关键性、基础性的构建要素。新中国成立后,北京市全面恢复生产,重建经济秩序,确保社会管理的有序进行,巩固新生政权。在新中国70年发展历程中,北京市的基层社会治理体系不断完善,基层社会从管理到治理持续稳步发展,聚焦城市战略定位,形成了独有的模式,彰显了清晰的发展脉络和首都特色。基层社会治理的创新突破,使北京市走出了一条符合超大城市特点和规律的基层社会治理新路,在服务和改善民生,维护社会和谐稳定,建设宜居北京、平安北京和幸福北京中发挥着举足轻重、不可替代的重要作用。

一、新中国70年北京市社区治理的发展历程

(一)巩固政权,稳定秩序:新中国成立之后的街居制

1949年1月北平和平解放后,为了迅速建立社会主义性质的人民政权体制,稳定社会秩序,北平市人民政府先是依照原来的行政区划对区级建制进行重组,全市划分为32个区,6月接管工作结束后又调整为20个。区之下则废保甲建政府,规定过渡时期的政权组织系统为市政府—区政府—街政府三级管理体系。市政府于同年3月30日颁布《废除保甲制度建立街乡

政府的初步草案》,规定 2000 户以上居民建立街政府。① 街政府设正副街长,由区政府委派。街政府之下设闾,置闾长 1 人,由群众推选产生,街政府委任。闾之下设居民小组,组长由居民推选产生。

1949 年 6 月 30 日,北平市撤销区政府,改设区公所,作为市政府的派出机构,负责优抚、救济等民政工作、工商管理和一般民事纠纷;取消街政府,其原有工作如税收、组织生产、社会教育等均分别交由市政府有关部门直接办理;加强公安派出所功能,与居民事务有关的民政工作亦放到公安派出所内,全市共设 212 个公安派出所。② 1950 年 11 月,政务院发布《大城市区人民政府组织通则》,要求在大城市设立区人民代表大会和区人民政府。北京市遂于 1951 年 8 月恢复区政府。

区政府恢复后,先是向派出所派驻民政干事,后又指导建立了许多群众性居民组织。1952 年,海淀区政府组织当地一些无业家庭妇女建立了市内第一个居委会——东观音寺居委会,主要做一些力所能及的社会工作,从而拉开了北京市试建居民委员会的序幕。③

1954 年,北京市人民政府决定在城内各区建立街道办事处和居民委员会。这样,全市的街道派出所统一改组为街道办事处,居民委员会也普遍建立起来。至 1955 年底,全市城郊 13 个区共建立了 142 个街道办事处。④主要任务是指导居民委员会工作、反映居民意见和要求、办理市区人民委员会交办的事项等。居民委员会的任务主要有三项:一是办理有关居民公共福利事项;二是向人民政府反映居民的意见和要求;三是动员居民响应政府号召,协助政府推行政策法令。

1958 年,北京市掀起大跃进高潮。街道办事处纷纷合并,组建城市人

① 北京市档案馆编:《北平和平解放前后》,北京出版社 1988 年版,第 207—210 页。
② 李绍纯:《北京地区解放前后的行政区划沿革与探讨》,《中国方域》2002 年第 2 期。
③ 《居委会的历史》,《北京青年报》1999 年 1 月 22 日。
④ 邓力群主编:《当代中国的北京》(下),中国社会科学出版社 1989 年版,第 529 页。

民公社,但街道办事处的名称依然保留,实行"一套人马、两块牌子",成为政社合一的政权组织。到 1960 年,全市共成立了 48 个人民公社。[①] 1966 年"文化大革命"开始后,城市人民公社又被改组为"街道革命委员会",居民委员会也被改组为"革命居民委员会"或"文化革命小组",变成了阶级斗争和群众专政的工具,工作性质发生了重大变化。这种状况一直持续到 1978 年党的十一届三中全会召开。另外,在"文革"末期,按居民居住的自然院落组建的"向阳院"也曾经流行过一段时间,但并没有普及开来。[②] 向阳院一般有 100 多户居民组成,是相对集中的一个居民点。在建筑特征上表现为一幢大宿舍或一个院子。又称"团结大院""革命大院"。这是一种社会管理、政治教育、治安调解、文化生活多种职能集于一身的群众性组织形式。它除了负责办理居民的有关公共福利,组织动员居民响应政府号召、遵守法律、领导群众性治安保卫、公共卫生工作,调解邻里纠纷外,较多的管理事务是中小学生和无业的社会青年。向阳院通过组织天天读、政治学习、跑步锻炼、做环境卫生、文艺演出等活动,把这些人群联系、固定到一定的社会组织中。组织者通常由户籍民警、地段代表、相邻的中小学校派出教师的"三结合"班子充任。寒暑假中向阳院组织的活动较多。北京市东城区北新桥街道、西城区新街口街道居民委员会组织的向阳院是其中的典型代表。

新中国成立后至改革开放前的北京市基层管理体制事实上是由两部分组成:一是包括党政机关、工厂、团体、学校等组织在内的党政单位、企业单位和事业单位,它吸纳了城市居民的绝大多数,是城市基层管理体制的主体。二是街道办事处和居委会。他们的管理对象是极少数没有单位的城市居民。街居组织是城市基层管理体制的辅助。

(二)理顺关系,职能转变:改革开放以来的街道——社区制

党的十一届三中全会以后,加强城市基层管理工作再次被提上议事日

---

① 李绍纯:《北京地区解放后的行政区划沿革与探讨》,《中国方域》2002 年第 3 期。

② "向阳院"首创于 1974 年的北京市北新桥街道,其管理机构是"向阳院管理委员会"。1975 年 1 月 27 日的《人民日报》有详细介绍。

程。1980年,全国人大重新公布了1954年颁布的《城市街道办事处组织条例》和《城市居民委员会组织条例》,并在1982年的新《宪法》中确认了居民委员会的"基层群众性自治组织"性质。

北京市逐步恢复了街道办事处建置,并按照民政部的统一部署和城市管理的实情,实行简政放权,努力健全并完善街道办事处的职能。1991年12月颁布施行了《北京市实施〈中华人民共和国城市居民委员会组织法〉办法》,明确了居民委员会的性质、任务;1999年1月北京市人民政府颁布施行《北京市街道办事处工作规定》,就街道办事处的性质、构成、职能、经费保障等作出了明确规定。《北京市街道办事处工作规定》是北京市颁布的第一份用于规范街道办事处这一区政府派出机构的规范性文件,为北京市基层管理体制的转型提供了制度变迁的法律依据。同时,市委、市政府自1998年以来连续四次召开城市管理工作会议,推进城市基层管理体制的转型。其总体思路是通过转变职能、理顺条块关系、进一步下放权力等,努力把街道办事处建设成责权统一、行为规范,能够有效履行辖区综合管理职能的行政主体;逐步建立街道和居委会的财政保障机制,削弱街居办经济的财政冲动;充分发挥居委会的群众性自治组织作用,引导居民自我管理、自我服务和自我教育,以社区为平台,搞好社区服务、社区保障、社区治安和其他社会公共事务。

北京市将社区定位在街道以下,但又大于传统的居民委员会辖区。"社区辖区内的居民户数一般在1000—3000户左右。"①截至2002年底,按照有利于实施管理、有利于资源配置、有利于提高工作效率的原则,北京对全市4600个居委会进行了规模调整,整合为2400多个具有不同功能特征的社区居民委员会。随着社区党组织、社区居民委员会、社区代表会议的建立和各项规章制度的逐步建立健全,新的社区管理体制初步形成。社区建设的广泛开展,健全了社区管理机构,整合了社会资源,优化了人员结构,完善了服务功能,拓宽了参与渠道,使北京市的基层管理体制模式逐步从"街

---

① 北京市社区建设工作领导小组办公室编:《北京市第三次城市管理工作会议文件汇编》,2001年9月。

居—单位制"向"街道—社区制"转变。

(三)强化社区服务与和谐社区建设

《北京市"十五"时期社区建设规划》提出,加强社区组织建设,拓展社区服务领域、发展社区卫生、繁荣社区文化、美化社区环境以及加强社区治安,自此,北京市开启了全面推进社区建设的新时期。

推行精细化的社区网格化管理。城市社区的网格化管理,始于2004年北京市东城区的探索。它主要依托社区所有的居民信息以及与之相关的社会事务信息的动态数据库,及时了解居民的意愿、诉求、问题及其他临时性状况,通过网格员对这些动态信息及时进行登记、排查、调处整治并反馈于民。随后,北京市各区(县)结合自身的地域特征,积极探索创新,丰富了北京市网格化社会管理的实践。通过细分网格、明确权责,实现精细化社会管理。北京市制定社区发展规划,推动和谐社区建设。2006年,在《北京市"十一五"时期城市社区发展规划》中,明确提出了"和谐社区"建设的概念,颁布了《北京市和谐社区建设指导标准(试行)》,明确了和谐社区的含义、指导思想以及阶段性目标,为首都和谐社区建设指明了方向。和谐社区是指在全面建设小康社会、努力构建社会主义和谐社会的新阶段,通过社区与政府、企业、社会、社区与环境、社区与居民的良性互动、协调发展,实现社区居民自治、管理有序、服务完善、治安良好、环境优美、文明祥和。

做实做好民生服务,基本实现全市城市社区基本公共服务全覆盖。面对城乡居民对社区服务的需求呈现快速增长、多元化、多样化的发展态势,北京市紧密围绕建设国际一流的和谐宜居之都这一目标,坚持需求导向、问题导向,率先制定《北京市社区基本公共服务指导目录》,梳理出10大类60项社区基本公共服务项目,通过左右联动、上下互动,按照"缺什么、补什么"原则,不断提升居民群众的获得感和幸福指数。2011年4月,北京市民政局、首都文明办、首都综治办等14个部门制定下发了《关于开展评选北京市建设和谐社区示范单位的工作意见》,提出以环境整洁、管理规范、服务完善、安全稳定、健康幸福、文明祥和为目标,开展和谐社区示范单位评选创建工作。在首都社区建设的新阶段,要重点围绕干净、规范、服务、安全、健康、文化"六型"社区建设,深入推进和谐社区建设。

随着和谐社区建设的提出和"六型"社区的推进,北京市基层治理实现了由政府主导向社区主导的转化,政府把工作的重点转移到公共服务领域,指导、规范、监督和组织社区发展公共服务事业,满足社区居民多层次的社会需求。积极引导社区居委会在新形势下总结群众工作的特点和规律,摸清社区居民的利益需求,把发展社区居民的共同利益作为推进社区建设的出发点和落脚点,从而逐步形成共建和谐社区、共享美好生活的良好局面。

(四)多元参与的服务型社区治理

随着城市管理体制改革的推进,社会力量的日益壮大,2013 年 11 月 9 日,党的十八届三中全会提出"国家治理体系和治理能力现代化"的理念和战略,标志着"治理"取代"管理"成为新的执政方略。其中社会治理是国家治理的重要组成部分,而城乡社区是中国社会治理的基层领域,所以社区建设的导向也开始从"管理"转向"治理",强调激活和引导社区的各类要素和社会力量参与,共同推进社区治理的现代化。

2013 年以来,北京市经过一系列的深化改革,社区治理的体制机制基本建立,新时代社区治理的关键是全面提升城乡社区治理的法治化、系统化以及组织化程度,形成多元、互动、参与的社区治理格局,从而推进北京城乡社区治理体系和治理能力的现代化。北京市的诸多探索在全国范围内成为先行先试的标杆。

2016 年,北京市出台"网格化+"的行动计划,围绕基本公共服务、便民服务、公益服务、智慧服务、社会组织服务、社会领域党建服务、"大城市病"治理、城市服务管理、治安维稳、京津冀协同发展等 10 个方面提出了 32 项具体的行动计划。各街道和社区不断创新网格化管理,继续提出"微网格"的工作思路,不少社区开通"微网格"微信公众号,实现随手拍、在线服务、信息发布等功能。这些行动计划的实施极大提升了社会服务与城市管理精细化水平。

2017 年,由北京市民政局牵头,市委组织部、市委社会工委联合起草的《社区管理与服务规范》正式发布,这标志着北京社区服务和社区管理已经进入到健康规范和法制轨道,对于居民所关心的社区安全、社区环境、社区服务,以及相应对社区组织应该提供的社区治安、环境卫生、社会保障、社会救助等项目配置和要求都进行规范和界定。既对政府提供的基本公共服务范畴、内容进行规范和界定,又明确了社区居民如何参与社区安全、社区环境和社区服务的规范。到2019年,北京全市7014个村(居)委会均已取得基层群众性自治组织法人资格。有了这个资格,基层群众性自治组织的法律主体地位就凸显出来了,可以自主参加社会经济活动。这有着非常重要的里程碑意义。

北京市大力培育和发展基层社区服务组织。截至2019年底,全市共有16个区级行政区划单位;街乡镇行政区划单位333个,其中:街道152个、镇143个、乡38个(含5个民族乡);村(居)委会单位7122个,其中:行政村3891个,社区居委会3231个,比上一年减少2个。全市共有社区服务机构12128个,比上年增加了263个,其中:社区服务指导中心17个,社区服务中心204个,社区服务站6445个,其他社区服务机构4564个,社区养老机构和设施898个。城乡便民、利民服务网点7994个,社区服务机构建筑面积共计205.7万平方米。全市共有社区居委会3231个,比上年增加22个;村委会3891个,比上年减少24个。全市各类社会组织12849个,其中:社会团体组织4556个,基金会组织771个,民办非企业单位7522个。① 2013—2019年北京市居委会、村委会和社区服务机构的发展变化情况见表11.1。

表 11.1　2013—2019 年北京市居委会、村委会以及社区服务机构的发展变化

单位:个

指标＼年份	2013	2014	2015	2016	2017	2018	2019
居委会	2859	2932	2975	3054	3140	3209	3231
村委会	3938	3937	3936	3941	3920	3915	3891
社区服务机构	10467	11134	11528	11913	11749	11895	12128
其中:社区服务中心	210	193	199	198	203	203	204

① 《二〇一九年北京市社会建设和民政事业发展统计公报》,北京市民政局网站,http://mzj.beijing.gov.cn/art/2020/8/18/art_659_528364.html。

开展"三社联动",推动社区治理创新。2013 年北京市民政局发布的《北京市社区服务工作要点》,部署开展"三社联动"试点工作,建立社区、社会组织、社会工作者"三社联动"的合作机制、市场机制和支撑机制。2015年,北京市民政局在《关于推进社区社工社会组织"三社联动"的指导意见》中提出,构建以社区为平台,以社会组织为载体,以社工人才为支撑的社会管理服务新格局。从此,北京进入通过加快"三社联动"推动基层社会治理创新发展的新阶段。

减负增能,完善社区治理体系。2016 年北京市民政局、中共北京市委组织部发布《关于进一步开展社区减负工作的意见》,规定社区的工作内容,强调减轻社区的行政负担,增强社区的自治功能,为提供各类社区服务、开展各类社区自治活动扩展空间。同年,《北京市"十三五"时期社会治理规划》发布,完善社区治理体系,健全社区服务体系,深化社区居民自治,推动城乡社区协调发展,将社会服务、社会管理、社会动员和党的建设等内容以具体的量化指标加以概括。治理指标的量化,使得在多样化的社区建设过程中,各方权责更加清晰、资源能够优化配置,从而推进系统化的社区治理进程。社区分类,多种治理模式并举。北京的社区数量多、类型多,大致可以分为城市核心区模式、经济核心区域模式、城乡结合部模式、老旧小区模式、保障房小区模式、商品房模式、郊区城镇社区发展模式和社区信息化建设模式等,每种类型的社区治理模式不尽相同。

党的十八届三中全会提出要完善和发展中国特色社会主义制度、推进国家治理体系和治理能力现代化。党的十九大报告提出,"中国特色社会主义进入新时代,我国社会主要矛盾已经转化为人民日益增长的美好生活需要和不平衡不充分的发展之间的矛盾"。社区作为人们生活的共同体是建设美好生活的重要场域。社区治理水平直接影响着居民日常生活的质量,影响着居民的幸福感和获得感。在迈向新时代的社会治理和社区治理过程中,作为超大城市的北京市,其基层社会治理从理念到服务水平、治理能力都面临巨大挑战,为了更进一步提升社区治理,回顾基层治理发展历程,总结已有的社区治理的成就,分析和总结经验是十分有意义的。

二、新中国 70 年北京市社区治理取得的成就

（一）社区治理体系不断完善

社区治理是社会治理的理论和实践在社区层面的践行和落实，是对社会治理体系的丰富和改善。北京市的社区治理在新中国 70 年间取得了巨大成就。社区治理体系随着时代的发展变化和国家治理理念的调整一直持续更新与完善。2014 年 2 月，习近平总书记在北京市考察工作时强调，"建设和管理好首都，是国家治理体系和治理能力现代化的重要内容。"[①]习近平总书记的重要讲话对新时代北京首都功能定位指明了道路和方向。北京市基本形成以社会服务、社会管理、社会动员、社会环境、社会关系和社会领域党建"六大体系"为框架的具有时代特征、中国特色、首都特点的社会建设与治理体系。[②]

在社区层面，社区治理的多元主体体系逐渐形成。与社区建设和社区管理不同，社区治理非常强调治理主体的多样性和多元化。北京市积极推进行政社分开、管办分离，把各级各类社会组织纳入党和政府主导的社会组织工作体系。各区县成立社会组织孵化器，对社会组织提供业务指导并购买社会组织服务。这些社会组织通过提供服务项目的方式参与社会治理，将有利于社区发展和满足居民需求的项目在社区实施，成为传导社会政策、输送社会服务的路径和平台。

"枢纽型"社会组织工作体系更加完善，形成三级体系框架。北京市对社会组织培育和扶持力度进一步加大，2016 年，中共北京市委社会工委投入市级社会建设专项资金，面向北京地区各级各类社会组织购买 500 个服务项目，内容涵盖社会公共服务、社会公益服务、社区便民服务、社会治理服

---

① 《立足优势 深化改革 勇于开拓 在建设首善之区上不断取得新成绩》，《人民日报》2014 年 2 月 27 日。
② 宋贵伦、冯虹主编：《2015 年北京社会建设分析报告》，社会科学文献出版社 2015 年版，第 145 页。

务、社会建设决策咨询服务五大类。自 2010 年起,北京市连续 6 年共购买 2732 年社会组织服务项目,投入总 4.2 亿元,撬动配套资金 6 亿多元。[1] 社区居民自治的制度和体系越加完善。规范了社区民主选举的程序,修订了社区代表会议规程和相关制度,完善社区民主管理制度,在全市普遍建立社区居委会居务公开、考评考绩人员管理等制度。社区居委会的财务、档案、会议、民主评议等制度逐步完善。

北京市进一步规范了社区党委、社区居委会、社区服务站的定位、职责和功能。社区党委是社区各项事业的核心力量和领导者;社区居委会是社区居民自治组织,主要进行自我服务、自我管理和自我教育;社区服务站是街道下沉在社区的服务窗口,主要为居民办理社会救助、社会保障、就业等事项。"党—居—站"形成新的社区治理的主体架构,既突出和强化了社区党委的核心重要性,又减轻了居委会的服务职能,突出自治特性。社区服务站承担了主要的社区服务功能,提升了服务的质量和效率。除此之外,社区、社工、社会组织的"三社联动"等行之有效的机制吸引了更多的社会力量参与社区治理,达成了一种党委领导、社会协同、多方参与的社会治理新局面。

(二)社区治理模式不断创新

北京市的社区数量大、类型多,发展程度差别显著,情况比较复杂,相应的社区治理的难度和重点也不一样。北京市各个街道社区紧密结合自身的特点探索创新社区治理模式,西城区结合区域特点和社会建设的新形势、新任务,推行了"全响应"网格化社会服务管理模式,初步构建了以需求为导向,以服务为核心,以街道统筹为重点,以公众参与为基础,以信息化手段为支撑,多元主体积极响应社会需求的全响应网格化工作体系;朝阳区通过多年的实践,逐步健全和完善了以政府为主导、社会为主体,以社会信用体系为支撑的数量化、智能化、科学化的全模式社会服务管理系统,在基层治理方面发挥着不可替代的作用。较之于统治与管理,社会治理更适合现代社

---

[1] 宋贵伦:《北京社会建设的形势与任务》,《2017 年北京社会建设分析报告》,社会科学文献出版社 2017 年版,第 13 页。

会的需要,更能发挥三大主体各自的优势。其中,公众参与对于社会治理能力和治理水平的提升尤为重要。通过协调和科学规划,北京市逐渐形成社会服务网、城市管理网、社会治安网的"三网"融合、一体运行的格局。

北京市不断拓展平安建设工作内涵,积极探索运用志愿服务理念,推进公众参与社会治理的新机制、新模式,北京平安建设展现出巨大生机和活力,为维护社会和谐稳定作出了重要贡献。网格化管理创新了"信息采集、源头发现、任务分派、问题处置、核查反馈"五个步骤的闭环工作机制,积极探索"网络+支部"组织模式,建立了社区院长议事制度,有力推进了社会管理模式,创新了居民自治模式。街道层面社会治理改革的重点是促进社会居民参与,实现社区长治久安,形成了"三自一专"的社会治理模式,即居民自治、单位自控、行业自律和专业执法,促进了政府、社区、居民等多个主体共同参与到社会治理改革创新中,实现了社区的自我管理、自我服务和自我监督,取得了较好的实践效果。

(三)街道管理体制加快推进

街道是城市管理和社会治理的基础,是巩固基层政权、落实党和国家路线方针政策的重要平台和依托,是联系和服务群众的纽带。街道工作的开展以及街道管理体制是北京城市社会治理体系的重要内容。2019 年,北京市共有街道办事处 152 个,①一个街道办事处管辖的人口大多都超过 10 万人,处在社区和区的人口规模之间,从人口规模上说是一个比较适切的服务单元,公共资源丰富,既可以发挥公共服务的集约效应,又能够满足群众获取公共服务便利性的需求。北京市历来调度重视街道工作,先后在 20 世纪 90 年代召开过两次街道工作会议。为了适应超大城市的社会治理新要求,2019 年中共北京市委、市政府召开街道工作会议,出台《关于加强新时代街道工作的意见》,成为加强街道工作的方向性、系统性、总体性的纲领性文件,提出街道工作的总体目标是建设文明街道、活力街道、宜居街道、平安街道。

---

① 北京市统计局、国家统计局北京调查总队编:《北京统计年鉴 2020》,中国统计出版社 2020 年版,第 5 页。

依托该文件，北京市改进街居体制和社区治理体系有了新的措施，提出创新社区治理的新思路，主要包括优化治理体系、持续抓社区减负、自治协商、队伍建设等四个方面，尤其强调要做实社区六个委员会，将社区各方力量纳入治理体系中，延伸自治组织和工作覆盖面。街道—社区的权力和结构体系是社区治理的基础，完善街—居体制是北京市基层社区治理良性运行与协调发展的保障。

（四）社会服务水平明显提升

注重服务管理创新是北京市从 20 世纪 90 年代开始深入推进社区建设以来的一条主线，社区服务一直都是社区建设的出发点和落脚点。北京市在社区建设的系列政策文件中多次强调社区服务的重要性。社区服务体系不断完善，社区服务的类型、内容、形式都发生了巨大的变化，社区服务的水平明显提升。北京市的社会治理工作按照精细化的思路稳步推进，社会组织管理体制改革全面推进，进一步强化对社会组织的培育发展，推进基层参与民主式协商，全面推动社会主体承担公共服务，解决公共问题，政府购买社会组织服务规模不断扩大，这些都为社区社会服务发展奠定了基础。

2015 年以来，北京市政府购买社会服务项目支出规模达到 600 多亿元。政府购买服务促进了政府职能转移和社会治理方式的转变。北京市财政局在推进政府购买服务改革过程中，将列入目录的购买事项扩大到基本公共服务、社会管理性服务、行业管理与协调服务、技术性服务、政府履职所需辅助性服务和其他服务事项，共计六大类 60 项。[1] 2009 年《北京市加强社会建设纲要》强调指出，要进一步"构建社会公共服务体系。进一步发挥党委领导、政府主导、市场调节、社会协同作用，有效整合公共服务资源，形成完善的公共服务体系"。2011 年发布的《北京市社区基本公共服务指导目录（试行）》，共梳理出 10 大类 60 项社区基本公共服务项目，在全市大力推进，特别是"一刻钟社区服务圈"的社会服务体系的创建，基本能实现"小

---

[1]　《北京市政府购买服务四年累计 600 亿》，中国政府网，http://www.gov.cn/xinwen/2018-03/27/content_5277688.htm。

事不出社区",服务的供给水平和质量进一步提升。2018年,北京市计划新建100个"一刻钟社区服务圈",实际建成128个,累计建成1580个,覆盖92%城市社区。① 随着政府投入持续加大,经过多年的社会建设,北京市的社会服务体系逐渐完善,形成社区基本公共服务的全覆盖。

北京市在社区层面推动社区心理健康服务,推进社会心理健康服务体系建设。北京市的"十二五""十三五"经济社会发展规划以及社会治理的相关规划中,都把培育良好社会心态作为重要工作内容。2015年,中共北京市委、北京市人民政府《关于深化北京市社会治理体制改革的意见》明确指出,要"建立健全社会心理服务机制,将社会心理研究、心理健康促进、心理危机干预等作为常态化工作"。2018年北京市社会建设工作领导小组出台了《关于加强北京市社会心理服务体系建设的意见》,部署建设100个社区心理服务示范站,积极将社区心理服务纳入社区公共服务。重点围绕体制机制创新、社会心态培育、心理健康促进、心理危机干预、心理工作队伍建设等内容。心理健康服务需要健全体制机制、加强宣传教育、规范服务管理、壮大人才队伍、完善政策法规、提供支撑保障。整合各方心理服务资源和力量,落实心理知识宣传与普及、心理咨询与辅导、心理疏导与干预、社会心态预警与评估、不同群体心理服务等五项基本服务。在社区层面,要根据社区居民心理服务需求,面向社区各类群体,重点是为特殊群体,围绕心理教育、心理健康促进、心理预防、心理疏导、心理咨询等层面,开展团体与个体相结合、咨询与转介相配套、组织开展心理大讲堂等多种形式的心理服务。

(五)社区基础设施建设更加完备

夯实基础,加强保障,提升社区服务质量是北京社区建设的主要内容。社区的基础设施建设是开展社区治理和社区服务的物质保障。从20世纪80年代开始,北京市逐渐完善社区的服务设施并重点建立和完善服务老年人和残障人士的服务设施,1986年北京市出台《关于发展社会福利三年规

---

① 《北京民政亮出民政实事项目满满成绩单》,中华人民共和国民政部网站,http://www.mca.gov.cn/article/xw/mtbd/201901/20190100014389.shtml。

划》,规定以街道为重点,建立起一厂(福利工厂)、一院(敬老院)、一所(残疾儿童寄托所)、四站(老年人活动站、精神病人工疗站、拥军优属服务站、综合服务站)。1991 年 4 月,为促进社区服务事业的发展,加强社区服务设施的管理,根据北京市实际情况,以"政府令"的形式,北京市人民政府颁布了《北京市社区服务设施管理若干规定》,明确指出,社区服务设施的建设与管理,坚持社区服务社会办的原则,实行国家、集体、个人相结合的方针,多渠道筹集资金,积极开展无偿或有偿服务,充分发挥社会效益。这是全国第一个出台的有关社区服务的地区性政策法规,极大地促进了社区服务设施的配套建设和管理。① 社区服务是社区建设的核心,社区服务体系的发展和完善提升了社区建设的整体水平,社区服务的内容也从福利服务扩展到便民利民服务、商业服务、医疗卫生服务等领域。设施配套、功能完善、管理规范、服务优质、适应经济和社会发展需求的北京社区服务体系逐渐形成。

北京市注重社区为老服务设施建设。北京市人口老龄化程度高,社区居家养老的压力大。老年之家、老年食堂、老年大学等为老适老设施更是广为建设,极大满足了老年人的需求,改善了老年人的生活质量,推动在社区实现老有所养、老有所乐、老有所学。到 2018 年底,北京市已经初步实现社区基本公共服务的全覆盖,累计建成"社区之家"示范点近 400 个。建成并运行社区养老服务驿站 182 家,就近为居家老人提供日间照料、呼叫服务、助餐服务、健康指导、文化娱乐、心理慰藉等服务。② 同时,农村地区建设幸福晚年驿站,提供助老养老服务。

北京市积极推进解决社区居委会办公条件差的问题,经过长期的建设和发展,社区居委会的办公用房状况不断改善。在此方面,北京市人民政府专门出台了《北京市社区居民委员会办公用房管理若干规定》,要求各区、县、街道采用调剂、置换、购买、改建等办法增加社区公共设施,极大改善了

① 高俊良:《北京市社区建设的发展过程及思考》,中华人民共和国民政部网站,http://zyzx.mca.gov.cn/article/jpdd/200712/20071200009039.shtml。
② 李升、王敏:《迈向新时代的北京社区建设》,《2019 年北京社会建设分析报告》,社会科学文献出版社 2019 年版,第 7 页。

社区居委会的办公用房,为广大社区工作者提供了良好的工作环境。同时,相配套的社区服务站、社区党委、社区养老驿站、社区图书馆、社区活动室、社区居民活动中心等设施的数量稳步上升,空间日渐宽敞。街道的社区服务中心以及社区服务站基本上在全市街道和社区中逐渐落实和覆盖。经过多年的基础设施和服务设施的建设,北京市社区服务的设施、体系更加完备,为居民生活提供了良好的保障。

(六)社区居民协商和参与渠道更加通畅

北京市一直注重社区的参与和协商议事制度的完善,重点推进"参与型"的社区协商议事制度建设,社区协商更加规范。首先是扩大了社区参与和协商议事的主体。社区居民组成协商议事会、楼门组长议事、业主议事会、庭院议事会一起讨论社区的大事小情、邻里纠纷、切身利益。基层政府及其派出机构、社区(村)党组织、居(村)民委员会、居(村)务监督委员会、居(村)民小组、驻社区(村)单位、社区社会组织、业主委员会、物业服务企业和社区户籍居民、非户籍居民代表以及其他利益相关方等都可以参与社区事务的协商和讨论,真正做到主体广泛、内容丰富、形式多样。其次是协商议事的事项涉及城乡经济社会发展中与社区居民切身利益有关的发展建设规划、基础设施建设、集体经济发展和集体资产处置等公共事务、公益事业,以及当地居民反映强烈、迫切要求解决的实际困难和问题、矛盾纠纷等。鼓励社区积极和合理利用现有各类议事、协商的形式、平台、论坛等形式吸引居民参与,在此基础上充分利用网络和信息技术,发挥智慧社区的作用,搭建社区网络议事平台,让社区参与更加便捷和立体。据统计,2019年全市3177个城市社区全部建立了议事厅,实现城市社区议事厅全覆盖,深入推进了基层协商民主,实现了"众人的事情众人商量",推进了"街道—社区—小区—楼院"的基层协商民主机制的深化。①

---

① 李升、王敏:《迈向新时代的北京社区建设》,《2019年北京社会建设分析报告》,社会科学出版社2019年版,第15页。

（七）智慧社区建设成果显著

信息化建设是北京市社区建设的重要内容。北京市人民政府出台《智慧北京行动纲要》《北京市"十二五"时期社会建设信息化工作规划纲要》和《北京市"十二五"期间社区信息化建设指导意见》等文件,积极推进智慧社区建设工作。

公共服务热线电话 96156 的开通是北京市信息化建设的重要工程之一。北京市逐步推广公共服务信息平台的建设,96156 可以回应市民提供咨询服务、家政服务、综合修理、为老服务、租赁服务等 8 大类 200 多个公共服务、公益服务和便利服务项目,居民不出家门通过拨打电话就能得到服务信息。《智慧北京行动纲要》在市民数字生活行动计划中提出,"使人人享有数字化便捷生活""建设智慧社区(村),提供智能社区服务,完善面向老年人和特殊人群的数字便捷服务。"①为了建设智慧社区,北京市出台了《关于在北京市推进智慧社区建设的实施意见》,明确指出要着力打造社区基础设施高端化、政府服务协同化、社区管理智能化、公共服务网络化、居民生活现代化、社区服务集成化的智慧社区,为居民提供更加安全、便利、舒适、愉悦的生活环境,让居民生活更智慧、更幸福、更安全、更和谐、更文明。北京市开展智慧社区建设,制定了智慧社区的认定办法以及分级评价的指标体系,首批认定 500 多个智慧社区,采用自我申报、指标评价,定期抽查的方式规范智慧社区的认定流程。积极利用网络和信息技术,密切关注社区居民的需求和生活,尤其是老年人和弱势群体的特殊需求,将需求和社区内外资源对接起来,实现资源共享和实时反馈,满足居民在社区的基本生活需求以及社会化需求。实现数据化、智能化和网络化,真正将社区建成智慧家园,居民能安居乐业。社区的管理和建设也能做到服务便捷和管理智能化。

新的网络技术和 5G 技术为北京智慧社区建设增添了动力。在北京市分批分类建设智慧社区的过程中,一些社区先行先试,提前将 5G 技术和社

① 《北京市人民政府关于印发智慧北京行动纲要的通知》,北京市人民政府网站,http://www.beijing.gov.cn/zhengce/zfwj/zfwj/szfwj/201905/t20190523_72559.html。

区服务与治理结合起来。有些老旧社区的资源老化空间受限,引入 5G 技术之后对社区治安、社区养老以及社区应急处理能力都有很大的提升。[①]西城区德胜街道开创"德胜论坛",聚焦智慧社区,总结建设经验。智慧社区的建设扩大了社区治理的空间,延展了治理的边界,极大提升了治理的手段,在解决社区治理老大难问题中发挥明显作用,提升了社区居民的安全感和幸福感。

为了提高社区服务的水平,北京市积极响应社会发展和网络技术发展的变化,积极开展社区信息化建设,充分发挥新技术和新媒体的技术支持功能,积极建设社区管理和社区服务两个平台以及城乡社区基础数据库,并在此基础上推动建立北京城市社区治理信息系统。

(八)农村社区治理特色更加明显

北京市推广村庄管理社区化是加强基层社会治理的一大举措,其根本目的是提升北京城乡一体化的发展水平,促进农村社区的服务与治理水平。采用的策略是借鉴运用城市社区管理中优秀和成熟的经验与做法,与农村社区进行结合并根据实际情况进行调整。村庄社区化管理的重心是改善农村村庄村容村貌,建设基本公共服务设施,提高社会建设与管理水平,促进基层治理。通过加强村庄管理社区化,北京市农村社区的村庄建设发生了积极的变化。

首先是制定村庄社区化管理的目标和标准。按照北京市推行农村社区化管理模式的要求,村庄社区化管理要实现"治安秩序标准化、村庄社区管理标准化、村庄社区服务标准化、村民自治管理规范化"的目标。实行社区化管理的村庄不仅要修建必要的物防设施,而且要加大科技创安投入,让原本开放的自然村落实现相对的独立管理;其次是整合社区管理和服务的力量。将社区警务站、巡防站、流动人口和出租房屋管理站、民调室等机构统筹整合、合理配置,建立起融合"三站一室"功能的村综治工作中心。最后,

---

① 《北京借助 5G 打造首个新型智慧社区》,http://www.eepw.com.cn/article/201907/402563.htm,2019 年 7 月 11 日。

在加强管理的同时提供社会服务,确保农村社区和城市社区的服务内容同步同质。例如,在初步试点村庄社区化管理的 500 多个村中,落实了村民以及外来流动人口享受计划生育、医疗卫生、法律援助、劳动就业咨询等服务,不出村不跑路就能得到信息和服务。在农村社区硬件改善和环境整治方面,北京市累计投入资金 20.5 亿元,实施了村庄路面硬化和绿化、供水管网改造、污水处理、垃圾消纳、厕所改造等五项工程。① 村容村貌和农村社区公共空间的卫生状况明显改善。社区化管理过程中,各村普遍加强居民的环境保护的意识培养,组织居民一起参与治理环境脏乱差问题,加强卫生清洁,清理街巷杂物,制止乱倒垃圾等不文明行为,保持村容村貌整洁。运用宣传、教育、文娱等形式,着力培育村民和流动人口的社区意识,倡导健康文明的社会风尚。定期举办文化知识、业务技能、法制讲座等培训,不断提高村民的文明素质。有条件的村庄还建立了来京人员党支部,创办流动人口服务培训中心,全方位满足流动人口提升素质的要求。从解决居民实际困难和满足流动人口需求入手,通过优质到位的服务为居民和流动人口创造便利的生活环境。

北京市在推行村庄社区化管理过程中,建立健全具有农村社区特色的治安防控体系,逐步实现安全秩序标准化是重要的一环。其中,除了做实做强村庄综治维稳中心外,还构筑起以民警为主导,以治保会、巡防队、专职管理员、保安员为依托,由村民积极参与的农村社区治安防控网络。一方面,坚持科技创安,健全镇、村两级视频监控平台,确保村庄技防设施全覆盖;另一方面,通过完善流动人口和出租房屋管理,完善人民调解和村庄社区矛盾排查调处工作机制等,寓管理于服务之中,引导村民自觉维护村内的安定团结。② 村庄管理社区化之后,通过行之有效的管理手段,农村地区刑事治安案件大幅度下降,社区居民的安全感大幅度提升。

在此基础上,全市广大郊区农村根据城中村、平原村、山区林地村、特色

---

① 《北京市推进村庄社区化管理典型案例综述》,中国长安网,http://www.chinapeace.gov.cn/chinapeace/c28644/2013-05/14/content_11672256.shtml。

② 《北京 668 个村庄实现社区化管理 村民进出需证件》,《法治日报》2011 年 12 月 2 日。

产业专业村等五种形态,因地制宜全面开展村庄社区化服务管理活动。村庄社区化管理模式的全面推行,为北京市破解城乡结合部地区社会服务管理难题、促进农村城市化发展积累了重要经验。北京市积极总结经验逐步推广村庄社区化管理的做法,在更大范围内以及城乡结合部全部采用科学管理和优质服务相结合的方式,整体提升了农村社区的治理水平。

三、新中国 70 年北京市社区治理的经验与启示

新中国 70 年来,北京市在基层社区治理中不断实践探索,在发展过程中遇到不少问题和挑战,但是,经过 70 年不断的建设和完善,北京市的基层社区治理积累了不少行之有效的经验,给未来的发展实践带来重要启示。2017 年,党的十九大报告明确指出,"打造共建共治共享的治理格局。加强社会治理制度建设,完善党委领导、政府负责、社会协同、公众参与、法治保障的社会治理体制,提高社会治理的社会化、法治化、智能化、专业化水平。"社会治理方面的战略思路和构建思想,是国家全面推进社会治理的纲领要义,也是推进城乡社区治理的方向指引。

(一)街乡吹哨,部门报到:党建引领社区治理

党建引领社会建设已经成为新时代北京社会建设的重要机制。社会治理创新的首要前提是坚持党建引领,不断加强社区、社会组织和非公企业等社会领域的党建工作。

强化街道社区党组织的政治功能。北京市不断完善街道党工委对地区治理重大工作的领导体制机制,涉及基层治理的重大事项由街道党工委讨论决定,全面提升街道抓党建、抓治理、抓服务的领导能力。2019 年村(社区)"两委"换届选举,基本实现党组织书记与村(居)委会主任"一肩挑",切实增强了基层党组织领导力。

基层社区借助党组织覆盖面广、基层党员直接面对群众的优势,深入分析群众需求,整合链接各方资源,有利于为群众提供快捷、高效、优质服务,有利于建设和谐宜居、富有活力、各具特色的社区生活。健全城市基层党建

体系。做实区、街道、社区党建工作协调委员会，扩大非公企业、商务楼宇、商圈园区、网络媒体等新兴领域党建覆盖，建立需求、资源、项目三项清单制度，需求征集、提供服务、沟通反馈、考核评价"四个双向"机制，最大限度把辖区资源统筹起来，增强党组织的组织力。深化党建引领基层治理。注重把加强基层党组织建设与首都重大任务、中心工作紧密结合，在疏解非首都功能、推进城市副中心建设等重大活动和重点工作中，充分发挥基层党组织政治优势、组织优势和党员先锋模范作用。

"街乡吹哨、部门报到"机制源自北京市平谷区金海湖镇，是以违章违建、环境污染、生态破坏、安全生产等底线问题为重点，着力解决执法过程中"乡镇和部门责任权力匹配不合理、协同机制不完善"问题，形成的联合执法链工作机制。2018年，北京市出台了系列"街乡吹哨、部门报到"系列文件，其中，中共北京市委组织部发布《关于进一步做好基层党组织和在职党员"双报到"工作的通知》，要求基层党组织和在职党员在城市基层治理中发挥作用，提高城市基层治理水平。截至2018年底，"街乡吹哨、部门报道"改革在北京全市169个街道乡镇进行试点，占总数的51%，在探索党组织领导基层治理有效路径、解决基层治理难题、切实增强人民群众获得感、幸福感、安全感等工作上取得了初步成效。①

2019年，北京民政局发布《社区党建工作要点》，强调以党建引领社区治理，着力加强社区党组织和党员干部队伍建设，推动社区党建工作全面进步。社区党组织作为社区各项工作的领导核心，党组织架构纵向对接到社区居民，实现了党建的网格化覆盖，增强了社区党组织的核心引领能力，有力维护和巩固了党组织领导下的居委会、广大居民及社区社会组织等其他力量共同参与的治理格局。为提高社会领域党建水平，北京市海淀区大力开展区域化党建工作，加快建设基层服务型党组织，通过实施街道机关党员"双报到"工作、楼宇党建"一楼宇一社工"项目等党建创新模式，切实提升党在基层社区的领导力。

---

① 朱竞若：《街乡吹哨 部门报到——北京市推进党建引领基层治理体制机制创新实记》，《人民日报》2018年12月10日。

(二)职能转变，赋权下沉：开展服务型社区治理

2013 年是全面贯彻落实党的十八大精神的开局之年。北京市的社会治理工作按照精细化思路稳步推进，全面改革社会组织管理体制，政府购买社会组织服务规模不断扩大。2014 年党的十八届四中全会进一步明确了具有中国特色的社会治理的基本内涵，即社会治理是在执政党领导下，由政府组织领导，吸纳社会组织等多方面社会主体，依法参与对社会公共事务的安排与解决。因此，需要优化北京人口结构，通过进一步强化对社会组织的培育发展，推进基层参与民主协商，全面推动社会主体承担公共服务，解决公共服务问题。

坚持赋权下沉，强化街道（乡镇）基层社会治理主体责任。2016 年，北京市出台《关于深化街道、社区管理体制改革的意见》；2019 年 2 月，中共北京市委社会工委、市民政局牵头制定《关于加强新时代街道工作的意见》，从明确党建引领基层治理、街道管理体制改革、服务改善民生、街区更新、社区治理和激励基层干部干事创业 6 个方面提出 30 项改革举措。同时，加强乡镇政府能力建设，出台《关于加强乡镇政府服务能力建设的实施意见》，明确首都建设"服务型"乡镇政府的新目标、新任务和新要求，顺利通过民政部督查。改变"上面千条线，社区一针穿"的乱象，厘清社区工作的清单，坚持推进社区减负增效，建立社区准入制度，明确社区居委会的自治功能，依照居委会组织法履行工作职责，社区不再接受市级、区级各职能部门随意下派的任务。社区党委、社区居委会、社区服务站各司其职，有合作有分工，真正落实"权随责走、费随事转"的原则，做到真正的赋权，夯实基础。

在推进社会治理中，北京市涌现出诸多优秀社区治理的案例。例如，2018 年，东城区夕照寺社区"小巷管家"荣获民政部颁布的优秀工作法。夕照寺社区以夕照寺西里南区为试点，围绕党委领导、政府负责、社会协同、社区居民共同参与的工作思路，在全市率先推出"小巷管家"工作法，广泛动员社区党员、社区居民、社区社会组织和驻区单位等积极参与社区治理和环境整治提升工程。

西城区的"数字红墙"工作模式。西城区将互联网新技术应用于社会

服务管理，不断提升政府治理和服务能力。数字红墙平台通过大数据+政务服务的形式，辅助政府提供更丰富和个性化的便民服务。为民办事从"等上门"变"找上门"，将"四卡三券"（老年证、残疾证、残疾卡、低保证、三项为老服务券）送到居民家，让服务为民完善到"最后一公里"的"最后一米"。① 这些改进服务的案例说明，社区建设的基本要求是要多谋民生之利、多解民生之忧，真正解决好居民最关心、最直接、最现实的利益问题。而解决好居民最关心、最直接、最现实的利益问题的关键，是要从居民的实际问题出发，通过社区建设最大化地满足居民的实际需求。北京市在开展社区建设和创新社区服务过程中，始终坚持目标导向，从居民的实际出发，通过最大化地满足居民的需求，强化服务意识，将服务型治理落到实处。

从以前单一的服务，由政府为主来组织服务，到动员社会各方力量提供服务，再到随着包括现代互联网的发展，更多的以电商为特征提供服务，体现出社区服务整合资源的思路。资源来自辖区单位的资源，甚至餐桌、食堂资源的共享。整合资源就是通过各种方式、路径和机制，将众多可以利用的资源梳理综合运用的过程，最大限度提高资源的利用率。社区通过各种方式整合资源，不仅扩大了获得资源的渠道，而且丰富了资源种类，提高了资源的利用率，为社区建设创造了新活力，推动了社区建设的发展，让社区居民获得了实实在在的好处，得到了广大居民的高度认可，更加体现了共建共治共享的优势。各主体权责明确、相互之间合作协商，共同治理，惠及更广泛的民众。

（三）引入社工，充实社区：推动专业化的社区治理

专业社会工作者恪守社会工作价值，尊重服务对象需求，通过建立关系、整合社区资源和支持系统，改变和提升服务对象的生活质量和能力。这种工作模式在社区服务中具有较大推广价值。社会工作组织是社会基层治理的重要主体之一，与其他主体一道参与社区发展，在现代社区建设中扮演

---

① 《北京市西城区用大数据浇铸起一面"数字红墙"》，新华网，http://www.xinhuanet.com/expo/2017−10/31/c_1121883793.htm。

着不可或缺的角色。它是专业服务的重要参与者,同时也是互助合作的促进者。

突出专业化服务,加强社会工作人才队伍建设。2006 年以来,北京市不断壮大社会工作人才队伍,为北京的和谐、稳定、发展提供专业人才支撑。2011 年,北京市正式发布《关于在全市民政领域中开展首批市级社会工作人才队伍建设试点工作的通知》,通过开展市级社会工作人才队伍建设试点实践,进一步明确推进社会工作人才队伍建设工作的管理体制与运行机制,完善社会工作政策制度体系,探索社会工作人才培养、评价、使用和激励模式,提升社会工作专业服务水平。社会工作者的系列培训规模大,质量高。2015—2016 年完成了 34000 多名社区工作者的培训计划,以及高级社工人才培训班等。经过持续和系统的培训和继续教育,社区工作者队伍的专业化水平明显提高。

据统计,2012 年全市共有社区工作者 3.12 万人,召开首次社区工作者大会,全市统一面向社会公开招聘社区工作者 7600 多人。通过实施"大学生社工计划"、提高社区工作者薪资待遇、落实"万名社区工作者培训计划"等方式,社区工作者人才队伍不断壮大。截至 2018 年底,全市社区工作者增加到了 3.5 万人,平均年龄 39.3 岁,90%以上达到大专以上学历。社会工作专业人才总数达到了 6 万多人,成为服务社区居民的一支重要力量。[1]

(四)培育组织,购买服务:社会力量参与社区治理

2010 年初,北京市正式启动了专业社工机构建设及专业社会工作岗位购买试点工作。自此,北京市的专业社工机构从无到有、从小到大,从初建到成熟,承担了政府委托的大量服务项目,成为参与服务型社会治理的重要力量。2019 年,北京市共有社区服务机构 12128 个,社区服务中心 204 个。[2] 同期,北京市专业社工机构也达到了一定的规模。以政府购买服务

---

[1] 李升、王敏:《迈向新时代的北京社区建设》,《2019 年北京社会建设分析报告》,社会科学文献出版社 2019 年版。

[2] 《二〇一九年北京市社会建设和民政事业发展统计公报》,北京市民政局网站,http://mzj.beijing.gov.cn/art/2020/8/18/art_659_528364.html。

为牵引,以社区为平台,以社会组织为载体,以社会工作者为骨干来满足社区居民需求为导向的新型社会治理模式逐渐形成。

随着社会组织数量的增多,为加强引导和规范社会组织的等级管理,北京市提出"枢纽型"社会组织建设的思路。枢纽型社会组织以其纽带式和综合性的特质在推动政府职能转变、吸纳社会力量参与公共服务供给和社会治理等方面发挥着关键性的重要作用。例如,北京市海淀区进一步改革和优化了社会组织登记管理制度,建立了街道"枢纽型"社会组织工作体系,成立了社会组织孵化中心,并积极推进全区社会组织"一个中心、两个基地"培育孵化体系建设。北京市朝阳区有关部门以项目合作形式委托北京恩派非营利组织发展中心运营朝阳区社会组织综合服务中心,探索出"政府兴办民间运营的社会组织培育平台"模式,取得了良好的效果,并形成一定特色。北京朝外地区社会组织综合服务基地是一种社会组织培育与管理的新型"孵化器",该服务基地依托朝外社会管理中心,主要空间用于社会组织与社区居民开展活动,如社区图书馆、电子阅览室、展览厅、影视厅、文化小剧场、公益咖啡馆以及残疾人康复室等功能区,在开展社会组织培育和服务社区居民方面发挥了重要作用。回龙观、天通苑地区建立昌平区社会组织孵化基地,成立社会组织服务协会,加强沟通对接,根据社区需求提供精准服务。

加强社会治理创新,坚持党建引领,探索政府、企业、社会组织、社区居民多元主体参与、开放协商共治的合作机制。推进社会组织公益创投,推行社区党支部、居委会、业委会、物业公司、社会组织或企事业单位"五方共建"。社区、社会组织、社工、社区居民、社区基金会"五社联动",搭建"社区议事厅"平台,协商解决社区家门口和群众身边事。

(五)朝阳群众+西城大妈:群防群治的社区治理

"朝阳群众""西城大妈"这些来自网民的称谓有着深厚的历史传承以及原型人物。早在20世纪60年代,浙江诸暨的"枫桥经验"就是群众参与社会治安建设的优秀案例,并在全国普及。"朝阳群众"就是生活在社区的各行各业的社区居民,他们积极参与社会建设,为政府提建议、找线索,反映生活中存在的治安、消防隐患,警民联手共创平安社区和安全环境。习近平总书记在 2017 年视察北京时,专门提到了"朝阳群众""西城大妈"。他说:"人民城市人民建、人民管,光靠政府力量不够。北京有自己的好传统,如'朝阳群众''西城大妈',哪里多一些红袖章,哪里就多一份安全、多一份安心。"2018 年 2 月初,北京市公安局上线"朝阳群众 HD"手机应用,允许群众通过该应用发送文字、图片、视频等向警方提供线索。从此,"朝阳群众"不再仅仅是街道上戴着红袖章的大爷大妈,所有人都可以参与其中。"朝阳群众"已成为北京市居民参与社区治理的一个品牌。

"西城大妈"在生活中的原型人物是一位热心社区事务、积极参与社区服务的大妈,现在是北京西城平安志愿者的代称,是西城区志愿服务的品牌。根据西城区综治办数据,截至 2018 年底,"西城大妈"人数已达 81885 人,积极参与平安西城建设的各类群防群治力量超 10 万人,特色团队 1452 个。"西城大妈"模式,就是通过发动个人力量参与到社会建设中,让每个人都投入到社区建设当中,最终达到共建共治共享的目的。①

除了"朝阳群众""西城大妈",还有诸如海淀网友、丰台劝导队、网警志愿者等群众组织品牌,这些参与的群众其实和他们的职业、性别、年龄都没有关系,他们诚实、正直、热心、重情义,扶危济困,帮助弱势,是北京城市社区不计名利、无私奉献的志愿者,是社区治理的重要参与者。

(六)用大数据,促智能化:开启互联网+社区治理

随着互联网科技的快速发展,越来越多的智能手段走进千家万户。基层社区治理,需要紧跟时代步伐,在治理技术和治理方法上有所更新。北京市始终把智慧治理作为社会治理重要理念,把智能化建设作为撬动社会治理社会化、法治化、智能化、专业化的重要支点,初步构建起"以智慧促精细、以科技促平安"的智慧治理工作格局,以精准对接群众需求为落脚点,着力打通基层社会治理和民生保障各环节。

---

① 《中国为什么有"朝阳群众""西城大妈"?》,来源 https://baijiahao.baidu.com/s?id=1648603450485537057&wfr,网络转引自《人民日报》2019 年 10 月 28 日。

北京市构建线上线下协同的社区服务体系。围绕群众生活中的焦点、难点、痛点问题，以三级社区服务中心、社区服务站、96156热线和社区服务信息网为依托，及时搜集传送与社区居民生活密切相关信息，做到自动感知，及时提供服务，实现对社区居民"吃、住、行、游、购、娱、健"生活七大要素的数字化、智能化、互动化和协同化。打造智慧便民利民服务系统，着眼于"让数据多跑路、让群众少跑腿"。例如，西城区德胜街道构建智能服务中心体系，网站、家庭信息机、数字家园、无线终端、社区电子屏和大厅触摸屏等都将成为服务终端。居民随时随地可以获取街道提供的各种服务和信息，诸如社区信息、活动动态、天气服务等。此外，居民到办事大厅，可以直接扫描身份证实现办事信息自动查询。

线上虚拟社区的典型案例是北京市朝阳区双井街道的"13社区"。朝阳区双井街道有12个社区，在此基础上建立了第13个社区，这是一个基于互联网构建的社会治理网络平台。"13社区"充分利用互联网、云计算、大数据等技术，依托幸福双井服务卡，将政务服务、便民服务、社交服务、社会参与融为一体，让社区的人互联互通、社区的事共享共治。"13社区"已经成为一个汇聚地区近6万常住人口，吸引200多家商户入驻，孵化数百个诸如文明养犬、二手物交换社群的互联网邻里生活圈，形成一个虚拟与现实融合、利益与情感并重的社区共同体。

（七）居民自治，协商议事：开放与多元的社区治理

北京市不断完善相关政策体系，颁布全国首个社区治理地方标准《社区管理与服务规范》。继续深化改革，给社区减负增效。2016年，北京市民政局、市委组织部印发《关于进一步开展社区减负工作的意见》，2018年，进一步明确社区职责清单、完善社区工作准入制度、推进信息资源共享，社区减负工作取得明显成效。社区开具证明事项从15项减少到4项，填报表格系统从44项精简为7项。

全面开展城乡社区议事协商。为了进一步完善基层群众自治制度，推进城乡社区协商制度化和规范化，2016年北京市出台《关于加强城乡社区协商的实施意见》，2017年北京市民政局制定了《北京市社区议事厅工作指

导规程》，民政部专门通报并在全国推广。至此，城市社区议事厅①实现全覆盖，农村社区覆盖超过 70%。通过议事协商有效缓解了小区停车、物业管理、环境整治等社区治理难题。推进自治法治德治相结合。印发《关于全面推进以德治理城乡社区工作的指导意见》，指导社区、村组织群众制定居民公约、村规民约。通州区、西城区优秀村规民约、居民公约被民政部推广宣传，东城区前门街道草厂社区等 5 个社区工作法被评为全国优秀。北京推动城乡社区治理的经验得到国家和社会的认可。

新中国 70 年，特别是进入中国特色社会主义新时代，北京市坚持深化社会体制改革，不断创新社会治理，用党建引领社会治理，用党建贯穿基层街道和社区的所有工作，全面提升街道抓党建、抓治理、抓服务的领导能力，形成党组织领导基层治理的"北京经验"。积极推进基层社会治理规范化建设行动计划，打造超大城市基层社会治理体系。突出精治、共治、法治，重在落小、落实、落细，以"规范化+全覆盖"为核心，以"目标+指标"为支撑，从街道社区治理、社会组织治理、非公有制企业服务、社会工作队伍建设、网格化体系建设等方面入手，全面深入推进北京市基层社会治理现代化的体系与能力建设。

---

① 社区议事厅是指在社区党组织领导下，由社区居委会负责组织开展各项议事协商活动的重要平台。主要包括社区协商会、社区决策听证会、居民议事会、社区四方会议等。协商过程主要包括议题收集确定、协商会议公示、多方协商讨论、达成共识、协商成果落实等。

第十二章　生活质量:民生改善　品质提升

新中国成立 70 年来,特别是改革开放以来,北京城乡居民收入大幅增长,居民消费水平明显提升,生活质量显著改善,生活品质不断提升,人民生活步入全面小康,城乡居民生活发生了翻天覆地的变化。党的十八大以来,北京市全面贯彻新的发展理念,着力深化收入分配制度改革,收入分配格局明显改善,综合经济实力显著增强,人民生活水平进一步提高。

一、新中国 70 年北京城乡人民生活持续改善的历程

(一)摆脱贫困,解决温饱(1949—1978 年)

1. 新民主主义到社会主义过渡时期的人民生活(1949—1958 年)

新中国成立初期的北京城满目疮痍、残破不堪,社会动荡,国民经济陷于瘫痪。当时,大部分工厂停工,商业萧条,大量劳动者失业;粮食、食油、煤炭、蔬菜等居民基本生活必需品严重短缺;国民政府滥发货币导致的恶性通货膨胀尚未得到控制,物价仍在飞速上涨。中共北京市委和市政府领导全市人民,调运物资,平抑物价,恢复国民经济,改善城市基础设施,进行农村土地改革,稳定了人民生活。

在解决就业方面,对失业人员除安排就业外,还采取发放救济金、资助还乡生产、组织生产自救和以工代赈等方式,帮助失业者渡过难关。对原有

的公教人员实行包下来的政策;对收归国有的企业职工暂时采取原职、原薪、原制度的"三原"政策;对流散的国民党军人予以收容遣送还乡或分情况给予工作和生活出路。实行"公私兼顾、劳资两利、城乡互助、内外交流"的政策,以发展生产、繁荣经济,扶植濒临倒闭的私营工商业恢复生产经营,支持个体工商户,给小手工业者以税负优惠。对大量摊贩(其中不少人原是失业无业人员)进行整顿安置,使他们有稳定或相对稳定的经营场所,部分修理服务业者准予流动服务,从而获取收入以维持生活。

在整顿金融秩序和抑制物价上涨方面,首先是以中国人民银行发行的人民币收兑国民政府发行的金圆券,并禁止银元在市面流通、买卖,或以银元计价,取缔金银与外币交易、计价、流通及携带出境,消除了金融市场的混乱现象。同时,加强市场管理,打击投机倒把行为,国营商业部门调集粮食、纱布、食盐等人民生活必需品,运用物资力量,辅之以法律和行政手段,抑制了物价的急剧上涨。1950 年 3 月,政务院颁布《关于统一国家财政经济工作的决定》,统一财政收支、统一物资调度、统一现金管理,进一步控制了通货膨胀的局面。1951 年北京市居民消费价格总水平比 1950 年上涨16.2%,1952 年比 1951 年仅上涨 4.1%,结束了长达十多年之久的恶性通货膨胀、物价飞涨的历史,为稳定和改善人民生活创造了条件。①

在收入分配方面,国家对政府机关、事业单位和公营企业的职工采取两种不同的分配形式。从解放区进城的干部和部分参加接管的工作人员实行供给制,其他职工实行工资制。为降低物价波动对职工生活的影响,职工工资曾实行以小米的斤数作为计算的标准,后又改为按一定数量的粮、油、盐、布、煤等生活必需品折算工资分,职工工资按当日工资分值计发货币。私营企业的职工工资和福利待遇,按照"劳资两利"的方针,由各行业的劳资双方协商,签订劳资集体合同来确定,使职工收入在原有基础上有所提高。由于政府的扶植,生产经营环境改善,个体劳动者的收入也有不同程度的增

① 北京市地方志编纂委员会:《北京志·综合卷·人民生活志》,北京出版社 2007年版,第 8 页。本章其他数据若无注明,均来自或根据历年《北京统计年鉴》计算。

加。职工收入和生活水平虽然还很低,但大多数城镇居民有了稳定的生活来源。

在京郊农村,1949年秋至1950年春进行了土地改革,农村生产力得到解放,农民生活也得到初步改善。在土改中,没收地主土地(其靠土地为生者留给一份土地)及征收富农多余的土地分给无地、少地的贫农、雇农、下中农使用,同时没收了地主的大农具、耕畜和征收地主多余的房屋、粮食,分给农民。土改后仍有一部分农民缺乏耕畜、农具或缺少劳动力,生产和生活都有困难。中共北京市委根据中共中央"组织起来,发展生产"的号召,指导个体农民建立互助组,并在此基础上试办农业生产合作社。广大农村居民初步摆脱了极端困苦的生活。

1953年,国家开始执行发展国民经济的第一个五年计划。北京市的"一五"计划中,把提高人民的物质生活和文化生活水平作为一项基本任务。1955年7月,国务院决定取消供给制,一律实行工资制,同时结束了工资分制。1956年7月,北京市根据国务院的规定,进行了工资改革,绝大部分职工提高了工资,加上奖金和津贴,城镇居民人均收入显著提高。由于就业人口增加,就业面扩大,城镇居民家庭人均收入增长更为明显。1957年,城镇居民家庭人均可支配收入250.92元,但消费水平仍然很低,恩格尔系数高达55.94%。由于工业化的发展,扩大了对农产品特别是商品粮的需求,国家开始对重要农产品实行统购统销。北京市从1953年11月开始,对居民食用的面粉实行计划供应(按人定量供应),12月对全部口粮实行计划供应;1954年3月对食用植物油、9月对棉布和棉花实行了计划供应。

在发展互助组的基础上,农村建立起农业生产合作社(大部分是土地分红的初级社),因其适合当时的农业生产力发展水平,农村经济得到进一步发展,社员也增加了收入。1955年冬开始农业合作化高潮,1956年1月上旬,已有99%的农户加入了合作社;中旬,初级社全部转为高级农业生产合作社。京郊农村大力发展蔬菜、水果和肉、蛋、奶等副食品的生产,增加对城市的供应,在发展生产的基础上,提高了农村居民的收入。

到1957年,北京市基本完成了"一五"计划和生产资料私有制的社会主义改造,经济建设和文化建设取得了很大成绩。城市面貌初步改观,市场供应好转,物价保持稳定,城乡人民生活有了较明显的改善。全市的社会风尚、社会治安和社会秩序良好。人们在物质文化生活水平提高的同时,心情舒畅,安居乐业。从1949年到1957年的9年间,北京城乡居民的生活基本上摆脱了饥寒和贫困,实现了低水平的温饱。①

2. 社会主义探索和曲折发展中的人民生活(1958—1978年)

在1958年开始的"大跃进"运动中,北京市在街道组织大批家庭妇女和社会闲散人员参加生产服务工作;国营企业特别是工业、建筑业大量招收农村青年加入职工队伍。

1958年9月,北京市郊区农村将原来的2000多个高级农业生产合作社合并组成70多个人民公社。原来农业生产合作社的集体财产和社员的自留地、宅基地、自养牲畜、自营树木和一些较大型的生产工具等统归公社所有。人民公社内部不再坚持按劳分配原则。有的公社提出对社员实行包吃、包穿、包教育、包生育、包医疗、包婚丧、包养老等。

针对当时的人民生活状况,特别是日用工业品生产以及副食品和生活日用品供应情况,为了保障居民的生活需要,北京市调整商品供应政策,压缩城镇居民粮食定量标准,扩大副食品和工业品的凭票、凭证定量供应范围。从1961年1月下旬开始,对糖果、饼干、糕点,以及烟、酒、自行车和针棉织品,实行高价供应办法,部分饭馆敞开供应高价饭菜。1962年4月起,又对部分工业品采取凭北京市日用工业品购货券供应的办法。凭票券证供应的商品最多时达102种。

1961年初,中共北京市委贯彻党的八届九中全会提出的"调整、巩固、充实、提高"八字方针,国民经济逐渐恢复和发展。在农村,人民公社体制由公社所有制改为"三级所有、队(生产队)为基础";取消公共食堂,恢复按劳分配原则;发展畜牧业和副业生产,增加农民的收入。在城市,恢复和发展轻工业,积极安排日用工业品的生产。全市有40多万1958年以后招收的新职工经动员后返乡生产或自谋生计。工农业生产的恢复和发展,使市

---

① 北京市地方志编纂委员会:《北京志·综合卷·人民生活志》,北京出版社2007年版,第10页。

场情况有所好转,城乡居民基本生活资料的供应得到改善。1963 年,国家提高了部分职工工资。1965 年,全市职工平均工资比 1958 年提高 10.4%,但仍低于 1957 年;城镇居民家庭人均可支配收入和农村居民人均纯收入均略高于 1957 年。①

"文化大革命"期间,职工工资基本没有变动。1977 年国家调整低工资职工的工资,1978 年职工平均工资为 673 元。从 1958—1978 年的 21 年间,由于就业人口增加,就业者负担人口由 2.85 人降到 1.86 人。1978 年城镇居民家庭人均可支配收入 365.4 元,比 1965 年增长 45%。②

总的来看,新中国成立后,进行了深刻的社会改造和变革,努力发展社会主义生产力,发展经济,保障供给,关心群众生活,提倡勤俭节约,勤俭持家;同时,普遍建立了基于社会主义计划经济条件下以公有制为根本特征的住房分配制度、医疗保障制度、统包统配的就业制度等民生保障制度和社会救助制度。但是,由于民生建设在当时处于特定的历史阶段和生产力发展水平之下,在较长一段时间内实行以国家分配为主的计划经济体制,国家面临着发展工业特别是重工业的艰巨任务,这一时期的居民生活有所改善,但仍处于解决温饱阶段。

(二)跨过温饱,进入小康(1978—2019 年)

1978 年 12 月,党的十一届三中全会作出"全党工作的重点转移到社会主义现代化建设上来"的战略决策,提出"对内搞活经济,对外实行开放"的总方针,标志着中国的社会主义建设进入一个新的历史发展时期。国家发展的指导思想也发生了变化,当时的中央领导明确指出,"把人民利益放在第一位,在处理生产建设和人民生活的关系时,首先保证人民生活的基本需

---

① 北京市地方志编纂委员会:《北京志·综合卷·人民生活志》,北京出版社 2007 年版,第 11 页。

② 北京市地方志编纂委员会:《北京志·综合卷·人民生活志》,北京出版社 2007 年版,第 30—31 页。

要,这是今后必须坚持的原则。"①邓小平强调指出,全党必须正视"人民生活还是贫困"的社会现实,充分认识到"正确的政治领导的成果,归根到底要表现在社会生产力的发展上,人民物质文化生活的改善上。"②在党的十一届三中全会精神指引下,北京市坚定贯彻党中央的路线方针,把工作重点转入以经济建设为中心上来,社会经济得到发展恢复,城市化建设不断加快,人民生活水平大幅提升,城乡居民收入迅速增长。

1. 改革开放开启和发展时期的人民生活(1978—1993 年)

改革开放后,在经济发展中,随着劳动就业制度的变革,居民收入实现新的增长。在此方面,增加收入,改善生活,首先要解决就业问题。面对 40 万的城镇待业人员,北京市政府于 1979 年帮助他们合作开办小型商业、服务业、修理业和手工业,1980 年又放宽了对个体经营的限制,以广开就业门路的办法缓解了就业问题。国家也逐步改变了对城镇劳动力统包分配的制度,实行"三结合"的就业制度。经济和社会事业的发展,退休制度的健全,不断提供新的就业岗位。1979 年,逐步恢复了奖励制度和计件工资制,并为部分工资级别低又多年没有调整工资的职工升级调整工资。

1979 年,京郊农村开始推行各种承包责任制,农民生产积极性高涨,农业增产,国家又提高了粮食和其他农副产品的收购价格,加上乡镇企业的发展,使农村居民收入相应提高。

1984 年 10 月,党的十二届三中全会通过了《关于经济体制改革的决定》,提出"加快以城市为重点的整个经济体制改革的步伐"。1985 年和 1993 年国家机关和事业单位两次进行工资制度改革,增加了职工工资,并建立了正常的增资机制。国家对企业的工资分配逐步采取宏观调控、权力下放的政策,加大企业在工资分配上的自主权,职工工资和城镇居民收入大幅提高。城镇居民家庭人均可支配收入从 1978 年的 365.4 元增加到 1986 年的 1000 多元,用了 8 年时间;再增加到 1991 年的 2000 多元,用了 5 年时

① 新华社:《城乡绝大多数人实际收入和消费水平显著提高,今年人民生活继续得到改善》,《人民日报》1981 年 11 月 20 日。

② 《邓小平文选》第二卷,人民出版社 1994 年版,第 128 页。

间；又增加到 1993 年的 3000 多元，只用了两年时间。这 13 年是新中国成立后北京城乡居民收入增长最快的时期。13 年间，全市人均可支配收入增长近 10 倍，城乡居民收入分别年均增长 15.0%、15.2%。

1979 年以后，市场日益繁荣，农副产品和生活用品数量丰富、品种增多、质量提高。20 世纪 80 年代，居民凭各种票劵本证限量购买的商品逐年减少。1982 年停止使用布票，1983 年停止使用日用工业品购货券，1993 年猪肉、牛羊肉、鸡蛋敞开供应。1993 年 11 月，"居民粮食供应证"作废、粮票取消。这标志着从 1953 年实行面粉计划供应以来，经过 40 年的漫长历程，居民凭票证限量购买商品的办法退出历史舞台。

2. 深化改革和经济快速发展时期的人民生活（1993—2012 年）

这一时期，北京市进一步深化改革，扩大开放，经济社会建设持续稳定发展，财政、金融、外汇、医疗和住房等各方面改革开始推进，城乡居民收入呈现波动增长态势，经济发展与城乡居民收入增长的协调性有所提高，物质生活、文化生活、社会保障与生活环境都有了明显的改善，总体上已达到小康水平，但城乡差距逐渐加大。

城镇居民家庭就业人员增多、工资收入增长和收入来源多元化，是人均收入增长的主要原因。1993 年国家机关和事业单位再次进行工资制度改革，增加了职工工资，并建立了正常的增资机制。国家对企业的工资分配逐步采取宏观调控、权力下放的政策，加大企业在工资分配上的自主权，国有企业职工收入随着企业经济效益的提高而增加。合资和外资企业职工工资水平高于国有企业。改革开放以前，除工资性收入外，城镇居民家庭几乎没有其他收入。改革开放以后，个体经营者收入、离退休人员再就业收入、离退休金收入、财产性收入均有大幅增长，工资性收入所占比重降低。

随着北京市金融市场快速发展和完善，投资渠道日益拓宽，居民的投资理财意识不断增强，金融投资活动日趋活跃。居民通过购买债券、股票、基金等有价证券获得的利息、股息和红利等财产收入大为增加。同时，住房制度改革后，大部分居民拥有自有产权住房；部分家庭还通过出租住房拉动财产收入增加。

在农村,推行专业承包和联产承包责任制、发展专业户和新经济联合体、兴办乡镇企业、调整农村产业结构,是农村居民收入增加的重要原因。1998 年以后,农村居民非生产性收入(包括财产性收入和转移性收入)占比逐年增加,得益于农村集体经济产权制度改革、粮食直补等各种政策性补贴的推动。2012 年,农村居民财产性收入和转移净收入占人均可支配收入的10.4% 和 15.8%,比 1998 年提高 7.9 个和 12.3 个百分点。

居民家庭收入增加后,人们的消费观念和消费结构明显改变。大部分居民已不满足于吃饱穿暖,部分居民生活已由生存型向发展型和享受型转变。北京市城镇居民家庭的恩格尔系数由 1978 年的 58.7% 下降到 2012 年的 24.6%。① 从总体上看,城镇居民生活已由温饱跨入了小康。农村居民现金收入在收入中的比重逐年加大,生活消费基本上已由货币支付,恩格尔系数由 1978 年的 63.2% 下降到 2012 年的 26.9%,②按恩格尔系数标准划分,也已进入小康。

在城乡居民家庭收入大幅增加的同时,还存在高低收入差距逐渐扩大的问题。在城市,不同行业和不同企业之间,职工工资有较大差别,有些企业工资不能按时发放,并出现了下岗和失业人员。在农村,还有少量的贫困村,部分居民生活困难。反映居民之间收入差距的基尼系数,城镇由 1978 年的 0.146 扩大到 2004 年的 0.29,然后到 2010 年稳定在 0.28。农村由1979 年的 0.204 扩大到 2003 年的 0.36,再缓慢降到 2010 年的 0.310,但均低于国际公认的 0.4 的警戒线。③ 而 1991—2007 年,城乡居民收入基尼系数在波动中呈现明显的上升趋势。20 世纪 90 年代初至 90 年代中期,城乡居民收入基尼系数迅速增大,1996 年突破 0.3,达到 0.36;尔后基尼系数开始下降,1999 年基尼系数值与 1993 年的水平基本持平。进入 21 世纪后,

① 北京市统计局、国家统计局北京调查总队编:《北京统计年鉴 2020》,中国统计出版社 2020 年版,第 118 页。
② 北京市统计局、国家统计局北京调查总队编:《北京统计年鉴 2020》,中国统计出版社 2020 年版,第 121 页。
③ 张宝秀、黄序主编:《中国城乡一体化发展报告·北京卷(2014—2015)》,社会科学文献出版社 2015 年版,第 295 页。

基尼系数又持续增大,2004 年达到 0.362,2007 年为 0.360。[1] 城乡居民之间的收入差距也呈现扩大的趋势。1978 年,城乡居民人均收入之比为 1.62,以后逐年降低,1984 年降为 1.05,1985 年以后逐年扩大,2004 年达到 2.77,2012 年降为 2.62。

1993—2012 年是中国社会经济发展最快,城乡居民生活改善最人的时期,也是新中国成立后北京市城乡居民收入增长较快的时期。这一时期,居民收入快速增长,收入来源更加多元,消费质量全面提高,住房条件持续改善,开始向全面小康社会迈进。

3. 全面建成小康社会时期的人民生活(2012 年以来)

党的十八大以来,以习近平同志为核心的党中央坚持以人民为中心,坚持"人民对美好生活的向往,就是我们的奋斗目标"的宗旨,把改善人民生活、增进人民福祉作为一切工作的出发点和落脚点,出台实施了一系列惠民政策措施,特别是精准扶贫战略带动居民收入继续快速增长,消费水平和生活质量进一步提高,为全面建成小康社会奠定了坚实的基础。

在党的十八大精神引领下,北京市把保障和改善人民生活作为一切工作的出发点和落脚点,围绕居民收入、居民消费、居民住房等事关百姓生活的重大民生问题持续发力,增投入、建机制、兜底线,深入推进惠民工程,着力构建多元化、社会化的公共服务供给体系,实施就业优先战略和更加积极的就业政策,制订居民收入倍增计划,着力提升中低收入群体的收入水平,成效显著。2013—2019 年,北京市城镇新增就业 248.24 万人,其中 2012—2018 年促进城乡劳动者就业 134.6 万人,帮扶城乡困难人员就业 90.4 万人。全市居民人均可支配收入从 2012 年的 36817 元增长到 2019 年的 67756 元,增长 84.0%,年平均增长 9.1%。全市居民人均消费支出由 2012 年的 26562 元增加到 2019 年的 43038 元,增长了 62.0%,年平均增长 7.1%。社会保障制度从无到有、从制度全覆盖到基本实现人群全覆盖,在全国率先建立了城乡一体化的社会保障体系。公共服务始终保持领先水

---

[1] 戴建中主编:《北京社会发展报告(2008—2009)》,社会科学文献出版社 2009 年版,第 150—151 页。

平。2019 年,全市居民人均住房建筑面积达到 34.52 平方米。其中,城镇居民人均住房建筑面积从 2012 年的 29.26 平方米提高到 2019 年的 32.54 平方米。

二、新中国 70 年北京城乡人民生活的历史巨变

(一)居民收入大幅度增加

新中国 70 年,北京市在经济总量不断提升的大背景下,居民共享经济发展成果,居民收入实现跨越式增长,人民生活水平不断攀升;中等收入群体规模不断扩大,收入分配格局更加完善;增收渠道不断拓宽,收入结构持续优化,居民生活迈入全面小康。

1. 居民收入超百倍增长

新中国 70 年北京居民生活发生了翻天覆地的变化。全市人均可支配收入用 38 年时间突破千元大关,1987 年达到 1078 元;在此基础上用 14 年时间首次跨越万元台阶,2001 年增加到 10399 元;之后仅用 10 年时间突破 3 万元,用 5 年时间越过 5 万元。① 2019 年全市人均可支配收入跃升至 67756 元,迈入小康生活。其中,城镇居民人均可支配收入 73849元,较 1956 年增长 343.6 倍,年均增长 9.7%;农村居民人均可支配收入28928 元,较 1956 年增长 211.4 倍,年均增长 8.9%。

改革开放 40 年,是居民收入增长最快的时期。北京全市居民人均可支配收入由 1978 年的 302 元增加到 2019 年的 67756 元,增长了 223.3 倍,剔除价格因素,实际年均增长 8.3%。其中,城镇居民人均可支配收入由 1978年的 365 元增加到 2019 年的 73849 元,增长了 201.1 倍,剔除价格因素,实际年均增长 8.0%;农村居民人均可支配收入由 1978 年的 225 元增加到2019 年的 28928 元,增长了 127.7 倍,剔除价格因素,实际年均增长 7.1%。

---

① 北京市统计局、国家统计局北京调查总队:《从温饱不足到迈入小康,居民收入增长超百倍》,2019 年 9 月 16 日,http://tjj.beijing.gov.cn/zt/xzgclqsn/rmsh/201909/t20190920_1378568.html。

见图 12.1。

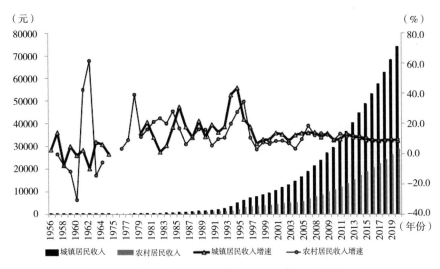

图 12.1　1956—2019 年北京市城乡居民收入变动图

具体而言,新中国成立以来,北京市居民收入经历了新中国成立后低速增长期、改革开放初较快增长期、深化改革开放高速增长期及新时代高质量发展期。

(1)1949—1978 年新中国成立后低速增长

新中国成立之初,百废待兴,人民政治地位提高,生产积极性空前高涨。1953—1957 年,我国提前完成了对于农业、手工业和资本主义工商业进行的社会主义改造,社会主义制度基本建立。为快速实现工业化,我国较长一段时间内实行以国家分配为主的计划经济体制,居民生活有所改善,但是,民生建设任务艰巨。1956 年北京城镇居民人均可支配收入 220 元,农村居民人均可支配收入为 136 元,且增长较为缓慢,1956—1978 年北京城乡居民收入年均增长 2.3%。

(2)1978—1992 年改革开放初迅速增长

在党的十一届三中全会精神指引下,北京坚定贯彻党中央的路线方针,把工作重点转入以经济建设为中心上来,经济社会得到发展恢复,城市化建设不断加快,人民生活水平大幅提升,城乡居民收入迅速增长。13

年间,全市人均可支配收入增长近 10 倍,城乡居民收入分别年均增长 15.0%、15.2%。

(3)1992—2012 年深化改革开放稳定高速发展

邓小平南方谈话和党的十四大召开,推动中国经济改革全面向社会主义市场经济体制转轨,随着新一轮经济快速增长期到来,北京加快转变经济发展方式,积极应对国际金融危机并巩固成果,扎实推进社会主义新农村建设。以加入世贸组织为契机,进一步扩大对外开放;以中关村自主创新建设为"试验田",增强科技创新支撑引领作用,加速产业结构优化升级。全市经济持续高速增长,地区生产总值年均增速达 17.3%。高速稳定的经济发展带动城乡居民收入快速增长,城乡居民收入年均增速分别为 13.6% 和 11.7%。2003—2008 年,全市居民人均可支配收入更是连续六年保持两位数高速增长,到 2012 年达 36817 元,[1]是 1992 年的近 16 倍。

(4)2012 年以来进入新时代高质量发展

随着中国经济步入新常态,经济增速从高速转向中高速,城乡居民收入平稳增长,经济发展与城乡居民收入年均增幅缩小。在新的历史起点上,党的十八大为推动首都科学发展、建设首善之区指明了方向。北京加快转变经济发展方式,注重提高发展质量,不断提升精细化管理水平,以疏解非首都功能为"牛鼻子"推动京津冀协同发展,实施就业优先战略和更加积极的就业政策,制订居民收入倍增计划,着力提升中低收入群体的收入水平,居民收入增长更加稳健。全市居民人均可支配收入从 2012 年的 36817 元增加到 2019 年的 67756 元,[2]年均增长 9.1%。

2. 初次分配中居民收入占比不断提高

1978 年以来,初次分配中居民收入在国民收入中的占比呈现波动上升态势,与发达国家的差距在缩小。北京市居民收入与地区生产总值(GDP)的比例关系大致经历了三个阶段:第一阶段为 1978—1994 年,劳动者报酬

---

① 北京市统计局、国家统计局北京调查总队编:《北京统计年鉴 2020》,中国统计出版社 2020 年版,第 111 页。

② 北京市统计局、国家统计局北京调查总队编:《北京统计年鉴 2020》,中国统计出版社 2020 年版,第 111 页。

占地区生产总值比重呈阶梯状上升态势,从 1978 年的 34.1% 提高到 1994 年的 46.8%;第二阶段为 1995—2002 年,劳动者报酬占地区生产总值比重逐步下降,到 2002 年仅为 41.8%,比 1994 年降低了 5 个百分点;第三阶段为 2003 年至 2019 年,劳动者报酬占地区生产总值的比重呈现波动上升,2019 年,劳动者报酬占地区生产总值的 54.8%,比 2002 年提高了 13 个百分点,①从趋势上看正在向发达国家水平靠近。

国民收入分配中居民收入比重的上升,得益于最低工资标准、工资指导线、工资集体协商等制度和政策的实施,以及个人所得税起征点不断上调。

3. 居民收入分配更趋合理

改革开放以来,通过加大对农村地区重点贫困对象的精准帮扶力度,制定出台并落实社保、低保、就业、社会救助等民生政策,中低收入群体获得感更为增强。

(1)共享经济发展成果,低收入群体收入稳步增长

新中国成立 70 年来,随着经济实力增强,北京不断加大对社会保障的投入力度,充分发挥二次分配的调节作用,更加注重社会公平,社会保障体系逐渐恢复并不断发展完善。1994 年,北京市建立最低工资标准制度,将低收入群体的工资增长纳入长效管理机制。从 1995 年开始,全市每年上调最低工资标准,至 2019 年已连续调整 24 次。进入新世纪,全市各项社会保障标准调整继续向低收入群体倾斜,出台了一系列扶贫帮困的政策措施,特别是党的十八大以来,北京全力提升社会保障水平,补齐民生短板,低收入群体共享发展红利。2015 年以来,全市 20% 低收入群体年均收入增长 9.3%,高于全市居民收入增速 0.5 个百分点。此外,北京持续提高财政向农村地区转移支付的比重,特别是加大了对农村地区重点贫困对象的帮扶力度,2018 年,全市低收入农户人均收入 12524 元,同比增长 17.1%,高于全市居民收入增速 8.1 个百分点。

(2)中间收入组群体不断扩大,"橄榄型"结构初步显现

对比 2011 年和 2018 年,城镇居民收入群体呈现向"橄榄型"分布进程转变的趋势。2011 年,超过 7 成家庭的年人均可支配收入仍集中在 1 万—

---

①　根据《北京统计年鉴 2020》收入法地区生产总值资料计算。

4万元,2018年,年人均可支配收入在4万—10万元的家庭占49.6%,比2011年扩大26.9个百分点,各个收入分组的家庭占比也更为优化。2017年,北京着眼技能人才、新兴职业农民、小微创业者等七类增收潜力大、带动能力强的重点人群,出台《关于进一步激发重点群体活力带动城乡居民增收的若干政策措施》,激发重点群体内在动力,以点带面,带动城乡居民增收,收入结构更为优化。①

(3)城乡居民收入差距由扩大向缩小转变

改革首先从农村开始,因而家庭联产承包责任制的实施使农民收入有了很大增加,因而在1983年至1985年间,城乡居民收入差距急剧缩小。但是1986年以后,随着城市经济体制改革的推进,城市居民收入水平有了快速的提高,因而城乡居民收入比也随之提高,城乡收入差距逐步加大,到2004年达到高峰。2012年以后,城乡居民收入比则是稳步地趋于缩小的状态,居民收入差别正向着合理的方向转变。通过与全国的数据比较来看,北京市城乡居民收入比始终低于全国水平,收入差距小于全国水平。

4. 居民收入来源日益多元

改革开放后,特别是20世纪90年代以来,随着经济体制改革的不断深化和收入分配方式的演变,全市居民的收入来源趋于多元化。

(1)工资性收入稳步增长

新中国成立70年来,北京城乡居民工资性收入保持平稳较快增长,对居民收入增长起到强有力的支撑作用,成为居民增收的"压舱石"。2019年,北京市城乡居民人均工资性收入分别为44327元和21376元,分别比1956年增长约197倍和212倍,年均增长9%和8.9%。

从收入结构看,工资性收入一直以来都是居民增收的主力军。1978年改革开放初期,工资性收入占全市人均可支配收入的比重高达89.3%。随着居民增收途径不断拓宽,工资收入占比逐渐下降,2019年全市居民工资

---

① 国家统计局北京调查总队:《从温饱不足到迈入小康,居民收入增长超百倍》,2019年9月16日,http://tjj.beijing.gov.cn/tjsj_31433/sjjd_31444/202002/t20200216_1639661.html。

性收入达41214元,占比为60.8%,较1978年下降28.5个百分点。分城乡来看,城镇居民工资性收入占可支配收入比重下降幅度较大,较1978年下降35%。伴随城市化建设提速,农村居民进入城镇的壁垒逐渐消除,加上转移就业、返乡创业等各项惠农措施的不断完善,农村居民工资性收入占比上升。2010年,农村居民工资性收入占比首次超过城镇,达到62.2%。2019年,农村居民工资性收入对农村居民可支配收入增长的贡献率达到64%。

(2)经营净收入有减有增

北京市大力推进大众创业、万众创新,拓宽创业就业渠道,城镇居民的经营净收入显著提高。2014年,城镇居民人均经营净收入为1389元,在居民可支配收入中占比为2.9%。但是,2015年以来,随着北京城市功能定位调整,经营净收入占比有所降低。2019年,城镇居民经营净收入为1034元,在可支配收入中的占比为1.4%,占比较2014年下降1.5个百分点。

农村多种经营带来增收利好。改革开放前期,为保障城市工业化的顺利推进,农产品价格被压低,农民生产积极性受到影响。1982年农村联产承包责任制的确立大大释放了农村生产力,农产量大幅提高。与此同时,农民从土地上解放出来,开展多种经营,农村经营净收入大幅提升。2019年农村人均经营净收入绝对额达2262元,较1956年增长近98.4倍。

(3)财产性收入占比显著上升

随着城市化进程推进和金融市场的发展,居民通过住房、资本投资和土地流转等实现资产增值,财产净收入占比显著提升。1989年全市居民人均财产净收入仅为17元,2019年达到11257元,占可支配收入比重为16.6%。

房地产市场的发展增加了居民资产增值收益。20世纪90年代以前,城乡居民财产性收入微乎其微。1998年7月,《国务院关于进一步深化住房制度改革,加快住房建设的通知》发布,提出发展住房交易市场,住房建设步入市场化。居民拥有了自有产权住房,住房条件得到极大改善。

资本市场不断完善为居民提供了更多的投资选择。随着居民收入水平不断提升,财富积累日益增长,居民投资理财意识也随之不断增强,居民金融投资活动日趋活跃。居民通过购买债券、股票、基金等有价证券获得的利息、股息和红利等财产收入大为增加。1980—2018 年全市人均财产净收入年均增长 23.1%,增速远超同期人均可支配收入增速 14.1%。

土地流转规模化经营给农村居民开辟了增收新渠道。进入 21 世纪后,北京城市化进程进一步加快,承包耕地被转让或用于规模化经营,农村周边地区经济的发展也带动了农村居民出租房屋收入的快速增长。北京市持续提高农村土地流转的费用,加大集体资产分红向农户倾斜的力度,提高农村财产净收入。2019 年农村居民财产净收入达到 2127 元,占可支配收入比重为 7.4%。2018 年农村居民财产净收入为 1877 元,较 1979 年增长了 155 倍,年均增速达 13.8%,占可支配收入比重达 7.1%,其中,人均转让承包土地经营权租金净收入 224 元。农村居民财产性收入已逐渐形成以出租房屋收入、土地流转收入、集体资产股息分红为主的多种收入来源结构。

(4)转移净收入成为居民增收新动能

社会保障覆盖全面,转移净收入为增收注入新动力。1956 年,城镇居民人均转移净收入仅 14 元,2019 年达到 15798 元,年均增长 12.4%。农村居民人均转移净收入由 1978 年的 14 元,增长至 2019 年的 3163 元,年均增长 14.1%。2019 年,全市居民人均转移净收入为 14084 元,占可支配收入的比重为 20.8%,是第二大收入来源,成为拉动居民收入增长的新动能。

自 1986 年北京试行企业职工基本养老保险社会统筹以来,覆盖范围逐步扩大,保障水平逐年提高。1992 年以来,北京市每年都对离退休人员增加基本养老金,到 2019 年已连续增加 28 年。北京市持续加大对离退休人员的补助力度,养老金增加的数额逐年加大。2019 年北京市对社会保障待遇进行了集中调整,包括企业退休人员养老金、城乡居民基础养老金和福利养老金、工伤保险定期待遇,惠及北京全市近 350 万人。社会保障待遇集中调整后,企业退休人员养老金平均每月 4157 元,同 2018 年相比,每月人均增加 220 元。对于北京市享受基础养老金和福利养老金待遇群体,人均每月增加 100 元。

医疗保险实现覆盖,报销医疗费收入快速增长。2012 年北京推动制度整合衔接,实现市级公费医疗制度与职工医保制度并轨,2017 年 4 月正式启动医药分开、医疗服务项目价格调整以及药品阳光采购三项改革。2018年,全市居民人均药品支出同比增速下降 1.7%,占医疗保健支出的比重继续下降,由 16.6% 下降到 14.4%。同年实施的《北京市城乡居民基本医疗保险办法》推进城乡医疗并轨,提高农村医疗保障水平,居民医疗保险基本实现全覆盖。全市人均医疗报销费自 2015 年以来保持两位数快速增长,2018 年达到人均 1268 元,同比增长 25.5%。

(二)居民消费不断提高

新中国成立 70 年来,在北京居民收入水平大幅提高的同时,居民消费水平和消费结构明显改善。同时,随着消费市场持续完善以及消费环境不断优化,更好地满足了人民日益增长的美好生活需要,耐用消费品升级换代步伐加快。在解决了温饱问题后,城乡居民开始从基本的吃穿等生存型消费向发展和享受型消费升级转变。

1. 居民消费支出呈百倍增长

新中国成立 70 年来,北京居民收入的快速增长带动居民消费水平显著提升。新中国成立初期,全市城镇居民人均消费支出为 205 元,农村居民人均消费支出不足 200 元。改革开放初期,城乡居民人均消费支出分别在300 元和 200 元左右,水平仍然较低。随着改革开放不断深化,城镇居民人均消费支出于 1986 年突破千元大关,2002 年突破万元,2009 年突破 2 万元,2013 年突破 3 万元,2017 年突破 4 万元,2019 年达到 46358 元,是 1955年的 225.7 倍,年均增长 8.8%。

农民消费水平逐年提升,生活条件不断改善。农村居民人均消费支出于 1991 年突破千元大关,2011 年突破万元,2018 年突破 2 万元。2019 年农村居民人均消费支出 21881 元,是 1978 年的 118.3 倍,年均增长 12.3%。同时,随着价格市场化改革深入推进,大大激发了市场主体活力,商品市场格局逐渐由"卖方市场"转为"买方市场",商品价格波动趋缓趋稳,从而使居民能够"买得起""用得起",生活消费不断得到满足。

改革开放 40 年来也是居民消费增长最快的时期。北京全市居民人均消费支出由 1978 年的 281 元增加到 2019 年的 43038 元,增长 152.2 倍,考虑价格因素,实际增长 16.1 倍,年均实际增长 7.2%。其中,城镇居民人均消费支出由 1978 年的 360 元增加到 2019 年的 46358 元,增长 127.8 倍,剔除价格因素,实际增长 13.4 倍,年均实际增长 6.7%;农村居民人均消费支出由 1978 年的 185 元增加到 2019 年的 21881 元,增长 117.3 倍,剔除价格因素,实际增长 12.2 倍,年均实际增长 6.5%。

2. 居民消费结构持续优化

新中国成立初期,城乡居民每年人均消费支出仅有一、两百元,其中 70% 左右花费在吃和穿上,生活水平基本维持在解决温饱。20 世纪 80 年代后期,人均消费支出达到千元,食品支出占到一半左右。2000 年以来,居民消费支出不断增长,2002 年和 2011 年城乡居民人均消费支出先后超过万元,食品支出比重下降到 3 成左右。2019 年,城乡居民人均消费支出分别为 46358 元和 21881 元,恩格尔系数分别为 19.3% 和 25.3%。①

2019 年,北京市居民人均消费支出 43038 元,同比增长 8.0%,实际增长 5.6%。从八项消费构成看,食品烟酒支出占 19.7%;衣着支出占 5.2%;居住支出占 36.6%;生活用品及服务支出占 5.5%;交通通信支出占 11.6%;教育文化娱乐支出占 10.0%;医疗保健支出占 8.7%;其他用品及服务支出占 2.7%。

2019 年,城镇居民人均消费支出 46358 元,同比增长 8.0%,实际增长 5.6%。从消费构成看,食品烟酒支出占 19.3%;衣着支出占 5.2%;居住支出占 37.2%;生活用品及服务支出占 5.5%;交通通信支出占 11.3%;教育文化娱乐支出占 10.2%;医疗保健支出占 8.6%;其他用品及服务支出占 2.7%。

2019 年,农村居民人均消费支出 21881 元,同比增长 8.3%,实际增长 5.9%。从消费构成看,食品烟酒支出占 25.3%;衣着支出占 5.5%;居住支出占 28.8%;生活用品及服务支出占 5.6%;交通通信支出占 15.5%;教育文化娱乐支出占 7.3%;医疗保健支出占 10.3%;其他用品及服务支出

---

① 北京市统计局、国家统计局北京调查总队编:《北京统计年鉴 2020》,中国统计出版社 2020 年版,第 118、121 页。

占 1.8%。

新中国 70 年,北京城乡居民消费结构逐步优化升级,用于满足基本生活的生存型消费支出比例快速下降,用于提高生活质量的发展型消费(包括教育、交通和通信、医疗保健消费)支出比例不断上升。从 1990—2019 年的主要年份居民消费支出的构成变化来看,食品烟酒和衣着支出的比重不断下降,医疗保健、交通通信的支出比例在上升,而教育文化娱乐支出的比重保持平稳。

从具体的消费商品看,在消费结构持续升级中,居民的消费热点由改革开放前的"老三样"(手表、自行车、缝纫机),发展为改革开放后的"三大件"(电视、冰箱、洗衣机);21 世纪以来,电脑、空调、移动电话等成为新的消费热点。2019 年每百户城镇居民家庭计算机、空调和移动电话拥有量分别达 101 台、182 台、230 部,每百户农村居民家庭计算机、空调和移动电话拥有量分别达 65 台、180 台和 249 部。① 此外,交通和通信,教育、文化和娱乐,医疗保健等发展型消费渐成消费新热点。2019 年,城镇居民用于交通和通信、教育文化娱乐、医疗保健,其他用品及服务的支出达到 15212 元,占消费支出的比重为 32.8%,比 1978 年提高 19.0 个百分点。随着经济的发展和城乡居民收入的增长,越来越多的普通居民家庭拥有家用汽车。从1997 年到 2019 年,北京城镇居民家庭每百户拥有家用汽车的数量从 1 辆增长到 53 辆,成为居民家庭消费结构升级的显著标志。②

农村居民消费结构变化更为明显。改革开放以来,农村居民恩格尔系数从 63.2% 降至 25.3%,在衣着方面的支出比重由 11.9% 降至 5.5%。而在交通和通信、教育文化娱乐、医疗保健方面的支出比重由 1.1%、3.2% 和1.1% 提高至 15.5%、7.3% 和 10.3%。农村居民家庭耐用消费品层次不断提升。改革开放前,农村居民家庭耐用消费品主要是自行车、缝纫机、收音机等。20 世纪 90 年代中期开始,冰箱、彩电、洗衣机等家用电器在农村家

---

① 北京市统计局、国家统计局北京调查总队编:《北京统计年鉴 2020》,中国统计出版社 2020 年版,第 120、123 页。

② 北京市统计局、国家统计局北京调查总队编:《北京统计年鉴 2020》,中国统计出版社 2020 年版,第 120 页。

庭普遍使用。2019 年,农村家庭每百户拥有电冰箱 112 台、洗衣机 102 台、彩电 136 台、计算机 65 台、空调 180 台、电话 249 部。① 改革开放以来,农村居民消费水平不断提高,消费领域不断扩展。

尤为突出的是,随着城乡居民民收入水平的提高,旅游消费持续升温,居民休闲方式多样。

改革开放初期,旅游只是少数人的活动,随着经济社会的快速发展,旅游活动越来越普及。北京市城乡居民的旅游热始于 20 世纪 80 年代后期。初始阶段,一些青年男女利用结婚假期,采取旅游度蜜月的方式外出游览观光。随着人们收入的增长和消费观念的转变,旅游日益成为大众化、平民化和时尚化的消费行为和消费方式,旅游消费成为人民消费的新指向和新领域,在国内游日益增长的同时,出境游的数量显著增高,成为居民消费方式和生活方式变化的新特点,在休闲度假的同时,开阔视野,增长知识,了解世界。特别是随着弹性工作制、固定假期的设置,以旅游消费为代表的休闲娱乐需求明显增加,消费需求向个性化转变。旅游消费不断提档升级,传统单一的观光旅游已经无法满足游客的需求,体验式、个性化旅游套餐广泛呈现。

1998 年至 2010 年,北京旅游市场规模不断扩大,由入境旅游为主,发展为入境旅游、国内旅游和出境旅游三大市场共同增长、相互促进的格局。2017 年,全市居民人均旅游支出(含团体旅游、景点门票等)1357 元。其中,城镇居民人均旅游支出达 1538 元。随着人民生活水平不断提高,消费结构持续优化升级,出境游市场火爆。2007 年旅行社组织出境人数首次超过 100 万人次,2018 年达到 510.9 万人次,10 年增长了 4 倍。2019 年全市旅行社组织公民出境游 484.5 万人次。北京拥有众多 A 级景区及重点景区,对国内国际游客有着较强的吸引力。在人文北京建设中,历史文化资源得到保护与利用,文化创意产业得到发展,旅游市场不断扩大。2019 年,全市接待国内游客 3.2 亿人次,实现国内旅游收入 5866.2 亿元,分别是 1994

① 北京市统计局、国家统计局北京调查总队编:《北京统计年鉴 2020》,中国统计出版社 2020 年版,第 123 页。

年的 4.7 倍和 19.7 倍。旅游新引力不断提升,入境旅游市场取得较快发展。2019 年,全市共接待入境游客 376.9 万人次,实现国际旅游收入 51.9 亿美元,[①]分别是 1978 年的 20.2 倍和 51.9 倍。

(三)食品消费不断升级

1. 居民食品消费质量明显提升

改革开放以前,北京城镇居民家庭的主食以细粮为主,附以相当的粗粮;副食除夏季外以大白菜为主,偶尔食用其他副食品。农村居民家庭的主食以粗粮为主,附以部分细粮;副食品以老咸菜为主,有时也有白菜等。这一时期北京城镇居民家庭的副食消费最主要的就是蔬菜,其他副食如猪肉、牛羊肉、家禽、蛋类、鱼虾、食糖、糖果、酒、茶叶、糕点、瓜果等,对于当时的北京城镇居民来说都是奢侈品。这一时期北京乡村居民家庭的食品消费,主食以粗粮为主,附以部分细粮;副食除老咸菜外,其他食品都很难享用。为了保持市场物价的稳定和广大人民低水平生活的需要,政府一方面争取"保障供给",另一方面又严格限量供应,形成了一种供给制下的居民消费形态,其最典型的特征就是各种票证的发行和使用以及消费行为上的凭票购买。以粮票来说,早在 1953 年,北京就印发了"面粉购买证",这是北京城镇居民使用最早的粮票,此后,面票、粮票、米票相继问世。从 1960 年 8 月起全市饮食业实行凭票用餐,食油、禽、蛋、肉、豆制品、蔬菜也实行限量供应。计划经济模式带来的物资短缺和人民生活水平低下,导致人们普遍要求改变这种生活状态的愿望,成为日后中国改革开放的社会根源。[②]

改革开放以来,居民家庭收入快速增加,物质产品供给相当丰富,人们的消费观念和消费结构明显改变。品类繁多、健康营养的美味佳肴,风格独特、品质保障的饮食服务,简约适度、方便快捷的采购渠道,极大提升了北京市居民食品消费的水平。

---

① 北京市统计局、国家统计局北京调查总队编:《北京统计年鉴 2020》,中国统计出版社 2020 年版,第 428 页。
② 张太原:《1956—1978 年北京居民家庭的食品消费生活》,《当代中国史研究》2001 年第 3 期。

膳食结构发生巨变,健康营养成为时尚。主食让位副食,1956年北京市农村居民主副食的消费比为2.2∶1,1984年该比值跨越1∶1的临界值,转变为0.9∶1,2013年以后降至0.3∶1以下,全体居民主副食消费比则维持在0.2∶1以下。① 2013—2018年全市居民人均副食消费量由174公斤增至278公斤,年均提高21公斤,人均副食消费支出提高324元,副食逐渐走上百姓餐桌;肉蛋奶鲜搭建副食消费结构,2018年肉蛋奶鲜消费支出占食品烟酒支出比重高于粮食支出14.0个百分点。居民的菜篮子从白菜、萝卜和土豆到形色各异的时令蔬果。2000年以来北京市城镇居民蔬果类支出年均增长7.1%,占食品支出的比重提高15.1个百分点,2018年城镇居民食品消费中蔬菜水果的支出已接近3成。在消费水平提高的同时,居民食品消费观念升级,更加注重食品安全和饮食健康,绿色、安全、健康成为居民饮食消费的重要消费指向和消费要求。

在外餐饮类型多样,饮食服务与时偕行。餐饮行业再创新高,2018年北京市住宿餐饮业实现增加值440.8亿元,是1998年的1.6倍。2017年北京市餐饮收入首次突破千亿大关,2018年达1102亿元,其中,2017年北京市外商投资限额以上餐饮企业主营业务收入占比达到21.3%。饮食服务提质增效,2017年北京市便利店数量约1200家,咖啡厅2000余家。外卖成长为首都餐饮服务行业发展的最大亮点,交易市场总额达3600亿元,极大满足市民的个性化、便利化需求。2013—2018年,全市居民人均饮食服务消费支出年均增速6.2%,占食品烟酒消费支出比重提高4.2个百分点。②

2. 恩格尔系数持续下降

新中国成立70年来,北京市居民食品消费支出总量不断增加,支出比重逐渐减少,生活水平稳步提高,较为突出地反映在恩格尔系数的历史变化

---

① 张钦:《北京城镇居民恩格尔系数下降至20%》,《北京青年报》2019年9月19日。

② 北京市统计局、国家统计局北京调查总队:《从吃饱到吃好,唇齿舌尖品幸福生活》,2019年9月18日,http://tjj. beijing. gov. cn/zt/xzgclqsn/rmsh/201909/t20190920_1378569.html。

上。见图 12.2。

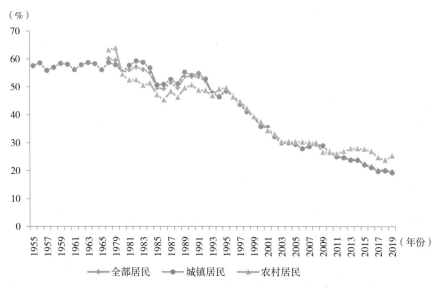

图 12.2 1955—2019 年北京市城乡居民恩格尔系数变化情况

从新中国成立到改革开放初期,居民恩格尔系数变化不大。1978 年全市居民恩格尔系数为 60.1%,居民消费主要用于购买食品。改革开放后,城乡居民收入快速提高,居民消费大大增加,消费结构变化明显,居民恩格尔系数下降较快,1985 年降到 50% 以下,1999 年降到 40% 以下,2003 年降到 30%,2019 年持续降到 19.7%。① 城镇居民恩格尔系数于 1993 年下降到 50% 以下,2019 年为 19.3%;农村居民恩格尔系数于 1985 年下降到 50%以下,2019 年为 25.3%。发展型、享受型消费(包括文化娱乐服务、生活用品及服务、其他用品及服务消费)支出增长明显。与 1956 年相比,2018 年北京市城乡居民消费中用于食品烟酒、衣着和居住的生存型消费占比分别下降 19.3 个和 18.1 个百分点,交通通信、教育文化娱乐、医疗保健等发展

---

① 北京市统计局、国家统计局北京调查总队编:《北京统计年鉴 2020》,中国统计出版社 2020 年版,第 111 页。

享受型消费比重明显提高。①

(四)生活用品极大丰富

新中国 70 年来,北京市居民生活用品经历了数量从少到多、种类从无到有、品质从低端到高端的变化趋势,高端消费品从"少数人拥有"到"飞入寻常百姓家",人民生活品质显著提升。②

1. 1949—1978 年的生活用品满足基本生活需求阶段

新中国成立初期,用品类支出比较平稳。1955—1965 年,北京市职工家庭平均每人年用品类支出在 21.2—31.9 元之间波动,其中,日用品支出在 13.1—18.9 元之间波动。此外,用品类支出在食品类、衣着类、用品类和燃料类等四类商品支出中的比重从 1955 年的 12.4%波动上升到 1965 年的 14.9%。

国民经济进入恢复发展期后,工业化进程加快,以"三转一响"(自行车、缝纫机、手表和收音机)为代表的居民耐用消费品拥有量不断增长。此外,随着经济的发展和居民收入的增加,居民购买能力不断增强。1955 年,北京市城镇居民家庭设备用品及服务年支出为 14.6 元,1978 年增加到 23.7 元,增长了 62.3%。③

2. 1978—2012 年的生活用品从普及到多元化阶段

1978 年,北京市城镇居民除少数家庭拥有电风扇外,其他家用电器设备几乎是空白。改革开放以来,经济不断发展,居民耐用消费品拥有量呈爆发式增长。

---

① 国家统计局北京调查总队:《七十年砥砺奋进,首都民生展新篇》,2019 年 8 月 28 日,http://tjj. beijing. gov. cn/tjsj _ 31433/sjjd _ 31444/202002/t20200216 _ 1639672.html。

② 国家统计局北京调查总队:《生活用品极大丰富,百姓生活显著改善》,2019 年 9 月 19 日,http://tjj. beijing. gov. cn/tjsj _ 31433/sjjd _ 31444/202002/t20200216 _ 1639650.html。

③ 国家统计局北京调查总队:《新中国成立 70 周年北京经济社会发展成就系列报告之十一》,2019 年 9 月 19 日,http://tjj.beijing.gov.cn/zxfbu/202002/t20200216 _ 1633274.html。

20 世纪 90 年代以来,居民家庭设备的更新和升级不断加快,家用汽车、移动电话、空调等电气化、现代化的耐用消费品走进千家万户,并迅速发展壮大。1997 年,北京市城镇居民家庭每百户拥有计算机、移动电话和家用汽车分别为 12 台、1 部和 1 辆,此后不断增长,至 2012 年,北京市城镇居民家庭每百户拥有计算机、移动电话和家用汽车分别为 112 台、226 部和42 辆。①

3. 2012 年以来的生活用品走向多元化和智能化阶段

随着经济社会的发展和收入水平的不断提高,居民对生活用品的种类、材质、样式、性能等方面要求越来越高,需求更加多元化和个性化。这一阶段居民购买主要以升级换代为主。

随着互联网和计算机技术的进步以及产品价格的不断下降,计算机、移动电话和网络日趋普遍化。新技术革命浪潮席卷全球,互联网时代应运而生,以计算机和移动设备为载体的人工智能化时代随之到来。一方面,家用产品更加智能化;另一方面,家庭耐用消费品尤其是移动电话和计算机拥有量保持稳定,但升级换代速度加快。此外,洗碗机、空气净化器、健身器材等新型高端耐用消费品开始进入普通百姓家庭。

(五)居住条件显著改善

住房面积不断扩大。在新中国成立后的较长时期内,由于住宅建设不能满足城镇人口增长的需求,城镇居民住房困难长期得不到缓解。1957 年北京市城镇居民人均居住面积只有 3.7 平方米,1978 年增加到 4.55 平方米。1976 年,北京市开始在前三门大街、西二环路西侧和东郊、南郊工业区建设成街成片的住宅区。1979 年,全市建成住宅面积首次超过 300 万平方米。此后,住宅建设规模逐年加大。20 世纪 80 年代末开始,北京市加快危旧房屋区的改造,并实施为居民住房解困的康居工程,住宅建设进一步加快,供给方式、户型选择更加丰富,居民居住需求不断得到满足。21 世纪以

---

① 北京市统计局、国家统计局北京调查总队编:《北京统计年鉴 2020》,中国统计出版社 2020 年版,第 120 页。

来,北京居民居住条件极大改善,城镇居民人均住房建筑面积由 2000 年的 16.75 平方米提高到 2019 年的 32.54 平方米。[1]

住房供给方式发生根本性的改变。20 世纪 80 年代以前,城镇居民的住房,其所有权绝大部分属于政府房管部门或机关企事业单位,由居民或职工承租。承租人按照政府有关部门制定的低租金标准,按月交纳租金。由于租金过低,不足维修所需。20 世纪 80 年代,北京市开始小范围采取补贴办法出售新建公有住宅楼,以后又陆续推行以标准价、准成本价和成本价向住户出售现住的公有住宅楼房。住房供应从福利分配逐步向商品房与保障房相结合转变。党的十八大以来,全市严格落实中央"房住不炒"要求,积极探索和完善保障房体系,不断扩大保障覆盖范围,创新保障形式,加大保障房建设力度,保障居民住有所居。

农村居民住房较城镇居民住房宽敞。1978 年,农村居民家庭人均生活用房使用面积 8.2 平方米。此后,郊区每年都有大批农民新建、翻建和改建住房。不少农村居民家庭安装了土暖气和自来水。个别富裕的农村,建起一批别墅式住宅,以优惠价格卖给本村居民居住。2019 年,农村居民人均住房建筑面积达到 47.19 平方米,[2]比 1978 年提高 37.99 平方米。

住房条件与设施显著提升。计划经济时期乃至改革开放初期,居民的住房大多为平房、筒子楼,没有独立的卫生间、厨房、上下水道;如今成套住房内独立的卫生间、厨房、供暖、供气、供水设备及各项生活服务设施应有尽有,高层住宅区、花园小区随处可见,居民的生活居住条件得到了极大改善。2018 年,全市共有燃气家庭用户 934 万户,比 1978 年增加 868.8 万户;集中供热面积达到 6.3 亿平方米,是 1990 年的 17 倍;有线电视用户数超过 590 万户,是 1994 年的 11.3 倍;固定互联网宽带接入用户数逐年增加,由 2005 年的 228.9 万户增加到 2018 的 634.7 万户。农村居民居住环境向"美丽乡村"迈进,2016 年的农业普查数据显示,安装了有线电视的村占比为

---

[1] 北京市统计局、国家统计局北京调查总队编:《北京统计年鉴 2020》,中国统计出版社 2020 年版,第 118 页。

[2] 北京市统计局、国家统计局北京调查总队编:《北京统计年鉴 2020》,中国统计出版社 2020 年版,第 121 页。

99.9%,比 2006 年提高 24.2 个百分点;生活垃圾集中收集的村占比为
99.3%,比 2006 年提高 10.1 个百分点;99.9%的农户饮用水为经过净化处
理的自来水,比 2006 年提高 37.1 个百分点;79.2%的农户使用水冲式
厕所。[1]

(六)人居环境显著改善

改革开放以后,北京市有关改善和保护环境为人们创造优美生活环境
的各项工作,进入一个新的发展时期。先后制定多项地方性环境保护法规,
并提出环境保护要以人为本、综合治污,尽最大努力营造空气清新、环境优
美、生态良好的城市大环境。"十一五"期间,北京市以筹办"绿色奥运"为
契机,加快推进资源节约、污染防治和生态建设,绿色发展理念广为弘扬,深
入人心,"绿色北京"理念上升为城市发展战略,节能减排工作走在全国最
前列,清洁能源、绿色交通、垃圾处理、污水处理等设施承载能力实现新跨
越。"十二五"时期,特别是党的十八大以来,北京市实施绿色北京发展建
设规划,着力加强环境综合治理,有序推进非首都功能疏解,优化资源配置,
城市人居环境持续改善,生活环境更加绿色宜居。

1. 空气质量明显提高

北京在 1997 年以前主要以末端治理手段为主治理工业排放的粉尘和
其他大气污染物。1998—2007 年,北京先后组织实施了多个阶段的大气污
染防治行动,针对燃煤、工业、扬尘排放和机动车排放采取了数百项治理措
施。为减少燃煤对空气的污染,北京市持续开展对生产、生活用炉、窑、灶的
强制性改造;对冬季居民住宅和一些机关、企业的暖气,逐步采取联片、集中
供热方式,并逐步提高居民炊事用燃料的气化率。为解决机动车尾气和噪
声污染,强制淘汰了部分污染严重的旧型机动车,加强对机动车尾气排放的
检查和监测,禁止销售含铅汽油,严格限制机动车鸣喇叭等措施。对有碍市

---

[1] 国家统计局北京调查总队:《七十年砥砺奋进,首都民生展新篇》,2019 年 8 月
　　28 日,http://tjj. beijing. gov. cn/tjsj _ 31433/sjjd _ 31444/202002/t20200216 _
　　1639672.html。

容和污染严重、噪声大的工厂,有计划地将其迁出市区或关、停。2008 年,北京首次探索区域联防联控,取得良好效果。2013 年北京市制定实施以防治细颗粒物(PM$_{2.5}$)为重点的《2013—2017 年清洁空气行动计划》,治理成效显著,主要污染物浓度大幅下降,空气质量明显改善。全市二氧化硫、二氧化氮年日均值自 2000 年以来逐年下降。2019 年二氧化硫(SO$_2$)年均浓度为 4 微克/立方米,比 2000 年显著下降;细颗粒物(PM$_{2.5}$)年均浓度由 2013 年的 89.5 微克/立方米降至 2019 年的 42 微克/立方米,[①]六年间累计下降 53.1%。

2. 生活环境更加宜居

随着绿色发展理念不断深入,北京对环境保护的投入力度逐渐加大,城市环境更加宜居。全市人均公园绿地面积由 1949 年的 3.6 平方米/人增加到 2019 年的 16.4 平方米/人;城市绿化覆盖率由 1978 年的 22.3%提高到 2019 年的 48.5%;林木绿化率由 1980 年的 16.6%提高到 2019 年的 62.0%。[②]

城市环境综合治理能力不断提高。北京市大力发展垃圾、粪便的无害化处理。大量清扫机械投入街道保洁,城近郊区主要街道基本实现了夜间清扫、白天保洁,避免了扬尘影响过往行人和车辆。在主要大街、重点地区和公共场所新建了一批卫生设施齐备、清洁无臭的公共厕所;在街道两侧和公共场所设置了大量的果皮箱,既方便了过往行人,也为维护公共场所的卫生创造了条件。有关部门宣传保护环境整洁,使居民养成良好的卫生习惯,并多次组织群众性的灭蚊、灭蝇、灭蟑螂和灭鼠的活动。20 世纪 90 年代,在街头、公共场所随地吐痰、乱扔果皮、烟头等现象已明显减少。北京市的环境卫生状况改善,市容、市貌更加整洁、美观。通过完善水污染治理长效机制,落实“河长制”“湖长制”,发挥“河长+警长+检长”联动机制,改变了污水直排的局面。

---

① 北京市统计局、国家统计局北京调查总队编:《北京统计年鉴 2020》,中国统计出版社 2020 年版,第 190 页。

② 北京市统计局、国家统计局北京调查总队编:《北京统计年鉴 2020》,中国统计出版社 2020 年版,第 192 页。

3. 生态环境得到改善

1978—1990 年,北京相继启动了三北防护林、太行山绿化、防沙治沙造林等工程,风沙治理取得了显著成效。"十一五"以来,北京加大城乡生态环境建设力度,农业的生态功能凸显。两道绿化隔离带、水源保护林、流域综合治理、京津风沙源治理、三北防护林建设、太行山绿化等绿化工程的实施,大大提高了北京地区的生态环境质量。2012 年,北京实施了为期三年的百万亩平原造林工程。2014 年,平原地区森林覆盖率和全市森林覆盖率分别为 24.5% 和 41%,比 2011 年提高了 9.7 个和 3.4 个百分点。2018 年,全市启动新一轮百万亩造林工程,当年新增造林绿化面积 26.9 万亩,平原地区和全市森林覆盖率分别增至 28.5% 和 43.5%。①

(七)生活服务功能完善

新中国 70 年来,经过大规模的投资和建设,全市路网建设四通八达,水电气热供应能力明显改善,城市环境更加宜居。特别是党的十八大以来,随着绿色北京发展建设规划的实施,北京市倡导绿色消费和绿色出行,在与市民衣食住行等日常生活密切相关的建筑、交通、食品安全等方面进行谋划和部署,努力引领文明消费新时尚。

1. 交通服务能力大幅提升

新中国成立以来,北京市公共交通事业获得巨大发展,公共交通运输的快速发展和人本化发展对于城乡居民生活方式特别是出行方式的塑造产生了重要的影响。

经过 70 年的建设和发展,北京市构建了密集的公共交通网络,极大地方便了城乡居民的出行,凸显了居民生活的便利性。从 1978 年到 2019 年,北京市公共交通运营线路从 119 条增长到 1181 条,其中,公共电汽车运营线路从 118 条增长到 1158 条,轨道交通运营线路从 1 条增长到 23 条;公共交通运营线路长度从 1427 公里增长到 28331 公里;其中,公共电汽车运营

---

① 北京市统计局:《新中国成立 70 周年北京经济社会发展成就系列报告之三》,2019 年 9 月 2 日,http:tjj.beijing.gov.cn/zxfbu/202002/t20200216_1633310.html。

线路长度从1403公里增长到27632公里;轨道交通运营线路长度从24公里增长到699公里,极大地扩展了居民出行的范围,增进了社会交流交往;在公共交通客运量上,从1978年到2019年,公共交通客运量从172559万人次增长到709604万人次;其中,公共电汽车客运量从169465万人次增长到313366万人次,增长了1.85倍;轨道交通客运量从3094万人次增长到396238万人次,增长了128.07倍。新中国成立70年来,在出行方式和公共交通工具的选择上,轨道交通的快速发展以及轨道交通的安全性、便利性和高效性推动着居民出行方式的变化。选择轨道交通出行成为居民出行的重要方式。[1]

2. 通信手段更新换代

改革开放以后,人际交往空前频繁,城乡居民对信息交流手段的需求也迅速提升。1978年,全市电话用户只有6.6万户,而且主要是机关、企事业单位的办公电话。居民住宅电话极少。居民之间的通信联络多靠书信,或使用街巷的公用电话。1978年,全市有公用电话1286部,其中一部分承办"传呼"业务。市外除用书信外,遇有急事则用电报传递信息。居民收入提高和交往增多,要求安装住宅电话的家庭迅速增加。受交换机容量的限制,居民安装电话十分困难。1993年以后,北京市安装电话难的问题开始缓解,住宅电话迅速增加,但在个别新建住宅小区安装电话仍有困难。1994年末,北京郊区电话在功能上实现了区县内、郊区县之间、郊区与市区以及国内、国际长途电话直拨,电话也开始进入农村居民家庭。1996年,北京本地网电话号码由7位升至8位。

1985年北京市开通了无线寻呼通讯,寻呼机为没有电话和流动性较大的居民提供了及时联系的工具。1997年寻呼机用户已超过百万。1988年北京市开通了移动通信,人们开始使用模拟蜂窝式移动电话(俗称大哥大)。由于其价格高达二三万元,通话费用很高,使用者多为高收入阶层居民和政府的中高级官员和企业的高级管理人员。随着人们经济承受能力提

---

① 《城市公共交通(1978—2018)》,http://nj.tjj.beijing.gov.cn/nj/main/2019-tjnj/zk/indexch.htm。

高和移动电话机(手机)逐渐降价,使用者迅速增多。城镇居民家庭每百户移动电话拥有量由 1997 年的 1 部迅速攀升到 2012 年的 226 部,然后一直稳定在这一水平,2019 年达到 230 部。农村居民家庭每百户激动电话拥有量由 2000 年的 14 部持续增加到 2019 年的 249 部。移动电话由昔日的奢侈品,变成了普通的通信、娱乐工具。

3. 电、热、气、水供应保障能力不断增强

经过多年发展,北京已形成"外围成环、分区供电"的电力主网架,2019 年全社会用电量达到 1166.4 亿千瓦时,比 1949 年增长千余倍,其中城乡居民生活用电占全社会用电量的比重为 21.6%,比 1962 年提高 18.8 个百分点。2019 年城市集中供热面积为 6.4 亿平方米,是 1990 年的 17.3 倍。新中国成立初期,全市仅能供应煤气,1965 年引入液化石油气,1988 年接入天然气,2013 年"煤改清洁能源"工程大力推进。全市液化石油气用户由 1965 年的 0.5 万户增加到 2018 年的 254 万户,供气总量为 48.2 万吨;天然气用户由 1988 年的 6.1 万户增加到 672.5 万户,供气总量达 191.6 亿立方米。2019 年,居民燃气用户为 873.2 万户,是 1978 年的 13.4 倍。城市供水能力持续增长,2019 年自来水综合生产能力为 599 万立方米／日,是 1949 年的 69.7 倍;自来水供水管道长度 16735 公里,是 1949 年的 45.5 倍。

4. 商业服务更加方便快捷

改革开放初期,北京市居民不仅"购物难""吃饭难",而且做衣、修车、修表、修鞋无一不难,"洗澡难""理发难"更为突出。改革开放以后,北京市大力发展集体和个体商业、服务业、生活服务网点快速增加。经过 40 多年的建设,新的商业组织形式和经营方式得到快速发展,连锁经营、专业店、专卖店、仓储式商场、便利店、网上销售、各类商品交易市场、城市商业综合体等陆续出现,使得商业综合服务能力不断提高。

新中国成立初期,居民日常购物基本通过粮油店、副食店实现。改革开放后,特别是 1996 年我国零售市场正式对外开放后,外资百货店、专卖店、专业店、购物中心、仓储会员店等各种零售业态陆续在北京出现。2000 年以后,专业店和专卖店发展越来越快,到 2008 年其零售额已占到北京零售业的一半,此后 10 年基本稳定在 50%—55%。

各类商品交易市场的出现是新中国成立以来商品流通网络发展的一项重要成果。2008年,北京各类商品交易市场达到978个,其中综合市场446个,专业市场532个;成交额1925亿元,比2005年增长91.5%。此后,随着北京经济结构不断调整,特别是2015年以来,商品交易市场发展从量的扩充转变为更加注重质的提升。2018年,北京拥有各类商品交易市场529个,其中综合市场270个,专业市场259个,市场成交额达到4018亿元,比2008年增长了1.1倍。

随着互联网技术的发展与不断进步,网上销售迅速崛起,消费者享受到足不出户购物的便利。2018年,北京限额以上批发零售业实现网上零售额2632.9亿元,比2014年增长80.7%,占全市社会消费品零售总额的比重为22.4%,比2014年提高了7.3个百分点。

随着商品流通网络的不断发展,近几年,集多功能为一体的城市商业综合体的出现,一站式满足了消费者购物、餐饮、休闲、娱乐等多种需求。2017年北京共拥有城市商业综合体54个,全年总客流量6.8亿人次,实现商户销售额(营业额)597.1亿元。①

5. 消费安全和消费质量得到保障

消费安全得到保障。随着消费水平不断提升。人民群众生活状况日益改善,食品消费呈现从数量型到质量型的深刻转变,绿色食品、绿色消费和绿色生活成为居民生活方式的重要特征和目标指向。食品意识不断增强,食品安全得到强化。为了规范食品生产经营行为,明确食品安全责任,加强食品安全管理,保障公众身体健康和生命安全,《北京市食品安全条例》自2008年1月施行,对于食品安全标准、食品生产经营、食品安全风险预防和控制、监督管理和法律责任等作出了明确的法律规定,加强了食品安全的法律治理,增强人民群众的社会安全感。进入新时代后,食品安全更加受到重视,食品安全的法治保障得到进一步加强。2013年4月施行修订后的《北京市食品安全条例》,其中规定,食品生产经营者生产经营有毒、有害食品,

① 北京市统计局:《消费成为第一驱动,消费升级明显加快》,2019年9月9日,ht-tp://tjj.beijing.gov.cn/zxfbu/202002/t20200216_1633304.html。

对人体健康造成严重后果、构成犯罪的,终身不得从事食品生产经营活动;切实保障首都食品安全,北京市将实行食品安全和食用农产品质量安全追溯制度。在实践中,通过严厉打击食品安全违法犯罪行为、完善果品质量安全体系、不断优化食品行业营商环境等举措,保障人民群众"舌尖上的安全"。

消费质量得到提升。为了提高居民消费质量,2015 年 8 月,《北京市人民政府关于印发〈北京市提高生活性服务业品质行动计划〉的通知》发布,要求加快推进生活性服务业规范化、连锁化、便利化、品牌化、特色化发展,不断提升服务水平和劳动生产率,更好地满足人民群众对美好生活的新期待,为建设国际一流的和谐宜居之都提供有力支撑。该计划实施两年来,全市新建和规范提升蔬菜零售、便利店、早餐等基本便民商业网点 3140 个,生活性服务业迈上新台阶。2019 年 4 月,《北京市提高商业服务业服务质量,提升"北京服务"品质三年行动计划》正式发布。北京将用三年左右时间,建设符合国际惯例、具有首都特色、与城市功能定位相适应的商业服务业服务质量体系,逐步形成提升商业服务品质的长效机制,使全市商业服务业服务质量标准规范进一步完善,商业服务质量和诚信经营意识明显提升,服务经营环境明显改善。

三、新中国 70 年北京人民生活改善的经验启示

新中国 70 年,特别是改革开放以来,北京市经济持续快速发展,人民生活水平显著提高。在新中国 70 年经济发展的历程中积累了诸多重要经验,为在新时代推动经济高质量发展,继续提高人民生活品质提供了有益启示。

(一)坚持提高人民生活水平的改革开放根本目的和发展遵循

坚持以人民为中心的发展思想,把人民对美好生活的向往作为党和政府的奋斗目标,努力回应人民群众所需所急所盼,让全体人民享有更多、更直接、更实在的获得感、幸福感、安全感,不断促进人的全面发展、实现全体人民共同富裕,这是新中国 70 年来党和政府领导下的社会建设的重要经

验。对于一个执政党,人民只有切实感到在其领导下生活得越来越好,才会坚定地给予支持和拥护。真正代表人民的利益,是中国共产党在当代中国治国理政的最重要的经验,也是作为执政党永远立于不败之地的最大要诀。

判断一个社会制度是否优越,应该以人民的生活水平和生活质量为标准。衣食住行,这似乎最简单的问题往往是人们在政治上决定取舍的重要根据。新中国成立后,我国在进行社会主义改造以及发展社会主义的工业、农业和科学技术的过程中,十分注重和加强社会建设,其间,兴建了大量的医院、学校等民生保障的基础设施,建立了社会主义社会的民生保障制度。党的十一届三中全会以后,伴随改革开放和经济社会发展,社会建设不断得到加强,党和政府着力建设民生、保障民生和发展民生,注重改善人民的物质文化生活,在处理生产建设和人民生活的关系时,努力保证人民群众的需要。党的十八大以来,以习近平同志为核心的党中央以人民为中心,坚持"人民对美好生活的向往,就是我们的奋斗目标"的宗旨,出台实施了一系列民生建设政策措施,人民生活和民生保障水平不断提高,为全面建成小康社会奠定了坚实的基础。

坚持以人民为中心,坚持发展为了人民,也是社会主义建设能够始终找准时代方位的根本保证。长期以来,我国社会的主要矛盾是人民日益增长的物质文化需求与落后的社会生产之间的矛盾,而这一矛盾运动的形式也在随时间不断发生着变化。在改革开放之初,解决温饱问题、迅速摆脱贫困是人民群众最为迫切的需求,国家开启了经济改革,努力推进社会主义社会生产力的发展,致力于改善民生和提高人民生活水平,显著地改变了城乡居民的生活状况,在较短的时间内解决了温饱问题。20世纪90年代之后,人民对美好生活的期盼开始超越单纯的物质层面,精神文化层面的需要愈发凸显,党和政府将政治权利和精神文明建设放在更突出的位置。进入21世纪之后,民生领域发展不全面、区域和城乡之间不平衡等现象十分普遍,国家出台了一系列社会民生保障、区域协调发展、城乡反哺农村的重大战略部署,提出关注民生、构建和谐社会的战略目标。党的十八大之后,针对生态环境的现实状况以及人民群众对美好生态环境的期待愈发强烈,国家进一步将生态文明建设纳入小康社会建设目标。随着我国经济社会的不断发展,社会主要矛盾已转化为人民日益增长的美好生活需要和不平衡不充分的发展之间的矛盾。人民对美好生活的向往不仅涉及更高水平的物质文化生活,更是在民主、法治、公平、正义、健康、安全和生活环境等方面有了更全面的期待。围绕社会建设目标,国家在义务教育、医疗卫生、社会保障、住房市场、公共交通、食品安全、社会治安等领域出台了一系列的民生工程和惠民举措,着力解决发展不平衡、不充分问题,努力满足人民日益增长美好生活需要,真正做到了民之所望,施政所向。

新中国70年,特别是改革开放以来,中共北京市委、市政府坚持党和人民政府的宗旨使命,在政府工作目标方面,提高人民生活水平成为政府工作的首要或重要目标。2002年1月,北京市政府工作报告提出,把努力增加城乡居民收入,切实保障低收入者基本生活,全面提高人民生活水平作为政府工作的首要任务,提出不断提高人民生活水平是政府工作的根本任务,也是经济和社会稳定发展的重要基础;要处理好结构调整、改革开放及城乡经济协调发展与扩大就业的关系,进一步完善社会保障体系,解决好群众生活中的突出问题,使人民生活品质继续得到改善。"十二五"时期以来,北京市立足首都特大型城市特点,调动政府、企业与居民等社会主体广泛参与,制订实施人文北京、科技北京、绿色北京战略,围绕就业、保障性住房、医疗、教育、社会保障、社会服务等和人民群众切身利益密切相关的问题,提出满足人民基本需求,增加人民福祉的发展目标。2013年1月,北京市政府工作报告中提出,北京市将制定实施居民收入倍增计划,建立工资正常增长机制,实现城乡居民人均收入到2020年比2010年翻一番的目标。坚持以人民为中心的发展思想奠定了经济发展、社会进步和人民生活水平提高的思想行动之基。

(二)坚持立足社会主要矛盾不断推动改革开放和经济发展

改革开放是中国追赶时代发展、走上富裕之路的重要法宝。人民富裕、国家富强是中国共产党长期坚持以经济建设为中心、坚持以改革开放为动力取得的。没有改革开放,就没有多年来中国经济的高速增长,就没有人民生活水平的显著提高。

人民生活的变化，一方面主要缘于国家消费指导思想的变化，另一方面还要依赖于社会生产力的发展。社会主义初级阶段的根本任务是解放和发展社会生产力，社会主义市场经济是解放和发展社会主义社会生产力的有效方式。1978年以后通过市场取向的改革开放，社会生产力得到了释放，劳动、资本、土地、技术、管理等各种生产要素得到优化配置，人民加快发展的积极性主动性创造性被调动起来，城乡居民收入水平不断迈向新台阶。

社会基本矛盾和社会主要矛盾，是我国改革开放的基本依据。[①] 改革开放之初，致力于解决当时人民日益增长的物质文化需要同落后的社会生产之间的矛盾。当时人民群众的整体需要层次并不高，主要是为了满足基本民生需要，着力解决"温饱"和"小康"，因而发展生产、增加收入是当时的迫切任务。党的十八大以来，中国特色社会主义进入新时代，社会主要矛盾转化为人民日益增长的美好生活需要和不平衡不充分发展之间的矛盾。满足人民日益增长的美好生活需要，就涉及提高人民的生活质量问题。满足人民日益增长的美好生活需要和解决不平衡不充分的发展问题，都需要通过全面深化改革来进行，也就是"发展出题目、改革做文章"。只有改革，依靠市场运行机制进行资源配置，才能实现高质量发展，在微观上实现市场主体生产效率的提高，在宏观上实现资源配置效率的提高。在此方面，北京市加大重点领域改革力度，进一步破解经济社会发展中的突出问题和体制机制障碍，深化"放管服"改革，改善营商环境和鼓励创新，为经济社会发展铺平了道路。

从世界范围看，迈进高收入经济体的一个共同特征就是国家都采取了经济开放的政策。中国的实践也证明了这一点。新中国70年特别是改革开放以来经济快速发展的历程充分证明，对外开放是推动我国经济社会发展的重要动力。通过积极引进和利用国际上的先进管理经验、科学技术和资本，利用国际国内两个市场、两种资源，加入经济全球化进程，充分发挥比较优势，有力推动了我国工业化进程，提高了人民生活水平，也巩固了社会主义制度。在此方面，北京对外开放取得的巨大成就。通过批准设立外商

---

① 韩庆祥：《论改革开放的伟大意义》，《前线》2018年第12期。

投资企业、利用外资、引进国外技术和智力，开拓国际市场，为北京经济社会发展、技术进步、人民生活改善作出了重要贡献。

坚持对外开放，实行社会主义市场经济，是发展中国经济、提高人民生活水平的"关键一招"。新中国成立70年来，随着经济体制从计划经济转变为社会主义市场经济，市场在资源配置中的作用从"基础性"转变为"决定性"，生产要素配置效率不断提高，为经济发展注入强大动力。坚持和完善公有制为主体、多种所有制经济共同发展的基本经济制度，深化国有企业改革，鼓励支持引导非公有制经济发展，市场主体的活力得到了有效激发。要想使人民的生活水平和生活质量不断提高，改革开放只有进行时，没有完成时。

（三）坚持社会主义制度优势不断创新经济社会发展理念

中国特色社会主义制度的重要特征是坚持党的领导，坚持有效市场与有为政府的结合，从而使党和政府能够通过有效手段调节社会矛盾，不断提高人民的生活质量。

改革开放以来，我国的工业化、城镇化、信息化、农业现代化进程快速推进，经济保持高速发展，创造了世界经济发展史上罕见的发展奇迹，关键在于中国共产党的正确领导。作为社会主义基本经济制度的内在要求，公有制为主体的基本经济制度为实现"全国一盘棋"提供了坚实的经济基础；多种所有制经济共同发展为增强经济发展动力和活力作出了重要贡献。新中国成立70年来，特别是改革开放以来，坚持走中国特色社会主义道路，坚持发挥社会主义制度优越性，是新中国快速推进工业化并取得巨大发展成就的重要保证。习近平总书记指出，"我们最大的优势是我国社会主义制度能够集中力量办大事。这是我们成就事业的重要法宝。"①在世界百年未有之大变局中，我国面临的发展机遇和风险挑战前所未有，抓住发展机遇、战胜风险挑战，仍然需要充分发挥社会主义制度的优越性。

改革开放后的一段时期内，急于摆脱落后的生产力水平，片面注重经济

① 习近平：《为建设世界科技强国而奋斗——在全国科技创新大会、两院院士大会、中国科协第九次全国代表大会上的讲话》，《人民日报》2016年6月1日。

的增长,更多的精力放在了推动物质财富的积累,而在社会保障、环境保护、区域协调、城乡共享方面留下了很多欠账,尤其是对广大农民和城市下岗职工等社会群体的社会支持不够。人民群众的收入水平和消费能力虽然比过去有所提升,但对社会公平正义、环境健康舒适、生活安定有保障等方面的满意度有待提高。面对错综复杂的国际环境和国内形势,党和政府坚持推进体制改革和经济发展,不仅强调经济的发展和人均 GDP 水平的提高,更强调公民基本权利的保障、精神文明建设的发展、社会民生福祉的提高和生态环境保护力度的加强,由此迎来了新一轮高速经济增长,为解决更深层次的社会矛盾和问题赢得了空间。

党的十八大之后,我国经济出现新的情况和特点,各种隐性风险日益凸显,使得全面建成小康社会在决胜阶段面临重大挑战。以习近平同志为核心的党中央牢牢把握住经济建设这个中心,作出了我国进入经济新常态的正确判断,大力推进供给侧结构性改革,并将经济发展的目标从追求高速增长调整为追求高质量发展,提出了创新、协调、绿色、开放、共享的新发展理念。经过不懈的努力,我国供给侧结构性改革已初现成效,系统性风险实现了总体可控,并迎来了中国特色社会主义道路发展的新局面。北京市也在顺应新的形势,努力探索与北京自身相适应的新发展理念,从重规模、重速度向追求效率更高、供给更有效、结构更合理、更绿色可持续的发展之路转变,发展方式从外延粗放转向为内涵集约,经济稳步高质量发展,居民收入不断增加,人民的生活水平持续提高。

(四)坚持人民主体地位形成经济社会建设的广泛群众参与

坚持紧紧依靠人民,坚持人民主体地位,人民群众始终是推动社会主义建设事业、推动改革发展的根本力量。依靠人民群众,我国经济发展就拥有源源不竭的动力。建立和完善社会主义市场经济体制、实现经济高速增长,离不开人民群众的首创精神和伟大创造。正是因为始终尊重人民群众的首创精神,依靠广大人民群众进行伟大创造,新中国用几十年时间走完了发达国家几百年走过的发展历程,创造了举世瞩目的发展奇迹。

坚持发展依靠人民,是社会主义建设能够始终获得不竭动力的重要源泉。在任何时候,发展的主体都是人民。改革开放后经济建设之所以取得成功,最大限度地激发出了人民群众在经济发展过程中的能动性、创造性是重要原因。新中国 70 年来,在社会主义现代化建设的不同历史时期,充分彰显在中国共产党的领导下广大人民群众的劳动创造和奉献。在人民生活水平和生活质量提高的过程中,人民群众既是受益者,也是参与者,更是行动者。在各个历史时期,北京人民发挥自己的聪明才智,吃苦耐劳,勇于拼搏,为经济社会发展作出了积极的贡献,人民群众的主动性、创造性得到了充分的展现。中共北京市委、市政府推动简政放权,尊重市场的选择,从而形成良好的产业生态,使各类市场主体的活力得到发挥。进入新时代,北京市"双创"不断发展,实现提质升级。随着市场经济体制日益完善,大众创业、万众创新的热情被进一步激发出来,人民群众利用自己的聪明才智改变着人们生活,激发着经济的活力。在信息时代,互联网经济的飞速发展正在重构着人们的生活,也在改变着世界的格局。互联网经济以其开源化的技术、草根化的平台,吸纳了全社会各个阶层的聪明智慧,充分发挥出了人民的首创精神,让创造财富的源泉充分涌流,并使中国在这一领域走在了世界前列。同时,北京市的"双创"给经济增长带来新的动力。2015 年 10 月,《北京市人民政府关于大力推进大众创业万众创新的实施意见》发布,在一系列政策的扶持引导下,从 2015 年到 2019 年,"双创"主体的成长尽显蓬勃生命力,创新创业力量的持续壮大,为"北京创造"奠定了坚实的发展基础。北京"双创"的主体从小众走向了大众,科研人员、高校教师、企业高管、军转干部、医生、大学生等群体广泛参与双创,高知识创业者成为主力军,学术导向的个体创新正向市场导向的群体创新转变。"双创"带动了就业,增加了居民收入和政府税收,促进了社会进步和经济发展。

(五)坚持与时俱进不断完善和优化民生建设的制度安排

新中国 70 年来,北京市围绕增加居民收入,提高人民生活质量做了大量工作。在贯彻党中央和国务院的指示和政策中,中共北京市委、市政府还结合具体市情,制定了一系列的法规和政策、措施,内容涉及劳动分配制度、工资制度,促进居民增收、提高低收入群体收入、扩大中等收入群体,以及提高居民消费水平、消费质量等各个方面,通过政策推动创造性地提高城乡居民收入水平和生活品质。

在分配制度方面,坚持把按劳分配作为收入分配的基本原则。1979 年 4 月,北京市革委会转发《北京市劳动局关于奖励、计件工资制度 1978 年试行情况和 1979 年实行意见的报告》的通知,要求贯彻"各尽所能、按劳分配"的原则,坚持执行精神鼓励与物质鼓励相结合,以精神鼓励为主,物质鼓励为辅的方针;实行奖励和计件工资制度,把个人是否得奖、奖金多少和企业的经营好坏紧紧挂上钩,反对平均主义。1983 年 5 月,北京市政府转发《国务院批转劳动人事部关于 1983 年企业调整工资和改革工资制度问题的报告的通知》,强调 1983 年企业调整工资的一个显著特点,是把调整工资同企业的经济效益挂起钩来,同职工个人的劳动成果挂起钩来。1992 年 11 月,北京市市政管理委员会、市人事局、市财政局、市环卫局发布《关于进一步完善环卫系统内部分配制度,实行工资总额包干办法的方案》,在环卫系统实行"工资总额包干办法",在包干工资总额内和坚持现行岗位(职务)等级工资标准的基础上进行自主分配。1996 年 1 月,《北京市劳动局关于搞好北京市企业内部分配制度改革意见的通知》发布,提出企业内部分配应坚持按劳分配原则,实行同工同酬,反对平均主义大锅饭,充分体现效率优先,兼顾公平。2000 年 12 月,北京市劳动和社会保障局转发劳动和社会保障部《关于印发进一步深化企业内部分配制度改革指导意见的通知》,要求深化企业内部分配制度改革,指导企业建立以岗位工资为主的基本工资制度;工资水平与职工的岗位职责、工作业绩和实际贡献挂钩,形成重实绩、重贡献的分配激励机制。

在改革收入分配制度方面,2010 年 11 月,《中共北京市委关于制定北京市国民经济和社会发展第十二个五年规划的建议》提出,"十二五"期间要加快推进收入分配制度改革。逐步提高居民收入在国民收入分配中的比重,特别要着力提高低收入群众的收入,让全市人民都能共享改革发展成果。要着力解决困难群众的生产生活问题。2013 年 3 月,北京市人民政府办公厅发布《关于深化事业单位收入分配制度改革的实施意见》,提出完善绩效工资分配体系,完善工资收入分配政策。提出探索事业单位工资水平正常调整机制,加强事业单位工作人员收入分配的宏观调控,努力形成并保持事业单位工作人员与其他公职人员和社会其他群体的合理收入分配关系。2016 年 12 月,北京市国资委发布《关于进一步深化市属国有企业劳动用工和收入分配制度改革的指导意见》,提出推进收入分配市场化改革,构建市场化劳动用工和收入分配机制。2018 年 12 月,《北京市人民政府关于改革国有企业工资决定机制的实施意见》颁布,提出要突出国企在工资分配上的主体地位,明确国有企业要全面实行工资总额预算管理,自主决定内部工资分配。职工收入与业绩贡献挂钩,建立健全以岗位工资为主的基本工资制度。2019 年 3 月,北京市全面启动国有企业工资决定机制改革,核心任务是将国有企业工资总额增长与经济效益单一挂钩,优化为与劳动力市场基本适应,主要体现为要与劳动力市场工资价位对标,与劳动生产率、人工成本投入产出率等市场化指标联动,真正实现工资总额与效益同向联动、能增能减。

在保障劳动者收入权益方面,为了维护劳动者取得劳动报酬的合法权益,保障劳动者个人及其家庭成员的基本生活,1994 年 12 月,北京市政府发布了《北京市最低工资规定》。2017 年修订的北京市最低工资标准明确规定,劳动者个人应缴纳的各项社会保险费和住房公积金等项目不作为最低工资标准的组成部分,用人单位应按规定另行支付从而确保最低工资实际水平不至于过低。为规范工资支付行为和维护劳动者的合法权益,2003 年 12 月,北京市政府颁布《北京市工资支付规定》,强调用人单位应当依法制定本单位的工资支付制度;制定工资支付制度应当征求工会或者职工代表的意见,并向本单位的全体劳动者公布。

在促进居民增收方面,为了促进低收入农户增收,2012 年 12 月,《中共北京市委北京市人民政府关于推进农村经济薄弱地区发展及低收入农户增收工作的意见》发布;2016 年 4 月,《中共北京市委北京市人民政府关于进一步推进低收入农户增收及低收入村发展的意见》发布,提出实施分类帮扶,通过扶持产业帮扶、促进就业帮扶、山区搬迁帮扶、生态建设帮扶、社会保障兜底、社会力量帮扶等措施,确保"十三五"期间低收入农户人均可支配收入增速高于全市农民平均水平,实现现行标准下的低收入村全部消除。

为促进居民增收,2017 年 12 月,北京市人民政府印发《关于进一步激发重点群体活力带动城乡居民增收的若干政策措施》,针对技能人才、新型职业农民、科研人员、小微创业者、企业经营管理人员、有劳动能力的困难群体、基层干部队伍等增收潜力大、带动能力强的 7 类群体,提出了技能人才工资增速可高于其他岗位、网络商户从业人员可享各项就业创业扶持政策等涉及 8 个方面 27 条差别化收入分配激励措施。2018 年,北京市以扩大中等收入群体为目标,以技能人才、新型职业农民、小微创业者等三类人群为重点,实施了一系列激励办法和保障措施。对技能人才,从薪酬提升、奖励激励、职业发展贯通、技能成果转化分享和培养培育方面,提高其待遇水平和社会地位。对科研人员,探索和完善符合科研岗位特点的绩效考核和收入分配办法,提高其成果转化收益分享比例,激发其科技创新活力。对小微创业者,进一步拓展中小资金的支持领域,扩大享受税收政策优惠的小微企业范围,加大对小微企业支持力度,引导和支持其在"双创"中实现创收致富。

在提高居民消费水平和消费质量方面,2017 年 7 月,《北京市人民政府关于培育扩大服务消费优化升级商品消费的实施意见》发布,推动北京服务消费优化升级。2018 年 1 月,北京市人民政府办公厅印发《北京市加快供给侧结构性改革扩大旅游消费行动计划(2018—2020 年)》,以旅游供给侧结构性改革为主线,通过建设特色消费空间、扩大消费品供给、优化消费环境、完善政策措施,解决北京旅游业发展存在的不平衡不充分问题,满足人民日益增长的美好生活需要。

新中国成立 70 年来,北京市在提高人民生活质量方面取得了巨大的成就,但是,我们应该看到,人民生活质量发展不平衡,特别是居民收入差距较大,人民群众对美好生活还有更高期盼。民生保障、公共安全等领域还有一些短板。未来北京将深入实施人文北京、科技北京、绿色北京战略,以满足人民日益增长的美好生活需要为根本目的,坚持共同富裕方向,提高城乡居民收入水平,不断满足人民日益增长的美好生活需要,让发展成果更多更公平地惠及广大人民群众,促进人的全面发展和社会全面进步。

第十三章 历史回溯:发展变革 时代印记

——新中国 70 年北京社会建设大事记(1949—2019)①

　　新中国成立 70 年来,在社会主义现代化建设和改革开放的历史进程中,作为国家首都和历史悠久的特大城市,北京各项事业取得了跨越性发展,城市面貌发生巨大变化,社会体制经历深刻变革,社会事业实现快速发展,社会生活呈现时代创新,民生福祉获得显著提升,社会建设取得历史性进步和成就。其间,在不同的历史时期和发展阶段,在社会领域发生了诸多影响和推动北京社会建设的大事要事,体现着北京在社会发展和民生建设方面的创新性实践和标志性成果,汇聚着在不平凡的社会变迁历程以及不寻常的各个历史时期社会建设的历史岁月和辉煌创举,成为展现社会建设历程的深刻的时代印记和厚重的历史记忆,有助于人们更加直观地理解和认识北京社会建设的发展演进、演变逻辑和变迁脉络,并在社会建设的具体

---

① 为了准确呈现和客观描述 1949 年新中国成立以来北京社会建设的大事记,本章在研究的过程中进行了大量的文献研究和资料分析,搜集、查阅、整理和引用了诸多论文和著作等出版文献,包括《改革开放四十年大事记》《党的十八大以来大事记》《2007—2010 年北京社会建设大事记》《新中国 70 年大事记》《北京市推进京津冀协同发展战略大事记(2014. 2—2018. 2)》《中华人民共和国大事记(1949 年 10 月—2019 年 9 月)》《北京市农村改革发展 60 年大事记》《当代北京大事记(2003—2013)》《新中国 70 年》《当代北京大事件》《北京志·综合卷·总述·大事记·历史概要》《北京志·人民团体卷·妇女组织志》《北京志·综合经济管理卷·劳动志》《北京志·人民团体卷·青年组织志》,等等。

实践和创新发展中理解、认知和把握不同历史时期特别是中国特色社会主义新时代下社会建设和社会治理的历史依据和变革渊源;同时,在北京社会建设的接续发展和持续发展中更好地理解历史大事发生的时代性、连续性和整体性,进而在社会建设的创新实践中不断深化对于社会建设变革历程和发展规律的认识,在理论创新和政策完善中不断推动社会建设的发展前行。

作为新中国 70 年北京社会建设的大事记和社会建设历程的重要呈现,本章《历史回溯:发展变革、时代印记》以 1949—2019 年各个年份为划分依据,基于新中国 70 年北京发展变革中经济建设与社会建设的关系、社会建设与社会事业的关系、首都(都)和城市(城)的关系以及历史发展与历史传承、理论意涵与实践逻辑之间的关系,较为详细地记录和展现了新中国 70 年北京社会建设历程中的主要社会政策、民生举措、重要事件和发展成果,凸显了秉持为人民服务的理想宗旨和坚持以人民为中心的发展思想来推进改革发展的政策实践,彰显了社会建设与时俱进的发展脉搏、变革历程、时代印记和积极成果,体现了新中国 70 年在社会主义建设事业各个历史时期以及不同发展阶段上北京社会建设的发展路径和政策创新,反映了党和国家领导人对于北京社会建设的高度重视和指引推动,中共北京市委和市政府推动社会建设和社会治理的理念创新和政策变革,以及全市人民参与社会建设的群众实践。

社会建设大事记绝不是北京社会建设进程中历史事件的简单汇总和罗列,而是聚焦社会建设中社会结构、社会事业和民生建设的理论范畴和实践指向,以社会建设、社会治理和社会变革为分析主线,着力反映北京社会建设变革前行的阶段性、发展性、继承性和法治性以及社会建设内容的综合性、系统性、全面性和民生性,进而展现北京社会建设现代化的发展历程,使人们更好地理解和认识北京社会建设的变迁轨迹和和演进路径。更为重要的是,新中国 70 年来北京经历了社会巨变和深刻变革,取得了社会建设的重大成果,其间也经历了困难、风险和挑战,这些成就的取得绝非一帆风顺、一蹴而就和一朝一夕而为,而是全市人民在不同历史时期艰苦创业、努力奋斗、锐意进取和积极变革的宝贵硕果,也是在新的历史条件和发展阶段下继续推进社会建设的新的历史起点和发展基础。

在新时代,在践行新发展理念和推进首都治理体系和治理能力的现代化的进程中,需要继往开来,不断前行,坚持问题导向和目标导向,不断将北京社会建设推向更高水平,实现更高质量的发展,更好地建设民生、保障民生和发展民生,完善统筹城乡的民生保障制度以及共建共治共享的社会治理制度,满足人民日益增长的美好生活需要,建设人文北京、健康北京、美丽北京、平安北京和幸福北京,努力建设国际一流和谐宜居之都,不断将北京社会建设的制度文明成果展现在世人的面前,在理论创新、政策创新和实践创新中,在已经走过的社会建设之路的基础上,走好社会建设当下的路和未来的路,不断开创和践行社会建设的中国之路和北京之路以及社会治理的中国之治和城市之治。

1949 年

1 月 1 日　北平市人民政府发出布告,宣布市人民政府正式成立,叶剑英任市长。

1 月 31 日　北平宣告和平解放。

2 月 2 日　《人民日报》(北平版)创刊。北平新华广播电台开始播音。

2 月 3 日　中国人民解放军举行入城式,受到北平人民的热烈欢迎。

2 月 12 日　全市 20 万人集会,庆祝解放。

3 月 15 日　中共北平市委机关报《北平解放报》创刊。

4 月 16 日　中共北平市委发出《关于北平市目前中心工作的决定》,指出,恢复、改造与发展生产是北平党政军民共同的中心任务。

5 月 1 日　北平解放以后恢复的第一条公共汽车线路东华门至颐和园段开始运营。

9 月 21 日至 30 日　中国人民政治协商会议第一届全体会议在北平召开。会议决定定都北平,自 27 日起改北平为北京。

10 月 1 日　首都 30 万人在天安门广场举行开国大典,进行了阅兵式和群众游行。毛泽东宣读了中央人民政府公告,宣布中华人民共和国中央人民政府成立,亲手升起了第一面国旗。朱德总司令宣读了《中国人民解放军总部命令》,并检阅了陆海空军。

10 月 22 日 北京市第一届人民体育大会开幕。

11 月 15 日 北京开始封闭妓院,将全市 224 家妓院一夜之间全部封闭,400 多个老板、领家被收审罚办,1300 多名妓女获得解放。

11 月 26 日 北京市第一次妇女代表大会开幕。大会宣布北京市民主妇女联合会成立。

1950 年

1 月 6 日 北京市军事管制委员会颁发布告,宣布收回在京的外国兵营地产、征用兵营及其他建筑。

2 月 2 日至 6 日 北京市召开首届工人代表大会。市总工会正式成立。

2 月 3 日 北京市建立新户籍制度。

2 月 11 日 北京市 12 个自然科学学会(数学、物理学、化学、地质学、地学、动物学、植物学、生理学、药学、昆虫学、海洋湖泊学、心理学)联合举行年会,各学会会员 599 人参加。竺可桢致辞,吴玉章、郭沫若、彭真等出席并讲话,强调科学要为政治与生产服务。

4 月 18 日 政务院批准北京市的 12 个城区合并为 9 个(内城 5 个、外城 4 个);郊区由 8 个调整为 7 个。

4 月 北京郊区历时 8 个月的土地改革工作结束。263 个村建立了农民协会,222 个村建立了中共党支部。

4 月 龙须沟改建暗沟工程开工,10 月完成。

5 月 1 日 首都 20 多万群众参加了庆祝劳动节的游行。被毛泽东誉为"普遍性仅次于宪法的根本大法"的《中华人民共和国婚姻法》正式实施。

5 月 14 日 为解决交通堵塞问题,北京市开始拆除崇文门瓮城,在其东西两侧开豁口。

7 月 6 日至 8 月 12 日 全国首届治安行政工作会议在京召开。会议通过《城市治安条例草案》等。

7月29日　北京市公布《北京市私有林保护暂行规则》和《北京市林木草坪保护暂行规则》。

8月7日至19日　第一届全国卫生会议在北京召开,会议确定"面向工农兵""预防为主""团结中西医"为新中国卫生工作的三大原则。

8月29日至30日　北京市教育委员会召开扩大会议,研究中小学普遍存在忙乱现象的原因和解决办法。

10月15日　中国新民主主义青年团北京市第一次代表大会召开。大会选出青年团北京市委员会。

10月　按照中共北京市委部署,全市范围内开展了第一次镇压反革命运动。打击的主要对象是特务、土匪、恶霸、反动党团骨干及反动会道门头子。至1952年底,共逮捕反革命分子3506名,处决了940名。

12月19日　市政府布告取缔"一贯道"及所有会道门。

12月25日至30日　市二届四次各界人民代表会议召开。聂荣臻、吴晗、罗瑞卿分别作关于目前时局问题、失业救济和普遍召开区各界代表会议、镇压反革命分子问题的报告。

1951 年

1月13日　北京市政府贯彻中央人民政府禁毒政策,作出禁毒的规定。

1月　北京市体育分会、青年团市委制定的"体育锻炼标准"在北京第四中学、清华大学等校试行。北京是新中国成立后第一个推行"体育锻炼标准"的地区。

3月16日　北京市街道清扫保洁责任制和基层群众卫生小组建立。

3月28日　根据市政府决定,市民政局接管了迦南孤儿院、大常育幼院、甘雨胡同养老院、宠爱堂孤儿院、仁慈堂孤儿院等16个单位。总计收容儿童2524人、老弱145人。

4月14日　受美国津贴的同仁、道齐、妇婴三个医院宣布同美国脱离关系,由北京市政府经办。

7月14日　据市民政局统计,在本市申请登记的社团已有443个。其中,人民群众团体187个,公益社团11个,文艺团体6个,学术团体37个,剧艺团社153个,会馆财产管理委员会18个。

8月3日　北京石景山钢铁厂为改革工资制度给中央写了报告,毛泽东批示有关机关迅速合理地解决这个问题,随后,全厂实行八级工资制。

8月7日　彭真市长在北京市中小学教职员大会上讲话。他说,两年多来,首都的教育工作有进步,首先是学生的质量提高了,教师的思想也有很大的进步。我们有三个责任:首先是办好教育,其次是供给全国若干经验,第三是供给全国大批干部。

9月29日　周恩来总理在北京、天津高等学校教师学习会上作报告,畅谈知识分子改造的必要性,要求知识分子自觉地站到人民的立场上来。

10月2日　北京市第一批6名女电车司机上岗行车。

11月3日　北京市公安局与市卫生工程局联合发布改革粪道制度的公告。市公安局依法逮捕了一批罪大恶极的粪霸。

11月5日　北京市工商局公布《北京市骡马交易市场管理暂行规则》,彻底废除骡马业的封建把头制度。

11月5日　北京市政府彻底改革蔬菜市场中的"牙贴"封建制度,逮捕了5名菜行恶霸。

12月　河北省宛平县划归北京市管辖,并入第16区。

12月20日　市委、市政府和各人民团体联合举行反对贪污、反对浪费和反对官僚主义的动员大会。

12月　根据中共北京市委组织部调查,全市共有高等学校12所,学生12257人,教职员工7266人,高等学校中党员人数占学生和教职员工总数的5.3%;全市共有中等学校75所,学生43036人,教职工3956人,中等学校中党员人数占学生和教职工总数的1.5%。

1952 年

3 月 20 日　北京市丰台区黄土岗村建成郊区第一个农业生产合作社。

6 月 14 日　毛泽东在中共北京市委 1952 年 6 月 11 日《关于中小学生费用负担及生活情况给中央和华北局的报告》上作出批语:"(一)如有可能,应全部接管私立中小学。(二)干部子弟学校,第一步应划一待遇,不得再分等级;第二步,废除这种贵族学校,与人民子弟合一。"

7 月 21 日至 24 日　北京市连降大雨。坝河、通惠河河水漫溢,门头沟区山洪暴发,造成严重灾害。

7 月 26 日　北京市开始实施国家机关工作人员公费医疗制度。

9 月 1 日　经政务院批准,市政府决定扩大区的管界,将城郊各区区界重新划分,并自本日起实行。新区划内城为东单、西单、东四、西四 4 区;外城为前门、崇文、宣武 3 区;郊区为东郊、南苑、丰台、海淀、石景山 5 区。原五、九、十四区区级机构撤销,其所辖境界分别并入郊区。划归北京市管辖的原河北省房山、良乡两县部分地区与原 16 区合并,组成京西矿区。

9 月　北京地区高等院校院系调整基本结束,开始实行全国高等院校统一招收新生和分配毕业生制度。

10 月 1 日　中共北京市委机关报《北京日报》创刊。毛泽东为该报题写了报头。

12 月 8 日至 13 日　第二届全国卫生会议在北京举行。会议确定"面向工农兵、预防为主、团结中西医、卫生工作与群众运动相结合四项卫生工作原则"。

1953 年

3 月 27 日　北京市政府批准实施《修正北京郊区林木保护暂行办法》。

5 月 5 日　中国民航开辟北京—西安—重庆航线。

5 月 9 日　中共中央批准,同意北京市拆除朝阳门、阜成门城楼和瓮城,以及东四、西四和帝王庙牌楼。

6月28日　毛泽东视察东郊区大屯乡鱼池村。

10月11日　政务院颁布本年全国高等学校院系调整方案,北京地区共有25所高等院校。

11月30日　北京市政府遵照《中央人民政府政务院关于实行粮食的计划收购和计划供应的命令》,开始实行粮食统购统销工作。

1954 年

4月1日　北京市政府决定成立社会福利事业委员会。

4月12日　毛泽东视察官厅水库。

5月13日　中国第一座大型山谷水库——北京永定河官厅水库胜利竣工,本日举行建成典礼。

6月23日　中共北京市委作出《关于提高北京市中小学教育质量的决定》(简称《五四决定》),要求学生在德、智、体方面都得到发展,并提出一系列提高教学质量的措施。8月29日,中共中央向全党批转了这个决定。

6月26日至28日　北京市召开四届四次各界人民代表大会。会议通过了《关于提高北京市中小学教育质量问题的决议》。

10月8日　市政府决定:在城内各区普遍建立街道办事处和居民委员会。

11月18日　京沈(北京至沈阳)铁路复线通车。

1955 年

2月5日　中共北京市委作出《关于加强北京市造林绿化工作的决定》。

6月25日至7月3日　中国共产党北京市第一次代表大会召开。

7月1日　北京市创办的第一所工读学校正式开学。

7月12日　市人口办公室成立,开始进行减少本市闲散人口的工作。

9 月 25 日 北京市第一座大型百货商店——北京市百货大楼建成开业。

10 月 21 日 北京体育馆落成。

12 月 27 日 官厅水电站第一台水力发电机组（1 万千瓦）开始发电。这是中国自己设计、制造、施工的第一座水电厂。

1956 年

1 月 6 日 中共北京市委召开的知识分子问题会议结束。着重解决充分发挥知识分子作用的问题，大力培养新的专家，加强中国共产党对知识分子和科学、文化、技术的领导等问题。

1 月 15 日 北京各界 20 多万人在天安门广场举行大会，庆祝北京市农业、手工业全部实现合作化和在全国第一个实现了工商业的全行业公私合营。

2 月 24 日 经国务院批准，河北省通县所属金盏、孙河、上新堡、崔各庄、长店、前苇沟、北皋 7 个乡划归北京市东郊区管辖。河北省昌平县所属行政区域（高丽营镇除外）划归北京市管辖，为昌平区。

4 月 17 日 北京市第一条卫生防护林带在东直门外酒仙桥一带建成，以将工厂区和生活区隔离开来。这条林带全长 3500 公尺、宽 350 公尺。

8 月 2 日 中央教育部批准北京市人委遵照"根据情况、整顿处理、分批接办"的原则全部接办私立小学。

8 月 2 日至 14 日 中国共产党北京市第二次代表大会召开。

1957 年

2 月 26 日 北京市第一条无轨电车线路（阜成门至北池子）开始通车。

4 月 24 日 永定河引水渠竣工。该渠全长 50 多里。

5 月 16 日 市委发出《关于开展整风运动的通知》。

7 月 1 日 我国第一座宽银幕立体声电影院在北京建成。

10月17日 北京市各界妇女代表会议召开。会议号召全市妇女积极参加"勤俭建国、勤俭持家"活动。

12月3日 北京市爱国卫生委员会召开冬季"除四害、讲卫生"动员大会。

1958 年

3月7日 国务院决定将原属河北省的通县、顺义、大兴、良乡、房山5个县和通州市划归北京市管辖。至此,北京市总面积为8779平方公里,人口为545万余人。

4月22日 坐落在天安门广场的人民英雄纪念碑建成,5月1日举行揭幕典礼。

5月10日 市人委决定并经国务院陆续批准:通县和通州市合并为通州区;房山县和良乡县合并为周口店区;顺义县改为顺义区;大兴县改为大兴区;撤销南苑区建制,其辖区分别划归朝阳区、丰台区和大兴区管辖;撤销石景山区建制,其辖区分别划归海淀区、丰台区和门头沟区管辖;撤销前门区建制,其辖区分别划归崇文区和宣武区管辖;东单区和东四区合并为东城区;西单区和西四区合并为西城区;京西矿区改名为门头沟区;东郊区改名为朝阳区;海淀区和昌平区建制不变。

5月30日 市人委第九次会议提出,争取在本年内全市普及小学、初中教育,两年扫除文盲。

7月1日 北京十三陵水库举行落成典礼。

7月20日 北京怀柔水库举行落成典礼。

8月13日 毛泽东视察丰台区岳各庄乡红十月农业生产合作社和小屯农业生产合作社。

9月2日 中国第一座电视台——北京电视台开始正式播放。

9月20日 北京市郊区原有的2357个农业生产合作社合并成77个人民公社。

9月29日 北京电报大楼建成投入使用。

10月20日 国务院批准决定将河北省通州专区的怀柔、密云、平谷三县和张家口专区的延庆4县划归北京市管辖。至此,北京市形成了现辖区面积和市界。全市面积为16807平方公里,人口为631.8万人。

1959 年

1959年5月17日 中共中央发出《关于在高等学校中指定一批重点学校的决定》,指定北京大学、清华大学、北京工业学院、中国人民大学、北京航空学院、北京农业大学、北京医学院、北京师范大学等16所高等学校为全国重点大学。

8月9日 北京出动百万群众聚歼灭蝇。

8月15日至19日 中共北京市委召开中小学教育工作会议。这次会议以提高教育质量为中心议题,纠正了教育革命中的缺点和错误。

8月17日 中国人民革命军事博物馆建成。

8月31日 北京工人体育场建成。

8月底 人民大会堂建成。它与同年建成的中国革命历史博物馆、中国人民革命军事博物馆、民族文化宫、全国农业展览馆、北京工人体育场、北京火车站、钓鱼台国宾馆、民族饭店、华侨大厦并称为首都"十大建筑"。

9月10日 毛泽东到密云水库视察。

9月15日 新建的北京火车站正式交付使用。

9月20日 中国革命博物馆和中国历史博物馆建成。

9月24日 天安门广场扩建工程竣工,面积由原来的11万平方米扩大为40万平方米。

1960 年

2月26日至29日 北京市召开教育、文化、卫生、体育等方面社会主义建设先进单位和先进工作者代表大会。

3月8日 北京广播电视大学正式开学。

6月26日　位于北京顺义、怀柔、昌平3县交界的沙峪口水库建成。

9月1日　华北最大的水库——密云水库建成。

11月29日　市委教育部向中、小学生宣布《关于劳逸结合的几项要求》。

12月　北京房山县崇各庄水库建成。

1961 年

2月28日　北京工人体育馆建成,能容纳1.5万名观众。它也是最早出现在新中国邮票上的体育馆。

3月　把密云水库的水引向市区的主要输水渠道——京密引水渠上段工程竣工。

4月4日至14日　第二十六届世界乒乓球锦标赛在北京举行。

8月1日　北京市开展全面取缔黑市活动。

1962 年

1月8日　北京自然博物馆正式建成。

5月29日至6月6日　中国共产党北京市第三次代表大会召开。

6月10日至19日　市第四届人民代表大会第一次会议召开。会上选出市长、副市长和市人民委员会委员,选出市高级人民法院院长、市中级人民法院院长、市人民检察院检察长。

8月20日　北京市决定成立盲人聋哑人协会。

1963 年

4月　北京市29所小学开始试行《全日制小学暂行工作条例草案》和《全日制小学教学计划》。

7月17日　中共北京市委召开全体会议,讨论通过了《关于"五反"运动的部署》。

8月13日 中共北京市委发出《关于抽调大批干部参加农村"四清"运动的决定》。

1964 年

1月28日 市教育局公布《关于中小学保护学生视力的若干规定》。

3月10日 毛泽东对北京铁路二中校长魏莲一的来信做了批示:"现在学校课程太多,对学生压力太大。讲授又不甚得法。考试方法以学生为敌人,举行突然袭击。这三项都是不利于培养青年们在德智体诸方面生动活泼地主动地得到发展的。"

3月17日 中共北京市委批转北京大学、北京师范大学党委《关于组织师生参加农村社会主义教育运动的报告》。市委指出,1963年以来,全市已有42所高等学校的师生近4万人先后参加了郊区农村的社会主义教育运动,这对知识分子的思想改造大有好处。

6月30日 第二次全国人口普查工作结束。北京市人口达759.7万人,其中,非农业人口为441.5万人。

9月3日至12日 市第五届人民代表大会第一次会议召开。会议指出,北京市完成了由消费城市向生产城市的历史转变。

10月 北京汽车制造厂试制成功北京"212"型越野汽车,随后正式投入生产。

1965 年

2月4日 毛泽东对北京地下铁道建设问题作批示:"精心设计、精心施工。"

7月1日 北京地下铁道工程正式开工。

10月12日 市委宣传部发出《关于执行华北局宣传部〈关于地委、县委级干部选读马克思、恩格斯、列宁、斯大林著作的意见〉的通知》。

10月22日　市委批转宣武区椿树人民公社街道四清运动试点工作的总结报告。

12月5日　潮白河引水土方工程完工。

1966 年

3月6日　北京市300多名主治医师以上的西医和医院院长举行座谈会。大家表示,要认真学习中医,走中西医相结合的道路,继续和发扬祖国医药学遗产。

3月27日　北京市召开街道工作会议,强调街道工业要服从国家建设和人民生活的需要,走"小而专"的路子。北京市街道工业产品上千种,60%纳入了国家计划;参加生产的有10万多居民,其中80%以上都是家庭妇女。

4月　京密引水工程第二期工程竣工。

5月6日　北京市仅剩的一条由永定门火车站至北京体育馆的有轨电车线路停驶。至此,具有42年运龄的有轨电车完成了历史使命。

6月上旬　北京市各单位开始相继成立文化革命委员会,负责领导本单位的"文化大革命"运动。

8月19日　北京开始"破四旧"运动。

1967 年

4月20日　北京市革命委员会成立。

8月7日　经市革委会批准,石景山办事处改为石景山区。

10月9日　北京25中、22中、女8中、女12中的一些高中和初中学生离开北京,前往内蒙古当普通社员。这是北京市第一批到内蒙古插队的知识青年。

12月4日　市革委会发出《关于加强市场管理,坚决打击投机倒把的通令》。

1968 年

3 月　首都体育馆建成。该馆能容纳 1.8 万名观众，是四季可制人造冰面的现代化室内体育馆。

5 月 22 日　市革委会召开全市厂矿企业"抓革命、促生产"动员大会。

5 月 28 日　《北京日报》头版刊发社论《革命知识青年到农村去，到边疆去！》

9 月 11 日　北京大专院校 1967 届毕业生 2 万多人，按照中央文革关于毕业生"先当普通农民、当普通工人"的指示，开始被分配到工厂、农村、边疆和基层。

12 月 26 日　市革委会召开动员全市知识青年上山下乡大会，号召知识青年到农村去，接受贫下中农的再教育。

1969 年

6 月 16 日　市革委会发出《关于 1969 年中学毕业生上山下乡问题的通知》，要求 1966 年至 1969 年的中学毕业生，凡农村户口的回乡参加农业生产，郊区县的原则上由自己安排，城区的全部上山下乡。

6 月 26 日　北京市响应毛泽东的号召，大力培养"赤脚医生"。

10 月 1 日　中国第一条城市地铁线路——北京地下铁道一期工程正式建成通车。

11 月 9 日　市革委会决定，将市区 30% 的医务人员下放到甘肃、宁夏等地区。

11 月 17 日　市革委会发出《关于城市中、小学教育革命几个问题的意见》。

12 月 26 日　市革委会发出《关于禁止破坏国家、集体林木的通知》。

1970 年

2 月 12 日　市革委会召开常委扩大会,传达和学习中央关于开展打击反革命破坏活动和反对贪污盗窃、投机倒把、铺张浪费(简称"一打三反")的通知,并作了具体部署。

4 月 24 日　我国成功地发射了第一颗人造地球卫星。首都人民连夜涌向天安门广场,欢呼庆祝。

6 月 27 日　中共中央批转《北京大学、清华大学关于招生(试点)的请示报告》,在停止招生和停课 4 年之后,北京部分高等学校开始招生复课。在招生办法上,规定废除考试制度,实行"群众推荐,领导批准和学校复审相结合的办法,招收工农兵学员"。

7 月 21 日　北京郊区 87% 的生产大队建立了合作医疗制度。

10 月　平谷库容量为 1430 万立方米的西峪水库竣工。

1971 年

1 月 15 日　地下铁道北京站至立新路段开始运行。

1 月 24 日　北京东南郊温榆河、凤河、北运河 3 条河道通水治涝工程提前完工,这是继十三陵水库、密云水库工程后的北京郊区又一个大规模水利工程。

1 月 31 日　根据国家计委、国务院科教组向国务院提出的《关于高等院校调整问题的报告》,北京地区的中国人民大学、北京政法学院、北京对外贸易学院、中国医科大学等学校被撤销。

3 月 10 日至 15 日　中国共产党北京市第四次代表大会召开。

6 月 5 日　中共北京市委向中共中央报送《关于上山下乡知识青年工作情况的报告》。《报告》说:三年来,北京市到延安、黑龙江、山西、内蒙古、云南、吉林、辽宁和北京郊区等地上山下乡的中学毕业生已达 25 万余人(生产建设兵团和国营农场 12 万余人,插队落户 13 万余人),加上分配到农村工作和自愿回乡的知识青年,共计41万多人。

12月6日　市委在《关于北京绿化工作的意见》中指出,全市林木覆盖率为12%,尚有480万亩荒山、荒滩和大量的"四旁(村旁、地旁、宅旁、路旁)"没有绿化,要求做好规划,发动群众育苗,公园要结合生产种些果树和油料作物等。

1972 年

2月21日　北京市郊区农村生产大队实现队队通电话。

3月17日　北京市召开"三废"治理综合利用工作会议,传达周恩来总理的有关指示:发展工业都要注意变有害为有利;综合利用是大问题,要立志赶超世界水平。

4月10日　本市东南郊治涝工程全部完工。此项工程主要是治理海河水系上游的温榆河、凤河和港沟河。

10月2日　业余英语广播讲座在北京播出。

10月15日　同仁医院和积水潭医院协作,成功地进行了一次同体断肢移植手术。

11月　北京市成立了"三废"治理办公室。

11月9日至11日　北京全市连续进行3次治安大清查。参加清查的公安干警、卫戍部队和街道积极分子近30万人次。共查出有疑问人员3000多人,收容了其中的700多人。

1973 年

5月18日　中共北京市委在《关于北京环保工作情况的报告》中指出,1972年全市共完成180多个环保项目,重点抓了水和气的治理;1973年至1975年,环保工作主要以保护水源为主,同时抓紧有害废气、废渣和噪音的治理。

7月4日　北京卫星通讯地面站一号站建成投入使用。

9月1日　北京地区中等专业学校、技工学校自"文化大革命"初停办后,今起重新招生开学。

9月8日　巴黎——北京航线正式开航。

10月1日　北京、天津、上海三大城市试播彩色电视节目成功。

12月12日　市革委会发出《关于加强首都环境卫生管理的暂行规定》。规定在三环路以内地区,严禁晾晒粪便和设置堆肥场;使馆、机场附近及近郊居民集中居住区,不准养鸡、兔、狗等家畜;不要随地吐痰、乱扔瓜果皮等。

12月　密云县沙厂水库建成。

1974 年

3月25日　北京卫星地面站二号站建成投入使用。

5月8日　市革委会在向国务院报送的《关于急需解决1.5万名商业、服务业人员的请示报告》中提到,现在全市从事商业、服务业的人员有20.26万人(不包括市属大饭店与外贸人员),比1957年减少2.98万多人;群众吃饭、理发、住店、买东西、做衣服,都要排长队,意见很大。

10月1日　门头沟区斋堂水库建成。

10月29日　北京—卡拉奇—巴黎国际航空线通航。

10月　门头沟区斋堂水库建成。总库容量为5420万立方米。

11月19日　德黑兰—北京—东京航空线通航。

11月27日　北京—德黑兰—布加勒斯特—地拉那航空线正式开航。

1975 年

5月6日至9日　市革委会召开全市环境保护会议。会议要求继续完成保护水源和消除烟尘两个会战,同时开展对废渣和噪声的治理。

6月23日　秦皇岛至北京输油管道建成投产。

7月2日　北京市教育局提出《关于在农村扫除文盲和普及小学教育

工作的初步意见》。《意见》指出,在郊区有些县 15 岁至 45 岁的青壮年中,文盲、半文盲约占 40%,要求各区、县、公社、大队都要自下而上制订三五年内扫除文盲工作规划,积极完成扫盲任务。

8 月 20 日 市革委会在转发《国务院批转卫生部关于全国卫生工作会议的报告》时指出,各级革命委员会要坚持继续"把医疗卫生工作的重点放到农村去",办好合作医疗,建立一支亦农亦医的赤脚医生队伍。

10 月 21 日至 24 日 中共北京市委召开会议,贯彻全国农业学大寨会议精神,提出:"奋战五年,全市各县普及大寨县;农林牧副渔主要作业实现机械化。"

1976 年

5 月 16 日 延庆县白河引水工程输水隧道打通。隧道长 7110 米,宽 2.9 米。该工程于 1971 年 9 月动工,是北京市最长的输水隧道。

7 月 28 日 河北省唐山至丰南一带发生 7.8 级地震,波及北京地区。通县、大兴等地灾情严重。

1977 年

8 月 按照教育部的规定,北京市改革"文化大革命"以来中等学校的招生制度。摒弃只看"政治条件"、不看文化水平的做法,采取统一文化考试,德、智、体全面衡量,择优录取。

10 月 5 日 在工资冻结十多年之后,本市同全国一起为 64% 的职工提了 1 级工资。

10 月 8 日至 14 日 北京市科学技术大会召开。1500 多名代表参加,大会奖励了 1340 项重要科技成果,表彰了 556 名先进科技工作者和 238 个先进集体。

10 月 北京市环境保护监测站建成。

12 月 10 日 建国门立体交叉桥东西大道通车。这是北京市第一座立体交叉桥。

12 月 10 日　北京市举行高等学校招生统一文化考试,12 日结束。

1978 年

2 月 12 日　市革委会决定办好 20 所重点中小学。它们是二中、景山学校、史家胡同小学、四中、新华小学、育民小学、五中、第一实验小学、二十六中、光明小学、八十中、一七二中、海淀路小学、十二中、九中、大峪中学、通县一中、牛栏山中学、密云二中、回龙观小学。同时,北大附中、清华附中、师大附中、师大二附中、师大三附中也列为重点学校。

2 月 12 日至 18 日　北京市工业学大庆会议举行。

2 月 17 日　经国务院批准,教育部决定恢复和办好全国重点高等院校。第一批为 88 所,其中在北京的有 19 所。他们是:北京大学、清华大学、北京师范大学、中央民族学院、北京航空学院、北京工业学院、北京钢铁学院、北方交通大学、北京化工学院、北京邮电学院、北京农业大学、北京农业工程大学、北京林业大学、北京医科大学、北京中医学院、北京外国语学院、对外经济贸易大学、北京体育学院、中央音乐学院。此后,中国人民大学、国际关系学院、中国首都医科大学复校也被公布为全国重点高校。至此,北京地区共有 22 所全国重点大学。

3 月 1 日　1971 年关闭的北海公园和景山公园,经过初步整修重新开放。

3 月 31 日　北京—卡拉奇—亚的斯亚贝巴航线通航,这是我国通往非洲的第一条国际航线。

4 月 11 日　中共北京市委、市革委会召开会议,部署开展爱国卫生运动。会议号召全市人民立即行动起来,在"五一"节前彻底清除 50 万立方米渣土,管理好 5000 个无人负责的厕所,控制 5 万个蚊蝇孳生地,改善首都城乡卫生面貌,恢复首都"无蝇城"的荣誉。

5 月 1 日　为适应我国广播、电视事业发展的需要,北京电视台改名为中央电视台,北京电台改名为中华人民共和国国际广播电台。

5月4日 北京—乌鲁木齐—贝尔格莱德—苏黎世航线正式通航。

6月5日 中共北京市委发出通知,号召全市中小学积极响应景山学校等单位向全国中小学生发出的树立革命风尚的倡议。

6月14日 市革委会转发《国务院关于实行奖励和计件工资制度的通知》。市革委会要求全面贯彻精神鼓励和物质鼓励相结合,以精神鼓励为主、物质鼓励为辅的方针。

7月25日至27日 北京市科学普及工作会议举行,决定重新恢复科普工作,恢复科普工作队伍,落实政策。

8月9日 中共北京市委决定建立北京市社会科学研究所,所内暂设文学、历史、哲学、经济4个研究室。

8月 北京市恢复律师制度。

10月2日 北京市第五建筑工程公司和清华大学建工系共同设计的本市第一幢大型框架轻板住宅楼,在劲松小区试建成功。

10月20日 邓小平视察北京前三门高层住宅建筑时指出,今后修建住宅楼时,要布局合理,增加使用面积,更多地考虑住户的方便,如尽可能安装一些淋浴设备等;要注意内部装修美观,多采用新型轻质建筑材料,降低房屋造价。

10月31日至12月10日 全国知识青年上山下乡工作会议在北京召开。会议决定:调整政策,改进做法,城乡广开门路,采取多种形式妥善安排城市知识青年;中学毕业生要实行"进学校、上山下乡、支援边疆、城市安排"四个面向的原则,并举办大学分校、中等专业学校、技工学校等,为更多城镇中学毕业生创造学习和就业条件。

1979 年

3月12日 我国第一个植树节。党和国家领导人邓小平、李先念和北京市干部群众到大兴县庞各庄公社薛营大队参加植树造林劳动。

5月7日至29日 中共北京市委根据中央的方针,决定做好国民经济的调整、改革、整顿、提高工作,开展增产节约运动,同时做好思想工作。

6月12日至26日　中共北京市委召开知识青年上山下乡工作会议。提出今后"要广开门路,逐步扩大城市安置能力"。

8月　市革委会将环境保护办公室改名为北京市环境保护局。

12月6日至13日　市第七届人民代表大会第三次会议举行,决定取消北京市革命委员会,正式恢复北京市人民政府建制,选出市长、副市长。选举市高级人民法院院长、市中级人民法院院长、市人民检察院检察长、市人民检察院分院检察长。

1980 年

2月9日至12日　市政府召开北京市科技工作会议,向1978、1979两年取得的536项优秀科技成果授奖。

2月　民盟、九三学社、农工民主党、致公党、民主建国会、工商联、台盟等北京市组织分别召开代表大会。

4月21日　中共中央书记处召开会议,对首都北京市建设规划作出了重要指示。第一,要把北京建设成为全中国、全世界社会秩序、社会治安、社会风气和道德风尚最好的城市。第二,要把北京变成全国环境最清洁、最卫生、最优美的第一流的城市。第三,要把北京建成全国科学、文化、技术最发达,教育程度最高的第一流的城市。第四,要使北京经济上不断繁荣,人民生活方便、安定。

4月26—27日　胡耀邦视察官厅、沙城、门头沟、延庆的绿化情况。

5月5日　市工商行政管理局发出通知,放宽对个体工商业户的政策。

10月20日　经国务院批准,北京市设立燕山区,将房山县周口店公社和城关公社的部分地区划归燕山区管辖。

10月29日　市政府发出《关于建立高等教育自学考试制度的决定》。凡自学经考试合格者,发给毕业证书,使用和待遇与普通高等院校毕业生相同。

1981 年

9 月 2 日　中共北京市委、市政府召开郊区多种经营会议。提出"服务首都,富裕农民,建设社会主义现代化新农村"的指导方针,在抓紧粮食生产的同时,努力发展多种经营,有计划地建设蔬菜、生猪、牛奶、禽蛋、鲜鱼、果品等各项生产基地。

12 月 28 日　北京市西、南三环路建成通车。至此,环绕北京城区的全长 48 公里的三环路全线通车。

1982 年

2 月 9 日　中共北京市委召开"建设社会主义精神文明,深入开展'五讲四美'活动工作会议"。

3 月 1 日　北京开展"全民文明礼貌月"活动,着重抓好三件事:搞好环境卫生,解决一个"脏"字;整顿公共秩序,解决一个"乱"字;提高服务质量,解决一个"差"字。

7 月 19 日　市七届人大常委会会议原则通过《北京城市建设总体规划方案(草案)》。

10 月 29 日　市统计局公布 1982 年人口普查主要数字。全市人口 9230663 人,其中,男性占 50.6%,女性占 49.4%。

11 月 6 日至 13 日　中国共产党北京市第五次代表大会召开。

1983 年

3 月 18 日　北京市劳动局、北京市税务局、中国人民银行北京市分行发出《关于本市劳动服务公司系统建立青年职工养老储备金制度的通知》。

4 月 1 日　邓小平为北京育才学校编写的校史题词:"勤奋学习,遵守纪律,热爱劳动,助人为乐,艰苦奋斗,英勇对敌。"

5月25日 中共北京市委、市政府作出《关于在全市开展军民共建社会主义精神文明的决定》。

7月14日 中共中央、国务院原则批准《北京城市建设总体规划方案》并作了批复。指出城市建设总体规划具有法律性质。中共中央、国务院决定成立首都规划建设委员会。

10月1日 邓小平为北京景山学校题词："教育要面向现代化,面向世界,面向未来。"

1984 年

1月1日 中国第一座贮藏能力为 5000 吨的大型清真冷库在北京市丰台区建成。

4月20日 中共北京市委、市政府制订出《北京市社会主义精神文明建设规划纲要(试行草案)》。

5月 北京建成空气质量自动检测系统。

8月 海淀老龄大学开学。这是北京第一所为离退休老人举办的大学。

10月1日 庆祝中华人民共和国成立 35 周年庆典活动在天安门广场举行,邓小平检阅受阅部队并发表重要讲话。

11月8日 北京市第一个程控电话局呼家楼 50 分局建成,并投入使用。

1985 年

2月26日至30日 北京科技发展战略讨论会召开,300 多名专家参加会议,对首都建设提出 22 项议题。

3月10日至18日 市八届人大四次会议举行。会议通过关于《北京市经济体制改革问题的报告》的决议。决定每年 4 月第一个星期日为本市"义务植树日"。

4月1日 市政府决定,自本日起,扩大外国人在北京旅游区域,凡到大兴、通县、顺义、平谷、密云、丰台、燕山7个县区全境和房山、延庆、昌平、怀柔、海淀、石景山、门头沟7个县区部分地区的外国人,不需办理旅行证件。

6月28日 田村山水厂建成供水。这是北京市第一座以地表水为水源的大型净水厂。

9月9日 市委召开了首都发展战略研究工作会议,部署首都发展战略的研究步骤。

11月26日 北京市制定了《关于暂住人口户口管理的规定》。

1986 年

1月20日 中共北京市委、市政府和国家体委联合召开第十一届亚运会工程建设动员大会。由张百发任总指挥的工程建设指挥部成立。亚运会工程建设开始。

4月17日 市政府召开开发建设贫困山区工作会议。

5月28日 市政府制订并发出《北京市"星火计划"纲要》。

6月23日至25日 中共北京市委、市政府作出《关于改善和加强首都服务工作的决定》。

7月1日 北京开始实施《北京市居民身份证使用管理暂行规定》。

7月14日 市高等教育自学考试委员会在人民大会堂向20位自学高考本科生颁发学士学位证书。经自学高考获得学士学位,在全国是第一次。

8月11日 《北京市国营企业职工退休基金统筹试行办法》出台,从11月起,率先在国营企业实行退休基金统筹。

9月12日 市政府召开特级教师命名大会,授予19名中学教师、21名小学教师、3名幼儿园教师为特级教师称号。

9月26日 位于深山区的密云县石城乡对家河村通了公路。至此,北京郊区全部3637个行政村实现了村村通公路。

11月11日 国务院批复北京市政府,同意撤销房山县和燕山区,设为房山区。

12 月　北京市重点环境治理工程——永定河引水渠污水截流二期工程完工。这项工程开始于 1985 年,共铺设污水截流干管 9.4 公里,使沿线 99% 的污水得到截流,改善了长辛店、房山区和西郊 3 个地区近 100 万居民的饮用水水质。

1987 年

3 月 6 日至 12 日　市八届人大六次会议举行。会议通过决议:月季花和菊花为市花,国槐和侧柏为市树。

7 月 6 日　中国人民抗日战争纪念馆在卢沟桥畔建成。

7 月 25 日　市神经外科研究所、天坛医院施行异体脑黑质移植手术治疗帕金森病,获得成功。

8 月 13 日　市公安局、市房管局制定的《关于加强暂住人员租赁私有房屋管理的规定》经北京市人民政府批转同意发布。

10 月 6 日　北京图书馆新馆竣工开馆。

11 月 11 日　京石公路一、二期工程举行通车典礼。由丰台区六里桥至赵辛店,全长 14 公里,是全封闭、全立交的汽车专用快速公路。

12 月 13 日至 17 日　中国共产党北京市第六次代表大会召开。

12 月 19 日　北京交通指挥中心建成。它采用先进的固定配时系统对城市交通实行现代化的信号网络管理。

12 月 21 日　北京市第一条天然气管道建成通气。

12 月 23 日　北京国际电信局建成投入使用。

12 月 24 日　北京市地下铁道复兴门折返线建成通车。

1988 年

1 月 1 日　天安门城楼对外开放。

1 月 25 日　北京市劳动局、财政局、税务局发出《关于给予部分建国前参加工作的国营企业退休老工人定期生活困难补助的通知》。

3月10日　北医三院妇产科教授张丽珠和北医基础医学部副教授刘斌在生殖医学上取得重大突破,我国大陆的第一个试管婴儿在北医三院诞生。

3月13日　北京公众移动电话网开通。由东单中心基台,昌平、怀柔、永乐、良乡4个远地基台和1个专用程控电话交换局组成。使用移动电话的用户可以直拨市内电话和国际、国内长途电话。

4月28日　由《北京日报》《北京晚报》发起的北京八十年代10大建筑评选结果揭晓。它们是:北京图书馆、中国国际展览中心、中央彩电中心、首都机场候机楼、北京国际饭店、大观园、长城饭店、中国剧院、中国人民抗日战争纪念馆、地铁东四十条车站。

5月3日　北京市第一社会福利院开院。

5月10日　国务院正式批准建设我国第一个科技开发区——北京市新技术开发试验区。该区位于海淀区东南部,以中关村为中心,面积约100平方公里。

6月9日　《北京日报》报道:北京市第一个商品住宅小区翠微小区基本建成,总建筑面积为48万平方米。3000户居民已迁入新居,其余住宅全部售出。

8月27日　北京市获全国旅游优质服务先进城市竞赛第一名。

8月28日　《北京日报》报道:我国第一个最大的国家科技馆——中国科学技术馆一期工程在北京建成。建筑面积为2.3万多平方米。

8月31日　北京市城区第一座"垃圾楼"——密闭式集装箱垃圾转运站在右安门内西街居民区内建成并投入使用。

8月　中共北京市委组织部对本市培养选拔妇女干部的情况调查表明:截至7月,全市共有妇女干部24.2万名,占全市干部总数的41.2%,比1983年增加了30%,其中处级干部2557名,占同级干部总数的14.1%;局级干部153名,占同级干部总数的10.2%;本市各级妇女干部占同级干部总数的比例高于全国平均比例数。

10月31日　市残疾人联合会第一次代表大会开幕,11月2日闭幕。

11月4日　中共北京市委办公厅、市政府办公厅转发《关于当前进一步深化中小学改革的几点意见》。本市已有100多所中小学、幼儿园试行内部管理体制改革,实行校长负责制,教职员工聘任制,校内结构工资制。《意见》指出,教育改革要积极稳妥,改革的根本目的是启动学校内部活力,提高教育质量。

11月9日　市政府举报中心成立。举报对象是国家行政机关及其工作人员和由市政府任命的企事业单位的行政领导人员。

11月23日　市政府召开全市居委会工作经验交流会。

11月29日　中共北京市委、市政府召开农村教育工作会议。

12月21日　国家重点建设项目——北京10万门程控电话工程,经过4年的建设及试运行正式通过国家验收。

1989 年

1月12日　北京市"火炬计划"开始实施。该计划以国内市场为导向,以高技术、新技术产品为龙头,以形成规模经济为目标,贯彻技工贸经合的原则。计划发展的主要领域是光通讯、电子信息技术、新型材料、生物工程、机电一体化、激光技术、新药及医疗机械、新能源、高效节能等技术与产品。

1月24日　市政府决定成立未成年人保护委员会。

4月22日　市政府发出《关于进一步加强体育工作的决定》。《决定》要求坚决克服重智育、轻体育、片面追求升学率的倾向,把体育工作摆在重要位置;全市各机关、团体、企事业单位都要把支持、发展体育作为自己的一项任务。

4月22日　《北京日报》报道:市城建开发公司已由集资统建逐步过渡到房地产经营,由单一的住房建设转变为地区性的综合开发建设。从1977年到1988年底,已建成和正在开发建设的住宅区36片,相当于新中国成立时近半个北京城。

5月8日　《北京日报》报道:北京市郊区就读农村职业高中的人数逐

年增加。1988 年至 1989 年度,有 110 所中学办起了农村职业高中,在校学生达 1.2 万多人。

9 月 7 日　北京市庆祝教师节表彰大会在人民大会堂举行。1424 名优秀教师、优秀教育工作者受到表彰。

9 月 17 日　《北京日报》报道:北京市电话装机总容量达 33 万门,比解放初期增长 13 倍。

11 月 1 日　《北京市私人医疗院所管理办法》开始施行。

11 月 15 日　北京市东水西调工程全面开工。官厅水库水源剧减,为解决北京西部工农业生产、居民生活用水困难,市政府决定将密云水库的水通过颐和园附近的团城湖,引至门头沟区的城子水厂。

12 月 1 日　北京市第二次老龄工作会议结束。自 1984 年 6 月以来,18 个区县都建立了老龄委员会,街道乡镇一级建立老龄委员会近 200 个,绝大多数居委会和部分村庄建了老龄组织。兴办了老年活动站 2238 个,老年文体组织 882 个,老年大学 20 所,老年学校 4 所。

12 月 7 日　《北京日报》报道:从 1986 年到 1989 年,本市共建成 30 所医院,建筑面积 41 万平方米,新增病床 5236 张。

1990 年

5 月 19 日　国家奥林匹克体育中心工程竣工。

6 月 9 日　市第九届人民代表大会常务委员会第 20 次会议通过《北京市残疾人保护条例》。

6 月 12 日、23 日　北京同仁医院和北京协和医院分别设立、成立了眼角膜库。

8 月 22 日　第 11 届亚洲运动会在北京隆重开幕。37 个国家和地区的体育代表团共 6578 人参加。

9 月 1 日　《北京市社会力量办学管理办法》开始施行。

1991 年

1 月 15 日　北京市制定《北京市计划生育条例》，明确规定，为推行计划生育，控制人口数量，提高人口素质，使人口增长同经济和社会发展计划相适应，提倡和鼓励晚婚晚育、少生优生，禁止超计划生育。

1 月 26 日　北京获全国"十佳卫生城市"称号。

5 月 1—2 日　江泽民到密云县视察。他在参观遥桥峪水库、云岫谷和司马台长城时指出："对一些古代文化建设应尽量保护原貌，要利用这些实实在在的教材，加强爱国主义教育。"

5 月 19 日　北京数十万群众参加第一个法定的"全国助残日"活动。

5 月 16 日　北京市发布《北京市计划生育奖励实施办法》和《北京市违反〈计划生育条例〉处罚办法》。

7 月 25 日　北京故宫、长城、周口店北京人遗址获联合国教科文组织世界文化遗产证书。

8 月 15 日　首条盲道在北京建成。

9 月 4 日至 15 日　首届北京图书节在市劳动人民文化宫举办。

10 月 31 日　西南三环路正式通车。

1992 年

2 月 14 日　市九届人大常委会 32 次会议通过《北京市未成年人保护条例》和《北京市公民义务献血条例》。

3 月 17 日　建设银行北京分行发放首批个人住房抵押贷款。

7 月 1 日　《北京市住房制度改革实施方案》经国务院住房制度改革领导小组批准正式出台。

7 月 21 日　北京首座老人服务公共寓所——福寿老年公寓，在朝阳区十八里店乡建成。

9 月 1 日　市政府决定市属各级各类学校教职工每月人均增加收

入 5%。

9 月 19 日　《北京市社会治安综合治理条例》公布施行。

9 月 29 日　首都国际机场候机楼扩建完工正式启用。

12 月 1 日　北京放开蛋、菜、肉(含猪、牛、羊肉)价格。

12 月 13 日至 17 日　中国共产党北京市第七次代表大会召开。

1993 年

1 月 19 日　北京西客站正式动工。

1 月　北京市房地产管理局首次向国内外招标出让国有土地使用权。

2 月 14 日　北京牌汽车累计生产、销售达 100 万辆。

4 月 12 日至 14 日　新中国成立以来首次北京高等教育工作会议召开。

5 月 4 日　北京有线电视台正式播出。

5 月　北京市房地产交易市场开业。

8 月 25 日至 9 月 15 日　市公安交通管理局决定,每天 6 至 20 时外省市进京的大小型货运汽车(含厢式货运汽车),禁止在三环路(含三环路)以内行驶。

9 月 14 日　首都机场高速公路、东三环路改造工程竣工通车。

10 月 12 日　北京市第十届人民代表大会常务委员会第六次会议通过的《北京市关于禁止燃放烟花爆竹的规定》公布,1993 年 12 月 1 日起施行。

10 月 30 日　国家教委"两基"评估验收工作抽查组宣布,北京市在全国率先提前实现基本普及九年义务教育,基本扫除青壮年文盲。

12 月 24 日　高碑店污水处理厂一期工程竣工。

1994 年

1 月 1 日　《北京市实施〈中华人民共和国义务教育法〉办法》开始施行。

3月29日 北京市首次召开成人教育工作会议。

5月19日 市委、市政府在通县召开"北京市推动青少年、幼儿住院医疗保险工作现场会",首都190万中小学生和幼儿园里的孩子将在两年内获得医疗保障。

7月11日至13日 北京市出现1940年以来最大暴雨,城近郊区降雨量为120至190毫米。

8月28日 自零时起,北京地区移动电话号码由原来的7位升为8位。

9月10日 《北京市实施〈中华人民共和国教师法〉办法》自本日起施行。

12月1日 《北京市最低工资规定》施行。

1995 年

1月12日 全国首例著作权"中国版权1号"在京登记。

2月1日 新华社发表专讯:本市人均月收入达274.64元,位居全国十大城市第三。

4月1日 "大病医疗费用社会统筹"在本市实施。

4月23日 "爱祖国、爱北京"大型系列文化活动暨纪念北京建城3040年活动在天安门广场举办。

5月1日 北京市实行每周五天工作制。

7月15日 北京市实施《北京市外地来京务工经商人员管理条例》《外地来京人员户籍管理规定》。

7月 北京市首次检查党政机关县(处)级以上领导干部收入申报情况。

8月4日 我国第一条利用世界银行贷款修建和管理的高速公路——京津塘高速公路正式通过国家验收。京津塘高速公路是连接北京、天津和塘沽的高速公路,是我国第一条跨省高速公路,全长142.69公里。

9月1日 北京市正式实施《中华人民共和国教育法》。

9月　北京市调整下岗人员基本生活费,每人每月不低于 170 元人民币。

9月4日至15日　联合国第四次世界妇女大会在京召开,来自 197 个国家和地区的代表出席会议,会议通过《北京宣言》和《行动纲领》。

11 月 2 日　国内第一台 PentiumPro 级(即 686 档)微机在联想集团诞生。

12 月 19 日　北京市门头沟斋堂程控电话局开通。至此,全市乡镇全部实现电话程控。

12 月 31 日　北京市普及食用碘盐。

12 月　北京市行政区划内全部实行劳动合同制,共有 208 万人签订劳动合同。

12 月　"八五"林业资源清查显示,北京市有林面积达 1025 万亩,林木覆盖率达 36.3%,跻身世界绿都行列。

1996 年

1 月 21 日　北京西站正式开通运营。

2 月 15 日　市教育委员会成立。

5 月 9 日　北京电话号码升八位成功。

7 月 1 日　北京市建立实施城镇居民最低生活保障制度。

8 月 1 日　据《北京日报》报道,市委市政府决定为贫困高中生设立北京市宏志奖学金。

9 月 1 日　京九铁路全线正式开通运营。京九铁路是中国境内一条连接北京市至香港特别行政区的国铁 I 级铁路,是中国国内投资最多、一次性建成的最长双线铁路。

9 月 3 日　300 路公共汽车开通,三环路环起来。

10 月 12 日　首都市中心规模最大的群众体育活动场馆——东单体育中心竣工揭幕。

12 月 21 日　历时七个月,总长 69.68 公里的京津两地行政区域界线勘定。

1997 年

1 月 22 日　北京市正式启用"122"交通事故报警电话。

6 月 1 日　北京市调整职工最低工资标准,企业下岗待工人员基本生活标准和离退人员养老金。

6 月 25 日　北京市第一条公交专用车道开通。

7 月 1 日　首都各界群众 8 万余人庆祝香港回归祖国。

10 月 5 日　北京市为贫困生设立助学金减免学杂费。

12 月 12 日至 17 日　中国共产党北京市第八次代表大会召开。

1998 年

1 月 11 日　小城镇和农村户籍改革启动。

4 月 19 日　《北京日报》报道,全市 15.5 万小学毕业生全部免试就近升入初中。

5 月 18 日　北京图书大厦营业。

7 月 4 日　大栅栏成为首条步行商业街。

10 月 1 日　北京市取消副食补贴。

11 月 7 日　北京市最长高速公路——八达岭高速全线通车,公路全长61.87 公里。

11 月 25 日　北京正式宣布申办 2008 年奥运会。

12 月 2 日　颐和园、天坛被联合国教科文组织世界文化遗产委员会列入世界文化遗产名录。

12 月 16 日　顺义召开大会庆祝撤县设区。

1999 年

1 月 1 日 北京市出台试行办法,自由职业者可享受养老、大病统筹等社会保险。

2 月 10 日 江泽民到顺义区、北京锦绣大地农业股份有限公司视察。

3 月 1 日 市政府决定,通过新闻媒介向社会公布市区空气质量。

4 月 17 日 20 万考生参加高等教育自学考试。

5 月 14 日 北京市修订了《北京市计划生育条例》。

5 月 28 日 市委市政府召开"北京市个体私营经济工作会议"。截至是日,本市私营企业逾六万。

7 月 14 日 市教委下发通知,要求年内保证 10 万中、小学生吃上营养餐。

8 月 北京市新技术产业开发试验区更名为中关村科技园区。

9 月 1 日 《北京市除"四害"工作管理规定》自本日起施行。

9 月 11 日 王府井隆重开街。

10 月 1 日 首都各界 50 万军民庆祝中华人民共和国成立 50 周年大会在北京天安门广场举行,江泽民检阅受阅部队并发表重要讲话。

10 月 15 日 北京市召开房改工作会议,停止住房实物分配,实行住房分配货币化。

11 月 1 日 《北京市失业保险规定》自本日起施行。

12 月 31 日 迎千年庆典活动在中华世纪坛举行。

2000 年

1 月 北京召开全市国有企业下岗职工基本生活保障和再就业工作会议,加快推进市场化就业机制的建立和独立于企业之外的社会保障体系建设。

2 月 江泽民到北京市看望国有企业职工,并考察科技创新工作。

3月8日 北京市修订了《北京市计划生育奖励实施办法》和《北京市违反〈计划生育条例〉处罚办法》。

4月1日 《北京市外地来京人员计划生育管理规定》《北京市企业劳动者工伤保险规定》自本日起施行。

4月 严重的沙尘暴侵袭北京。

6月 北京市政府便民电话中心开通,电话号码:12345。

7月1日 《北京市实施〈城市居民最低生活保障条例〉办法》,自本日起施行。

8月 国际奥委会确认北京为举办2008年奥运会的候选城市;《北京市见义勇为人员奖励和保护条例》实施。

9月 城八区中小学接收应届毕业生为新教师,一律实行聘用合同制。

9月15日 京沈高速公路通车。京沈高速公路是连接北京和沈阳的高速公路,是中国东北地区与首都北京连接的重要高速公路,全长658公里。

12月 北京市实施《〈中华人民共和国大气污染防治法〉办法》。

12月18日 交通部在北京宣布,我国第一条国道主干线京沪高速公路已经全线贯通。京沪高速公路全长1262公里,总投资393亿元,是我国公路交通步入现代化建设的一个重要里程碑。

2001 年

1月1日 《北京市养老服务机构管理办法》自本日起施行。

1月18日 北京市医疗卫生体制改革正式启动。

3月21日 北京市医疗保险制度改革工作会议召开,出台改革方案,年底前实现150万至200万职工参加医疗保险。

6月9日 北京市全长65.3公里的高标准城市快速路——四环路全线通车。

7月5日 市委、市政府"开发南城,造福人民"的重大举措——广安大街暨南中轴路通车。

13 日　国际奥委会第 112 次全会进行 2008 年奥运会主办城市的投票,国际奥委会主席萨马兰奇宣布投票结果,北京为主办城市。

8 月 25 日至 9 月 1 日　第二十一届世界大学生运动会在京举行。

8 月 29 日　北京市制定颁布《农民工养老保险暂行办法》。

9 月 1 日　《北京市学前教育条例》自本日起施行。

9 月 8 日　全市境内最长的高速公路——八达岭高速路全线贯通。

2002 年

1 月 3 日　市统计局公布:新世纪第一年,北京市人均国内生产总值首次突破 3000 美元,达到世界中等发达国家的水平。

2 月 1 日　《北京市劳动合同规定》自本日起施行。

4 月 16 日　怀柔撤县设区大会举行,有 634 年县史记载的怀柔翻开崭新一页。

4 月 18 日　平谷撤县设区大会举行,西汉初年建县的平谷告别千年古县的历史。

4 月 28 日　江泽民到中国人民大学考察工作,看望学校师生员工,并发表重要讲话。

5 月 17 日至 22 日　中国共产党北京市第九次代表大会召开。

8 月 13 日　市通信管理局披露,截至 7 月底,北京移动电话用户总数达到 710 万,普及率位居全国第一。

9 月 1 日　具有本市户口,享受城市居民最低生活保障待遇家庭的 60 万名在公立中、小学就读的学生免交杂费。

11 月 23 日　北京市内城第一片"危改"小区竣工,海运仓"危改"首批居民回迁。

12 月 27 日　南水北调工程开工典礼在北京人民大会堂和江苏省、山东省施工现场同时举行。

2003 年

1 月 24—25 日　胡锦涛先后到中关村科技园、密云县和怀柔区,深入企业、农村,考察经济社会发展和群众生产生活的情况。

2 月 17 日　15 万流动儿童在北京各类公办学校领到新课本,喜迎新学期。北京此举走在了全国前列。

4 月 1 日　北京市郊区新生儿和具有农村户口的在校学生,可自愿转为北京城镇户口。

4 月 30 日　经过七天七夜紧张施工,小汤山定点医院建成,市委书记刘淇察看该院并慰问支援北京防治"非典"工作的军队医务工作者。

5 月 28 日　《北京市实施传染性非典型肺炎预防控制措施若干规定》自本日起施行。

5 月 28 日　全长 18.964 公里的地铁八通线轨道全线贯通。

6 月 24 日　中国卫生部和世界卫生组织联合举行新闻发布会,宣布解除对北京的旅游警告,同时将北京从"非典"疫区名单中删除。

8 月 1 日　为实施国务院《城市生活无着的流浪乞讨人员救助管理办法》,北京首批建成四个临时救助管理站。

9 月 24 日　市地税局宣布:从 2003 年 9 月 1 日起个税起征点提到 1200 元。

10 月 15 日　《北京市养犬管理规定》自本日起施行。

11 月 1 日　全长 98.58 公里的国内最长城市环线高速公路——北京五环路全线通车。

12 月 27 日　北京地铁八通线正式通车试运营。

2004 年

1 月 1 日　《北京市未成年人保护条例》自本日起施行。

1 月 8 日　北京市第一个廉租房建设项目——广渠门廉租房落成。

6月1日 北京市发布《北京市外地来京人员租赁房屋治安管理规定》的修订版。

7月1日 北京市制定实施《关于本市建设征地农转工自谋职业人员社会保险有关问题的处理办法》,妥善解决建设征地农转工自谋职业人员的社会保险问题。

9月4日 市委、市政府为第28届奥运会凯旋的北京籍体育健儿举行招待宴会。本届奥运会共有31名北京运动员参加,有20人进入前8名,获得了5枚金牌。

9月10日 在第20个教师节到来之际,胡锦涛到北京市考察教育工作,看望广大师生,实地了解办学情况。

9月13日 市政府召开第五十九次市长办公会,审议并通过《北京市农村特困人员医疗救助暂行办法》和《调整本市城市特困人员医疗救助政策有关问题的通知》。

10月1日 20万群众参加盛大游园活动,庆祝中华人民共和国成立55周年。

12月25日 国内首条大容量快速公交线——快速公交1线开通。

2005 年

2月15日 市财政局公布《关于公布取消涉及行政许叮事项的行政事业性收费项目的通知》,废除106项行政事业性收费。

2月18日 《国家发改委关于首钢实施搬迁、结构调整和环境治理方案的批复》文件正式下达,同意在河北省唐山地区曹妃甸建设一个具有国际先进水平的钢铁联合企业作为首钢搬迁的载体。搬迁后,通过多种方式妥善安置大量职工。

6月5日 北京市环境保护局正式对外发布《2004年北京市环境状况公报》,北京环境保护投资连续六年过百亿元。

7月1日 《北京市企业职工生育保险规定》自本日起施行。

7月6日 北京市启动城镇教师支援农村教育工作活动。

8月28日 象征着中国人民抗日战争暨世界反法西斯战争胜利60周年的永久标志性建筑——北京和平墙在朝阳公园建成,主墙高10.90米,正面镌刻有中、英、俄、法、西五国文字的《北京和平宣言》。

2006 年

1月1日 北京市在全国率先实施《农村社会养老保险制度建设指导意见》以及《关于实施北京市农村社会养老保险制度建设指导意见的具体办法》。

1月 北京市结合新农村建设工程,参照城市社区"星光老年之家"建设的做法,决定实施"山区星光计划"。

2月15日 北京市园林局和首都绿化委员会办公室合并,组建北京市园林绿化局。

3月1日 《北京市实施〈住房公积金管理条例〉若干规定》自本日起施行。

3月25日 "迎奥运、讲文明、树新风"活动启动仪式在人民大会堂举行。

4月1日 北京市开始发售市政公交一卡通(IC卡)。

5月18日 首都博物馆新馆正式开馆。

5月20日 北京市调整出租汽车租价标准,现行1.60元/公里车型租价标准调整为2.00元/公里。

6月5日 在第35个"世界环境日",北京市开展了历史上最大规模的一次公众参与公益环保活动——"少开一天车"。

7月1日 市政府免费开放紫竹院公园、海淀博物馆等12个公园和6个博物馆。

7月1日 由北京开往拉萨的T27次在北京西站首发,京藏铁路正式通车。

7月11日 北京市首家政府投资、企业经营、公办民营的福利院——"三和老年公寓"在东城区北新桥街道成立。

9月1日　按照新修订的《义务教育法》,北京市10个远郊区县30多万农村中小学生新学期不再缴纳教科书费。

11月14日　《中共北京市委关于构建社会主义和谐社会首善之区的意见》发布。

12月10日至14日　首届中国北京国际文化创意产业博览会在京举行。

2007 年

1月1日　《北京市基本养老保险规定》自本日起施行。

1月1日　刷IC卡乘公交车全面实现四折、学生二折优惠。

2月18日　新华社报道:经建设部批准,北京颐和园、北京天坛公园、北京北海公园、北京动物园、北京植物园等20个公园正式成为中国第一批国家重点公园。

3月1日　《北京市实施〈中华人民共和国民办教育促进法〉办法》自本日起施行。

3月14日　全国首个新型农村合作医疗网上直报系统在房山区开通。参加农村合作医疗的农民办理报销手续的时间由过去的三四个月缩短到五分钟。

5月8日　国家旅游局公布首批国家5A级旅游景区名单,天坛公园、颐和园、八达岭长城和故宫博物院入选。

5月15日　北京市非紧急救助服务中心12345正式开通。

5月17日至22日　中国共产党北京市第十次代表大会召开。

5月18日　北京市26家博物馆免费对公众开放。

9月1日　"一老一小"大病医疗保险制度开始实施。

9月1日　城八区公办学校义务教育阶段学生自本日起免交杂费。

9月25日　国家大剧院落成并进行试演。

10月7日　地铁5号线开通试运营。同时本市轨道交通开始实行新的票制票价,全路网(不含机场轨道交通线)实行单一票制,票价为2元/

人次。

11 月 1 日　使用了 29 年的北京地铁月票全面停止。

12 月 2 日　中共北京市委社会工作委员会(简称"北京市委社会工委")、北京市社会建设工作办公室(简称"北京市社会建设办")成立新闻发布会举行。

12 月 5 日　《北京市志愿服务促进条例》自本日起施行。

2008 年

1 月 28 日　国家游泳中心——"水立方"正式竣工。

2 月 29 日　首都机场 T3 航站楼投入运营。

3 月 1 日　北京市开始执行国 IV 机动车排放标准。

4 月 18 日　国家体育场("鸟巢")建成后举行首次正式比赛——"好运北京"2008 国际田联竞走挑战赛。

5 月 1 日　《北京市实施〈农村五保供养工作条例〉办法》自本日起施行。

5 月 1 日　《北京市公共场所禁止吸烟范围的若干规定》正式施行,10 类公共场所完全禁烟,餐馆等部分公共场所除划定的吸烟区外的区域禁烟。

6 月 9 日　北京地铁全线正式启用自动售检票系统(AFC),沿用 38 年的纸质地铁票停用。

6 月 21 日　京平高速公路通车,京郊区县实现"区区通高速"。

7 月 1 日　47 万本市城镇劳动年龄内无业居民纳入大病医疗保险,北京市已经形成基本医疗保障体系,人人享有医保。

7 月 19 日　10 号线一期、奥运支线和机场线 3 条轨道新线正式通车。

7 月 28 日　北京市第一座大型现代化垃圾处理设施——高安屯生活垃圾焚烧厂建成并投入试运行。

8 月 1 日　我国第一条拥有完全自主知识产权、具有世界一流水平的高速铁路——京津城际铁路通车运营。

8 月 8 日至 24 日　北京第二十九届奥林匹克运动会举行。204 个国家和地区的 1 万多名运动员参加本届奥运会。

9 月 6 日至 17 日 北京第十三届残奥会举行。147 个国家和地区的 4000 多名运动员参加了本届残奥会。

9 月 25 日 北京市社会建设大会召开,出台"1+4"政策文件,(包括《北京市加强社会建设实施纲要》《关于进一步加强和改进社会领域党建工作的意见》《关于加快推进社会组织改革与发展的意见》《北京市社区管理办法(试行)》《北京市社区工作者管理办法(试行)》)明确提出,要围绕构建公共服务体系、社区管理体系、社会组织管理体系、社会工作运行体系、社会领域党建工作体系,力争用三到五年的时间,初步建立起具有时代特征、中国特色、首都特点的社会建设新格局的基本框架。

10 月 11 日 北京市机动车开始执行按车牌尾号每周停驶一天的交通管理新措施。

12 月 20 日 北京市人民政府印发《北京市城乡居民养老保险办法》,自 2009 年 1 月 1 日起施行。

12 月 24 日 北京市民政局、北京市发展和改革委员会、北京市规划委员会、北京市财政局、北京市国土资源局发布《关于加快养老服务机构发展的意见》。

2009 年

1 月 1 日 老年人优待卡正式生效,65 周岁以上老人可免费乘坐 969 条地面公交线路、免费游览 151 家公园景点、免费参观 46 家博物馆。

1 月 取消中小学义务教育阶段借读费、外来人口管理费、证件工本费和暂住证费等 20 余项行政事业收费。

1 月 失业登记一年以上人员纳入城镇就业困难群体范围。

1 月 23 日 北京市家电下乡工作动员大会召开,家电下乡项目正式开始实施。

1 月 21 日 中共北京市委、北京市人民政府印发《关于进一步加强和改进志愿者工作的意见》的通知。

1月25日　首个限价房项目——西三旗限价房交付入住,4000多户居民搬入新居。

5月2日　胡锦涛来到中国农业大学,同广大师生共迎五四青年节,并发表重要讲话。

7月2日　北京SOS儿童村正式开村。

8月25日　长安街大修竣工,首次实现五上五下双向十车道的规划设计。

9月1日　北京市公办普通高校全日制非在职、非京籍学生可参加北京市学生儿童大病医疗保险,缴费标准和享受待遇标准与北京市学生相同。

9月12日　全长187.6千米的北京六环路全线贯通。

9月18日　北京市首个公租房项目——北苑南区项目开工,北京公共租赁房建设正式启动。

9月28日　前门大街全面开市,真实地再现了20世纪二三十年代的风貌。

10月1日　庆祝中华人民共和国成立60周年大会在天安门广场举行。胡锦涛检阅受阅部队并发表重要讲话。

2010 年

1月1日　北京市实施《北京市市民居家养老(助残)服务("九养")办法》。

1月5日　市发展改革委、市住建委等5部门联合发布了《北京市加快太阳能开发利用促进产业发展指导意见》。

1月10日　中国妇女儿童博物馆举行开馆仪式。

1月29日　习近平同志在北京调研新社会组织开展深入学习实践科学发展观活动的情况。

2月2日　市人力社保局公布企业退休人员养老金调整方案,人均增长200元,调整后养老金水平从月人均1832元提高到2032元。

3月1日　《北京市绿化条例》自本日起施行。

3月29日　海淀区市级挂账整治重点村唐家岭地区整体改造工作全面启动。

4月12日　北京市属各级党政机关、社会团体、事业单位、国有企业和城镇集体企业开始实现错峰上下班。

4月19日　市人力社保局颁布了《北京市事业单位公开招聘工作人员实施办法》。从即日起,北京市事业单位用人全部公开招聘。

6月28日　北京市启动首都功能核心区行政区划调整工作。撤销原东城区、崇文区,建立新的东城区;撤销原西城区、宣武区,建立新的西城区。

7月5日　130家定点医疗机构开通社保卡,所有参加城镇职工医疗保险人员社保卡基本发放到位。

9月1日　北京市全面免除城市地区义务教育教科书费。

12月23日　《北京市人民政府关于进一步推进首都交通科学发展,加大力度缓解交通拥堵工作的意见》出台。

2011 年

2月10日　《北京市南水北调工程保护办法》公布施行。

3月1日　《北京市水污染防治条例》自本日起施行。

6月3日　中共北京市委十届九次全会通过了《中共北京市委关于加强和创新社会管理全面推进社会建设的意见》。

6月22日　北京市继续深入落实"九养政策"和老年人优待办法,集中出台了《北京市低保家庭生活不能完全自理老年人入住定点社会福利机构补助办法(试行)》等13项老龄人口优待政策。

6月30日　京沪高速铁路正式通车运营。国务院总理温家宝在北京南站出席京沪高速铁路通车运营仪式。京沪高速铁路自北京南站至上海虹桥站,全长1318公里,是世界上一次建成线路最长、标准最高的高速铁路。

9月12日　温家宝看望北京市第一社会福利院的老人,并向全国的老年人致以节日祝福。温家宝观看了"北京市养老事业实现跨越式发展"展板,提出要努力实现老有所养、老有所医、老有所教、老有所学、老有所为、老有所乐的老龄事业发展目标。

9月24日　北京师范大学、西南财经大学、国家统计局中国经济景气监测中心联合发布《2011中国绿色发展指数报告》，在省际排名中北京市以0.77的绿色发展指数继续位居全国第一，经济增长绿化度和政府政策支持度均居首位。

10月19日　《关于加强本市公共租赁住房建设和管理的通知》发布，新就业职工和外来务工人员首次被正式纳入公租房准租范围。

11月2日　北京精神表述语——"爱国、创新、包容、厚德"正式发布。

12月5日　《北京市实施〈工伤保险条例〉若干规定》自本日起施行。

2012 年

2月2日　市环保监测中心首次公布全市 $PM_{2.5}$ 研究性监测数据24小时均值。

3月1日　《北京市生活垃圾管理条例》正式实施。这是国内首部以立法形式规范垃圾处理行为的地方性法规。

5月1日　《北京市就业援助规定》施行。

5月1日　新修改的《北京市生育服务证管理办法实施细则》正式实施。

5月21日　中国社会科学院发布《2012年中国城市竞争力蓝皮书》，对2011年中国海峡两岸暨香港、澳门294个城市竞争力指数进行排序，北京市列第三位，首次排名内地城市首位。

5月29日　市卫生局公布《2011年北京市卫生事业发展统计公报》，北京市户籍居民平均期望寿命达到81.12岁，比2010年增加0.31岁。

5月30日　北京市召开网格化社会服务管理体系建设推进大会，标志着这项工作在全市全面推开。

6月15日　北京市被联合国教科文组织授予"设计之都"称号。

6月29日至7月3日　中国共产党北京市第十一次代表大会召开。

7月1日　北京市居民阶梯电价政策试行。

7月21日 北京市遭遇1951年有气象观测记录61年来最大强降雨,北京气象台发布自2005年建立天气预警制度以来的第一个暴雨橙色预警。

7月26日 市财政局首次公开市级2011年"三公经费"情况和行政经费支出情况。

8月27日 第二届"中国城市公益慈善指数"发布,北京市以总分94分的成绩排名中国321个城市之首。

10月26日 北京市人民政府印发《北京市空气重污染日应急方案(暂行)》,在全国率先发布实施。

12月26日 京广高速铁路全线开通。京广高速铁路自北京西站至广州南站,全长2298公里。

2013 年

1月1日 新版北京空气质量数据平台正式启动,全市35个空气质量自动监测点位的数据实时展现。

2月1日 北京市正式实施第五阶段机动车尾气排放标准,相当于欧洲五号标准。

4月1日 北京市首座垃圾渗沥液无害化处理厂在丰台区北天堂正式投产。

4月2日 党和国家领导人习近平、李克强、张德江、俞正声、刘云山、王岐山、张高丽等来到北京市丰台区永定河畔参加首都义务植树活动。

5月10日 北京市水务局、北京市统计局联合发布了《北京市第一次水务普查公报》。公报显示,北京共有河流425条。

5月14日 中国园林博物馆在北京园博园正式落成,这是首座国家级园林博物馆。

5月20日 在第24届中国学生营养日,市疾控中心在北京二中举行主题活动并发布"北京市中小学校健康食堂十条指导准则"。

9月2日 《北京市2013—2017年清洁空气行动计划》及其84项重点

任务分解出台。

9月15日　市残联、市教委、市财政局和市卫生局发布《北京市残疾儿童少年康复服务办法》，自2013年12月1日起执行。

9月18日　京津冀及周边地区大气污染防治工作会议举行，对北京、天津、河北、山西、内蒙古、山东等6个省区市加快推进大气污染综合治理工作进行动员和部署。

9月27日　北京市招生考试委员会印发了《2014年进城务工人员随迁子女在京参加高等职业学校招生考试实施办法》。

10月16日　北京市发布《北京市人民政府关于加快推进养老服务业发展的意见》，加快推进本市养老服务业发展。

10月22日　北京市发布《北京市空气重污染应急预案（试行）》。

11月12日　《北京日报》报道，北京市最长的骑行绿道—东郊森林公园骑行绿道建成开放。

12月31日　京津冀晋鲁区域高速公路电子不停车收费（ETC）系统正式联网运行。

2014 年

1月1日　《北京市促进慈善事业若干规定》自本日起施行。

1月21日　市空气重污染应急指挥部正式设立。

2月21日　北京市正式实施"单独两孩"政策。21日零时以后出生的单独家庭的第二个孩子属合法生育，不用缴纳社会抚养费。

2月25日至26日　习近平总书记就"全面深化改革、推动首都更好发展特别是破解特大城市发展难题"到北京市规划展览馆等地考察。

3月1日　《北京市大气污染防治条例》自本日起施行。

3月27日　为协调京津冀一体化发展，北京市成立了"区域协同发展改革领导小组"。

4月4日　党和国家领导人习近平、李克强、张德江、俞正声、刘云山、王岐山、张高丽等来到北京市海淀区南水北调团城湖调节池参加首都义务植树活动。

5月4日　习近平总书记来到北京大学考察。

5月24日　南水北调地下输水全线贯通。

5月30日　习近平总书记来到北京市海淀区民族小学,参加庆祝"六一"国际儿童节活动。

9月1日　北京市出台《关于加强基层老年协会建设的意见》,探索建立区(县)街(乡镇)居(村)三级老年协会。

9月9日　习近平总书记在北京师范大学考察,看望教师学生,观摩课堂教学,进行座谈交流,向全国广大教师和教育工作者致以崇高的节日敬礼和祝贺。

9月28日　北京市首座老年人主题公园——万寿公园正式开园。同日,三山五园绿道全线贯通。

11月6日　中国首个知识产权法院——北京知识产权法院挂牌成立。

12月12日　南水北调中线一期工程正式通水。

12月26日　北京大兴新机场工程正式开工建设。

12月26日　京津冀协同发展工作推进会议举行,研究京津冀协同发展规划。

2015 年

2月10日　《北京市规划委员会关于住宅适老性规划设计有关意见的通知》发布。

5月1日　《北京市居家养老服务条例》自本日起施行。

5月1日　《北京市轨道交通运营安全条例》正式实施。

6月1日　《北京市控制吸烟条例》自本日起施行。

6月9日　中共中央国务院印发《京津冀协同发展规划纲要》。

7月10日至11日　中共北京市委十一届七次全会召开。会议审议通过了《中共北京市委北京市人民政府关于贯彻〈京津冀协同发展规划纲要〉的意见(审议稿)》。

7月31日　在马来西亚吉隆坡举行的国际奥委会第128次全会上,经过85位国际奥委会委员投票,北京市联合张家口市获得2022年第二十四届冬季奥林匹克运动会举办权。北京市成为历史上第一个既举办夏季奥运会,又举办冬季奥运会的城市。

11月9日　北京市政务服务中心正式运行。

11月13日　市政府办公厅印发《北京市人民政府关于撤销密云县、延庆县设立密云区、延庆区的通知》。经国务院批准,北京市撤销密云县、延庆县,设立密云区、延庆区。

11月24日　北京市民政局、市规划委正式发布《北京市养老服务设施专项规划》,首次明确提出"9064"养老服务目标。

12月1日　北京市居民婚姻登记可跨区办理,成为全国第一个实施打破户籍限制办理婚姻登记的城市。

12月7日　北京市首次启动空气重污染红色预警。全市于12月8日7时至10日12时启动空气重污染红色预警措施,包括建议中小学、幼儿园停课;企事业单位根据空气重污染情况可实行弹性工作制,全市范围内将实施机动车单双号行驶等措施。

2016 年

3月1日　公安部外国人永久居留服务大厅暨北京市公安局出入境管理局中关村外国人服务大厅正式对外办公,标志着公安部支持北京创新发展20项出入境政策措施正式落地。

3月15日　北京市政府办公厅发布《北京市实行最严格水资源管理制度考核办法》。

3月24日　市十四届人大常委会召开第26次会议,表决通过关于修改《北京市人口与计划生育条例》的决定等事项,"全面二孩"政策于即日起在北京市落地。

3月24日　中共中央政治局常委会会议审议并原则同意关于北京城市副中心和疏解北京非首都功能集中承载地有关情况的汇报,确定集中承载地选址。

4 月 28 日　市卫计委正式发布国内首个公立医院特许经营管理指南《北京市公立医院特许经营管理指南(试行)》。

5 月 27 日　中共中央政治局会议研究部署规划建设北京城市副中心和进一步推动京津冀协同发展有关工作,审议《关于规划建设北京城市副中心和研究设立河北雄安新区的有关情况的汇报》。

7 月 5 日　海淀区失能护理互助保险正式启动。这是北京市首个针对失能老人长期照料的政策性保险,探索家庭养老向社会化支持服务养老转型。

8 月 22 日　首批通过公示的 10 名失独老人已开始陆续入住市第五福利院,该福利院 11 层至 15 层为专门接纳失独老人区域,名为蕙芷园。

10 月 1 日　《北京市实施〈居住证暂行条例〉办法》自本日起施行。

10 月 14 日　北京市首张居住证在东城公安局前门派出所发出。

12 月 13 日　北京市出台《北京市"十三五"时期老龄事业发展规划》,着眼于首都城市功能定位和京津冀协同发展,以让全市老年人有更多获得感为目标,提出了"十三五"时期的战略目标、主要任务和保障措施。

2017 年

2 月 13 日　《北京市特困人员救助供养实施办法》发布施行。

2 月 23 日至 24 日　习近平总书记在北京考察城市规划建设和北京冬奥会筹办工作。

3 月 1 日　《北京市全民健身条例》自本日起施行。

3 月 29 日　党和国家领导人习近平、张德江、俞正声、刘云山、王岐山、张高丽等来到北京市朝阳区将台乡参加首都义务植树活动。

5 月 3 日　习近平总书记到中国政法大学考察。

6 月 19 日至 23 日　中国共产党北京市第十二次代表大会召开。

7 月 7 日　纪念全民族抗战爆发 80 周年仪式在中国人民抗日战争纪念馆举行。

9 月 13 日　中共中央、国务院同意《北京城市总体规划(2016 年—

2035 年)》并作出批复。

9 月 20 日 《北京市共有产权住房管理暂行办法》发布,自 9 月 30 日起开始正式实施。

11 月 12 日 《北京市人民政府关于印发〈北京市城乡居民基本医疗保险办法〉的通知》发布,自 2018 年 1 月 1 日起施行。

2018 年

1 月 11 日 十二届北京市委全面深化改革领导小组第六次会议审议了《关于党建引领街乡管理体制机制创新实现"街乡吹哨、部门报到"的行动计划》。

4 月 2 日 党和国家领导人习近平、李克强、栗战书、汪洋、王沪宁、赵乐际、韩正、王岐山等来到北京市通州区张家湾镇参加首都义务植树活动。

5 月 2 日 习近平总书记在北京大学考察,同北京大学师生座谈并发表重要讲话。

7 月 1 日 《北京市社会救助实施办法》自本日起施行。

7 月 30 日 北京市发布《推进京津冀协同发展 2018—2020 年行动计划》,从非首都功能疏解、北京"两翼"建设、生态环境协同治理等八个领域,提出了未来 3 年京津冀协同发展路线图。

8 月 27 日至 28 日 全国营商环境评价现场会暨优化营商环境工作推进会在京举行,会上发布了全国营商环境试评价结果,在 22 个试评价城市中,北京总排名第一。

9 月 18 日 北京社区网正式宣布上线。

11 月 加快推进"一刻钟社区服务圈"建设,实现覆盖 90% 以上的城市社区,提高社区居民的生活便利度和满意度。实施 1000 个村庄环境整治和美丽乡村建设,全市平原地区村庄基本实现"无煤化"。

12 月 18 日 庆祝改革开放 40 周年大会在人民大会堂隆重举行,习近平总书记发表重要讲话。

2019 年

1 月 7 日　北京市生态环境局、北京市市场监督管理局发布《农村生活污水处理设施水污染物排放标准》(DB11/1612—2019)。

1 月 9 日　《中共北京市委北京市人民政府关于加强城市精细化管理工作的意见》印发。

1 月 11 日　北京市级行政中心正式迁入北京城市副中心,这是北京城市副中心建设的一个重要节点性成果。

1 月　市十五届人大二次会议决定,北京市第十五届人民代表大会设立社会建设委员会,内务司法委员会更名为监察和司法委员会,教育科技文化卫生体育委员会更名为教育科技文化卫生委员会。

2 月 1 日　习近平总书记在北京看望慰问基层干部群众,考察北京冬奥会和冬残奥会筹办工作。

4 月 27 日　第二届"一带一路"国际合作高峰论坛圆桌峰会在北京雁栖湖国际会议中心举办。

4 月 29 日至 10 月 9 日　中国北京世界园艺博览会在延庆举行,向海内外传递"绿色生活、美丽家园"理念。

4 月 30 日　北京市郊铁路 S5 线(黄土店站至古北口站区间)全线开通运营。S5 线全长 135.6 公里,实现城市轨道交通对怀柔区、密云区的覆盖。

5 月 15 日至 22 日　亚洲文明对话大会在北京召开。中国国家主席习近平出席大会开幕式、发表主旨演讲,并出席有关活动。

9 月 25 日　北京大兴国际机场正式通航,开启北京民航双枢纽时代。

9 月 26 日　京雄城际铁路北京西至大兴机场段开通运营。

10 月 1 日　庆祝中华人民共和国成立 70 周年大会在北京天安门广场举行。中共中央总书记、国家主席、中央军委主席习近平发表重要讲话并检阅受阅部队。

11 月 20 日至 23 日　首届世界 5G 大会在北京亦庄举行。

11 月 28 日　中国共产党北京市第十二届委员会第十次全体会议通过

《中共北京市委贯彻〈中共中央关于坚持和完善中国特色社会主义制度推进国家治理体系和治理能力现代化若干重大问题的决定〉的实施意见》。

12月18日　修改后的《北京市生活垃圾管理条例》正式公布,并将自2020年5月1日起施行,标志着北京市生活垃圾分类将正式步入法治化、常态化、系统化轨道。

12月30日　北京至张家口高速铁路开通运营。京张高铁由我国自主设计建造,是时速350公里的智能高速铁路。

主要参考文献

一、著作类

1.《毛泽东选集》第四卷,人民出版社 1960 年版。

2.《毛泽东文集》(第一卷—第八卷),人民出版社 1999 年版。

3. 北京市地方志编纂委员会办公室:《北京房地产志》,北京出版社 1994 年版。

4. 何东昌主编:《中华人民共和国重要教育文献(1949—1975)》,海南出版社 1998 年版。

5. 北京市地方志编纂委员会:《北京志·综合经济管理卷·劳动志》,北京出版社 1999 年版。

6. 北京市地方志编纂委员会:《北京志·综合经济管理卷·工商行政管理志》,北京出版社 2001 年版。

7. 当代中国的北京编辑部编:《当代北京大事件》,北京出版社 2003 年版。

8. 北京市地方志编纂委员会:《北京志·政务卷·民政志》,北京出版社 2003 年版。

9. 北京市地方志编纂委员会:《北京志市政卷环境保护志》,北京出版社 2004 版。

10. 北京市建委、北京市国土资源局:《北京房地产年鉴 2004》,中国计量出版社 2004 年版。

11. 北京市地方志编纂委员会:《北京志·人民团体卷·妇女组织志》,北京出版社 2007 年版。

12. 北京市地方志编纂委员会:《北京志·综合卷·人民生活志》,北京出版社 2007 年版。

13. 陆学艺主编:《北京社会建设 60 年》,科学出版社 2008 年版。

14. 李强:《中国社会变迁 30 年(1978—2008)》,社会科学文献出版社 2008 年版。

15. 高冬梅:《中国共产党成立初期中国共产党社会救助思想与实践研究(1949—1956)》,人民出版社 2009 年版。

16. 陆学艺：《当代中国社会结构》，社会科学文献出版社 2010 年版。

17. 北京市农村经济研究中心编：《北京市农村改革发展 60 年大事记》，中国农业出版社 2010 年版。

18. 北京市地方志编纂委员会：《北京志·人民团体卷·青年组织志》，北京出版社 2011 年版。

19. 段柄仁编：《北京年鉴 2011》，北京年鉴社 2011 年版。

20. 北京市地方志编纂委员会：《北京志·综合卷·总述·大事记·历史概要》，北京出版社 2013 年版。

21. 当代北京编辑部编：《当代北京大事记（2003—2013）》，当代中国出版社 2014 年版。

22. 沈红岩编：《北京年鉴 2014》，北京年鉴社 2014 年版。

23. 中共中央党史研究室：《党的十八大以来大事记》，人民出版社、中共党史出版社 2017 年版。

24. 李君甫：《北京的住房变迁与住房政策》，中央编译出版社 2017 年版。

25. 王名：《中国社会组织（1978—2018）》，社会科学文献出版社 2018 年版。

26. 宋学勤：《改革开放 40 年的中国社会》，中共党史出版社 2018 年版。

27. 闫茂旭：《改革开放 40 年的中国经济》，中共党史出版社 2018 年版。

28. 中共中央党史和文献研究院：《改革开放四十年大事记》，人民出版社 2018 年版。

29. 中共北京市委党史研究室编：《北京市推进京津冀协同发展战略大事记（2014.2—2018.2）》，中共党史出版社 2018 年版。

30. 北京市地方志编纂委员会：《北京志·民政志》（1991—2010），北京出版社 2018 年版。

31. 北京市统计局、国家统计局北京调查总队：《数说北京：改革开放 40 年》，中国统计出版社 2018 年版。

32. 中共中央党校（国家行政学院）经济学教研部：《赶上时代——新中国 70 年经济发展轨迹》，人民出版社 2019 年版。

33. 陆学艺：《陆学艺文萃》，生活书店出版有限公司 2019 年版。

34. 当代中国研究所：《新中国 70 年》，当代中国出版社 2019 年版。

35. 方中雄、桑锦龙主编：《北京教育发展研究报告·2018 年卷："四个中心"建设与首都教育新使命》，知识产权出版社 2019 年版。

36. 杨宜勇：《新中国民生发展 70 年》，人民出版社 2019 年版。

37. 连玉明：《北京社会建设 1978—2018》，社会科学文献出版社 2019 年版。

38.《辉煌 70 年编写组》编：《辉煌 70 年：新中国经济社会发展成就：1949—2019》，中国统计出版社 2019 年版。

39. 赖德胜、李长安、张琪主编：《中国就业 70 年（1949—2019）》，中国劳动社会保障出版社、中国人事出版社 2019 年版。

40. 中共中央党史和文献研究院：《中华人民共和国大事记（1949 年 10 月—2019 年 9 月）》，人民出版社 2019 年版。

41. 北京市统计局、国家统计局北京调查总队编：《数说北京 70 年》，中国统计出版社 2019 年版。

42. 莫荣主编：《中国就业发展报告（2019）》，社会科学文献出版社 2019 年版。

43. 盛继洪主编：《北京经济高质量发展研究》，社会科学文献出版社 2019 年版。

44. 高冬梅：《新中国 70 年社会救助研究》，人民出版社 2020 年版。

45. 李培林、张翼主编：《新中国社会建设 70 年》，中国社会科学出版社 2020 年版。

46. 新华月报编：《新中国 70 年大事记》（上、中、下），人民出版社 2020 年版。

47. 北京市统计局、国家统计局北京调查总队编：《北京统计年鉴 2020》，中国统计出版社 2020 年版。

二、期刊报纸类

1.《一九五六年到一九六七年全国农业发展纲要》，《华中农业科学》1957 年第 6 期。

2．白恩良、张克清：《北京迎接老龄化挑战》，《北京观察》2000 年第 6 期。

3．张太原：《1956—1978 年北京居民家庭的食品消费生活》，《当代中国史研究》2001 年第 3 期。

4．甄橙、程之范：《由 SARS 流行回顾 20 世纪 50 年代北京传染病防治》，《中华医史杂志》2003 年第 3 期。

5．徐飞鹏：《北京高考录取率达 70%，率先进入高考普及阶段》，《北京日报》2005 年 1 月 5 日。

6．冯鹏程：《北京市基本医疗保险调查报告》，《保险研究》2007 年第 2 期。

7．潇琦：《3000 万平方米保障性住房与两限房给北京住宅市场带来什么影响？》，《北京房地产》2007 年第 9 期。

8．崔承印：《改革开放 30 年北京人口发展》，《北京规划建设》2008 年第 5 期。

9．桑锦龙：《波澜壮阔 60 年——北京教育发展回望》，《前线》2009 年第 10 期。

10．杨锢龙、许利平、帅学明：《政府与非营利组织合作的新模式——从制度化协同走向联动嵌入模式》，《国家行政学院学报》2010 年第 3 期。

11．刘喜堂：《建国 60 年来我国社会救助发展历程与制度变迁》，《华中师范大学学报（人文社会科学版）》2010 年第 4 期。

12．孙峰：《对北京市"9064"养老发展战略的思考》，《决策与信息》2010 年第 12 期。

13．邓正来、丁轶：《监护型控制逻辑下的有效治理——对近三十年国家社团管理政策演变的考察》，《学术界》2012 年第 3 期。

14．岳金柱、宋珊、曹昊：《建设世界城市背景下推进北京社会组织培育发展和服务管理的思考》，《社团管理研究》2012 年第 3 期。

15．崔正、王勇、魏中龙：《政府购买服务与社会组织发展的互动关系研究》，《中国行政管理》2012 年第 8 期。

16．张梅珠：《后暂住证时代北京流动人口管理政策特点及评价》，《北京社会科学》2013 年第 4 期。

17．张耀军、刘沁、韩雪：《北京城市人口空间分布变动研究》，《人口研究》2013 年第 6 期。

18．丁珠林、马彦明：《北京基药采购"左右联动，上下衔接"》，《中国卫生》2013 年第 6 期。

19．刘祥、王茂军、蔡嘉斌、贺梦晨：《2000~2010 年北京都市区外来人口的空间结构研究》，《城市发展研究》2013 年第 10 期。

20．陆杰华、李月：《特大城市人口规模调控的理论与实践探讨——以北京为例》，《上海行政学院学报》2014 年第 1 期。

21．尹德挺、张洪玉、原晓晓：《北京人口红利的结构性分析和形势预判》，《北京社会科学》2014 年第 1 期。

22．王景甫、周宇、李静岩、王聪：《北京市生活垃圾的现状及其变迁》，《生态经济》2014 年第 2 期。

23．胡兆量：《北京城市人口膨胀的原因及控制途径》，《城市问题》2014 年第 3 期。

24．张炜：《解读北京人口规模调控的目标要点》，《前线》2014 年第 4 期。

25．邹千江：《京津冀一体化背景下的北京人口区位分布》，《北京城市学院学报》2014 年第 4 期。

26．李晓壮：《北京人口结构的变迁及优化》，《国家行政学院学报》2014 年第 6 期。

27．饶烨、宋金平、于伟：《北京都市区人口增长的空间规律与机理》，《地理研究》2015 年第 1 期。

28．肖周燕、王庆娟：《我国特大城市的功能布局与人口疏解研究——以北京为例》，《人口学刊》2015 年第 1 期。

29．杨卡：《大北京人口分布格局与多中心性测度》，《中国人口·资源与环境》2015 年第 2 期。

30．李国平、席强敏：《京津冀协同发展下北京人口有序疏解的对策研究》，《人口与发展》2015 年第 2 期。

31．王海军、简小鹰：《国家与社会互动：现代社会组织体制的构建及实证研究——以北京社会组织建设管理为例》，《中国农业大学学报（社会科学版）》2015 年第 4 期。

32．林宝：《北京人口调控要厘清八大关键问题》，《北京社会科学》2015 年第 3 期。

33．张可云、蔡之兵：《北京非首都功能的内涵、影响机理及其疏解思路》，《河北学刊》2015 年第 3 期。

34．张真理、罗瑞芳：《北京人口调控的反思与转型》，《城市发展研究》2015 年第 5 期。

35．曾宪新：《城市规模快速增长下的特大城市人口分布的变动分析——以北京为例》，《西北人口》2015 年第 6 期。

36．易成栋、张纯：《北京失业人口的空间分布及其影响因素》，《中国人口科学》2015 年第 6 期。

37．唐军、刘金伟：《北京社会组织管理体制改革的思路与对策》，《前线》2015 年第 9 期。

38．韩俊魁：《1949 年以来中国社会组织分类治理的发展脉络及其张力》，《学习与探索》2015 年第 9 期。

39．冯虹、李升：《特大城市外来人口聚集区中的农民工群体研究——基于对北京的调查》，《国家行政学院学报》2016 年第 1 期。

40．童玉芬、马艳林：《城市人口空间分布格局影响因素研究——以北京为例》，《北京社会科学》2016 年第 1 期。

41．马小红、胡梦芸：《京津冀协同发展视域下的北京流动人口发展趋势》，《前线》2016 年第 2 期。

42．高颖、张秀兰：《我国特大城市人口结构特点及变动趋势分析——以北京为例》，《人口学刊》2016 年第 2 期。

43．何海岩：《京津冀协同发展下北京人口调控的问题与对策》，《宏观经济管理》2016 年第 4 期。

44．蔡安宁、张华、唐于渝、梁进社：《1982 年以来北京人口时空演变研究》，《西北人口》2016 年第 4 期。

45．李晶晶、梁秋生、刘巨：《北京外溢人口通勤特征》，《城市发展研究》2016 年第 9 期。

46．李进：《北京亟需精准有效的人口调控政策体系》，《人民论坛》2016 年第 10 期。

47．杜艳莉、胡燕：《北京人口疏解中的难题及对策》，《中国领导科学》2016 年第 11 期。

48．李程伟：《超大城市流动人口治理政策建议——基于北京四个区问卷调查的分析》，《人民论坛》2016 年第 33 期。

49．纪莺莺：《从"双向嵌入"到"双向赋权"：以 N 市社区社会组织为例——兼论当代中国国家与社会关系的重构》，《浙江学刊》2017 年第 1 期。

50．刘玉、冯健：《城乡结合部外来人口空间分布与分异——以北京为例》，《城市发展研究》2017 年第 9 期。

51．王小娥：《构建大格局 引领新发展 推动北京老龄事业实现新发展》,《中国社会工作》2017 年第 17 期。

52．赵蕊：《北京常住人口空间分布变动与对策研究》,《北京社会科学》2018 年第 1 期。

53．中国劳动和社会保障科学研究院课题组莫荣、翁仁木：《北京市创建充分就业市对策研究》,《中国劳动》2018 年第 6 期。

54．李小尉、朱峰：《20 世纪 50—60 年代业余高等教育研究——以北京为例》,《北华大学学报(社会科学版)》2018 年第 6 期。

55．范国睿、孙闻泽：《改革开放 40 年教育体制机制改革的历史与逻辑分析》,《教育研究》2018 年第 7 期。

56．丁成日、石晓冬、牛毅、崔承印：《城市人口预测及其城市规划意义——以北京为例》,《城市规划》2018 年第 9 期。

57．陆杰华、刘芹：《改革开放 40 年来中国老龄研究的进展、创新及展望》,《中共福建省委党校学报》2018 年第 12 期。

58．刘香逸：《对北京地区青年流动人口特点的探究》,《智库时代》2018 年第 48 期。

59．陈荣：《中国养老政策变迁历程与完善路径》,吉林大学博士学位论文,2018 年。

60．韦克难、陈晶环：《灾后重建社会工作嵌入性发展的机制与经验研究——以汶川地震灾后三地社会工作发展为例》,《社会科学研究》2019 年第 1 期。

61．冯虹、刘永安、艾小青：《北京流动人口调控政策的效果分析——基于个体居留意愿的视角》,《人口与发展》2019 年第 1 期。

62．李志明：《中国就业政策 70 年:走向充分而有质量的就业》,《天津社会科学》2019 年第 3 期。

63．伍毅敏、王姗、常青：《北京分区规划人口——就业协调发展之挑战与规划应对》,《北京规划建设》2019 年第 4 期。

64．杨宜勇、黄燕芬：《新中国 70 年社会建设的成就、历程和经验》,《治理现代化研究》2019 年第 4 期。

65．储君、牛强：《新城对大都市人口的疏解和返流作用初析——以北京新城规划建设为例》,《现代城市研究》2019 年第 4 期。

66．李培林：《新中国 70 年社会建设和社会巨变》,《北京工业大学学报(社会科学版)》2019 年第 4 期。

67．谢秀军、陈跃：《新中国 70 年就业政策的变迁》,《改革》2019 年第 4 期。

68．胡炳仙、罗正彬：《新中国 70 年一流大学建设的治道变革》,《长沙理工大学学报(社会科学版)》2019 年第 5 期。

69．龚维斌：《新中国 70 年社会组织方式的三次变化》,《中共中央党校(国家行政学院)学报》2019 年第 6 期。

70．董敬畏：《从双轨制、新双轨制到市民化——流动人口治理 40 年》，《四川大学学报（哲学社会科学版）》2019 年第 6 期。

71．蔡昉：《新中国 70 年经济发展成就、经验与展望》，《中国党政干部论坛》2019 年第 8 期。

72．温宗勇、李伟、甄一男、董明、臧伟：《永定河畔的绿色奇迹——北京园博园地区发展变迁调查研究》，《北京规划建设》2013 年第 5 期。

73．何伟、张文杰、王淑兰、柴发合、李慧、张敬巧、王涵、胡君：《京津冀地区大气污染联防联控机制实施效果及完善建议》，《环境科学研究》2019 年第 10 期。

74．莫荣、刘永魁、陈云：《新中国成立 70 年就业发展历程与未来展望》，《中国劳动》2019 年第 11 期。

75．韦克难、陈晶环：《新中国 70 年社会组织发展的历程、成就和经验——基于国家与社会关系视角下的社会学分析》，《学术研究》2019 年第 11 期。

76．郭珉媛、牛桂敏、杨志：《京津冀水环境协同治理的实践与经验》，《环境保护》2019 年第 19 期。

77．侯兴蜀：《新中国成立 70 年来北京职业教育发展的回顾与思考》，《教育与职业》2019 年第 19 期。

78．马庆钰、杨莹：《北京市社会组织对 GDP 的贡献》，《中国社会组织》2019 年第 22 期。

79．韩保江：《新中国经济发展的经验和启示》，《人民日报》2019 年 9 月 19 日。

80．杨根来：《新中国养老服务 70 年发展历史脉络》，《中国社会报》2019 年 9 月 30 日。

81．何怡萱、刘昕：《青年流动人口的城市融入研究——基于 2017 年北京流动人口动态监测数据》，《湖北社会科学》2020 年第 1 期。

82．邵咪咪、郭凯明、杨丽珊：《人口老龄化、经济高质量发展与产业结构转型》，《产经评论》2020 年第 4 期。

83．高晓路、吴丹贤、颜秉秋：《北京城市老年贫困人口识别与空间分布》，《地理学报》2020 年第 8 期。

三、网络类

1．《二〇〇二年北京市民政事业发展统计公报》，北京市民政局网站，见 http://mzj.beijing.gov.cn/art/2003/6/18/art_659_291414.html。

2．刘俊田：《北京市卫生事业四十一年回顾》，北京市卫生健康大数据与政策研究中心网站 2007 年 6 月 1 日，见 http://www.phic.org.cn/sznj/bjwsjsgzgk/200706/t20070601_254954.html。

3. 北京市卫生健康委员会：《北京市国家基本公共卫生服务项目开展情况介绍》，2017 年 8 月 18 日，见 http://wjw.beijing.gov.cn/zwgk_20040/cgxx/201912/t20191216_1242186.html。

4. 北京市住房和城乡建设委员会：《2017 年工作总结和 2018 年主要工作》，见 http://zjw.beijing.gov.cn/bjjs/xxgk/ghjh/523216/index.shtml。

5. 北京市卫生健康委员会：《2017 年北京市卫生计生工作概况》，2018 年 12 月 14 日，见 http://wjw.beijing.gov.cn/wjwh/szzl/201912/t20191217_1254542.html。

6. 北京市住房和城乡建设委员会：《2018 年工作总结和 2019 年主要工作》，见 http://zjw.beijing.gov.cn/bjjs/xxgk/ghjh/53605381/index.shtml。

7. 北京市住房和城乡建设委员会：《2019 年工作总结和 2020 年工作思路》，见 http://zjw.beijing.gov.cn/bjjs/xxgk/ghjh/10845313/index.shtml。

8. 北京市统计局、国家统计局北京调查总队：《新中国成立 70 周年北京经济社会发展成就系列报告》，2019 年，北京市统计局、国家统计局北京调查总队网站，见 http://tjj.beijing.gov.cn。

9. 北京市人力资源和社会保障局：《辉煌七十年 就业惠民生——新中国成立 70 周年北京市就业工作进展和成效》，2019 年 9 月 11 日，北京市人力资源和社会保障局网站，见 http://rsj.beijing.gov.cn/xwsl/mtgz/201912/t20191206_920428.html。

10.《二〇一八年北京市民政事业发展统计公报》，北京市民政局网站，见 http://mzj.beijing.gov.cn/art/2019/8/23/art_659_291436.html。

11. 首都之窗_北京市人民政府门户网站，见 http://www.beijing.gov.cn/zhengce/。

后　　记

　　1949 年中华人民共和国成立以来,作为国家首都和具有悠久历史的文明古都,北京市在经济社会发展和体制变革中经历了巨大而深刻的历史巨变。特别是在社会建设方面,新中国 70 年,北京城市建设和发展的历程见证了北京在社会建设方面所取得的历史性成就和时代性进步。其间,北京的社会体制不断改革和优化,社会事业实现巨大发展和进步,民生状况获得显著改善和提高,社会结构发生深刻改变和变动,社会关系经历变革和嬗变。

　　经过 70 年的变革和发展,北京的社会建设进入新时代,面临新的发展条件、环境和任务,面对着"建设一个什么样的首都,怎样建设首都"的时代课题,需要在实践中进一步推进社会建设,发展社会事业,改善社会民生。因此,回顾和分析新中国 70 年北京社会建设的变革历程、发展道路和实践经验,深化社会建设的理论分析和经验总结,对于丰富社会建设的理论研究,加强社会建设的政策分析,服务社会建设的实践发展,具有重要的现实意义。

　　2019 年 5 月,在北京市社会科学院的组织下,由北京市社会科学院江树革研究员作为课题主持人申报了"新中国 70 年北京的社会建设"研究项目,经过评审审批,获得北京宣传文化引导基金特别项目立项。本项目的研究目的,就是以新中国 70 年北京的社会建设为研究对象,根据北京宣传文化引导基金的要求和项目确定的工作目标,研究、分析和阐释新中国 70 年北京社会建设的发展历程,努力讲好北京社会建设的故事,分析北京社会建设的经验,探讨北京社会建设的发展道路。

课题立项以来,根据研究工作的需要,成立了以北京市社会科学院不同部门专家学者和科研人员为主体的研创写作团队,同时邀请北京工业大学、民政部培训中心、北京市经济与社会发展研究院、南京财经大学等院内外和京内外的专家学者共同开展项目研究和图书研创,研究团队体现了不同年龄、不同专长、不同单位的专家学者集体攻关、合作研究、协同推进的学术研究工作特色。课题组成员包括北京市社会科学院综合治理研究所副所长、研究员江树革,北京市社会科学院网络与图书信息中心主任岳勇,北京市社会科学院城市问题研究所所长、研究员陆小成博士,北京市社会科学院经济研究所研究员刘薇博士,北京市社会科学院网络与图书信息中心副研究馆员陈文,北京市社会科学院网络与图书信息中心副研究馆员孙慧,北京市社会科学院社会学研究所助理研究员刘阳博士,北京市社会科学院社会学研究所助理研究员刘欣博士,北京工业大学文法学部教授杨荣博士,南京财经大学公共管理学院教授袁国敏博士,民政部培训中心教授李长文博士,北京市经济与社会发展研究院副研究员陈洪磊。根据研究基础和学术专长,承担不同章节的研究撰写任务,本着严谨求实、认真负责的态度深入细致地进行文献研究、案例分析、数据整理、专家访谈等各项工作,保证项目不断推进。全书由本课题主持人江树革研究员进行篇章设计和统稿。经过近两年的研究工作,包括文稿的多次讨论、修改、核对、加工,最终图书书稿得以付梓。

本书立足于新中国 70 年的时代变迁,以"新中国·新时代·新发展"为主题,以党的关于社会建设的理论和思想为指引,特别是以党的十九大精神为统领,以社会学关于社会建设的思想理论和学术成果为学理支撑和学术借鉴,坚持"数说"发展,"图说"变化,"论说"实践,注重理论阐释,深化经验总结,通过社会保障、教育事业、医药卫生、住房保障、社会救助、社会组织、社区治理、人民生活、养老事业等多个章节和专题,以图文并茂的展现形式和平实质朴的写作风格,书写、展示和反映新中国 70 年在北京社会建设领域所取得的发展成果和历史巨变、社会建设的实践基础和理念创新、民生建设的显著发展与巨大进步、社会结构的变迁和嬗变以及社会治理的不断优化与日臻完善，特别是在幼有所育、学有所教、劳有所得、病有所医、老有所养、住有所居、弱有所扶方面取得的历史性进步，重点反映党的十八大以来北京社会建设的发展实践，讲好当代中国发展中的北京故事，书写新中国成立以来特别是改革开放以来北京社会建设的发展历程、政策实践和宝贵经验，体现思想性、理论性和史料性，坚持政治性、学术性和理论性，着力反映党的十八大以来在经济社会发展以及中国特色社会主义全方位、开创性历史进程中发生的深层次、根本性发展变革，进一步激发广大人民群众深厚的家国情怀和建设首都北京的自豪感、使命感和责任感，把爱国奋斗精神转化为实现中华民族伟大复兴中国梦的实际行动。

　　基于国内学术界对于社会建设意涵的理论分析和已有研究，结合社会建设的演变发展历程，本书从社会事业、民生建设、社会结构和社会治理的维度和视阈出发，聚焦社会结构、社会事业和民生建设并据此展开分析，研究内容涉及社会建设和社会治理的多个方面，力图全方位、多层面、立体式地呈现北京社会建设的发展变化。根据对于社会建设内涵的理解，将《北京社会建设之路》全书分为十三个专题进行研究和分析，具体篇章的撰写分工如下：第一章"综合总说：人民中心　创新实践"由北京市社会科学院综合治理研究所副所长江树革研究员撰写；第二章"人口变迁：总量扩大、结构优化"由北京市社会科学院城市问题研究所所长陆小成研究员撰写；第三章"教育进步：学有所教　优先发展"由北京市社会科学院综合治理研究所副所长江树革研究员、北京市社会科学院城市问题研究所所长陆小成研究员和李鸿飞教授撰写；第四章"医疗卫生：病有所医　增进健康"由北京市经济与社会发展研究院副研究员陈洪磊撰写；第五章"劳动就业：扩大就业推动创业"由南京财经大学公共管理学院教授袁国敏撰写；第六章"老龄事业：老有所养　关爱夕阳"由北京市社会科学院社会学研究所助理研究员刘欣撰写；第七章"住房保障：住有所居　居住改善"由北京社会科学院社会学研究所助理研究员刘阳撰写；第八章"社会救助：弱有所扶　兜底托底"由北京市社会科学院综合治理研究所副所长江树革研究员撰写；第九章"生态环境：绿水青山　首都底色"由北京市社会科学院经济研究所研究员刘薇撰写;第十章"社会组织:政社合作 协同共治"由民政部培训中心教授李长文、民政部培训中心讲师田园撰写;第十一章"社区治理:夯基固本 重心下移"由北京工业大学文法学部杨荣教授撰写;第十二章"生活质量:民生改善 品质提升"由南京财经大学公共管理学院教授袁国敏撰写;第十三章"历史回溯:发展变革 时代印记"由北京市社会科学院网络与图书信息中心主任岳勇、北京市社会科学院网络与图书信息中心副研究馆员陈文、北京市社会科学院网络与图书信息中心副研究馆员孙慧、北京市社会科学院综合治理研究所副所长江树革研究员编研撰写。此外,北京市社会科学院城市问题研究所所长陆小成研究员、北京市社会科学院经济研究所研究员刘薇博士、北京市社会科学院社会学研究所助理研究员刘欣博士就各自承担的研究领域进行了大事记的收集、整理和编撰。

特别是在图书研创过程中,课题组对于社会建设中历史事件的梳理整理高度重视。课题组认为,社会建设不是单纯抽象的概念和理论,而是具体生动的社会实践和社会行动,更是在特定社会历史条件下通过具体的社会实践不断推进和发展的。新中国 70 年,北京社会建设在实践中发展,在探索中前进,在进步中提升,走过了不平凡的发展历程,留下了不断变革、与时俱进的前进轨迹。其中,北京市出台了大量的涉及社会建设的重要法律法规,发生了诸多影响社会建设的重要事件,呈现出社会建设的重要时点特征和发展阶段性特征;而社会建设的变革发展和改革突破恰恰又是与这些重大历史事件相生相伴的,同时,在新中国 70 年北京建设发展的不同历史时期所发生的社会建设事件凝聚着理念创新和改革发展的宝贵成果。基于新中国 70 年北京社会建设的历史思考,同时鉴于北京社会建设大事记叙事中存在的资料零散化、记述间断化和事件碎片化等情况,在全书的书末以适当的篇幅设立"历史回溯:发展变革 时代印记"一章,记述新中国 70 年北京社会建设发展历程中具有重要意义的事件。之所以为之,不是简单重复地罗列历史事件进而在全书中起到对于社会建设专题研究的烘托和陪衬作用,而是彰显北京社会建设改革发展的实践成果和历史大事的重要时点。作为社会建设的大事记,其以历史回溯的方式展现在读者的面前,让读者在历史巨变中了解和认识北京社会建设的发展历程、重要时间节点以及富有特色的发展道路,更加科学地认识社会建设的发展历程、时代变迁和创新实践,增强对于北京社会建设发展道路的理解与认知,展现在当代中国发展中北京社会变迁的轨迹与脉络,更好地认识历史、思考历史和创造历史。

本书在研创的思想引领上,努力坚持学术理论研究与社会建设实践相结合,着力体现历史发展阶段性和社会建设的时代性。同时,课题组也深刻地感受到关于社会建设思想与实践的与时俱进和创新发展。中国共产党第十七次全国代表大会的报告指出,要"加快推进以改善民生为重点的社会建设";党的十八大提出,"在改善民生和创新管理中加强社会建设";党的十九大提出,"提高保障和改善民生水平,加强和创新社会治理",以上关于社会建设的思想理念和发展要求成为理解北京社会建设历程的重要思想逻辑和理论依托,特别是党的十九届四中全会关于推进国家治理体系和治理能力现代化的重要思想也成为北京社会建设和社会治理的实践遵循,需要努力融入全书的研创之中,从而向读者展现一个在社会建设不断推进中的和谐、发展、进步、美丽的北京,体现社会主义和谐社会首善之区社会建设的风采风貌和发展成果。

在研究的过程中,课题组坚持史论结合的研究方法,力图体现历史视角、性别视角和比较视角,在平实语言中彰显思想深度,在中国社会建设事业发展的全局中体现北京特色和北京实践。为了更好地分析和展示在不同历史时期北京社会建设的发展历程和变迁轨迹,本书在新中国70年历史发展的阶段划分上,大体按照"1949—1978年""1978—2012年""2012年以来"三个阶段进行划分,也就是"站起来""富起来""强起来"的发展历程,反映不同时期社会建设的发展历程,同时兼顾社会建设不同领域具体特定的发展历程,结合重大改革和政策出台作为历史节点进行阶段划分。

本书在研创的过程中,从项目选题立项到图书出版得到了北京市社会科学院院内外专家和领导的大力支持,这些多方面的帮助支持是本项工作顺利开展的重要保障,也是对于课题研究工作的精神鼓舞和心理激励,增强了课题组开展本项研究的信心。同时,在此也要感谢在北京市文化发展中心组织的中期评审会议上,与会评审专家对本课题研究给予的意见建议和工作指导,进一步明晰了研究的方向和目标,使课题组备受启发,获益匪浅。

在课题研究的过程中,人民出版社在选题立项和图书出版方面给予大力支持。本书编辑汪逸同志对于图书研创出版提出许多宝贵意见建议,积极推进图书的出版工作,保证图书顺利出版。

本书初稿完成后,课题组分送有关专家学者征求意见,审稿专家有:北京大学中国政治学研究中心学术委员会主任、北京大学政府管理学院教授何增科;北京市第十五届人民代表大会社会建设委员会副主任委员、北京大学社会学系教授陆杰华;北京市人大常委、法制委员会副主任委员、北京政法职业学院院长许传玺教授;北京妇女理论研究会会长、中华女子学院教授孙晓梅。他们为本书的修改完善提出了很好的意见,给课题研究以很大的学术启发。何增科教授为本书撰写了序言。

在"新中国 70 年北京的社会建设"课题研究过程中,北京市社会科学院科研处副处长景俊美副研究员在项目管理和联络协调等方面给予很大的支持和帮助。

课题组在研究的过程中深深感到,开展"新中国 70 年北京的社会建设"研究不仅仅是单纯的学术理论工作,其本身就是以理论分析研究和实践经验总结的特殊特定方式参与北京的社会建设。需要提及的是,本课题研究工作的开展时逢新冠肺炎疫情,课题研究工作是在全国和全市上下积极防疫战"疫"以及统筹推进疫情防控和经济社会发展的背景下开展的,疫情防控下对于人员聚集、外出离京等管控措施使得课题研究工作的开展方式和目标实现路径与以往相比出现很大的不同,对于课题研究工作中集中研讨、专题调研等方面的工作安排不可避免地带来一定的影响。课题组成员努力克服疫情对于研究工作的不利影响,积极参与疫情防控,体现了社会科学工作者的社会责任感和使命担当,并以理论探讨、政策分析和课题研究的具体形式和实际行动参与到北京的社会建设和社会治理中来,分析北京社会建设的演进脉络和实践经验,为北京的社会建设提供学理支撑,这本身就是具有重要意义的社会建设参与和贡献行动。在此,对课题组全体同志为本项目研究工作开展所付出的辛勤劳动和学术贡献以及所给予的大力支持和有效帮助表示衷心的感谢,对所有参与课题研究和书稿撰写以及为本课题研究和图书出版给予支持帮助的领导、专家和同志们表示诚挚的谢意。

感谢北京市文化发展中心对本项目开展的大力支持和帮助。

　　社会建设是关乎人民幸福和民生福祉的伟大事业。新中国70年北京的社会建设波澜壮阔，彰显了以人民为中心的发展思想，也展现了一个处于不断进步前行的社会主义发展中大国的历史变迁，展现了作为历史文化名城、国家首都和国际化大都市的北京的时代发展和历史巨变，展现了在经济改革和社会变迁中社会建设和社会治理的发展道路。诚然，在社会建设的学术研究和发展实践中，还有大量的学术理论问题和政策实践问题亟须进一步深入研究，需要在社会建设的实践中不断深化对于社会建设理论的认识、社会建设路径的分析和社会建设实践经验的总结，努力推动社会建设的高质量发展，更好地服务民生、改善民生、建设民生，推进首都治理体系和治理能力现代化。在此需要说明的是，由于课题研究工作时间所限，特别是社会建设内涵丰富，理论深邃，线多面广，历程复杂，本书对于社会建设的各个方面不能逐一而论，必须做出取舍，因而若有疏漏不足之处，敬请广大读者指正。

江树革

2022年5月1日

责任编辑:汪　逸

封面设计:汪　莹

图书在版编目(CIP)数据

北京社会建设之路:新中国70年的发展实践与理论分析/
　江树革 等 著. —北京:人民出版社,2022.6
ISBN 978－7－01－023889－0

Ⅰ.①北…　Ⅱ.①江…　Ⅲ.①社会主义建设成就–北京　Ⅳ.①D619.1

中国版本图书馆 CIP 数据核字(2021)第 217690 号

北京社会建设之路

BEIJING SHEHUI JIANSHE ZHI LU

——新中国70年的发展实践与理论分析

江树革 等　著

人民出版社 出版发行

(100706　北京市东城区隆福寺街 99 号)

中煤(北京)印务有限公司印刷　新华书店经销

2022 年 6 月第 1 版　2022 年 6 月北京第 1 次印刷
开本:710 毫米×1000 毫米 1/16　印张:31.25
字数:464 千字

ISBN 978－7－01－023889－0　定价:168.00 元

邮购地址 100706　北京市东城区隆福寺街 99 号
人民东方图书销售中心　电话 (010)65250042　65289539